ŒUVRES COMPLÈTES

DE

W. SHAKESPEARE

TOME XI

LA PATRIE

I

SAINT-DENIS. — TYPOGRAPHIE DE CH. LAMBERT.

FRANÇOIS-VICTOR HUGO

TRADUCTEUR

ŒUVRES COMPLÈTES

DE

W. SHAKESPEARE

TOME XI

LA PATRIE

I

RICHARD II — HENRY IV (PREMIÈRE PARTIE). — HENRY IV (SECONDE PARTIE).

PARIS

PAGNERRE, LIBRAIRE-ÉDITEUR

RUE DE SEINE, 18

1872

Reproduction et traduction réservées.

A EUGÈNE PELLETAN

F.-V. H.

INTRODUCTION.

Le jeudi 5 février 1601, — trois jours avant la fatale insurrection du comte d'Essex, — cinq hommes, qu'à la manière dont ils portaient l'épée il était aisé de reconnaître pour des gentilshommes, se présentaient à la porte du théâtre du *Globe*, situé, comme chacun sait, sur la rive droite de la Tamise, dans la paroisse de Southwark, et demandaient à parler aux comédiens ordinaires du lord chambellan. Ces personnages venaient de traverser la Tamise, dépêchés par le comité secret établi en permanence à Drury-House, et étaient chargés d'une négociation importante. La porte du théâtre, toute fière de l'Hercule de pierre qui élevait le globe au-dessus d'elle, dut ouvrir ses deux battants devant ces noms considérables : lord Monteagle, sir Gilly Merrick, sir Charles Price et son frère Jocelyn, Henry Cuffe, esq. De ces noms alors connus de tous, trois sont restés historiques. — Lord Monteagle, jeune et élégant seigneur, était ce pair catholique qui, quatre ans plus tard, grâce à un avertissement mystérieux transmis par un ami inconnu, fit échouer l'épouvantable conspiration des poudres. Sir Gilly Merrick était ce vaillant capitaine qui, pour sa bravoure connue, fut chargé, le 8 février 1601, de la garde et de la défense de l'hôtel d'Essex. Henry Cuffe était ce savant diplomate qui, comme secrétaire du comte d'Essex, présida à l'organisation politique de l'insurrection. — Les nouveaux venus furent reçus par Augustin Phillips, l'un des plus riches actionnaires du théâtre du Globe, acteur important qui, en 1589, avait créé Sardanapale dans les *Sept péchés capitaux* de Tarleton et qui est mentionné, immédiatement après Shakespeare et Burbage, dans la patente royale du 9 mai 1603. — Sir Gilly Merrick prit la parole au nom de la députation, en présence de la troupe réunie. Il venait prier les comédiens de vouloir bien jouer, dans l'après-midi du samedi suivant, une pièce historique, le drame de *Richard II*. Et, pour qu'aucune confusion ne fût possible, il expliqua que le drame dont il désirait la reprise avait pour conclusion la déposition et l'assassinat du roi Richard, *the deposing and kylling kyng Rychard* [1].

Cette demande, qui semble aujourd'hui tout innocente et toute naturelle, était bien faite cependant pour embarrasser, voire même pour effaroucher ceux à qui elle était adressée en l'an de grâce 1601. — Quelques mois auparavant, un chroniqueur érudit, sir John Haywarde, avait raconté la fin tragique du roi Richard II dans une narration latine qu'il avait cru pouvoir dédier au comte d'Essex, alors prisonnier d'État, et pour ce fait avait été traduit devant la chambre étoilée, condamné à une grosse amende et mis lui-même en prison. On se rappe-

---

[1] Voir le procès-verbal de la déposition faite, pendant l'instruction du procès d'Essex, par Augustin Phillipps. Ce procès-verbal, cité pour la première fois par M. Collier, est signé de trois magistrats, lord Popham, Edward Anderson et Edward Fenner.

lait encore avec quelle colère la reine Élisabeth avait dénoncé l'ouvrage de sir John :

— N'y aurait-il pas moyen, avait-elle dit au conseiller Francis Bacon, de trouver dans ce livre quelque chose comme une trahison?

— Aucune trahison, madame, avait répondu le jurisconsulte, mais maintes félonies.

— Comment cela?

— Oui, madame, maintes félonies : l'auteur a maintes fois volé Tacite.

C'est par cette spirituelle répartie que Bacon avait soustrait l'historien au supplice des traîtres. Sir John, on le voit, l'avait échappé belle.

Le fait est que la reine s'était crue personnellement offensée par la publication de Haywarde. Quelques remarques sévères sur le mauvais gouvernement de Richard II et sur la funeste influence de ses favoris lui avaient paru autant de critiques dirigées à mots couverts contre elle-même et contre ses ministres. Chose étrange et presque inexplicable, la terrible fille de Henry VIII, en plein triomphe, en pleine toute-puissance, se comparait intérieurement au faible prince qui, deux siècles auparavant, avait été précipité du trône par son impuissance même. Elle regardait comme une menace le souvenir de cette révolution nationale qui avait substitué au fils du Prince Noir le fils de Jean de Gand. La fin tragique du roi détrôné l'obsédait comme un cauchemar, et, dans le délire de sa frayeur, Élisabeth s'identifiait avec Richard. Un jour de cette même année 1601, le 4 août, la reine feuilletait, dans son appartement de Greenwich, le registre des archives de la Tour de Londres que venait de lui apporter le greffier Lambarde ; tout à coup elle s'arrêta au règne de Richard II et dit : — Je suis Richard II, sais-tu cela?

— Madame, balbutia Lambarde évidemment fort embarrassé, cette criminelle comparaison a été imaginée par un gentilhomme bien ingrat, la créature que Votre Majesté a le plus comblée.

Ici Lambarde désignait le comte d'Essex sans le nommer. La reine comprit sa pensée, car elle répliqua :

— Celui qui oubliera Dieu oubliera ses bienfaiteurs. Puis, après une pause, elle ajouta, comme se répondant à elle-même :

— Cette tragédie a été jouée quarante fois dans les rues et dans les théâtres publics [1] !

C'est précisément « cette tragédie, » dénoncée si amèrement par la reine Élisabeth, que sir Gilly Merrick et ses collègues prétendaient faire représenter dans l'après-midi du 7 février. Les comédiens du lord chambellan, étant en rapports continuels avec la cour, devaient hésiter, on le conçoit, à reprendre une œuvre aussi hautement censurée. Le châtiment infligé tout récemment à sir John Hayward était un épouvantail encore dressé devant toutes les mémoires. Si le malheureux chroniqueur avait été condamné à l'amende et à la prison pour avoir raconté en latin l'aventure de Richard II, que ne risquaient pas les comédiens qui allaient, dans un langage compris de tous, développer sur la scène toutes les péripéties de cette aventure ? La plus vulgaire prudence leur conseillait un refus formel. Cependant, disons-le à leur honneur, les comédiens du *Globe* écoutèrent, sans alarmes perceptibles, cette proposition si compromettante pour leur sécurité et leur intérêt. Augustin Phillips, chargé de répondre au nom de tous, se borna à faire cette objection toute matérielle que la représentation demandée devait être peu lucrative : « le drame de

---

[1] Nichols' *Progresses of Queen Élisabeth.*

Richard II, déjà ancien et tombé dans une sorte de désuétude, attirerait probablement peu de monde [1], et le théâtre perdrait à le reprendre. » La difficulté, ainsi réduite à une question d'argent, devenait facile à résoudre. Sir Gilly Merrick s'empressa d'offrir au comédien une indemnité qui, payée en sus de la recette, suffisait à couvrir le déficit éventuel. Cette prime fut fixée d'un commun accord à quarante schellings, et le marché fut conclu.

Deux jours après que ces pourparlers avaient eu lieu, dans l'après-midi du samedi 7 février, un public inaccoutumé pénétrait dans l'enceinte hexagone du théâtre du Globe. Un drapeau rouge, hissé au sommet de la tourelle supérieure de l'édifice et parfaitement visible de la rive gauche de la Tamise, annonçait que la représentation allait commencer. Les trois étages latéraux dans lesquels étaient pratiquées les loges et les galeries, la cour centrale, sans toit, faisant office de parterre, les fauteuils, disposés sur la scène, se garnissaient de spectateurs qui, chose étrange, se reconnaissaient tous. Ce n'était plus la foule habituelle du théâtre, amas confus et populaire d'individus étrangers les uns aux autres. C'était une assemblée choisie et aristocratique dont les membres, familiers les uns aux autres, se rejoignaient en se saluant. Tous arrivaient là comme à un rendez-vous. On ne sait quel accord tacite les réunissait. Un observateur attentif eût peut-être découvert sous la sérénité apparente de ces physionomies diverses la même préoccupation sombre. — Une idée fixe, peut-être un secret terrible, les rembrunissait. A coup sûr les mêmes antipathies, sinon les mêmes sympathies, animaient cette élite compacte. Tous ceux que le despotisme monarchique

---

[1] « That play of King Richard was so old and so long out of use that they hould have small or no company at it. »

blessait ou menaçait, tous ceux qu'indisposait contre le pouvoir une rancune personnelle ou un grief public, les adversaires de la théocratie anglicane, les adversaires de l'arbitraire ministériel, les ennemis de Cecil, les ennemis de Raleigh, les persécutés de toutes les sectes et de toutes les causes, tous les mécontents qui, depuis six mois, affluaient dans les salons du comte d'Essex et reconnaissaient pour leur chef le favori disgracié, étaient là, ralliés par un mot d'ordre mystérieux. Des hommes appartenant aux partis les plus divers fraternisaient dans la communion de la vengeance. Le chevalier papiste, sir Christopher Blount, beau-père du comte d'Essex, avait pour voisin le pair puritain, lord Cromwell. Le jésuite Catesby, celui-là même qui plus tard organisa la conspiration des poudres, y coudoyait lord Monteagle, le loyal catholique qui la fit échouer. Quel surprenant spectacle devait offrir cette salle remplie de conjurés ! Entre toutes les solennités théâtrales en est-il une seule qui puisse se comparer à cette fête sinistre du 7 février 1601 à laquelle assistaient tant d'hommes prêts à jouer leur tête, tant de victimes vouées par l'événement à la ruine, au cachot, aux oubliettes, à la torture, à l'échafaud, au billot, au gibet, à la mort violente !

Certes, — cela vaut la peine qu'on y insiste, — jamais plus étonnant hommage ne fut rendu à l'autorité du théâtre. Jamais la suprématie exercée sur les imaginations par la fiction dramatique ne fut constatée par un fait plus extraordinaire. Ces hommes possédés de la plus poignante anxiété, ces conjurés qui demain, à la voix de leur chef, risqueront dans la plus audacieuse aventure leur liberté, leur fortune, leur existence, que font-ils en ce moment? de quoi s'occupent-ils? quel est leur soin suprême? Est-ce de reviser leurs plans, d'accroître leurs ressources, de perfectionner leurs moyens d'attaque et de défense, de fondre des balles, d'affiler leurs épées? Non. Leur dernière journée, ils la consacrent au théâtre. C'est au théâtre qu'ils viennent demander le conseil définitif, l'inspiration souveraine. Puisque dans le monde réel tout leur prêche la soumission, la lâcheté, la servilité aveugle et abjecte, c'est au monde fictif de leur enseigner les mémorables leçons de la résistance. — Et tout à coup, le rideau qui leur cachait l'histoire s'entr'ouvre, et voici, ô miracle! que, devant ces enfants du dix-septième siècle, se dressent et s'animent leurs redoutables aïeux, les hommes du quatorzième siècle. Entendez-vous ces paladins vêtus de fer qui, brandissant leurs grandes épées, jettent sur la côte de Ravenspurg le cri de la révolte? Pairs d'Angleterre, voilà vos prédécesseurs! Ceux-là étaient des preux ; ils n'hésitaient pas à se lever contre la tyrannie. Quand le roi d'Angleterre, qui n'était que le premier des barons, voulait asservir les barons, quand ce prince, qui n'était que suzerain, prétendait être souverain, les seigneurs se concertaient, ils convoquaient le ban et l'arrière-ban de leurs vassaux, et ils couraient aux armes; aux milices seigneuriales les communes joignaient leurs milices; et alors l'insurrection éclatait; et le roi, abandonné des siens même, était déposé, et un banni était installé d'office sur le trône du tyran. Entendez-vous ces acclamations qui retentissent aux abords de Westminster? C'est Henry IV qu'on couronne! Distinguez-vous ces gémissements étouffés derrière l'épaisse muraille du donjon de Pomfret? C'est Richard II qu'on poignarde. Ainsi faisaient vos aïeux, milords!

La révolution de 1399, — cette insurrection heureuse de l'opprimé contre l'oppresseur, — était un formidable précédent offert par l'histoire aux conjurés de 1601. Mais cet enseignement empruntait aux circonstances une force toute particulière. Comment, en effet, ne pas être frappé de l'analogie singulière qui existait entre la situation de Bolingbroke et celle du comte d'Essex? Comme Bolingbroke, Essex avait dans les veines du sang royal d'Angleterre; comme Bolingbroke, Essex était rentré dans sa patrie, malgré la volonté royale; comme Bolingbroke, Essex avait été ruiné et, sinon exproprié, du moins dépossédé; comme Bolingbroke, Essex avait une armée qui lui était personnellement dévouée; comme Bolingbroke, Essex était adoré du peuple; comme Bolingbroke partant pour la France, Essex, se rendant en Irlande, avait été escorté, à sa sortie de Londres, par une foule immense qui l'acclamait et le pleurait; comme Bolingbroke, Essex était encouragé par la Cité avec laquelle il avait de secrètes intelligences; comme Bolingbroke enfin, Essex accusait de trahison les ministres et voulait délivrer le pays d'un gouvernement odieux et despotique. Cette minutieuse ressemblance devait certes faire illusion aux partisans qui assistaient, le 7 février, à la résurrection de *Richard II*. Éclairé par la lumière fantastique de la scène, le personnage de Henry de Lancastre devait finir par se confondre à leurs yeux avec la figure même de Robert d'Essex. Mêmes traits, même sourire digne et affable, même pose aristocratique et populaire, même langage, mêmes griefs, mêmes vœux. Si les situations étaient identiques, pourquoi les destinées ne le seraient-elles pas? Il y avait autour d'Essex des imprudents, des ambitieux, des agents provocateurs qui le poussaient, malgré lui, à s'emparer du pouvoir suprême. Quel argument pour ces conseillers que la triomphante révolution de 1399! C'était l'histoire elle-même qui leur donnait raison. On eût dit qu'elle se liguait avec eux pour entraîner le malheureux comte vers une catastrophe. Tentative funeste, elle l'attirait à l'abîme en lui offrant, à travers les âges, le diadème éblouissant de Henry IV.

Lamentable séduction! Fallacieuse amorce! La demeure réservée à Robert d'Essex, ce n'est pas le palais de Westminster, c'est le donjon de la Tour de Londres; la parure destinée à Robert d'Essex, ce n'est pas le manteau écarlate des rois, c'est le voile noir des condamnés. Au jour décisif, le sceptre promis se change en hache meurtrière; le trône entrevu prend brusquement la forme sinistre d'un billot. — Tout le monde connaît le dénoûment fatal du 8 février 1601 : Essex se jetant dans la cité, suivi de trois cents gentilshommes et criant : « Aux armes! au nom de la reine ma maîtresse! aux armes! » les rues désertes; toutes les portes se fermant; l'hôtel de ville trahissant; le lord maire, qu'on croyait gagné, d'accord avec le ministère; le shériff Smith, qui avait promis assistance, évadé; les conjurés proclamés traîtres, attaqués par les troupes royales, et forcés de se replier après une courte escarmouche; le comte cerné dans son propre hôtel, y soutenant un siége, et enfin obligé de se rendre avec tous ses compagnons; les captifs entassés dans les prisons; six pairs du royaume, lord Essex, lord Southampton, lord Rutland, lord Monteagle, lord Sandys, lord Cromwell, à la Tour; les principaux meneurs jugés et condamnés; Essex décapité.

En vain le malheureux comte, traduit devant une commission de vingt-cinq pairs, protesta de l'innocence de ses desseins; en vain il jura, la main sur son cœur, que jamais il n'avait voulu attenter à la souveraineté, encore moins à la personne de la reine; en vain il affirma qu'il ne voulait que se frayer un passage jusqu'au pied du trône pour exposer à Sa Majesté les griefs publics et obtenir d'elle l'éloignement d'un ministère détesté. En dépit de ses protestations, il fut accusé d'avoir aspiré à la couronne et d'avoir voulu traiter la reine Élisabeth comme jadis Henry de Lancastre avait traité le roi Richard : « En mon âme et conscience, s'écria l'attorney général Coke, le Jefferies de ce procès, je suis convaincu que la reine n'aurait pas vécu longtemps, une fois en votre pouvoir... Vous l'auriez traitée comme Henry de Lancastre traita Richard II. Vous l'auriez approchée en suppliant, et puis, vous lui auriez volé la couronne et la vie[1] ! » Ainsi le précédent de la révolution de 1399, que les partisans du comte d'Essex invoquaient naguère en sa faveur, se retournait contre lui, terrible. Ce souvenir décida la sentence. Essex tomba sous le coup d'une réminiscence historique. Henry de Lancastre n'avait expié que par ses remords le meurtre de Richard; Essex le paya de sa tête. Par un surprenant ricochet, les représailles qui avaient accompagné le coupable allaient, à deux cents ans de distance, frapper un innocent !

Oui, qui le croirait? la représentation du drame de *Richard II*, ce drame déjà ancien qui, de l'aveu même de la reine, avait été joué publiquement quarante fois, fut un des principaux griefs reprochés aux prévenus. Les magistrats royaux prétendirent y voir la preuve décisive d'un attentat prémédité. Chose inouïe dans les annales de l'iniquité judiciaire, ils assimilèrent à la perpétration d'un crime nouveau le simple fait d'avoir assisté à la représentation d'un crime historique. Le témoin de l'exhibition théâtrale d'un régicide fictif fut déclaré par eux effectivement coupable de régicide. Il faut lire cela dans les documents officiels pour le croire. Voici, fidèlement traduit, le résumé des chefs d'accusation élevés

---

[1] « You should have treated her as Henry of Lancaster did Richard the
» second — gone to her as suppliant, and then robbed her of her crown and
» life. »

contre sir Gilly Merrick, — résumé publié en 1601 par l'imprimeur de la reine, et rédigé par l'infâme et illustre Bacon : « Les témoignages produits contre sir Gilly Mer-
» rick ont démontré à sa charge, en ce qui concerne la
» rébellion patente, qu'il était comme capitaine et com-
» mandant de tout l'hôtel (Essex House), qu'il s'était en-
» gagé à le garder et à en faire une place de retraite pour
» ceux qui s'élanceraient dans la cité ; en fortifiant et bar-
» ricadant ledit hôtel, en y faisant provision de mousquets,
» de poudre, de balles, et autres munitions et armes desti-
» nées à le garder et à le défendre ; et qu'il a été comme
» un acteur diligent, expéditif et notoire dans la résis-
» tance opposée aux forces de la reine... Et en outre,
» *comme preuve qu'il était dans le secret du complot*, il a
» été établi par témoignage que, l'après-midi avant la
» rébellion, Merrick, ainsi qu'une nombreuse compagnie
» d'autres conjurés qui plus tard ont tous été dans l'ac-
» tion, ont fait jouer en leur présence le drame de *La dé-*
» *position du roi Richard deuxième*. Et ce n'était pas une
» représentation fortuite, mais une représentation com-
» mandée par Merrick. Et, — qui plus est, — quand il
» lui fut dit par un des acteurs que la pièce était ancienne
» et qu'il y aurait perte à la jouer, parce que peu de
» personnes viendraient la voir, une somme extraordi-
» naire de quarante shillings fut donnée pour que la pièce
» fût jouée, et en conséquence elle fut jouée. Tant il était
» avide de repaître ses yeux du spectacle de cette tragé-
» die qu'il croyait que son seigneur allait bientôt après
» transporter du théâtre dans l'État, mais que Dieu a fait
» retomber sur leurs propres têtes [1] ! » Sir Gilly Merrick fut exécuté à Tyburn, ainsi que Henry Cuffe, le 30 mars

---

[1] *The effect of that which passed at the arraignments of sir Christopher Blount, sir Charles Davers, sir John Davies, sir Gilly Merrick, and Henry Cuffe.* — London, in-4°, 1601.

1601, cinquante jours environ après la fatale représentation de *Richard II*.

Une controverse importante s'est élevée, dès le dix-huitième siècle, entre les commentateurs de Shakespeare sur la question de savoir quel est ce *Richard II*, qui fut joué le 7 février 1601 devant les conjurés : est-ce le drame de Shakespeare ? est-ce l'œuvre de quelque auteur inconnu ? La plupart de ces commentateurs, — entre autres Malone, Steevens, Farmer, Tyrwhitt, M. Knight, M. Collier, M. Staunton, — ont adopté et soutenu énergiquement la seconde hypothèse; deux seulement, MM. Drake et Chalmers, ont soutenu, mais timidement, la première. On le voit, la majorité est écrasante. C'est d'une voix presque unanime que la critique d'outre-Manche a repoussé la conjecture qui attribue au glorieux auteur de *Richard II* la pièce représentée devant les conspirateurs. Quiconque connaît un peu le caractère britannique s'expliquera aisément ce verdict. La *loyauté* proverbiale de ce caractère est instinctivement révoltée par une conclusion qui prouverait une sorte de complicité morale entre le drame de Shakespeare et la rébellion du comte d'Essex. Fi! se figure-t-on, la muse sacrée du grand poëte surprise en flagrant délit de conspiration, animant la trahison, fomentant la révolte et commettant contre l'auguste reine de l'Angleterre protestante le crime, l'épouvantable crime de lèse-majesté. Mais, si cette hypothèse affreuse était admise, en voyez-vous les conséquences? Il faudrait bouleverser toutes les biographies de Shakespeare ! Il faudrait raturer cette belle légende, imaginée après coup par les historiographes zélés, qui nous montre l'auteur du *Songe d'une Nuit d'été*, encouragé, protégé, patronné, prôné, admiré, applaudi, honoré d'on ne sait quel amour platonique par « la belle Vestale qui trône à l'Occident. » Alors Shakespeare ne serait plus le Shakespeare qu'on est convenu de nous présenter ; ce ne serait plus ce poëte de cour, commode, heureux, complaisant et satisfait, que les biographes nous ont rendu familier ; ce serait un personnage jusqu'ici inconnu ; ce serait un autre Shakespeare ; ce serait un libre penseur amer, sombre, austère, attristé et mécontent ! — Shakespeare mécontent, est-il possible ? Mécontent de quoi, et de qui, s'il vous plaît ? — Mécontent d'Élisabeth Tudor ! Mécontent de la reine et de ses ministres ! Mécontent de la chambre étoilée ! Mécontent de tous les droits supprimés, de toutes les libertés violées, de toutes les consciences asservies ! Mécontent des peuples pressurés, des Irlandais massacrés, de Marie Stuart assassinée ! Mécontent de la tyrannie ! Ah ! il en coûterait trop aux loyaux sentiments de tout bon sujet britannique d'admettre une aussi choquante hypothèse. Supposer que Shakespeare pût murmurer contre un absolutisme hideux, ce serait lui faire injure. Il faut à tout prix réfuter cette calomnie. Et voilà les commentateurs à l'œuvre ! Les voilà qui tous s'ingénient pour établir que le *Richard II*, joué la veille de l'insurrection de 1601, ne peut pas être le *Richard II* de notre poëte.

Et d'abord ces messieurs croient trouver un argument péremptoire dans les paroles mêmes prononcées par Augustin Phillips pendant son entretien avec les conjurés. Comme le lecteur se le rappelle, quand sir G. Merrick demanda à Phillips de reprendre le drame de *Richard II*, le comédien répliqua que le drame, étant « vieux et tombé en désuétude, *old and out of use*, » attirerait peu de monde et que le théâtre perdrait à le jouer. Or, objectent ces messieurs, cette qualification était-elle applicable au drame du maître ? Le *Richard II* de Shakespeare, joué pour la première fois vers 1595, pouvait-il être traité de *vieille pièce* en 1601 ? — Pour discuter sérieusement cette objection, il faudrait être sûr que les paroles que le procès-verbal des juges d'instruction prête à Phillips, fussent parfaitement exactes. En outre, ces paroles pouvaient ne pas représenter fidèlement la pensée du comédien ; elles pouvaient n'être qu'une échappatoire opposée par lui à une demande embarrassante. Phillips, — hésitant d'une part, à reprendre une pièce rendue dangereuse par les allusions qu'elle contenait, et voulant, d'autre part, éviter une scabreuse explication politique où le nom de la reine eût été infailliblement prononcé, — a pu alléguer, comme prétexte, que la pièce était trop vieille pour attirer le public. Mais admettons que ses paroles fussent sincères. Était-il étonnant qu'un chef de troupe, en train de représenter fructueusement quelque ouvrage nouveau, peut-être *Comme il vous plaira*, peut-être *Beaucoup de bruit pour rien*, répugnât à le remplacer subitement par une ancienne pièce dont le succès semblait avoir été épuisé par une longue série de représentations? Dans son hésitation fort légitime et fort logique, ce chef de troupe ne pouvait-il être tenté, dût-il exagérer sa pensée, de déclarer « vieille et tombée en désuétude » une pièce ancienne de six à sept ans? A une époque où les ouvrages dramatiques se multipliaient si vite sur la scène, un intervalle de six à sept ans suffisait d'ailleurs amplement pour retirer à un drame, si célèbre qu'il fût, l'attrait de la nouveauté. Ainsi que l'avoue fort bien M. Collier, « en supposant que le *Richard II* de Shakespeare ait été écrit en 1595, comme Malone l'imagine, ou en 1596, comme le prétend Chalmers, il aurait pu être qualifié de *vieille pièce* en 1601, en raison de la rapidité avec laquelle les pièces de théâtre se succédaient alors. »

Ainsi, convenez-en, il n'y a rien dans les paroles d'Augustin Phillips qui empêche de croire que l'ouvrage représenté devant les conjurés fût celui de Shakespeare. En revanche, que de présomptions en faveur de cette hypothèse ! Examinons la question de près.

La première édition du *Richard II* de Shakespeare, format in-quarto, porte ce titre : « *La tragédie de Richard Deuxième, comme elle a été jouée publiquement par les serviteurs du très-honorable lord Chambellan. Londres,* 1597. *Imprimée par Valentin Simmes, pour Andrew Wise. En vente à sa boutique du cimetière de Saint-Paul, au signe de l'Ange.* » Ainsi, — en voilà la preuve incontestable, — la compagnie dite des *Serviteurs du lord Chambellan,* compagnie qui exploite les deux théâtres du *Globe* et de *Blackfriars,* — compagnie à laquelle Shakespeare est triplement attaché comme auteur, actionnaire et acteur, — a dès 1597 reçu, monté et joué publiquement le *Richard II* de Shakespeare. Quelques années après la représentation, les partisans du comte d'Essex s'adressent à ces mêmes comédiens et leur demandent quoi ? De reprendre le drame primitivement joué par eux, drame qui, comme le dit expressément sir G. Merrick, contient la déposition et l'assassinat du roi Richard II. La logique, le bon sens, la vraisemblance indiquent clairement qu'il s'agit ici du drame célèbre auquel Shakespeare a attaché son nom, drame qui contient, en effet, la déposition et l'assassinat du roi Richard II. Évidemment, la troupe privilégiée qui a l'insigne honneur d'avoir dans son répertoire l'œuvre de Shakespeare ne peut et ne doit songer à jouer que l'œuvre de Shakespeare. Mais cette conclusion n'est pas du goût des commentateurs. Ils déclarent *à priori* qu'il devait exister en 1601 deux pièces historiques, ayant pour sujet la fin du règne de Richard II, — la pièce de Shakespeare et la pièce anonyme d'un auteur quelconque, et ils affirment que c'est cette pièce anonyme d'un auteur quelconque qui fut jouée devant les conjurés, à la pressante sollicitation de sir Gilly Merrick. Ici les embarras commencent. Il faut prouver l'existence de cette œuvre anonyme, révélée par les savants calculs des critiques. Pour ce, on consulte tous les documents contemporains : aucune trace, aucune mention de ladite pièce. N'importe. On n'en démord pas. La pièce existe, prétend-on ; on la découvrira quelque jour. Un jour, en effet, — il y a de cela quelques années, — l'infatigable antiquaire, M. Collier, trouve, dans les archives d'une des principales bibliothèques d'Angleterre (*Bodleyan Library*), le journal d'un certain docteur Simon Forman, lequel, à la date du 30 avril 1611, contient l'analyse d'un *Richard II*, autre que le *Richard II* de Shakespeare. — Victoire, s'écrie-t-il ! — Victoire, répètent en chœur les loyaux critiques ! Mais, hélas ! ces messieurs ont poussé trop tôt le cri de triomphe ! Le compte rendu même de Forman dissipe toute illusion ; le drame analysé par le docteur n'a aucun rapport avec le drame désigné par sir Gilly Merrick ; il a pour sujet les premiers événements du règne de Richard II, la répression sanglante de l'insurrection populaire de Jacques Strak et de Wat Tyler, et la victoire du roi sur le parti aristocratique représenté par le comte d'Arundel et le duc de Glocester ; il ne contient aucune des scènes indiquées, ni la déposition, ni le meurtre du roi. Donc, il faut s'y résigner, ce ne peut être le drame joué, le 7 février 1601, devant les conjurés.

Ainsi l'existence du drame anonyme, antérieur à l'œuvre de Shakespeare et ayant pour sujet, comme celle-ci, la fin du règne de Richard II, est encore à prouver, et il faut, pour la démontrer, que la critique anglaise recommence ses recherches. Mais à quoi bon tant d'efforts stériles ? A quoi bon lutter contre l'évidence ? N'est-il pas clair que, si en 1601, la troupe du lord chambellan possédait dans son répertoire deux pièces composées sur la même donnée, l'une par Shakespeare, l'autre, par quelque dramaturge obscur, ce fait ressortirait du compte rendu même de l'entretien qui eut lieu le jeudi 7 février entre Augustin Phillips et sir Gilly Merrick? Si tel était le cas, le comédien eût été obligé de répondre au chevalier quelque chose comme ceci : « Vous désirez que nous reprenions l'ancien drame qui a pour conclusion la déposition et le meurtre de Richard II. Or, nous avons deux pièces ayant cette conclusion, l'une de notre confrère, William Shakespeare, l'autre de X. Laquelle désirez-vous ? » Mais rien de pareil ne s'est dit entre les interlocuteurs. Les documents, qui relatent la négociation, s'accordent à établir qu'elle avait pour objet un ouvrage unique, *The play of deposing king Richard the second*, suivant le récit de Bacon, *The play of deposing and killing king Richard the second*, selon le procès-verbal des juges d'instruction. Cette désignation si précise : *La pièce de la déposition et du meurtre du Roi Richard*, n'admet aucun doute : elle prouve qu'il n'existait pas deux drames composés sur le même sujet et que par conséquent il n'y avait pas lieu à option. Évidemment, aucune confusion n'était possible dans l'esprit des interlocuteurs, et la pièce réclamée ne pouvait être que le drame par excellence, le drame de Shakespeare.

Donc, — il faut, bon gré mal gré, que la critique anglaise en convienne, — voilà l'auteur de *Richard II* impliqué par son œuvre dans l'insurrection de 1601. Voilà Shakespeare pris en flagrant délit de révolte intellectuelle et morale contre la monarchie absolue des Tudors! Certes une telle évidence, loin de diminuer la gloire du poëte, ne fait que la grandir à nos yeux. Libre aux « loyaux » critiques d'outre-Manche de rejeter cette évidence comme injurieuse pour sa mémoire. Quant à nous, il nous plaît de voir notre poëte prendre en face du despotisme l'attitude hautaine de la protestation. Tandis que les peuples sont prosternés dans la plus abjecte servitude, nous aimons à l'entendre rappeler, sans colère, sans violence, avec l'impartiale sérénité du génie, les hautes traditions de sa patrie.

A la fin du seizième siècle, à cette sombre époque où le droit divin opprime le monde, quand Philippe II rêve, au fond de l'Escurial, sa monarchie universelle, quand la France passe du bon plaisir des Valois au bon plaisir des Bourbons, quand l'Angleterre est léguée par les Tudors aux Stuarts, quand l'Armada détruite, les catholiques suppliciés, les puritains décimés ont fait de la fille d'Anne de Boleyn la sultane toute-puissante de l'Angleterre, quand, exerçant la double suprématie du pape et de l'empereur, maîtresse de toutes les consciences comme de toutes les destinées, arbitre de la foi, arbitre de la loi, Élisabeth trône, la tiare au front, quand le Parlement n'a même plus de droit de remontrance, quand toutes les libertés publiques sont absorbées dans le caprice souverain, alors Shakespeare se lève et proteste. Brusquement, en face de cette cité esclave, le magicien sublime évoque la redoutable Londres d'autrefois. Devant ce misérable Westminster où l'on divinise la tyrannie, il élève subitement le formidable Westminster où on la détrône. En opposition à ce Parlement servile qui laisse sans mot dire emprisonner ses membres par la royauté, il assemble le Parlement national qui fait la royauté prisonnière. Prodigieux exemple! Cette monarchie impériale qui prétend tenir son mandat d'en haut et, par un ambitieux blasphème, s'assimile à Dieu même, il la traduit à la barre du peuple, humiliée, garrottée, furieuse, frémissante, éperdue; là, après lui avoir présenté le miroir de son passé, il la proclame indigne, il la dépouille de ses attributs, il lui enlève l'épée de justice, il lui retire le sceptre, il lui arrache la couronne !

Certes il fallait un grand courage civique pour oser offrir un pareil spectacle sous le régime despotique des Tudors. La poésie, je le sais, était ici couverte par l'histoire; Shakespeare pouvait se retrancher derrière Froissart et Holinshed. N'importe. Malgré l'habileté suprême du poëte qui prenait la chronique pour texte, le coup de théâtre parut si audacieux qu'il alarma la presse naissante. Le libraire Andrew Wyse, qui publia le premier le drame de *Richard II*, fut obligé de le tronquer. Fait bien significatif, — la scène essentielle de la déposition du roi manque à l'édition de 1597; elle ne fut pas publiée du vivant d'Élisabeth; et ce n'est qu'en 1608 que l'éditeur Matthew Law se risqua à la restaurer. — Ainsi la censure jalouse des Tudors, à qui l'ouvrage avait échappé sur le théâtre, le poursuivait dans le livre. Elle faisait pis que le supprimer, elle le mutilait. Elle châtrait ce drame viril; elle le dénaturait; elle lui enlevait cette conclusion féconde qui en est le complément indispensable. Impuissante rancune. Stériles représailles exercées par un pouvoir éphémère contre l'immortel génie! L'ouvrage, lacéré par les ciseaux d'une vieille fille couronnée, devait reparaître, quelques années plus tard, dans son invulnérable intégrité. Et aujourd'hui la critique moderne s'incline, émue et reconnaissante, devant ce drame unique qui fut à la fois l'œuvre d'un grand poëte et l'acte d'un grand citoyen.

Oui, — nous ne saurions le dire trop haut, — *Richard II* est une conception éminemment patriotique. Ce qui inspire ce drame, ce qui l'anime, ce qui l'exalte, c'est l'amour de la patrie. Shakespeare, en effet, aimait passionnément son pays. Jamais poëte n'eut plus que lui le culte de la terre natale. Voué à l'humanité par l'immensité de son génie, Shakespeare appartenait à sa patrie par tous les instincts de son cœur. Pour être cosmopolite, sa pensée n'en était pas moins nationale. Il ressentait dans ses mille nuances et dans ses mille délicatesses le noble amour de la patrie ; il en connaissait toutes les susceptibilités, toutes les fiertés, toutes les préventions, toutes les animosités, toutes les émulations, toutes les colères, tous les égoïsmes, toutes les grandeurs, et parfois aussi toutes les petitesses. Il aimait sa patrie jusqu'à en être jaloux. Il était aussi tendre que sévère pour elle. Il veillait sur elle avec une constante sollicitude. Je ne sais si Shakespeare était par principe ce qui s'appelle aujourd'hui un libéral ; mais à coup sûr il l'était par sentiment. Il voulait sa patrie libre parce qu'il la voulait digne. Il la voulait indépendante parce qu'il la voulait glorieuse. Si puissante était chez lui cette double ambition que lui, le poëte impersonnel par excellence, n'a pu s'empêcher de la trahir dans son œuvre. Voyez, par exemple, avec quelle ardeur il défend, dans le *Roi Jean*, la frontière menacée ! Avec quelle véhémence il dénonce l'usurpation étrangère ! Avec quel enthousiasme il lance contre l'héritier de la maison d'Autriche le peuple incarné dans le Bâtard ! Avec quelle furie il brandit la rapière britannique contre le démon du Midi ! Enfin, avec quelle joie farouche il jette sur la scène la tête de l'archiduc décapité ! — Mais ce n'est pas seulement l'invasion matérielle qui menace la patrie de Shakespeare, c'est l'envahissement moral. Sixte-Quint est plus redoutable encore que Philippe II. La monarchie universelle tentée par le roi d'Espagne ne s'établirait que sur des cadavres ; mais l'empire catholique auquel aspire la papauté avilirait les âmes. La véritable Armada, ce n'est pas cette flotte fanfaronne qu'un coup de vent dispersera, c'est cette milice occulte, qu exécute, quel qu'il soit, le mot d'ordre jésuitique de Rome, qui hier décimait la France huguenote par le massacre de la Saint-Barthélemy et qui, demain, roulera sous les caves de Westminster le monstrueux baril de poudre destiné à faire sauter l'hérétique Angleterre. Avec l'instinct infaillible du patriotisme, le poëte devine là l'ennemi suprême. Aussi le dénonce-t-il à deux reprises et dans deux drames différents : il écrase, dans *Henry VIII*, par la chute de Wolsey, cette conspiration ultramontaine qu'il a démasquée, dans le *Roi Jean*, par l'humiliation de Pandolphe. Il lance jusqu'au Vatican les foudres de son vers. A l'excommunication partie de Rome, il réplique par l'éternel anathème de la muse : « Tu ne peux pas, cardinal, imaginer un titre aussi futile, aussi indigne, aussi ridicule que celui de pape. Dis cela à ton maître ; — et, de la part de l'Angleterre, ajoute qu'aucun prêtre italien ne percevra jamais ni taxe ni dîme dans nos domaines. Continuez, vous tous rois de la chrétienté, à vous laisser mener grossièrement par ce pape intrigant... Seul, je lui résiste et tiens pour ennemis ses amis[1] ! »

C'est avec cette éloquence passionnée que Shakespeare revendiquait l'autonomie de son pays. — Indépendance religieuse, — indépendance politique, — exclusion des prétendants étrangers, — exclusion de la monarchie catholique, — exclusion de la suprêmatie papale, — telles étaient pour l'auteur de *Henry VIII* et du *Roi Jean* les conditions essentielles à l'existence même de sa patrie : telles étaient les bases fondamentales de la charte idéale que promulguait son génie. Hors de là, pas de droit public, pas de vie publique. Tributaire du dehors, la patrie n'existait plus ; elle n'était plus nation et devenait province ; elle perdait la direction de ses destinées ; elle abdiquait son moi en abjurant sa conscience ; elle se suicidait dans la conscience universelle.

[1] *Le roi Jean*, vol. III, p. 209.

Pour empêcher ce suicide, un gouvernement national était nécessaire. Mais ce gouvernement national, quel devait-il être? De quels éléments devait-il être formé? Sur quelles bases devait-il reposer? Ici une question nouvelle se présentait.

D'après la théorie proclamée partout au temps de Shakespeare, le gouvernement était un attribut exclusif de la propriété. Qui avait le sol, régissait l'habitant. Le légitime héritier de la terre était le souverain absolu de la population. Un peuple était un immeuble comme un autre, lequel se transmettait par succession dans une famille privilégiée et était dévolu à un seigneur appelé roi. Le roi pouvait disposer de cet immeuble à sa guise : il pouvait, selon la formule romaine, en user et en abuser. Le territoire lui appartenant, tout ce qui vivait, végétait, respirait sur ce territoire, lui appartenait. Il était le maître de toutes les fortunes, de toutes les libertés, de toutes les existences. « Tout ce que nous avons, disait le sergent Heyle au parlement de 1601, est à Sa Majesté, et elle peut légalement nous l'ôter à sa guise [1]. » Ce régime était simple. Le bon plaisir d'un seul était la règle de tous. Ce que le prince voulait était la loi. Aucune infraction ne lui était possible, puisqu'il était le droit vivant. Élu par la désignation mystique de la naissance, délégué visible de l'Invisible, infaillible, irresponsable, fatidique, immémorial, il avait les pleins pouvoirs du Tout-Puissant.

Cette théorie qui révolte aujourd'hui notre bon sens indignait, nous n'en doutons pas, le grand esprit qui s'appelait Shakespeare. L'équité suprême, qui était l'âme de sa poésie, ne pouvait admettre le monstrueux sys-

---

[1] « All we have is her majesty's and she may lawfully at her pleasure take it from us. » Hume's *History of England*.

tème qui faisait d'un individu l'arbitre du bien et du mal. Eh quoi, de cette créature humaine comme nous, charnelle comme nous, fragile comme nous, dépendraient ici-bas les axiomes de l'immuable morale ! Une créature serait, par droit de naissance, maîtresse absolue de tous les êtres ; une fantaisie serait la norme de toutes les volontés ; elle pourrait dire : l'Etat, c'est moi. Elle pourrait gouverner à sa guise : contre elle pas de garantie, pas de recours, pas de remontrance. La légitimité de la naissance lui rendrait tout légitime. Elle pourrait à son aise être inique, oppressive, tyrannique, infâme ; elle aurait un blanc-seing pour pressurer, spolier, tailler, voler, décimer les peuples. La couronne, ce serait l'impunité ! — Eh bien, non, cela n'est pas ; le poëte proteste contre cette théorie du jurisconsulte. Pour lui, cette théorie est plus qu'une imposture, c'est un blasphème. Votre roi légitime n'a pas de droit contre le droit : il est soumis, comme nous tous, aux lois universelles de l'équité. Les principes éternels qui président à l'ordre des choses ne sont jamais impunément outragés. Tôt ou tard ces principes offensés se redressent contre l'offenseur avec la violence irrésistible des éléments ; ils soulèvent dans leur colère la patrie opprimée, ameutent les âmes, arment les bras, et, renversant le tyran sous la coalition des consciences, revendiquent par une révolution réparatrice leur toute-puissance méconnue. Alors la vérité éclate incontestable : la souveraineté, à laquelle appartient le gouvernement du monde, n'est pas le caprice d'un seul homme, mais la raison suprême exprimée par la volonté de tous.

Démontrer l'impuissance de l'arbitraire monarchique devant l'omnipotence providentielle, prouver que les décrets du bon plaisir royal ne sauraient prévaloir contre les arrêts de la justice absolue, détruire cette superstition qui fait du roi le représentant de Dieu en montrant la royauté en lutte avec la Divinité, et frappée par elle, déplacer la base traditionnelle de l'autorité en la transportant du prince au peuple, restituer à la nation l'initiative du gouvernement en faisant émaner le pouvoir de l'élection, établir, par un exemple éclatant et illustre, que la force suprême, c'est le droit : telle est l'idée mère du drame de *Richard II*. Pour que cette haute leçon eût toute sa portée, pour qu'elle fût un enseignement politique en même temps qu'un symbole littéraire, il était nécessaire qu'elle eût la valeur d'un fait réel et incontesté. Le caprice du poëte devait s'assujettir ici à la rigidité de l'annaliste. Il fallait que la muse prît la plume d'acier de la chronique. Aussi *Richard II* est-il un ouvrage strictement historique. Le cadre du drame est exactement le cadre de l'histoire. C'est à l'histoire qu'appartient l'action entière, et qu'appartiennent tous les personnages. A peine l'auteur a-t-il osé insinuer dans un coin du tableau la sympathique figure du servage, sous les traits de ce bon jardinier, « vieux spectre d'Adam, » qui annonce à la reine Isabelle la captivité de son mari. Ici Shakespeare n'a pas usé de la licence qu'il a prise partout ailleurs ; il ne s'est pas départi un seul instant du plan tracé par les événements ; il s'est astreint à développer le scenario naïvement transmis par Froissart et par Holinshed ; il n'a pas voulu mêler à ces personnages tout historiques les enfants de son imagination ; il n'a rien retranché à l'œuvre de la Providence, il s'est contenté d'être le metteur en scène de Dieu.

Autre trait caractéristique qu'on n'a pas remarqué : *Richard II* est, de tous les ouvrages de Shakespeare, le seul qui ne contienne aucun élément comique.

Le grotesque, qui chez le poëte joue d'habitude un rôle si important, est rigoureusement exclu d'ici. Ce drame est sévère comme une tragédie d'Eschyle. La terreur et la pitié le remplissent seules de leur épique contraste. L'auteur n'a pas voulu atténuer par un mot bouffon la gravité majestueuse de sa leçon. Il s'agit bien d'amuser ce peuple asservi ! Il faut, avant tout, l'instruire. Quand on a le despotisme à renverser, est-ce le moment de rire ?

Le roi Richard n'est pas un usurpateur comme Macbeth ou comme le roi Jean. Pour parvenir au trône, il n'a assassiné personne. Son avénement n'a pas de vice originel. Il règne, non en vertu d'un crime, mais en raison de sa naissance. Fils unique du glorieux prince Noir qui était le fils aîné du victorieux Edouard III, il tient d'un titre incontesté la couronne des Plantagenets. La tradition de l'hérédité l'a fait souverain légitime. Sacré dès l'âge de onze ans, il a eu le sceptre pour hochet, habitué dès l'enfance à jouer avec les destins d'un grand royaume, Richard II est encore un jeune homme et est déjà un vieux tyran. Prodigue, dissipé, libertin, répugnant par sensualisme à l'âpre métier de la guerre, voluptueux et impitoyable, ingénieux à la débauche et à la cruauté, expert en divertissements et en piéges, épris de mascarades et de guet-apens, terrible et enjoué, Richard est, par excellence, le roi du bon plaisir. Exercer sans pitié son droit divin, exploiter sans réserve sa prérogative, tirer tout le profit possible de son royal domaine, employer pour ses besoins personnels les ressources de tous, extorquer à la nation la solde de ses dix mille gardes, torturer le peuple pour amuser sa cour, telle a été jusqu'ici sa politique. Et quand par hasard cette politique a rencontré des résistances, le roi les a savamment anéanties. — Wat-Tyler, à la tête de soixante mille insurgés, réclamait la diminution des taxes et l'abolition

du servage. Le roi a concédé à Wat-Tyler toutes ses demandes, puis l'a invité à une entrevue amiable, l'a fait assassiner par ses gens, et a rétracté toutes les concessions faites. — Un des oncles du roi, le duc de Glocester, prétendait imposer à la cour le contrôle du Parlement. Un jour, Richard est allé souper chez son oncle à la campagne de Plashy, puis, comme la nuit était venue, s'est fait accompagner par lui jusqu'au bord de la Tamise ; là des sbires, apostés par le maréchal duc de Norfolk, ont empoigné le duc de Glocester, l'ont jeté de force dans une barque et l'ont transporté à la forteresse de Calais. « Lors, raconte Froissart, quatre hommes, à ce ordonnez,
» lui gettèrent une touaille au col, et l'estraignirent tel-
» lement, les deux d'un costé et les austres deux de l'au-
» tre, qu'ils l'abbatirent à terre, et là l'estranglèrent et
» cloirent les yeux : et tout mort le portèrent sur un
» lict, et le despouillèrent et deschaussèrent et le cou-
» chèrent entre linceux, et mierent son chef sur un
» oreiller, et le couvrirent de manteaux fourrez : et puis
» issirent de la chambre, et vindrent en la salle tous
» pourveus de ce qu'ils deuoient dire et faire, en disant
» telles paroles qu'une fausse maladie d'apoplexie estoit
» prise au duc de Glocester, en lauant ses mains et qu'à
» grand'peine on l'auait pu coucher. »

C'est au lendemain de ce meurtre que commence le drame de Shakespeare. Le poëte nous montre, dans une scène pathétique, la douleur d'Éléonore Bohun, veuve du duc assassiné. La duchesse conjure son beau-frère, Jean de Gand, de venger la mort de Glocester en châtiant les assassins. Jean de Gand résiste à ces supplications : selon lui, le roi, unique dispensateur de la justice, peut seul venger cette mort, et comment punirait-il un crime qu'il a ordonné? Comment condamnerait-il les meurtriers dont il est lui-même le complice? Il faut donc se résigner à attendre de Dieu la sentence que les hommes ne sauraient prononcer.

— Confions notre cause à la volonté du ciel. Quand il verra les temps mûrs sur terre, il fera pleuvoir une brûlante vengeance sur la tête des coupables.

La duchesse insiste : que vient-on parler de soumission au désespoir ! La patience du duc de Lancastre lui fait l'effet d'une lâche indifférence.

— La fraternité n'est-elle pas pour toi un stimulant plus vif? L'amour n'a-t-il pas plus de flamme dans ton vieux sang ? Ah ! Jean de Gand, son sang était le tien ; et tu as beau vivre et respirer, tu es tué en lui ; c'est acquiescer hautement à la mort de ton père que de laisser périr ton malheureux frère, cette vivante image de ton père... Ce que nous appelons patience chez les gens vulgaires n'est que pâle et blême couardise dans les nobles poitrines.

Inutile appel. Jean de Gand ne se laisse pas ébranler ; rien ne peut le faire dévier du respect qu'il doit à la majesté royale. Le roi ne saurait trouver de juge ici-bas : il ne relève que de là-haut.

— Cette querelle est celle de Dieu, *God's is the quarrel.*

Car c'est le représentant de Dieu, l'oint du seigneur sacré sous ses yeux même, qui a causé sa mort : si ce fut un crime, que Dieu en tire vengeance, car je ne pourrai jamais lever un bras irrité contre son ministre.

— A qui donc, hélas ! pourrai-je me plaindre?

— Au ciel, le champion et le défenseur de la veuve !

Cette scène entre la veuve et le frère du duc de Glocester est le prologue véritable de l'action. C'est par ce dialogue, jusqu'ici trop peu remarqué, que l'auteur expose son sujet et nous en montre l'étendue. « Cette querelle est celle de Dieu. » Nous allons assister à ce drame immense :

le procès de la majesté royale fait par la majesté divine : le roi accusé, condamné et châtié par Jéhovah : ce qu'il y a de plus haut sur la terre, le trône, frappé par le ciel.

A peine Glocester a-t-il expiré qu'un incident surgit. Bolingbroke, fils de Jean de Gand, provoque en duel le duc de Norfolk, celui-là même qui présidait au guet-apens : ne pouvant atteindre le roi, le prince s'en prend au ministre. Il accuse le maréchal du meurtre de Glocester et, selon la coutume féodale, il le somme de se justifier par l'épreuve solennelle du combat judiciaire : « C'est toi, Norfolk, qui as fait ruisseler cette âme innocente dans des torrents de sang. Ce sang, comme celui d'Abel, crie du fond de la terre ; il réclame de moi justice et rude châtiment. Et, par la glorieuse noblesse de ma naissance, ce bras le vengera ou j'y perdrai cette vie. » Norfolk relève le gant et accepte le cartel... — Voici le jour fixé pour le combat. Figurons-nous la splendide mise en scène indiquée par la chronique. La lice a été dressée dans la plaine de Gosford-Green, près de Coventry. Les bannières flottent au vent, les rois d'armes sont à leur poste. Les gardes ont peine à repousser la foule accourue de toutes les parties du royaume. Une longue fanfare annonce l'arrivée de Richard II qui, comme juge du camp, va s'asseoir sur une estrade, élevée au-dessus du champ clos. Les grands feudataires, ayant à leur tête le vénérable duc de Lancastre, prennent place au-dessous du roi, comme assesseurs. Le duc d'Aumerle, comme connétable, et le duc de Surrey, comme maréchal, s'installent dans l'enceinte du champ clos dont la police leur est confiée. Une trompette sonne, une autre trompette lui répond. Et bientôt voici paraître, précédés chacun de son héraut, les deux magnifiques adversaires. Thomas Mowbray, duc de Norfolk, est sur un cheval bai que couvre un caparaçon de velours cramoisi brodé de lions et de branches de mûrier d'argent : il porte une armure commandée tout exprès au meilleur armurier d'Allemagne. Henry Bolingbroke, duc d'Hereford, monté sur un destrier blanc que revêt une housse de velours vert et bleu, brodée de cygnes et d'antilopes d'or, porte la merveilleuse panoplie que, selon le rapport de Froissart, lui a envoyée messire Galéas, duc de Milan. Toutes les formalités d'usage sont remplies. Les lances ont été mesurées. Les deux combattants ont successivement décliné leurs titres, et chacun a attesté par serment la justice de sa cause. Le signal est donné, et les champions s'élancent, l'un contre l'autre, la lance au poing. Instant solennel. Bolingbroke a pour lui les prières d'une veuve et les sympathies palpitantes de toute une nation ; Norfolk a pour lui les yeux hypocrites du roi. Imaginez en ce moment l'inquiétude de Richard : si le ciel allait décerner la victoire à Bolingbroke ! Si Dieu, en décrétant la défaite de Mowbray, allait punir devant tous le crime secrètement ordonné par le roi ! Richard frémit devant cette possibilité : se voir condamné dans son ministre par le verdict d'en haut. A tout prix il faut prévenir une telle conclusion, et voilà le roi qui tout à coup jette son bâton de commandement entre les deux adversaires. Le combat judiciaire est arrêté. Richard interpose sa volonté entre l'appelant et le défendant, et brusquement évoque à son tribunal la cause qui s'instruisait devant les assises divines. Par un coup d'État imprévu, il substitue l'arbitraire royal à la justice providentielle. Le roi usurpe sur le Très-Haut ; il enlève à Dieu le droit de prononcer ici la sentence : les deux adversaires sont condamnés à l'exil.

Froissart raconte avec toute l'autorité d'un contemporain l'effet produit en Angleterre par la proscription de Bolingbroke. Ce fut un deuil national. La patrie pleura

comme si elle perdait son défenseur. L'exilé fut escorté à son départ par un peuple en larmes. « Quand le comte
» d'Erby monta à cheval, et se départit de Londres, plus
» de quarante mille hommes estoient sur les rues qui
» crioient et pleuroient aprez luy, si piteusement que
» c'estoit grande pitié de les veoir, et disoient : Haa,
» gêtil comte d'Erby, nous laisserez-vous donc ? J'amais
» le pays n'aura bien ne ioie iusqu'à ce qu'y soyez retourné
» mais les iours de retour sont trop longs. Par enuie,
» cautelle et trahison on vous met hors de ce royaume. »
L'auteur dramatique ne pouvait nous donner ce spectacle : il ne pouvait nous montrer cette immense multitude éplorée faisant au proscrit un cortége de lamentations. Mais il a mis sur la scène l'envers du tableau. Ce qui fait la douleur du peuple fait par contre-coup la joie du despote. Bolingbroke n'a pas plutôt disparu, que Richard laisse éclater devant ses familiers son indécente satisfaction. Il écoute complaisamment le récit cynique d'Aumerle qui se vante d'avoir quitté l'œil sec son cousin banni. Lui-même a vu Bolingbroke et se moque des courtoisies que celui-ci adressait à la canaille : — Que de respects il prostituait à ces manants ! Il ôtait son chapeau à une marchande d'huîtres ! Deux haquetiers lui criaient : *Dieu vous bénisse !* et obtenaient le tribut de son souple genou !

Cependant une nouvelle funèbre fait trêve à ces railleries : le vénérable Jean de Gand se meurt, tué par la douleur d'avoir perdu son fils, et, avant d'expirer, a exprimé le désir de voir le roi. La mort même ne saurait imposer silence à la joie féroce de Richard. Au douloureux message il répond par cette facétie hideuse :

— Ciel ! suggère au médecin l'idée de le dépêcher immédiatement à sa tombe... Venez, messieurs, allons le visiter : Dieu veuille qu'en faisant toute diligence, nous arrivions trop tard !

A ce moment Richard II est aussi monstrueux que Richard III.

Ici se place cette belle scène dont le génie du poëte a illuminé le récit de l'histoire. « Or, avint qu'environ » Noël (1398) le duc de Lanclastre (qui viuoit en grande » deplaisance, tant pour son fils que pour le gouverne- » ment qu'il veoit en son neveu le roy Richard, et sen- » tant bien le dit duc que s'il persévéroit en celuy estat » longuement, le royaume seroit perdu) tomba en une » maladie de laquelle il mourut, et eut grand'plainte de » ses amis. Le roy Richard d'Angleterre (à ce qu'il » monstra) n'en fit pas grand compte : mais l'eut tantost » oublié. » Certes, elle est émouvante, même dans le récit laconique de Froissart, cette fin du duc de Lancastre, causée par la double blessure du patriotisme et de la paternité. Mais, pour que l'impression soit à la hauteur du drame, il faut que la victime soit, au dernier moment, confrontée avec son bourreau. Il faut que le souffre-douleur jette au tourmenteur couronné l'anathème de son agonie.

Voilà pourquoi le poëte amène Richard II au chevet de Jean de Gand. La voix du prince expirant est devenue en quelque sorte la voix même de la nation martyre. Les angoisses de la patrie ont trouvé leur dernier écho dans le râle sacré du patriarche :

— ... Cet auguste trône des rois, cette île-sceptre, cette terre de majesté, ce siége de Mars, cet autre Éden, ce demi-paradis, cette forteresse bâtie par la nature pour se défendre contre l'invasion et le coup de main de la guerre, cette heureuse race d'hommes, ce petit univers, pierre précieuse enchâssée dans une mer d'argent... ce lieu béni, cette terre, cet empire, cette Angleterre...

cette patrie de tant d'âmes chères, cette chère, chère patrie, est maintenant affermée (je meurs en le déclarant) comme un fief misérable !... Cette Angleterre qui avait coutume d'asservir les autres, a consommé honteusement sa propre servitude !...

Richard II interrompt cette patriotique agonie, en demandant au duc comment il se trouve. Mais le vieillard n'est pas dupe de cette sollicitude ironique. Étendu dans le linceul, il dévisage Richard d'un regard sépulcral et, comme s'il avait déjà la double vue d'outre-tombe, aperçoit dans les traits du jeune roi les symptômes du mal meurtrier qui le ronge. La fin prochaine du tyran lui apparaît avec son inévitable horreur. Le plus malade ici n'est pas Jean de Gand. Ce jeune roi, insolent de santé, de vigueur et de puissance, voilà le moribond. Richard est miné par l'incurable phthisie du despotisme :

— La maladie que tu vois en moi, je la vois en toi. Ton lit de mort, c'est ce vaste pays où tu languis dans l'agonie de ta renommée. Et toi, trop insoucieux patient, tu confies ta personne sacrée aux médecins même qui t'ont les premiers lésé... Oh ! si d'un regard prophétique ton aïeul avait pu voir comment le fils de son fils ruinerait ses fils, il t'aurait dépossédé d'avance en te déposant, plutôt que de te laisser, possédé que tu es, te déposer toi-même... Tu n'es plus le roi d'Angleterre. Ta puissance légale s'est asservie à la loi, et...

— Et toi, imbécile lunatique, tu te prévaux du privilége de la fièvre pour oser faire pâlir notre joue avec ta morale glacée ! Si tu n'étais le frère du fils du grand Édouard, cette langue qui roule si rondement dans ta tête ferait rouler ta tête de tes insolentes épaules.

— Oh ! ne m'épargne pas... Mon frère Glocester, cette âme si candidement bienveillante, peut te servir de précèdent pour témoigner que tu ne te fais pas scrupule de verser le sang d'Édouard. Ligue-toi avec ma maladie : et que ta cruauté s'associe à la vieillesse crochue pour faucher une fleur depuis trop longtemps flétrie... Vis dans ton infamie, mais que ton infamie ne meure pas avec toi. Et puissent ces derniers mots être à jamais tes bourreaux !

Sentence solennelle que doit exécuter l'avenir ! La malédiction de Jean de Gand a sur la fortune de Richard II la même action inéluctable que l'anathème de la reine Marguerite sur les destinées de Richard III. La catastrophe future gronde déjà dans cette imprécation. Le poëte a concentré là, comme en un éclair suprême, tous les tonnerres du dénoûment. Quoi que puisse faire désormais Richard II, il ne saurait échapper au coup fatal. La malédiction du mourant l'a foudroyé.

Fort de sa toute-puissance, Richard croit pouvoir braver l'excommunication de la tombe. Il riposte par un acte de colère à ce courroux funèbre : il se venge de Jean de Gand en dépossédant Bolingbroke. Sous prétexte qu'il a besoin de subsides pour la guerre d'Irlande, il confisque à son profit le domaine de Lancastre. Mais ce décret arbitraire, qui subordonne au bon plaisir de la monarchie le principe élémentaire de la propriété, est le dernier acte du despotisme. Devant cette application extrême de la théorie royaliste, une résistance nationale s'organise. Chacun se sent lésé dans son droit personnel par l'arrêt qui dépossède Bolingbroke et se prépare à venger le principe outragé. — Dans ce même palais d'Ély où Jean de Gand vient d'expirer, l'élite de la noblesse anglaise, réunie en comité secret, dénonce un despotisme devenu intolérable. Les éléments de la société féodale entrent en lutte. L'aristocratie renie sa suzeraine, la monarchie, dans un langage d'une étonnante hardiesse. Ici la poésie épique prend la formidable précision de la prose révolutionnaire :

NORTHUMBERLAND. Par le ciel, c'est une honte que de se laisser accabler par de telles iniquités. Le roi n'est plus lui-même ; il se laisse bassement mener par des flatteurs ; à la première accusation, il exercera des poursuites sévères contre nous, nos existences, nos enfants, nos héritiers.

Ross. Il a mis a sac les communes par des taxes exorbitantes, et il a perdu leur affection ; il a, pour de vieilles querelles, frappé d'amende les nobles, et il a à jamais perdu leur affection.

WILLOUGHBY. Et chaque jour on invente de nouvelles exactions, blancs-seings, dons volontaires et je ne sais quoi. Mais, au nom du ciel, que fait-il de tout cet argent ?

NORTHUMBERLAND. Les guerres ne l'ont point absorbé, car il n'a pas guerroyé. Il a dépensé dans la paix plus que ses aïeux dans la guerre.

WILLOUGHBY. Le roi a fait banqueroute comme un homme insolvable.

NORTHUMBERLAND. L'opprobre et la honte planent sur lui.

Cette éloquente dénonciation du despotisme est toujours actuelle et toujours vraie : mais quel singulier àpropos elle avait pour l'auditoire de Shakespeare ! La foule, qui allait chaque jour applaudir son poëte, ne pouvait manquer de saisir toutes ces paroles comme autant d'allusions vengeresses. Par une étrange coïncidence, dans laquelle il est difficile de ne pas voir une préméditation de l'auteur, ce réquisitoire contre le gouvernement de Richard II résumait en quelques phrases laconiques les chefs d'accusation murmurés par tout un peuple contre le gouvernement d'Élisabeth. Les noms changés, c'étaient les mêmes griefs : confiscations, prodigalités envers des favoris, le soupçon et l'espionnage partout aux aguets, le peuple écrasé d'impôts, la noblesse systématiquement épuisée, exactions nouvelles sans cesse inventées, emprunts forcés, qualifiés dérisoirement dons volontaires, état de paix plus coûteux que l'état de guerre. Certes, nous comprenons que la reine Élisabeth se soit sentie personnellement atteinte par les acclamations qui élevaient jusqu'à elle les sentences du poëte ! Nous comprenons que, peu de temps avant de mourir, elle ait dénoncé avec tant d'acrimonie le succès de « cette tragédie de *Richard II*, jouée quarante fois dans les théâtres publics. » Cette vaillante exposition des abus du despotisme devait mériter longtemps les rancunes de la royauté. En 1738, les vers du maître, ingénieusement appliqués par un écrivain indépendant aux actes du ministère Walpole, valurent à une revue périodique, *The Craftsman*, l'honneur d'un procès de presse. Magnifique triomphe posthume ! Si formidable était cette franche poésie qu'à cent cinquante ans de distance elle donnait à la monarchie le frisson du remords, et qu'après avoir fait frémir la maison de Tudor, elle faisait trembler la dynastie de Hanovre.

C'est qu'en effet l'œuvre de Shakespeare contient un symbole à jamais dangereux au despotisme. L'insurrection ne s'y consume pas en déclamations vaines ; elle passe, avec une irrésistible logique, de la parole à l'action. Il ne suffit pas de dénoncer l'absolutisme, il faut le renverser. — Le même vent providentiel qui retient à la côte d'Irlande Richard II et son armée amène sur la plage d'Yorkshire la barque de Henry de Lancastre. Le duc, expatrié et déshérité, reparaît pour revendiquer à la fois son héritage et sa patrie. Son débarquement triomphal à Ravenspurg est un des plus étonnants miracles par lesquels le droit lésé ait jamais manifesté sa souveraineté. Ce droit qui de siècle en siècle éblouit l'histoire de ses prodiges, ce droit qui doit un jour renverser sous son souffle les dynasties de Stuart et de Bourbon, se soulève aujourd'hui contre la dynastie de Plantagenet. En face de Richard, ce Jacques II du quatorzième siècle, surgit Bolingbroke, ce Guillaume d'Orange. Devant l'invisible force de la révolution succombent une à une les bastilles de la tyrannie. Les citadelles charmées abaissent leur pont-levis ; les villes se rendent enchantées. Les troupes envoyées contre la révolte sont désarmées par on ne sait quel exorcisme magique ; les milices galloises, levées par Salisbury, se débandent ; l'armée anglaise, commandée par le duc d'York, passe sans coup férir sous les ordres du rebelle. — Cependant Richard II est revenu d'Irlande et a débarqué sur la côte du pays de Galles. Le roi ne connaît encore qu'une partie de la vérité ; il sait qu'une insurrection a éclaté, mais il ignore encore quelles proportions elle a prises. D'ailleurs, il a l'aveugle infatuation de sa prérogative ; il est convaincu qu'aucune force humaine ne saurait lui arracher le sceptre. N'est-il pas l'Oint du seigneur ? L'Angleterre ne lui appartient-elle pas en vertu d'un droit divin ? Ne lui est-elle pas attachée par un lien mystique que nulle violence ne saurait rompre ? Pour le roi, cette terre n'est pas la chose insensible et inanimée que nous foulons ; c'est un être vivant, passionné et aimant qui est dévoué, par la nature même, à l'autorité monarchique. Le roi ne possède pas seulement le corps de la patrie, il en possède l'âme. C'est dans cette persuasion que Richard adjure si tendrement la terre anglaise, et qu'il la presse de prendre sa défense contre la révolte :

— Ne nourris pas les ennemis de ton souverain, ma gentille terre, et refuse tout cordial à leur appétit dévorant. Mais fais en sorte que tes araignées qui sucent ton venin, que tes crapauds rampants se trouvent sur leur chemin... N'offre à mes ennemis que des orties, et, quand ils cueilleront une fleur sur ton sein, fais-la garder par une vipère... Ne riez pas de mes paroles, milords, comme d'une folle adjuration... Cette terre aura du sentiment, et ses pierres se changeront en soldats armés, avant que son roi natal chancelle sous les coups d'une infâme rébellion.

Vainement les rares courtisans qui sont restés fidèles au roi le pressent de s'arracher à une funeste sécurité. Richard II s'entête dans sa majestueuse inaction. Il règne par la grâce de Dieu; c'est à la grâce de Dieu de le protéger. Ce n'est plus seulement la terre, c'est le ciel qui doit combattre pour le roi :

— Toutes les eaux de la mer orageuse et rude ne sauraient laver du front d'un roi l'onction sacrée : le souffle des humains ne saurait déposer le lieutenant élu par le Seigneur. A chaque homme qu'a enrôlé Bolingbroke pour lever un perfide acier contre notre couronne d'or, Dieu, défendant son Richard, oppose un ange glorieux pris à la solde céleste.

Illusion ! Illusion ! Au moment où Richard, fasciné par le mirage de son droit divin, croit voir se former là-haut la flamboyante milice des anges, la réalité lui pose brusquement la main sur l'épaule et lui montre là-bas ses troupes d'hommes qui le désertent. Salisbury accourt effaré et annonce la dispersion de l'armée galloise. Ce message déconcerte un moment Richard : il pâlit. Mais ce trouble n'est que passager :

— Je l'avais oublié... Ne suis-je pas roi? Réveille-toi, majesté indolente! Tu dors... Est-ce que le nom de roi ne vaut pas quarante mille noms? Arme-toi, arme-toi, mon nom ! un chétif sujet s'attaque à ta gloire suprême !

Cependant les événements sont plus obstinés encore que la crédulité de Richard. Ils ne le lâcheront pas qu'il ne soit désabusé. Un nouveau message frappe d'un nouveau démenti la royale superstition : la nation entière s'est soulevée ; il n'est pas jusqu'aux femmes et aux enfants qui ne s'insurgent ; et déjà les favoris de Son Altesse, Wiltshire, Bagot, Bushy, Green, ont été pris et décapités. Cette fois la secousse est violente. Richard se sent lui-même frappé dans ses ministres : toutes les fictions monarchiques s'écroulent de ce coup. Roi, il se croyait l'arbitre du bien et du mal, l'unique dispensateur de la justice ; et voilà des hommes condamnés par un tribunal inconnu pour des actes que lui, Richard, a ordonnés ! Roi, il se croyait irresponsable, et voilà un peuple en armes qui vient lui demander des comptes ! Alors le voile se déchire. L'histoire, que la flatterie lui avait cachée, se révèle à lui tout à coup. Et, dans une intuition terrible, Richard éperdu aperçoit toutes les catastrophes dynastiques qui ont hâté la fin des princes :

— Au nom du ciel, asseyons-nous à terre et disons la triste histoire de la mort des rois : les uns déposés, d'autres tués à la guerre, d'autres hantés par les spectres de ceux qu'ils avaient détrônés, d'autres empoisonnés par leurs femmes, d'autres égorgés en dormant, tous assassinés. Car, dans le cercle même de la couronne qui entoure les tempes mortelles d'un roi, la mort tient sa cour ; et là la moqueuse trône, raillant l'autorité de ce roi, riant de sa pompe, lui accordant un souffle, une petite scène pour jouer au monarque, se faire craindre et tuer d'un regard, lui inspirant l'égoïsme et la vanité avec l'idée que cette chair qui sert de rempart à notre vie est un impénétrable airain ! Puis, après s'être ainsi amusée, elle en finit, et, avec une petite épingle, elle perce ce rempart, et adieu le roi ! Couvrez vos têtes et n'offrez pas à ce qui n'est que chair et que sang l'hommage d'une vénération dérisoire! Jetez de ce côté le respect, la tradition, l'étiquette et la déférence cérémonieuse; car *vous vous êtes mépris sur moi jusqu'ici*. Comme vous, je vis de pain, je sens le besoin, j'éprouve la douleur et j'ai besoin d'amis... Ainsi asservi, comment pouvez-vous dire que je suis roi?

Sublime démenti jeté par le poëte à l'idolâtrie royaliste. Prodigieux renversement de la divinité monarchique. Oui, vous vous êtes mépris jusqu'ici! Ce prince que vous adorez est fait, comme vous tous, de chair et de sang; ce prince que vous déifiez est sujet, comme vous tous, à la faiblesse, au besoin, à la douleur, à la mort. Ce souverain est un esclave. Le roi n'est qu'un homme. Loin de lui « l'hommage d'une vénération dérisoire! » Arrière « la déférence cérémonieuse! » A bas le faux dieu!

Donc, Richard a fait l'aveu que la destinée réclamait de lui. Il en convient, dominé par l'évidence : il n'est plus qu'un homme. Il ne saurait se prévaloir contre ses adversaires d'une puissance surhumaine. Le ciel, qu'il appelait à la rescousse, est resté immuable. Le roi a eu beau convoquer les légions d'en haut; elles n'ont pas bougé. Mais, si les forces divines lui font défaut, il peut encore compter sur les forces terrestres. Il peut encore tenir une épée, se mettre à la tête de l'armée qui lui reste, combattre et essayer de vaincre. Le roi est un homme, soit! mais l'homme peut sauver le roi :

— Arrogant Bolingbroke, je vais échanger les coups avec toi dans une journée décisive... Cet accès de frayeur est dissipé... C'est une tâche aisée que de conquérir ce qui est à nous... Dis-moi, Scroop, où est mon oncle avec ses forces?

Inutile velléité. Richard n'a même plus, pour sauver

sa couronne, la ressource extrême de l'énergie virile. Scroop lui révèle la vérité dernière : le roi n'a plus d'armée. Les troupes, que commandait le duc d'York, se sont jointes à Bolingbroke, et le régent lui-même s'est rallié au poscrit. Après ce coup suprême, Richard ne résiste plus ; il s'affaisse, atterré sous l'adversité ; il ne veut plus qu'on lui parle de lutte et d'effort, ni qu'on le détourne de la « douce voix du désespoir. » Il rend son épée à la destinée.

Décidé à ne plus agir, Richard va se livrer à Bolingbroke devant le château de Flint. Cette renonciation à l'action implique une complète transformation morale. Le roi, de qui émanait toute initiative, semble n'avoir même plus de libre arbitre. Lui, qui faisait les événements, en sera désormais la victime passive. Son auguste soumission est prête à tout ce qu'exigera la fortune rebelle :

— Que faut-il que le roi fasse à présent ? Faut-il qu'il se soumette ? Le roi le fera. Faut-il qu'il soit déposé ? Le roi s'y résignera. Faut-il qu'il perde le nom de roi ? Au nom de Dieu, qu'on le lui ôte ! Je donnerai mes joyaux pour un chapelet, mon splendide palais pour un ermitage, mon éclatant appareil pour une paire de saints sculptés, et mon vaste royaume pour un petit tombeau, un tout petit tombeau, un obscur tombeau !

Ici le roi abdique plus que le pouvoir, il abdique la volonté. Il renonce à tout, à la couronne, à la liberté, au monde, à la vie. C'est plus qu'une renonciation, c'est un renoncement. Sa personne s'est transfigurée par une conversion subite. Qui reconnaîtrait dans ce langage ascétique l'impérial verbe d'hier ? Ce n'est plus un roi qui parle, c'est un anachorète. Le tyran s'est fait pénitent. Grâce à cette métamorphose, l'horreur qui s'attachait à lui va se changer en pitié. Richard va s'élever par la chuté : il va trouver la grandeur dans son abaissement.

L'événement inexorable impose au vaincu une humiliation suprême. Il faut que Richard II abdique et remette à un plus digne le sceptre qu'il s'est aliéné par ses forfaitures et par ses crimes. Le roi étant notoirement incapable de gouverner, la révolution saisit le gouvernement et le confie à son élu. « Adonc vint le duc de Lanclastre, accompagné de ces seigneurs, ducs, prélats, comtes, barons et chevaliers, et des plus notables hommes de Londres, au chasteau, et fut mis le roy Richard hors de la Tour : et vint en la salle, ordonné et appareillé comme roy, en manteau ouvert, tenant le sceptre en sa main, et la couronne en son chef : et dit ainsi, oyans tous, j'ai été roy d'Angleterre, duc d'Aquitaine, et sire d'Irlande, environ XXIJ ans ; laquelle royauté, seigneurie, sceptre, couronne et héritage, je resigne purement et quitement, à mon cousin Henry de Lanclastre : et lui prie, en la présence de tous, qu'il prenne le sceptre. Adonc tendit-il le sceptre au duc de Lanclastre qui le prit : et tantost le bailla à l'archevesque de Cantorbie : lequel le prit. Secondement le roy Richard prit la couronne d'or sur son chef, à deux mains, et la meit devant luy : et dit, Henry, beau-cousin, et duc de Lanclastre, je vous donne et rapporte cette couronne (de laquelle j'ai été nommé roy d'Angleterre) et, avec ce, toutes les droitures qui en dependent. Le duc de Lanclastre la prit : et fut là l'archevesque de Cantorbie tout appareillé : qui la prit ès mains du duc de Lanclastre. Ces deux choses faites, et la résignation ainsi consentie, le duc de Lanclastre appela un notaire public : et demanda auoir lettres, et tesmoins, des prélats et des seigneurs qui là estoient : et, assez tost après, Richard de Bordeaux retourna au lieu dont il étoit yssu : et le duc de Lanclastre, et tous les seigneurs, qui là estoient venus, montèrent à cheval[1]...»

Shakespeare a transporté à Westminster même cette scène qui, selon Froissart, eut pour théâtre une salle de la Tour de Londres. Cette inexactitude historique, la seule, croyons-nous, que renferme l'œuvre du maître, est bien significative. L'auteur a délibérément donné à la déposition de Richard II l'éclat d'une cérémonie publique. Pas d'équivoque. Il faut que l'expiation soit éclatante comme la faute. La déposition du despote ne doit pas être une violence furtive, commise entre les quatre murs d'une prison d'État ; elle doit être un acte solennel accompli, à la face du monde, par la nation assemblée. Ce n'est pas une commission d'exception qui doit exiger l'abdication du prince, c'est le Parlement. — Spectacle plein de leçons! Grâce aux nobles précautions du poëte, le procès intenté à la royauté est instruit avec toutes les garanties de la publicité. Le débat est contradictoire. En face du comte de Northumberland qui tient à la main l'acte d'accusation de la révolution, Shakespeare place l'évêque de Carlisle, l'avocat intrépide du droit divin. Mais le plaidoyer du vénérable évêque ne saurait prévaloir contre la logique révolutionnaire. L'évêque a beau récuser la justice du peuple en déclarant « qu'un sujet ne peut prononcer une sentence contre son roi. » La nation se déclare compétente; elle juge le roi et le condamne.

La sentence prononcée publiquement doit être exécutée publiquement. Il faut que Richard II abdique à la vue de tous : le roi comparaît. Alors nous assistons à cet émouvant spectacle, prémédité par le poëte : la dégradation de la majesté suprême! La royauté, de qui émane toute noblesse, subit sous nos yeux sa peine infamante.

---

[1] Froissart. Édition de 1573, p. 510 et 311.

Rien de plus grandement sinistre que cette scène. Au moment de se séparer de ces joyaux splendides qui éblouissent l'univers et qui sont ici-bas les symboles de la force, de l'honneur, de la justice et de la puissance, Richard subit un inexprimable déchirement. Le sang royal qui est dans ses veines se révolte contre sa résignation. Un conflit inouï éclate entre son instinct et sa volonté. Cette âme, née pour régner, ne veut pas mourir à la royauté. Les lèvres consentent, mais le cœur proteste. Richard abdique avec désespoir. Les sanglots entrecoupent sa voix à l'instant solennel où il se dépouille, pièce à pièce, de son costume auguste : adieu le sceptre ! adieu le glaive ! adieu le globe ! adieu la couronne ! Et en se séparant de ces jouets qui le faisaient sourire dès son berceau, le tyran pleure comme un enfant. Puis sa douleur se retourne en colère sourde contre le vainqueur. Jamais paroles plus humbles ne furent proférées par une insolence plus grande. Il poursuit de son ironie ce cousin qu'il a fait roi; il le salue de ses acclamations dérisoires, et lui lègue le pouvoir dans un sarcasme :
— Qu'on me donne la couronne !... je la tiens d'un côté; cousin, tiens-la de l'autre. Maintenant cette couronne d'or est comme un puits profond auquel deux seaux sont attachés : l'un, vide, s'agitant en l'air, l'autre, en bas, disparu et plein d'eau. Le seau d'en bas, plein de larmes, c'est moi, abreuvé de douleurs; le seau qui monte, c'est vous !

Mais le drame n'est point fini. Le sinistre donjon de Pomfret attend le roi détrôné. « Dieu, comme dit le vieux duc d'York, a pour quelque puissant dessein acéré les cœurs des hommes, » *God has for some strong purpose steel'd the heart of men.* Richard doit subir jusqu'au bout l'expiation prédestinée. — Richard a dépossédé Bolingbroke, et pour ce fait il est dépossédé par Bolingbroke.

Richard a tué son parent, et pour ce fait il doit être tué par son parent. Telle est la loi du talion appliquée impitoyablement par l'histoire. Mais cette loi vengeresse semble dure à l'âme généreuse de Shakespeare. Lié par la rigueur historique, le poëte est forcé d'accepter la conclusion sanglante que le chroniqueur lui offre, mais il l'accepte avec douleur, tout en reconnaissant que *la main du ciel est dans ces événements.*

Heaven hath a hand in these events.

Évidemment, si l'auteur avait pu substituer sa sentence à l'arrêt de la Providence, il eût commué la peine de Richard et l'eût soustrait à ce supplice terrible. L'impuissance du *droit divin* devant le droit absolu était suffisamment démontrée par la déposition du tyran. Après cette humiliation exemplaire, le meurtre devenait une inutile cruauté. La révolution de 1399, révolution nationale et nécessaire, ne pouvait qu'avilir son triomphe par la lâcheté du régicide. L'auteur ici ne dissimule pas son sentiment. Jusqu'ici il a approuvé hautement la révolution, là il la blâme hautement. Sa généreuse poésie proteste contre le dénoûment implacable auquel le force l'histoire. Richard II couronné lui faisait horreur ; Richard II dégradé lui fait pitié. Tant que Richard était sur le trône, Shakespeare ne voyait en lui qu'un tyran féroce, hypocrite, lâche, rapace, cynique, sanguinaire, égoïste, hideux ; dès que Richard est déchu, Shakespeare ne voit plus en lui qu'un homme. Et, comme le tyran le révoltait par ses violences, l'homme le désarme par ses faiblesses.

De là cette succession de tableaux qui, à la fin du drame, appellent notre commisération sur le roi détrôné. — Décidé à nous attendrir, le poëte nous fait entendre le navrant adieu de Richard à sa femme : « Chère ex-reine, prépare-toi à partir pour la France, et reçois ici, comme à mon lit de mort, mon dernier adieu. Dans les longues nuits d'hiver, assieds-toi près du feu avec de bonnes vieilles gens, et fais-leur conter les récits des âges de malheur dès longtemps écoulés ; et, avant de leur dire bonsoir, comme réplique à leur triste histoire, conte-leur ma chute lamentable et renvoie-les en larmes à leurs lits! » — Puis, dès que le roi est au cachot, vite le poëte lui apporte l'hommage de ce pauvre groom qui déplore en termes si touchants l'ingratitude de Barbary, le cheval favori de Richard : « Cette bête a mangé du pain dans la main royale; elle était fière d'être caressée par cette main, et elle n'a pas bronché sous Bolingbroke! » Enfin, quand le crime a été commis, quand Exton a assassiné le captif et vient au palais de Westminster réclamer la récompense, c'est par la voix souveraine de Henry IV que Shakespeare indigné maudit le régicide : « Ils n'aiment pas le poison, ceux qui ont besoin du poison, et je ne t'aime pas : quoique je l'aie souhaité mort, je hais son assassin, et l'aime assassiné. Prends pour ta peine le remords de ta conscience, mais non mon approbation ni ma faveur présente. Va errer avec Caïn dans l'ombre de la nuit!... »

Inclinons-nous devant cette poésie magnanime. Saluons ce chantre de l'humanité qui domine les partis de toute la hauteur de la clémence. Pour Shakespeare, la grande politique, c'est la pitié. Le droit triomphant doit être assez fort pour épargner le vaincu. — Peuple, insurgez-vous contre le despote, lancez contre lui vos multitudes ; poursuivez-le de toutes vos colères et de toutes vos rancunes; soulevez contre lui toutes vos générations, — vieillards et jeunes gens, enfants et femmes mêmes ; — contre lui, faites arme de tout, même de la faiblesse; opposez vos bâtons à ses sabres, vos piques à ses lances, vos héros à ses soudards : forcez ses bastilles, forcez ses forteresses, forcez son Louvre ; cernez-le, traquez-le, saisissez-le ; puis, traduisez-le devant le tribunal de la nation, instruisez son procès devant vos représentants, publiquement, solennellement, en plein Westminster, en pleine convention ; laissez parler son défenseur, laissez-le lui-même plaider sa cause, puis réfutez-le par l'écrasant témoignage de l'évidence, opposez à ses arguties le flagrant délit de sa tyrannie, condamnez-le sans phrase, dégradez-le, détrônez-le, mais arrêtez-là votre juste rigueur ; ne le tuez pas ! Dans ce despote impuissant épargnez l'homme ; respectez en lui cette inviolable existence humaine qui est en chacun. Arrachez-lui le pouvoir, mais laissez-lui l'être. Laissez-le traîner jusqu'au bout sa misérable existence sous le poids de son humiliation, dans l'accablement de son remords, mais ne souillez pas d'un assassinat la robe immaculée de la justice victorieuse.

Ainsi parle le poëte en son drame, et le poëte a raison. La pitié n'est pas seulement la plus noble, c'est aussi la plus sûre politique. Ne l'oublions pas, les représailles appellent les représailles. L'histoire ne le prouve que trop, les morts reviennent. Une révolution qui assassine est hantée. Le spectre de Richard tué poursuivra incessamment Bolingbroke couronné ; il traversera son règne comme un perpétuel trouble-fête ; il suscitera contre lui de continuelles rébellions ; il soufflera le mot d'ordre à toutes les conspirations ; il poursuivra sans relâche la nouvelle dynastie, et ne sera satisfait que quand le petit-fils de son assassin aura été lui-même assassiné. Baptisée dans le sang, la monarchie de Lancastre périra dans le sang. Soixante-dix ans après le meurtre commis à Pomfret, un duc de Glocester ramassera le poignard tombé des mains d'Exton, et le plongera dans le cœur de Henri VI.

Richard II aura pour vengeur Richard III.

II

> There is a history in all men's lives,
> Figuring the nature of the times deceased :
> The which observed, a man may prophesy,
> With a near aim, of the main chance of things
> As yet not come to life ; which in their seeds
> And weak beginnings lie intreasured.
> Such things become the hatch and brood of times.

« Il y a dans toutes les vies humaines des faits qui représentent l'état des temps évanouis : en les observant, un homme peut prophétiser presque à coup sûr le développement essentiel des choses encore à naître qui sont enfouies en germe dans leurs faibles prodromes, et que l'avenir doit couver et faire éclore. » Ces remarquables paroles, prononcées par un des personnages secondaires de *Henry IV*, contiennent toute une philosophie de l'histoire. Selon Shakespeare, les choses qui remplissent la vie de l'humanité ne sont pas les effets d'un aveugle hasard. Chaque événement est un germe qui se développe et porte ses fruits, conformément à une loi générale qui est le principe même de l'histoire. Tout phénomène, survenu dans le monde de l'action, vit d'une existence spéciale, existence qui commence à la conception première et ne s'achève qu'à la conséquence dernière. Vainement la volonté humaine tenterait d'empêcher les résultats d'un fait accompli. Suivant Shakespeare, notre libre arbitre est absolument circonscrit par une double fatalité, — fatalité des passions, fatalité des événements. Les passions le dominent dans le monde intérieur; les événements dans le monde extérieur. Quoi que fasse Macbeth, il ne saurait se dérober aux conséquences du meurtre de Duncan : il perd le trône et la vie. Quoi que fasse Richard III, il ne saurait éluder les conséquences du meurtre de ses neveux : il perd le trône et la vie. Quoi que fasse Richard II, il ne saurait échapper aux conséquences du meurtre de Glocester, il perd le trône et la vie. Même cause, même effet. La victoire de Malcolm dans le premier drame, de Richmond dans le second, de Bolingbroke dans le troisième, est la triple manifestation d'une nécessité identique.

Mais la génération des événements ne s'interrompt jamais. Le présent, né du passé, donne sans cesse naissance à l'avenir. Le triomphe de Bolingbroke, effet nécessaire de faits antérieurs, devient lui-même la cause nécessaire de faits ultérieurs. Les forces, les intérêts, les idées que ce triomphe a violemment comprimés, se retournent violemment contre lui, conformément à cette loi suprême d'antinomie qui veut que toute action provoque une réaction. Cette même loi qui, dans les temps modernes, soulèvera contre la révolution de 1688 la rébellion de l'Irlande et contre la révolution de 1789 la révolte de la Vendée, suscite contre la révolution de 1399 deux insurrections successives, également infructueuses. La première insurrection, formée par la ligue des Percys, de Douglas et d'Owen Glendower, et anéantie à Shrewsbury en 1403, occupe la première partie de *Henry IV*. La seconde, formée par la ligue de l'archevêque d'York, de lord Bardolph et du comte de Northumberland, et défaite en 1407 à Braham Moor, occupe la seconde partie.

Le règne de Henry IV est la réplique historique au règne de Richard II. Les mêmes éléments sont en lutte, mais les situations sont retournées. Naguère c'était la révolution nationale qui se soulevait contre la royauté de droit divin. Aujourd'hui, c'est la royauté de droit divin qui s'insurge contre la révolution nationale. De l'offensive la révolution nationale a passé à la défensive.

De la défensive la royauté de droit divin a passé à l'offensive. — La révolution veut maintenir au pouvoir son élu, Henry de Lancastre, fils de Jean de Gand, *troisième* fils d'Édouard III. Le droit divin veut y porter son prétendant, Edmond Mortimer, fils de Lionel, *second* fils du même Édouard III. De là un conflit que Shakespeare a pris pour thème de son épopée dramatique.

Pour combattre la dynastie nationale, la monarchie légitime rallie sous son étendard toutes les forces du passé. Elle appelle à la rescousse l'immémoriale barbarie qui l'a sacrée. C'est dans les ténèbres qu'elle va chercher du secours. Pour son œuvre de réaction, elle fait un pacte avec la nuit. Dans la coalition qui porte Mortimer au trône, se sont groupés tous les éléments sauvages de l'humanité primitive, — la superstition, la ruse, l'astuce, la violence brutale, la témérité aveugle.

Regardez successivement tous ces personnages que le poëte a réunis autour du prétendant. Voici Worcester, l'homme de la perfidie qui croit assurer son salut par un mensonge et qui se perd par ce mensonge même. Voici son frère Northumberland, l'homme de la ruse qui ne s'occupe que d'éluder le danger et qui le rend inévitable par ses précautions mêmes. Voici le Gallois Owen Glendower, l'homme du mystère qu'entoure une superstitieuse terreur, Glendower, ce « damné magicien » qui fait fuir ses ennemis par des exorcismes et « qui peut appeler les démons du fond de l'abîme. » Voici l'Écossais Douglas, l'homme d'instinct animal qui ne fait qu'un avec son coursier, le centaure casqué « qui escalade au galop une côte perpendiculaire, » guerrier farouche qu'un rien effarouche, Arès du Nord toujours prêt au combat, toujours prêt à la retraite. Enfin voici le chef, voici Hotspur.

Brusque, emporté, hautain, franc jusqu'à l'insolence,

dédaigneux de toute courtoisie et de toute urbanité, insociable, incivil, incapable des raffinements de l'amour, traitant sa femme comme sa servante, ignorant, illettré, ennemi des arts, préférant à la musique « l'aboiement de sa chienne braque Lady, » comparant la poésie à «l'allure forcée d'un bidet éclopé, » aimant mieux entendre « tourner un chandelier de cuivre » que chanter « une ballade, » — mais brave comme son épée, prêt à toutes les prouesses, inaccessible à toutes les craintes, intrépide devant la mort, intrépide devant le mystère, jetant le défi de son sarcasme à l'inconnu même, — Hotspur est un héros à l'état brut. — Aucune éducation n'a dégrossi sa noblesse native. Ses instincts généreux sont restés incultes. La sauvagerie a envahi son grand cœur. L'esprit de négation le possède ; la passion de la lutte le dévore. Tout pour lui est matière à combat et à débat. S'il ne peut quereller ses ennemis, il querelle ses alliés. Quand il ne peut pas lutter, il dispute : « Je chicanerais, s'écrie-t-il, sur la neuvième partie d'un cheveu. » Sa rage épique d'opposition descend jusqu'à la taquinerie bouffonne. Le roi Henri IV ne veut pas qu'on prononce le nom du prétendant Mortimer. Eh bien ! Hotspur veut avoir « un sansonnet qui sera dressé à ne dire qu'un mot : Mortimer ! » La lutte est son élément. C'est un batailleur infatigable. « Il tue six ou sept Écossais à un déjeuner, se lave les mains et dit à sa femme : *Fi de cette vie tranquille ! je n'ai pas d'occupation ! — O mon doux Harry*, dit-elle, *combien en as-tu tué aujourd'hui ?... — Qu'on fasse boire mon cheval rouan*, s'écrie-t-il ; puis une heure après, il répond : *Environ quatorze, une bagatelle ! une bagatelle !* » L'esprit qui tourmente Hotspur ne le lâche pas même la nuit. Ses songes sont des assauts. Même quand il rêve, il guerroie. «Dans ses légers sommeils, il murmure des récits de batailles, il parle de sorties, de retraites, de tranchées, de tentes, de palissades, de fortins, de parapets, de basilics, de canons, de coulevrines, de prisonniers rachetés et de soldats tués, et de tous les incidents d'un combat à outrance. » Ainsi, pas de trêve pour lui, même dans le repos. Il a jusque dans son lit les sueurs de l'héroïsme. Le combat reste son idée fixe : réalité le jour il devient vision la nuit. — Hotspur ne voit dans le danger qu'un défi à sa vaillance. Tout obstacle l'offense comme un affront personnel. Chaque péril est pour lui un insolent auquel il faut demander raison. Il jetterait le gant même à l'Impossible. « Par le ciel, il serait tenté de s'élancer jusqu'à la face pâle de la lune pour en arracher l'honneur éclatant ou de plonger dans les abîmes de l'Océan pour en retirer par les cheveux l'honneur englouti. » Cet honneur qu'Hotspur irait chercher jusque dans des profondeurs inaccessibles, c'est l'honneur militaire. Pour Hotspur, il n'est pas d'autre honneur que celui-là. Henry Percy est le paladin barbare, le preux sauvage, le chevalier fauve. Ne lui parlez pas des délicatesses de la chevalerie. Il est prêt, comme Don Quichotte, à assaillir les moulins à vent, mais il ne romprait pas une lance pour redresser un tort. Combattre pour lui n'est point un moyen, c'est le but. Peu lui importent au fond les titres de Mortimer à la royauté. Le pennon du prétendant légitimiste n'est pour ce chouan primitif qu'un étendard de combat. Cette Angleterre, qu'il prétend délivrer d'un usurpateur, n'est pour lui en réalité qu'un champ de conquête. Il ne considère sa propre patrie que comme une proie bonne à dépecer. Après l'assaut, le pillage ! Combattre afin de détruire, voilà son mot d'ordre. La guerre est et doit être sa fin. Le champ de bataille est l'Éden auquel il est voué. Son âme toute belliqueuse semble prédestinée à quelque implacable Odin. Le paradis auquel elle aspire, c'est

A Henry Percy Shakespeare a donné pour rival Harry de Monmouth. Celui-là est dans le camp de Mortimer; celui-ci est dans le camp de son père Henry IV. Mais ce n'est pas seulement par la différence des drapeaux qu'ils sont ennemis, c'est par la diversité des génies. Les instincts du passé animent Hotspur; les souffles de l'avenir inspirent le prince de Galles. L'un a cette bravoure folle qui ne sait que détruire; l'autre a ce courage éclairé qui édifie. Henry Percy est le chevalier errant de la barbarie; Henry de Monmouth sera le stratége de la civilisation. — Arrêtons-nous devant cette figure historique que le maître a idéalisée avec un si affectueux enthousiasme. Dans la pensée de Shakespeare, le futur vainqueur d'Azincourt doit être l'incarnation souveraine de la nationalité anglaise. La patrie trouvera son héros dans ce prince qui doit un jour planter l'étendard britannique au haut des tours de Notre-Dame de Paris. Elle obtiendra son triomphe suprême de ce victorieux unique, destiné à réunir sur le même front les deux premiers diadèmes du monde et à mourir roi d'Angleterre et de France. Est-il étonnant que cette gloire toute nationale ait exercé un tel prestige sur le plus national des poëtes? Dans la ferveur de son patriotisme, Shakespeare assigne au futur roi de Londres et de Paris la première place dans le Panthéon des guerriers. Il rêve Henry V plus haut que Cyrus et qu'Alexandre, plus haut même que César:

> A far more glorious star thy soul will make
> Than Julius Cæsar.
> Ton âme fera un astre bien plus glorieux
> Que Jules César [1].

Shakespeare a voulu nous donner le secret de cette prodigieuse carrière. Il a voulu prouver au monde que le

[1] Henri VI.

triomphe de Henry de Monmouth n'est pas un coup de fortune, mais la récompense légitime d'une incontestable supériorité. Il a tenu à expliquer la destinée de l'homme par son caractère, et à faire voir dans le prince de Galles le précurseur de Henry V. Pour arriver à son but, Shakespeare rencontrait une grande difficulté : poëte historique, il devait consulter l'histoire. Or l'histoire, loin de favoriser le patriotique dessein du poëte, le contrariait par tous ses documents. Elle opposait ses annales les plus authentiques à cette interprétation qui présentait la glorieuse virilité de Henry comme la conséquence logique de sa jeunesse. Toutes les chroniques s'accordaient à mettre la première moitié de cette existence illustre en contradiction avec la seconde, en montrant dans le prince de Galles un jeune fou qu'une conversion subite avait rendu inopinément le plus sage des rois. — Selon Thomas Elmsham, chroniqueur contemporain du vainqueur d'Azincourt, Henry avait fait pénitence devant le lit de mort de son père, après s'être « abandonné aux mille excès dans lesquels peut tomber une jeunesse effrénée. » Un autre annaliste, Otterburn, affirmait que Henry s'était changé brusquement en un autre homme, *repente mutatus est in virum alterum*. Fabyan, contemporain d'Édouard IV, prétendait que « cet homme (le prince de Galles) s'était adonné avant la mort de son père à tous les vices et à toutes les insolences. » Enfin, le plus célèbre historien anglais du seizième siècle, Holinshed, consacrait tous ces récits de sa haute autorité : « Après avoir été investi de l'autorité royale et avoir reçu la couronne, Henry cinquième *se détermina* à assumer la forme d'un nouvel homme, tournant l'insolence et l'extravagance en gravité et en sobriété. Et, comme il avait passé sa jeunesse en passe-temps voluptueux et dans le désordre de l'orgie avec une bande de compagnons ingouvernables et de libertins prodigues, il les bannit désormais de sa présence. » Et, pour montrer jusqu'où étaient allées les extravagances du prince, Holinshed rappelait certaine tradition scandaleuse d'après laquelle Henry de Monmouth aurait été effectivement complice d'un vol de grand chemin, et, aidé par des brigands, aurait dévalisé les receveurs du roi son père. Un de ses compagnons ayant été arrêté, le prince serait allé réclamer le prisonnier, et, comme le grand juge Gascoygne refusait d'accéder à cette demande, il l'aurait souffleté sur son tribunal : si bien que le magistrat outragé aurait fait incarcérer le prince.— C'est ainsi que les renseignements historiques fournis à Shakespeare présentaient les commencements de Henry de Monmouth. Henry avait été un libertin, un débauché, un bandit et un voleur avant d'être le héros d'Azincourt! Souillé de tous les vices, il avait commis tous les forfaits avant de donner au monde l'exemple de toutes les prouesses! La plus pure gloire de l'Angleterre était sortie brusquement d'un cloaque d'impuretés! Et, pour opérer ce prodige, pour faire du cœur le plus vicieux l'âme la plus vertueuse, il avait suffi de quelques paroles dites par un mourant!

Cette vérité historique, si authentique qu'elle fût, était trop invraisemblable pour être consacrée par un grand poëte dramatique. Shakespeare devait, avant tout, restituer à son héros l'unité de caractère que lui refusait l'histoire. Il n'a pas hésité. Il a accepté la tradition, mais en la transfigurant.

Henry de Monmouth, tel que le poëte l'a conçu, est une nature profondément bonne et généreuse. Tous les nobles instincts, toutes les qualités chevaleresques, tous les sentiments exquis se sont harmonieusement fondus dans ce tempérament d'élite : douceur et force, énergie et grâce, expansion et réserve, indulgence et rigidité, timidité et vaillance, bravoure de paladin, modestie de novice, sérénité de sage ! Ce caractère, épique par tant de côtés, est rattaché à la comédie par un trait charmant. Henry de Monmouth a la gracieuse exagération d'une âme éminemment sociable : il est de belle humeur. Il aime à rire. Il a cette espièglerie inoffensive qui reste souvent l'enfantillage des grands hommes. — Cette disposition native est chez lui si puissante qu'elle ne le quittera pas, même sur le trône. Le roi conservera l'aimable enjouement du prince ; et, même sur le champ de bataille d'Azincourt, nous verrons Henry V prendre à mystifier ses soldats le même plaisir que Harry à berner le garçon d'auberge Francis. — On comprend que le caractère original, donné par Shakespeare à l'héritier présomptif de la couronne d'Angleterre, n'ait pu se développer à l'aise dans la vie de cour. Ce milieu factice fermé par l'étiquette eût été mortel à la franche nature de Harry. Ses plus heureuses qualités se fussent étiolées dans une atmosphère d'adulation. Quoi de plus contraire à la croissance d'une âme généreuse que la serre chaude de la flatterie ! Ce qu'il faut à cette âme généreuse, c'est l'air libre de la cité. — Le sage prédestiné à représenter la nation doit être élevé près du peuple. Il lui faut étudier de près cette société qu'il est appelé à régir. Il lui faut sonder toutes ces plaies que son devoir sera de panser. Pas de souffrance qu'il ne doive regarder, pas de misère qu'il ne doive coudoyer. Le législateur suprême des esprits doit pénétrer les profondeurs les plus sombres de la vie. Il doit plonger dans le pandémonium humain et fouiller ces cercles ténébreux où rampent tous ces monstres de notre civilisation, — la prostitution, le vol, le brigandage. Pour faire tout le bien, il lui faut connaître tout le mal.

C'est ainsi que Shakespeare comprend la mission du gouvernant idéal. Et c'est pour être à la hauteur de cette mission que le jeune prince de Galles est éloigné du palais paternel par ses goûts adolescents. Loin de faire obstacle à sa grandeur à venir, les prétendues extravagances de Harry ne font donc que la préparer. Cette humeur indépendante, ce penchant à la camaraderie, cet instinct de familiarité, cette prédilection excentrique pour des amusements roturiers, loin d'égarer le prince, le conduisent dans la voie où, à son insu même, il trouvera sa gloire. Éducation exceptionnelle qui produira une supériorité exceptionnelle. Harry croit s'amuser, et il s'instruit. Il croit s'encanailler, et il s'élève. Il fait son apprentisage de roi à l'école buissonnière du peuple.

Certes, ce n'est pas la cour, — cette cour machiavélique dont l'élève est l'impitoyable John de Lancastre, — qui eût enseigné à Harry de Monmouth les maximes de clémence qu'il doit professer sur le trône. « Quand l'indulgence et la cruauté jouent pour un royaume, c'est la joueuse la plus douce qui gagne ! » Henry V eût-il jamais prononcé cette belle parole, si le prince de Galles avait eu le même précepteur que son frère ? — L'indulgence souveraine ne peut naître que de la souveraine expérience. Et cette expérience, Harry n'a pu l'acquérir que par la connaissance intime du monde. Voilà pourquoi, tout jeune, il a été entraîné dans les catacombes de l'humanité. Il faut qu'il soit descendu jusque dans la cave de la taverne d'Eatscheap pour pouvoir dire vraiment qu'il a touché la corde la plus basse de l'humilité : « L'ami, je suis le confrère juré d'un trio de garçons sommeillers, que je puis appeler tous par leurs noms de baptême, Tom, Dick, Francis. Ils affirment déjà sur leur salut que, bien que je ne sois encore que prince de Galles, je suis le roi de la courtoisie ; et ils me disent tout net que je suis un Corinthien, un garçon de cœur, un bon enfant. Pardieu, c'est ainsi qu'ils m'appellent. Et quand je serai roi d'Angleterre, je serai le chef de ces bons drilles. » Cette altesse royale est devenue si familière avec les misères qu'elle parle leur idiome : elle sait l'argot ! « Je puis boire avec le premier chaudronnier venu dans son propre jargon, ma vie durant. » Comme il connaît la corruption de la langue, le prince doit connaître la corruption des mœurs. Il s'aventure donc dans la Cour des Miracles du vice. Mais admirez avec quelle sollicitude l'auteur à su préserver l'auguste personnage des éclaboussures de la fange sociale. Fidèle à la tradition historique, Shakespeare risque son héros dans une affaire de vol, mais, par un singulier tour d'adresse, il lui fait voler... les voleurs. Là ne se bornent pas les précautions du poëte. Les compagnons, que la chronique assigne au prince de Galles, étaient des gens de sac et de corde, des brigands de profession, des truands infâmes voués à l'horreur publique. Était-il possible qu'une nature réellement généreuse se plût un seul moment dans une telle crapule ? La gloire du héros pouvait-elle sortir immaculée d'une si avilissante association ? S'il est vrai que *qui se ressemble s'assemble*, un pareil commerce n'eût-il pas attesté chez Harry une véritable perversité morale ? Ici Shakespeare rencontrait une difficulté de premier ordre. Il fallait trouver un moyen terme pour réconcilier la vérité historique avec l'idéal dramatique. Il fallait expliquer par quelque circonstance exceptionnelle cette anomalie d'une âme profondément vertueuse fourvoyée dans la société du vice. Il fallait imaginer dans un cercle de dépravation une relation possible pour une conscience honnête. Il fallait évoquer d'un milieu répulsif une figure assez sympathique pour séduire un grand cœur, assez attrayante pour charmer tous les esprits. Il fallait enfin donner à Henry de Monmouth un compagnon qui justifiât l'indulgence du prince en conquérant la faveur du public. Ce problème, Shakespeare l'a résolu en concevant Falstaff.

Falstaff est une de ces figures capitales qui, dès leur apparition, prennent d'emblée dans l'imagination humaine une place essentielle. Supprimez de l'art cette création : un vide énorme se fait dans l'art. Retranchez-la du théâtre de Shakespeare ; l'ombre envahit ce théâtre ; le flambeau nécessaire s'éteint. Le sombre édifice du poëte a besoin, pour être éclairé, de cette étincelante physionomie. Falstaff a, dans l'ordre comique, la fonction primordiale que remplissent, dans l'ordre tragique, ces sinistres figures, Brutus, Roméo, Lear, Othello, Macbeth. Cette gamme immense des sentiments humains, qui va de la folle joie à la folle douleur, se perd, par une extrémité, dans la jovialité de Falstaff et, par l'autre, dans la mélancolie d'Hamlet. Falstaff dit le dernier mot du bouffon, comme Richard III dit le dernier mot de l'horrible. Sa difformité fait un colossal repoussoir à ces beautés ineffables, Desdemona, Juliette, Ophelia, — Miranda. Mais, pour être grotesque, Falstaff n'en est pas moins idéal. Ainsi que toutes les créations de premier ordre, Falstaff est une conception à la fois individuelle et universelle. C'est une personne et c'est un type.

Il se nomme Falstaff, et il s'appelle Légion. Il incarne dans sa panse énorme l'innombrable classe des corrompus satisfaits. C'est un mortel impérissable. Qui de vous ne l'a rencontré dans la rue, au bras de quelque complaisant désœuvré, — sortant du cabaret et se traînant chez Dorothée, remorqué d'une jouissance à l'autre, la prunelle en feu, le sarcasme sur la lèvre, narguant d'un sourire supérieur le passant besoigneux, honorant d'un regard de pitié la pauvre dupe que quelque devoir préoccupe, — égoïste bonhomme, spirituel, amusant, séduisant, impudent, cynique, charmant, immonde ?

Falstaff aujourd'hui est plus vivant que jamais. Il est l'homme du jour, comme l'homme de toujours. Cet enfant de la farce n'a cessé de faire ses farces. Il a été et est encore le héros de la grande parade sociale.

Certes un tel personnage mérite bien une biographie à part. Falstaff est plus qu'une réputation historique, c'est une illustration humaine. A ce titre, tout ce qui le touche nous intéresse, et c'est le devoir des critiques de rechercher jusqu'à son acte de naissance. Quels ont donc été les prodromes d'une telle nativité? De quelles limbes la poésie a-t-elle tiré cet être? Dans quelles circonstances s'est accomplie cette prodigieuse mise au monde?

Au mois de janvier 1418, la plaine de Saint-Gilles, située aux environs de Londres, présentait un spectacle sinistre. Au centre de cette plaine, un homme, lié à une potence par une corde qui étreignait sa ceinture, était suspendu au-dessus d'un bûcher dont la flamme l'enveloppait lentement. Un tas de prêtres et de moines faisait cercle autour du brasier et écartait la foule accourue de la Cité pour assister au supplice. Le condamné, rôti à petit feu, ne criait pas, ne hurlait pas, ne maudissait pas : il priait, et ses actions de grâces montaient au ciel dans un tourbillon de fumée. C'était un homme d'environ soixante ans, aux cheveux grisonnants, à la figure vénérable. Cet homme avait été un des grands de ce monde. Chevalier de naissance, devenu baron par une haute alliance, capitaine renommé par ses brillants services dans les guerres de France, sir John Oldcastle avait fait partie de la maison du roi Henry IV et était devenu le familier du prince de Galles. Fort de cette amitié tutélaire, sir John avait cru pouvoir propager la doctrine religieuse prêchée par Wickleff, ce Luther du quatorzième siècle : il avait lui-même transcrit et distribué la Bible anglaise, renié la suprématie spirituelle du pape, et dénoncé les nombreux abus commis par le clergé catholique. Pour ces crimes, il avait été condamné par un synode d'évêques au supplice des hérétiques. C'était en 1415. Vainement le prince de Galles, devenu roi, avait supplié son ancien ami d'abjurer ses erreurs ; sir John, tout en protestant de son dévouement au roi, avait refusé d'abdiquer sa foi. Abandonné dès lors au bras séculier, le chevalier avait été enfermé à la Tour; mais, grâce à une mystérieuse connivence, il s'était évadé, la veille même du jour fixé pour l'exécution. De Londres il avait gagné les montagnes du pays de Galles où il s'était caché pendant trois ans, fuyant de caverne en caverne le terrible décret qui mettait sa tête à prix. Enfin, à la fin de l'année 1417, le roi Henry V étant en France, il avait été repris et jugé à nouveau par une commission de pairs qui avait confirmé la sentence des évêques. C'est en vertu de ce jugement que sir John Oldcastle, baron de Cobham, était brûlé vif au mois de janvier 1418.

Lord Cobham était le premier seigneur condamné en Angleterre pour cause de religion. Si épouvantable qu'il fût, ce supplice ne désarma pas la pieuse animosité du clergé catholique. L'Église avait brûlé ce preux ; ce n'était pas assez ; elle prétendit le déshonorer. Les cendres du martyr étaient à peine refroidies qu'elle s'acharna sur sa mémoire. Le baron, qui avait sacrifié sa vie à sa foi, fut dénoncé du haut de la chaire comme un bandit. La farce religieuse vint en aide à la rancune dévote. Ce héros de la plus effroyable tragédie fut transformé par une série de fables en un bateleur de comédie. L'apôtre du bien, défiguré par une imposture séculaire, n'apparut plus à la foule que comme un adepte du vice; un suppôt de coupe-gorge, un brigand; et c'est ainsi que nous le présente une pièce anonyme représentée vers 1580 sous ce titre : *Les fameuses victoires du roi Henry cinquième*.

Dans cette œuvre misérable, qui dut sa longue popularité à la verve bouffonne du baladin Tarleton, sir John Oldcastle répond au petit nom de Jockey. Il compose avec trois autres chenapans, Ned, Gadshill et Tom, une bande de voleurs qui a pour chef le prince de Galles et dont le quartier général est la taverne, je devrais dire la caverne d'Eastcheap. Au moment où l'action commence, la bande vient de dévaliser les receveurs du roi sur une grande route, et sir John a filouté pour sa part une somme de cent livres. Le prince le félicite de cette prise, et emmène les bandis au cabaret pour y boire l'argent volé. Là tous de se soûler consciencieusement. Au bout d'une heure, une querelle éclate; les pots, devenus projectiles, se brisent contre les murailles; les épées reluisent. La garde survient au milieu de l'estocade et arrête quelques-uns des ferrailleurs, y compris le prince de Galles. Son Altesse, n'y allant pas de main morte, soufflette le lord grand juge qui a refusé de relâcher le prisonnier Gadshill, et est elle-même envoyée à la prison de Fleet-Street. Mais grâce à sa haute influence, Harry est bientôt mis en liberté; et, sans transition, nous le retrouvons causant, en compagnie d'Oldcastle et de Ned, de ses projets d'héritier présomptif : « Écoutez, messieurs, quand je serai roi, nous n'aurons plus de prison, plus de gibet, plus de fouet; si le vieux roi mon père était mort, nous serions tous rois. » — « C'est un bon vieux, réplique le goguenard Jockey, Dieu veuille l'appeler à lui d'autant plus vite ! » La nouvelle de la maladie du roi exauce tout à coup ce vœu édifiant. Le prince, pressé d'hériter, court auprès de son père mourant qui lui reproche amèrement ses folies; et ce sermon de quelques lignes suffit pour convertir le royal enfant prodigue. Son Altesse fait son *mea culpa*, promet d'être sage et jure d'abandonner « ses compagnons extravagants et réprouvés. » Henry IV meurt. Vive Henry V ! L'avénement du prince de Galles met en liesse la taverne d'Eastcheap : « Tu-dieu, s'écrie Ned, apportant la nouvelle, le roi Henry IV est mort ! » — « Mort, hurle Jockey ! Alors, tu-dieu, nous allons tous être rois ! » — Et sir John et ses compagnons, frénétiques de joie et d'espoir, se précipitent vers Westminster, pour saluer leur ancien chef, qui les repousse sévèrement et leur ordonne, sous peine de mort, de s'éloigner à dix milles au moins de sa cour.

Ce dénoûment, on le voit, parodie, en l'avilissant, la fin si noblement tragique du sir John Oldcastle de l'histoire. L'histoire nous montre dans Oldcastle un vaillant chevalier de la foi, qui, après avoir été familier du prince de Galles, est, pour son héroïque hérésie, abandonné au bourreau par son royal ami ; la comédie nous le représente comme un ignoble chevalier d'industrie qui, après avoir été le complice de l'héritier présomptif, est, pour ses méfaits, renié et banni par le prince devenu roi.

Quand Shakespeare composa la première partie de son *Henry IV*, les *Fameuses victoires de Henry V* étaient consacrées par un long succès. Si populaire était cette infime parade, qu'en 1595, quinze années après sa première représentation, elle était reprise fructueusement par le chef de troupe Henslowe, et qu'elle était encore réimprimée en 1598. Dans la conception de son œuvre, Shakespeare dut dans une certaine mesure tenir compte d'une tradition qui avait reçu d'une manière si éclatante la double sanction de la presse et de la scène. Cette légende, qui montrait le prince de Galles attablé avec des truands dans la taverne d'Eastcheap, avait acquis dans l'imagination populaire la valeur d'un fait historique, et c'eût été mentir au public que de ne pas lui offrir un spectacle auquel il était habitué. Aussi le poëte acceptat-il, pour la transporter dans le domaine de l'art, la donnée dramatique que lui léguait en quelque sorte la vogue des *Fameuses victoires*. Dans son respect pour la tradition scénique, il adopta même la plupart des noms qu'elle avait attribués aux familiers du prince de Galles. Poins prit le sobriquet de *Ned* ; un voleur fut appelé *Gadshill* : et le principal compagnon de Henry fut tout d'abord nommé sir *John Oldcastle*. De nombreux documents contemporains mettent hors de doute ce fait curieux. Le héros comique de *Henry IV* porta dans l'origine le nom tragiquement sacré du martyr protestant. Shakespeare alors ignorait la lamentable histoire ; il ne savait pas que ce personnage, dont il faisait un bouffon, avait subi pour une cause sainte le plus épouvantable supplice ; il ne savait pas que cet être, dans lequel il incarnait le scepticisme matérialiste, avait sacrifié sa vie à sa foi ; il ne savait pas que cet Oldcastle qu'il allait vouer à un rire inextinguible avait mérité une infinie pitié. Atroce plaisanterie qui, à l'insu même de son auteur, allait consacrer à jamais une atroce imposture ! Shakespeare, prenant pour plastron le martyr Oldcastle, allait, sans s'en douter, commettre le crime d'Aristophane raillant le martyr Socrate. Heureusement la vérité lui fut révélée. Comment ? on l'ignore. Ce qui est certain, c'est que le poëte s'empressa, dès qu'il la connut, de réparer son erreur involontaire. Il était encore temps ! Si l'œuvre avait été jouée, elle n'était pas encore imprimée. C'était en 1597. Shakespeare relut son manuscrit qu'attendait l'éditeur Andrew Wise, et partout y ratura le nom d'*Oldcastle*[1] Mais ici surgissait un grand embarras. Quel nom

---

[1] Un seul passage a échappé à cette révision minutieuse. Le nom d'*Oldcastle*, désigné par la première syllabe *Old.*, est resté dans le texte original en tête de cette réplique de Falstaff au grand juge : « Très-bien ! milord, très-bien ! mais, ne vous en déplaise, c'est plutôt l'infirmité de ne pas écouter qui me trouble. » Sc. II, partie II. — Du reste, afin de dissiper à jamais

substituer au nom d'Oldcastle? Il fallait, sous peine de remaniements innombrables, un personnage historique, qualifié de chevalier, ayant pour titre *Sir* et pour prénom *John*. Où trouver le personnage remplissant ces conditions essentielles? L'auteur chercha. C'est alors qu'il avisa dans les chroniques un certain chevalier banneret, né vers 1477 et mort en 1559, contemporain des rois Richard II, Henry IV, Henry V et Henry VI, vétéran d'Azincourt, ayant en 1528 gagné sur les Français la bataille dite des *Harengs*, mais dégradé plus tard par le chapitre de l'ordre de la Jarretière pour s'être enfui au combat de Patay. Ce chevalier s'appelait *sir John Fastolff*. Il faisait parfaitement l'affaire. Ici tout scrupule disparaissait. Il ne s'agissait plus d'un noble supplicié, mais d'une brave valétudinaire mort tranquillement dans son lit. L'auteur était à l'aise; il pouvait hardiment donner à son rieur le nom du bonhomme. Il adopta le nom, mais en le modifiant par une légère métathèse. Et c'est ainsi que le bouffon débaptisé est passé à la postérité sous ce titre désormais immortel : *Sir John Falstaff*.

Grâce à cette heureuse correction, nous pouvons admirer sans regret la conception comique de Shakespeare. Nous pouvons sans remords nous laisser divertir par ce drôle étonnant. La personnalité de Falstaff est un colossal composé de matière et d'esprit : ventre énorme, imagination immense. Ce grotesque unique est né du prodigieux accouplement du sensuel et de l'idéal. Tous les instincts, tous les penchants, toutes les infirmités de la chair, il les réunit et les combine dans sa malsaine cor-

---

toute équivoque, Shakespeare a fait une éclatante réparation à la mémoire de l'héroïque supplicié dans ces lignes de son épilogue : « Autant que je puis le savoir, Falstaff mourra d'une sueur rentrée, à moins que vous ne l'ayez immolé déjà à une dure méprise; car *Oldcastle est mort martyr*, et celui-ci n'est pas le même homme. »

pulence. Il ne connaît que par leur aspect matériel les sentiments les plus élevés de l'âme. Pour lui, l'amour n'est qu'une jouissance physique; l'ambition, cette émulation des magnanimes, n'est qu'une spéculation pour parvenir à la fortune et à l'opulence ; la noblesse, cette dignité primitive de la générosité, n'est qu'un blason; l'honneur, cette expression naïve du devoir, n'est qu'une formule : « Qu'est-ce que l'honneur? Un mot. Qu'y a-t-il dans ce mot *honneur ?* Un souffle. Le charmant bénéfice! Qui le possède cet honneur? Celui qui est mort mercredi! Le sait-il? Non. L'entend-il? Non... L'honneur est un simple écusson, et ainsi finit mon catéchisme ! » Pour Falstaff, le repos dans le bien-être, voilà la fin suprême. *Ubi bene, ibi patria.* La satisfaction, voilà la loi. Falstaff est un véritable épicurien qui se défie du mal, comme il se garde du bien. Il n'admet pas plus les grands vices que les grandes vertus. Son tempérament même le préserve d'une excessive perversité. Il est trop sybarite pour être méchant. Fi des passions fiévreuses qui ôtent l'appétit et troublent la digestion ! Fi des forfaits tragiques qui empêchent de dormir! S'il répudie les grandes passions, en revanche, il caresse de grosses faiblesses. Parmi les péchés capitaux, il ne choisit et ne choie que ceux qui l'accommodent. Il se défend de l'orgueil, de l'envie, de la colère, de l'avarice surtout; mais il se prélasse dans sa douce gourmandise, dans sa chère luxure, dans sa divine paresse. Oh ! le voluptueux far-niente ! Qu'il fait bon *se déboutonner après souper et dormir sur les bancs après midi !* Les moments pour lui ne doivent se compter que par les jouissances. « Que diable fait à Falstaff l'instant du jour où nous sommes? A moins que les heures ne fussent des coupes de xérès, le minutes des chapons, les pendules des langues de maquerelles, les cadrans des enseignes de maisons de passe, et le bienfaisant soleil lui-même une belle et chaude fille en taffetas couleur flamme, je ne vois pas pourquoi il ferait cette chose superflue de demander l'heure qu'il est ! »

Pourtant, ne vous y trompez pas, Falstaff n'est pas un vulgaire sensualiste. Ce monceau de graisse impure est l'enveloppe terrestre de l'imagination la plus vive et la plus fantasque. L'idéal lutine sous cette grimace pantagruélique. Pour créer Falstaff, le poëte a évoqué des régions aériennes le génie même de la farce et l'a fait entrer dans une brute. — Figurez-vous l'âme de Puck enfermée dans le corps de Caliban ! — Une intarissable gaîté jointe à une immoralité absolue, voilà cet être. Pour lui, il n'y a rien de triste. Il extrait le comique du tragique même. Les choses les plus lugubres de la vie le divertissent. Tout lui est matière à plaisanterie, la guerre, la prostitution, la maladie, la vieillesse, la mort. La souffrance le réjouit. Il pouffe devant ce grand *peut-être* qui inquiétait Rabelais lui-même. Rien ne saurait altérer sa bonne humeur. Il traverse sa sombre époque comme un inextinguible feu follet. Épiez-le à la lueur du plus sinistre crépuscule, dans le lieu le plus désolé, sur un champ de bataille encombré de cadavres, et bientôt vous distinguerez entre les gémissements mêmes des mourants son étincelant éclat de rire.

Falstaff est le héros de la joie. — C'est par sa verve intrépide qu'il ravit tous ceux qui l'approchent. Comment résister au charme de cette perpétuelle gaîté ? Comment ne pas céder à cet enchanteur qui nous attire dans un cercle de fer par sa hâblerie magique ? Falstaff a beau révolter notre conscience, il transporte notre imagination. Il désarme par l'énormité de sa bouffonnerie la colère même qu'il provoque par l'énormité de son cynisme. Là est le secret de l'étrange engouement dont il est l'objet. Là est l'excuse de la sympathie qu'il impose au public et qu'il inspire à son auguste camarade, le prince de Galles.

Mais le personnage de Falstaff n'est pas indispensable seulement pour justifier l'excentrique jeunesse de Henry V. Il est essentiel à l'action et à l'idée même du drame. La critique n'a pas suffisamment remarqué le lien profond qui existe entre la portion épique de *Henry IV* et la portion comique dont Falstaff est le principal acteur. Tous ces changements de scène, qui sans cesse font alterner la tragédie avec la comédie et transportent tour à tour le spectateur du palais de Westminster à la taverne d'Eastcheap, de l'auberge de Rochester au château de Northumberland, de la grande route de Gadshill au champ de bataille de Shrewsbury, de l'archevêché d'York au logis de Shallow, tous ces changements, dis-je, ne sont pas les caprices irréfléchis d'une imagination fantasque : ils ont leur raison d'être dans la préméditation d'un grand génie. Essayons de comprendre la pensée du maître.

Le grotesque, dans la nature comme dans l'art, est une condition essentielle de l'être. Tout ce qui existe en une création imparfaite a fatalement une lacune comique. Il n'est rien dans ce monde qui ne prête à rire. Les choses les plus belles, vues à un certain angle, ont une silhouette difforme. Éclairée par une certaine lumière, la plus noble figure grimace. Pas de profil héroïque qui ne donne une caricature. Socrate, sur le point de boire la ciguë, projette une ombre plaisante dans les Nuées d'Aristophane. Le bûcher de Jeanne d'Arc couvre l'œuvre de Voltaire d'une fumée lugubrement bouffonne. Le sublime a pour fantôme le grotesque.

Si le ridicule peut ainsi poursuivre ce qui est réellement admirable, à plus forte raison peut-il s'attacher à ce qui n'est empreint que d'une grandeur conventionnelle. La parodie, qui ne recule pas devant la majesté suprême et qui objecte Satan à Dieu même, a bien le droit d'attaquer les pompes et les dignités purement humaines. Tous ces réprésentants de l'autorité terrestre, le prince, le magistrat, l'homme de guerre, l'homme d'État, provoquent l'ironie par l'inanité de leur prestige et le néant de leur gloriole. Eh bien ! c'est cette ironie fatale qui continuellement oppose la partie bouffonne à la partie épique de *Henry IV*. Étudiez de près ce drame, et vous reconnaîtrez que la comédie y parodie sans cesse la tragédie. Les méfaits de celle-là ne font que travestir les forfaits de celle-ci. — Le brigandage de Falstaff et de ses compagnons, qui prétendent se partager la bourse des passants et qui finalement sont frustrés par le prince de Galles, est l'esquisse amusante du brigandage d'Hotspur et de ses complices, qui prétendent faire entre eux le partage de la patrie anglaise et qui finalement sont déjoués par le même prince. La félonie bouffonne du bandit prélude à la trahison épique du soldat. Le vol fait d'avance la charge de la bataille. — De même, un peu plus tard, la fourberie par laquelle Falstaff dupe le juge de paix Shallow et lui extorque son argent, est la simagrée de l'imposture historique par laquelle le prince John de Lancastre dupe l'archevêque d'York et lui arrache la vie. La mauvaise foi de l'escroc prend modèle sur la perfidie de l'homme d'État. Scapin singe Machiavel. — La dignité de la magistrature n'est pas plus respectée par Falstaff que la vanité de la politique. Avec quel comique persiflage il nargue le lord grand juge qui est chargé de le poursuivre ! Par quelle bouffonne plaisanterie il élude l'interrogatoire de ce représentant de la « vieille mère la Loi ! » Il ne se borne pas à berner le magistrat, il le contrefait, et il n'est jamais plus drôle que quand il imite, par une prétendue surdité, le hautain silence du vieux lord.

Mais il est une grande institution dont Falstaff est la caricature vivante. Sir John est chevalier. Il appartient par son titre à cet ordre illustre, issu de la barbarie du moyen âge, qui était fondé sur un triple culte, dévotion à Dieu, dévotion au roi, dévotion à la femme. Eh bien, voyez comment il remplit le triple vœu qui le lie. La Divinité? Il la nargue sans cesse par son sensualisme obstiné, par ses blasphèmes, par son adoration de la dive bouteille. La royauté? Il la bafoue dans cette étourdissante scène où il transforme la taverne d'Eastcheap en un Westminster grotesque, et où il parodie Henry IV, réprimandant le prince de Galles : « Cet escabeau sera mon trône, cette dague mon sceptre, et ce coussin ma couronne? » La femme? Il la vilipende en choisissant pour *dame* une fille, « aussi publique que la route de Saint-Albans à Londres. » La vie entière de ce chevalier est le travestissement de toutes les vertus chevaleresques. La loyauté chez lui se traduit en hâbleries et en fourberies; la courtoisie, en jurons et en facéties de corps de garde; la prouesse, en couardise systématique : « La meilleure partie du courage, dit-il, c'est la prudence. » Il ne se prévaut de sa dignité que pour se dispenser de probité. L'aristocratie n'est pour lui que le privilége de ne pas payer ce qu'il doit. Don Juan éconduisant monsieur Dimanche est moins insolent que Falstaff pestant contre maître Dumbleton : « Qu'il subisse la damnation du glouton! et puisse la langue lui brûler plus encore! Un fils de putain! un misérable Achitophel! un fieffé manant! tenir un gentilhomme en suspens, et lui réclamer des sûretés! Ces gueux à caboches douceureuses ne portent plus que des talons hauts; et quand on veut s'endetter chez eux par une honnête commande, alors ils insistent pour une sûreté ! Je comptais, foi de chevalier, qu'il m'enverrait vingt-deux verges de satin, et c'est une demande de sûreté qu'il m'envoie ! » *Foi de chevalier !* Falstaff est un chevalier, en effet, mais un chevalier dégénéré. Ce vieux capitaine goutteux, traînant la jambe le long de la plaine de Shrewsbury à la tête d'une compagnie de va-nu-pieds, ne vous semble-t-il pas la contrefaçon avilie du banneret féodal, de ce fier seigneur qui le heaume au front, le haubert sur la poitrine, l'écu au côté, la lance au poing, le pennon au bout de la lance, rejoignait jadis le ban du roi, conduisant au galop de son destrier son magnifique escadron de cavaliers ? Le champ de bataille pour sir John n'est plus un champ d'honneur, c'est un champ de foire. Où d'autres trouvent la mort, lui cherche fortune. Une expédition n'est pour lui qu'une spéculation. Il fait trafic de l'enrôlement. Il faut l'entendre lui-même avouer ses tours de racoleur et conter comment il a reçu trois cents et quelques livres pour le remplacement de cent cinquante hommes. Il a « commencé par *presser* de bons propriétaires, des fils de gros fermiers, des garçons fiancés dont les bans ont été publiés deux fois, un tas de douillets qui aimeraient mieux ouïr le diable qu'un tambour. » Tous se sont rachetés, et Falstaff leur a substitué un tas de gueux déguenillés : « Vous diriez cent cinquante enfants prodigues en haillons, venant de garder les pourceaux et d'avaler leur eau de vaisselle. Un mauvais plaisant qui m'a rencontré en route m'a dit que j'avais dépeuplé tous les gibets et racolé tous les cadavres ! » Les goujats de Falstaff ne possèdent entre eux tous qu'une chemise et demie ; mais bah ! le capitaine ne s'en embarrasse guère : « Ils trouveront assez de linge sur les haies ! » Pour habiller sa compagnie, sir John compte sur l'escamotage. Voilà jusqu'où il ravale le « noble » métier des armes !

L'écu qu'il porte n'est plus que l'égide grotesque du larcin. Le soldat qu'il commande n'est plus qu'un fricoteur. La guerre, cette Bellone altière qui préside aux exterminations de peuples et à laquelle Hotspur sacrifie chaque jour une hécatombe humaine, est devenue pour ce combattant dérisoire l'infime divinité de la maraude !

Transportée par le poëte sur le champ de bataille, la figure de Falstaff fait un étonnant repoussoir à la figure de Henry Percy. Hotspur, le preux primitif et farouche, a pour antagoniste grotesque Falstaff, le chevalier dénaturé. Shakespeare a accentué par un coup de génie cette antithèse saisissante : quand le combat de Shrewsbury est fini, quand la rébellion jonche la plaine de ses légions décimées, Falstaff quitte le champ funèbre, emportant sur son dos le corps inanimé d'Hotspur. Distinguez-vous d'ici ce groupe étrange ? Reconnaissez-vous, à la dernière lueur du crépuscule sanglant, ce grand révolté étendu, les bras inertes, les jambes pendantes, la face livide, sur les épaules colossales du traînard ventru qui crève de rire sous ce poids homérique ? Telle est la fin du paladin ! Telle est la conclusion de tant d'efforts, de tant d'exploits, de tant de prodiges ! Le cadavre du héros est le trophée du bouffon. Quel spectacle et quel symbole ! Hotspur abandonné à Falstaff, c'est la gloire du passé devenue la proie du sarcasme moderne. Hotspur sur les épaules de Falstaff, c'est le monde de l'épopée soulevé triomphalement par l'Atlas de la comédie.

Hotspur et Falstaff sont les deux extrêmes entre lesquels oscille le drame de *Henry IV*. La mort de l'un termine la première partie de ce drame ; la disgrâce de l'autre achève la seconde. Et cette double catastrophe est la terminaison logique de la grande crise sociale que Shakespeare a voulu peindre.

La société, telle que le poëte l'a vue, est menacée par

deux dangers suprêmes. L'un est le paroxysme de l'état de guerre : il s'appelle la barbarie. L'autre est la dégradation de l'état de paix : il se nomme la corruption. — Le désordre incessant, la division universelle, le déchirement de la patrie, la destruction de la cité, l'anéantissement du foyer, le sac des villes, la dévastation des campagnes, le pillage chronique, la lutte fratricide du Nord avec le Midi, de l'Ouest avec l'Est, la réaction furieuse des provinces contre le centre, les arts supprimés, les lettres mortes, la culture partout impossible, les terres, comme les âmes, devenues une immense jachère, le déchaînement des instincts féroces, l'exaspération des passions sauvages, l'extermination, le chaos, telle est la barbarie dont Hotspur est le héros. — L'appétit faisant loi, l'intérêt substitué au devoir comme ressort des actions humaines, la jouissance devenue le but et obtenue par tous les moyens, la destruction du sens moral, la négation de l'honneur, l'avilissement des qualités chevaleresques, l'abâtardissement des vertus viriles, l'ironie s'attaquant aux choses les plus saintes, le scepticisme complice du sensualisme, le relâchement des mœurs, l'étalage effronté du vice, l'urbanité se dissolvant en orgies, la vie civile s'épuisant en saturnales, telle est la corruption dont Falstaff est le génie.

Pour faire face à ces deux périls, la société trouve un noble champion. Henry de Monmouth apparaît dans ce drame suprême comme le paladin de la civilisation. C'est ce preux idéal que Shakespeare a désigné pour délivrer le monde britannique du double fléau qui l'envahit. — Tous les principes que met en question la réaction d'Hotspur triomphent dans la journée de Shrewsbury par l'intervention décisive du prince de Galles. Ce n'est pas seulement le roi son père que sauve Henry, c'est la souveraineté nationale représentée par un gouvernement révolutionnaire et niée par le droit divin, c'est la patrie menacée de partage, c'est la civilisation menacée de cataclysme. En faisant périr Henry Percy de la main de Henry de Montmouth, malgré le récit des chroniqueurs qui attribuent cette mort à une main inconnue, le poëte a violé la vérité historique, afin de symboliser par un fait éclatant la victoire remportée sur le chaos du moyen âge par l'ordre moderne.

La bataille de Shrewsbury est gagnée. Mais la tâche n'est pas finie encore. Le civilisateur a écrasé la barbarie; il doit compléter son œuvre en proscrivant la corruption. Ici la lutte change de caractère : elle quitte le terrain tragique pour le terrain de la comédie.

Des critiques célèbres, Johnson et Hazlitt, ont blâmé la rigoureuse sentence prononcée par Henry V contre l'ancien compagnon de sa jeunesse. Mais se figure-t-on une autre conclusion? Se figure-t-on Falstaff restant le favori du roi, comme il l'avait été du prince de Galles? Falstaff, premier ministre de Henry V ! Apicius, conseiller d'État de Marc-Aurèle ! Voit-on ce muids vivant, ce professeur de libertinage, ce suppôt de cabaret, ce hanteur de lupanars, cet apôtre de la débauche, associé au gouvernement d'un grand peuple ! Mais, si cet absurde rêve avait pu se réaliser, le poëte lui-même nous a dit, par la voix de Henry IV mourant, ce que le monde eût vu. L'Angleterre, régie par ce prodigieux truand, fût devenue la bohême du vice : elle se serait peuplée de « tous les singes de la fainéantise accourus de tous les pays. » Falstaff est tout-puissant : « Debout la folie ! Vous tous sages conseillers, arrière !... Et maintenant, États voisins, purgez-vous de votre écume. Avez-vous quelque ruffian qui jure, boive, danse, fasse ripaille la nuit, vole, assassine et commette les plus vieux forfaits de la façon la plus nouvelle ? Soyez heureux, il ne vous troublera plus ! L'Angleterre va d'une double dorure couvrir sa triste ordure [1] ! »

La raison, l'équité, le bon sens rendent impossible un pareil dénoûment. Pour que le drame conçu par le poëte ait toute sa signification, il faut que les idées délétères, dont Falstaff est l'organe, reçoivent finalement un éclatant désaveu. La fourberie doit être solennellement mystifiée. Le prince Henry ne peut devenir le gouvernant idéal rêvé par Shakespeare, qu'à la condition de renier du haut du trône l'immoralité incarnée dans Falstaff. Et notez-le bien, la disgrâce de sir John n'est pas une mesure improvisée brusquement par le prince repentant; elle est le résultat d'une longue préméditation. Au commencement même du drame, Henry de Monmouth nous a préparés, dans un monologue intime, à cet acte de nécessaire rigueur. Dès cette première confidence, nous savons que le prince doit un jour se séparer de son trop joyeux compagnon. Mais, pour être exigée par l'honneur, cette séparation n'en est pas moins malaisée. Il est des devoirs rigoureux à accomplir, et celui-là est du nombre. L'âme la plus forte ne saurait sans arrachement se soustraire à l'étrange séduction de cet extraordinaire esprit. Il en coûte au prince de Galles, comme à nous-mêmes, de rompre pour toujours avec un si merveilleux camarade. — La compagnie de Falstaff, c'était le rire perpétuel, c'était la gaîté inépuisable, c'était la joie infinie ! C'était la vie de jeunesse, la vie d'aventure, la vie de plaisir, la vie de folie, c'était la vie de liberté ! Ce lugubre bas-monde paraissait charmant sous le charme de cette verve unique. Sa farce était une féerie. Or, c'est à tout

---

[1] J'ai été assez heureux pour obtenir de mon ami et allié Auguste Vacquerie la traduction en vers de la célèbre scène où se trouve cette apostrophe. Le lecteur trouvera dans les notes cette page inédite, que je n'ose louer, de crainte de manquer un peu de modestie.

cela qu'il faut renoncer. C'est avec cette existence enchantée qu'il faut, en finir ! Adieu les joyeux propos et les folles algarades ! Adieu le chevalier de la gaie figure! Adieu l'ébouriffant capitaine et sa bande ! Adieu la trogne rougie de Bardolph ! Adieu les bons tours de Poins! Adieu la face idiote de Francis et le sourire béat de la commère Quickly! Adieu le cotillon chiffonné de Dorothée ! Adieu pour jamais la riante taverne d'Eastcheap ! Il va falloir retourner à ce sombre palais de Westminster que hante le spectre de Richard II.

Certes, nous comprenons que le généreux et doux prince ait hésité longtemps à faire cet héroïque sacrifice. Nous comprenons qu'il ait attendu, pour se décider, la sommation tragique des événements. Le touchant appel de Henry IV agonisant est la pathétique mise en demeure que la Providence adresse au prince de Galles. Dès lors, plus de doute. Comment rester sourd à la voix d'un père qui se meurt? Henry de Monmouth n'appartenait qu'à lui-même, Henry V appartient à son peuple. Des millions de destinées vont désormais dépendre de la sienne. La patrie réclame le roi. Comme représentant de la civilisation, Henry a pour mission de proscrire le vice qui la mine. Il doit flétrir la corruption. Il accomplit rigoureusement ce mandat : il exile Falstaff. Acte de courage éclatant qui complète le haut fait de Shrewsbury. En triomphant d'Hotspur, Henry a sauvé la société de la barbarie. En triomphant de Falstaff, il la sauve de la décadence.

Hauteville-house, 31 décembre 1862.

La Tragédie

DU

Roy Richard Deuxième

AVEC ADDITIONS NOUVELLES DE

La Scène du Parlement et de la Déposition du

ROY RICHARD

Comme elle a été iouée récemment par les seruiteurs

de Sa Maiesté le Roy, au Globe

PAR

William Shake-speare

A LONDRES

Imprimé par W. W. pour Mathieu Law et en

vente à sa boutique au Cimetière de Paul

A l'enseigne du Faune

PERSONNAGES :

LE ROI RICHARD II.
EDMOND DE LANGLEY, duc d'York. \
JEAN DE GAND, duc de Lancastre. / oncles du roi.
HENRY, surnommé BOLINGBROKE (1), duc de Hereford, fils de Jean de Gand, plus tard Henry IV.
LE DUC D'AUMERLE, fils du duc d'York.
MOWBRAY, duc de Norfolk.
LE DUC DE SURREY.
LE COMTE DE SALISBURY.
LE COMTE DE BERKLEY.
BUSHY \
BAGOT > créatures du roi Richard.
GREEN. /
LE COMTE DE NORTHUMBERLAND.
HENRY PERCY, son fils.

LORD ROSS.
LORD WILLOUGHBY.
LORD FITZWATER.
L'ÉVÊQUE DE CARLISLE.
L'ABBÉ DE WESTMINSTER.
LE LORD MARÉCHAL.
SIR PIERCE D'EXTON.
SIR STEPHEN SCROOP.
UN CAPITAINE GALLOIS.

LA REINE.
LA DUCHESSE DE GLOCESTER.
LA DUCHESSE D'YORK.
DAMES D'HONNEUR.
LORDS, HÉRAUTS, OFFICIERS, DEUX JARDINIERS, UN GEOLIER, UN MESSAGER, UN GROOM, GENS DE SERVICE.

La scène est tantôt en Angleterre, tantôt dans le pays de Galles.

SCÈNE I.

[Londres. Le palais du roi.]

Entrent le ROI RICHARD et sa suite; JEAN DE GAND et d'autres nobles.

RICHARD.

— Vieux Jean de Gand, Lancastre que le temps honore, — as-tu, conformément à la teneur de ton serment, — amené ici Henri Hereford, ton fils hardi, — pour soutenir cette orageuse accusation, — que notre loisir ne nous a pas permis d'entendre encore, — contre le duc de Norfolk, Thomas Mowbray?

JEAN DE GAND.

Oui, mon suzerain.

RICHARD.

Dis-moi en outre, l'as-tu sondé? — Accuse-t-il le duc en raison d'une animosité ancienne, — ou, selon le devoir d'un bon sujet, — sur quelque preuve solide de trahison?

JEAN DE GAND.

— Autant que j'ai pu le pénétrer, — c'est sur la présomption d'un danger dont le duc — menace Votre Altesse, nullement en raison d'une animosité invétérée.

RICHARD, à ses gens.

— Mandez-les donc en notre présence : que face à

face, — fronçant sourcil contre sourcil, l'accusateur et l'accusé — s'expliquent librement devant nous.

Des gens de la suite sortent.

— Ils sont tous deux d'humeur hautaine et pleins d'ire ; — dans leur rage, sourds comme la mer, violents comme le feu.

Rentrent les gens de la suite avec BOLINGBROKE *et* NORFOLK.

BOLINGBROKE.

— Puissent maintes années de jours heureux être réservées — à mon gracieux souverain, à mon suzerain bien-aimé !

NORFOLK.

— Que chaque jour accroisse le bonheur du jour précédent, — jusqu'à ce que les cieux, enviant à la terre sa félicité, — ajoutent un titre immortel à votre couronne !

RICHARD.

— Nous vous remercions tous deux; pourtant l'un de vous n'est qu'un flatteur, — à en juger par l'objet qui vous amène, — cette accusation mutuelle de haute trahison. — Cousin de Hereford, quel grief as-tu — contre le duc de Norfolk, Thomas Mowbray ?

BOLINGBROKE.

— Tout d'abord (que le ciel soit le registre de mes paroles !) — c'est dans la ferveur de mon dévouement de sujet, — et par zèle pour le précieux salut de mon prince, — que, libre de toute injuste rancune, — je parais comme appelant en cette royale présence. — Maintenant, Thomas Mowbray, c'est vers toi que je me tourne, — et tiens bon compte de ma déclaration : car ce que je vais dire, — mon corps le maintiendra sur cette terre, — ou mon âme divine en répondra au ciel. — Tu es un traître et un mécréant ; — de trop bonne noblesse pour une vie trop mauvaise; — car, plus le cristal du ciel est pur, — plus hideux semblent les nuages qui y passent. — Encore une fois, pour aggraver encore le stigmate, — je t'enfonce dans la gorge le nom de traître infâme, — désirant, s'il plaît à mon souverain, ne pas sortir d'ici — que mon glaive justicier n'ait prouvé ce qu'affirme ma bouche.

NORFOLK.

— Que la froideur de mes paroles n'accuse pas ici mon zèle. — Ce n'est pas l'épreuve d'une guerre de femmes, l'aigre clameur de deux langues acharnées, — qui peut arbitrer ce litige entre nous deux. — Un sang qui bout ainsi veut être refroidi ; — pourtant je ne puis me vanter d'avoir la patience assez docile — pour garder le silence et ne rien dire du tout. — Je le déclare tout d'abord, mon profond respect pour Votre Altesse — m'empêche de lâcher les rênes et de donner de l'éperon à ma libre parole ; — sans quoi, elle s'emporterait jusqu'à lui rejeter — doublement à la gorge ce mot de trahison. — Mettons de côté la royauté de son sang auguste, — qu'il ne soit plus le cousin de mon suzerain ; — et je le défie, je lui crache au visage, — je l'appelle calomniateur, couard et vilain. — Ce que je suis prêt à maintenir, en lui laissant tous les avantages, — fussé-je, pour le rencontrer, obligé de gagner au pas de course — les crêtes glacées des Alpes — ou tout autre terrain inhabitable — que jamais Anglais ait osé fouler ! — En attendant, que ceci suffise à défendre ma loyauté : — par toutes mes espérances, il en a menti effrontément.

BOLINGBROKE.

— Pâle et tremblant couard, je te jette mon gant, — abdiquant ici la parenté d'un roi. — Je mets de côté la royauté de mon sang auguste — que la peur, et non le respect, te fait récuser. — Si une coupable frayeur t'a laissé la force — de relever ce gage de mon honneur, eh bien ! baisse-toi. — Par ce gage et par tous es rites de la chevalerie, — je veux, en croisant le fer, te rendre raison — de ce que j'ai dit et de toutes les injures que tu pourras inventer.

NORFOLK.

— Je le relève, et, je le jure par cette épée — qui doucement apposa ma chevalerie sur mon épaule, — je suis prêt à te faire réponse par tout moyen loyal, — dans toutes les formes honorables de l'épreuve chevaleresque; — et, une fois en selle, puissé-je n'en pas descendre vivant, — si je suis un traître ou si je combats injustement !

BOLINGBROKE.

— Écoutez ! Ce que je déclare, ma vie est engagée à le prouver : — je dis que Mowbray a reçu huit mille nobles, — destinés à la paie des soldats de Votre Altesse, — qu'il a détenus pour des usages criminels, — comme un traître félon et un infâme scélérat. — Je dis en outre (et le prouverai en combattant, — ou ici, ou ailleurs, fût-ce aux plus lointains parages — qu'ait jamais aperçus un regard anglais), — je dis que toutes les trahisons qui depuis dix-huit ans — ont été complotées et tramées dans ce pays — ont le fourbe Mowbray pour chef et pour fauteur. — Je dis encore (et je prouverai encore — ma bonne foi aux dépens de sa mauvaise vie) — que c'est lui qui a comploté la mort du duc de Glocester, — qui a instigué ses trop crédules adversaires, — et qui, conséquemment, comme un traître et un couard, — a fait ruisseler son âme innocente dans des torrents de sang. — Ce sang, comme celui du sacrifice d'Abel, crie — du fond même des cavernes muettes de la terre; — il réclame de moi justice et rude châtiment, — et, par la glorieuse dignité de ma naissance, — ce bras le vengera, ou j'y perdrai cette vie !

RICHARD.

— Quelle hauteur atteint l'essor de sa résolution ! — Thomas de Norfolk, que dis-tu à cela ?

NORFOLK.

— Oh ! daigne mon souverain détourner la face — et commander à son oreille d'être sourde un moment, — que je dise à ce vivant opprobre du sang royal — quelle horreur fait à Dieu et aux gens de bien un si hideux menteur !

RICHARD.

— Mowbray, l'impartialité est dans nos yeux comme dans nos oreilles : — fût-il mon frère, fût-il même l'héritier de mon royaume — (et il n'est que le fils de mon frère), — je jure, par la majesté de mon sceptre, — qu'une parenté si proche de notre sang sacré — ne lui donnerait aucun privilége et ne rendrait point partiale — l'inflexible fermeté de mon âme droite. — Il est notre sujet, Mowbray, comme tu l'es toi-même : — je t'autorise à parler librement et sans crainte.

NORFOLK.

— Eh bien, Bolingbroke, jusqu'au fond de ton cœur, — par ta gorge de traître, tu mens ! — Les trois quarts de ce que j'ai reçu pour Calais, — je les ai dûment distribués aux soldats de Son Altesse ; — le dernier quart, j'ai été autorisé à le garder, — mon souverain me redevant — cette somme sur un compte considérable, — depuis le dernier voyage que je fis en France pour chercher la reine. — Avale donc ce démenti... Quant à la mort de Glocester... — je ne l'ai point assassiné ; mais, à ma disgrâce, — j'ai oublié en cette occasion mon serment, mon devoir. — Quant à vous, mon noble lord de Lancastre, — vous, l'honorable père de mon ennemi, — j'ai un jour dressé une embûche contre votre vie, — et c'est un tort qui pèse à mon âme affligée ; — mais, dernièrement, avant de recevoir le sacrement, — je l'ai confessé ; et j'ai scrupuleuse ment imploré — de votre grâce un pardon que j'espère avoir obtenu. — Voilà mes fautes. Quant aux autres accusations, — elles émanent de la rancune d'un scélérat, — d'un mécréant, du plus dégénéré des traîtres. — C'est ce que j'entends soutenir hardiment de ma personne; — et, à mon tour, je lance mon gage, — aux pieds de ce traître outrecuidant, — décidé à prouver ma loyauté de gentilhomme — dans le sang le plus pur que recèle sa poitrine. — Dans ma hâte, je supplie instamment — Votre Altesse de nous assigner le jour de l'épreuve.

RICHARD.

— Gentilshommes que le courroux enflamme, laissez-vous guider par moi. — Purgeons cette colère sans tirer de sang : — voilà ce que nous prescrivons, sans être médecin. — Une profonde inimitié fait une incision trop profonde; — oubliez, pardonnez; arrangez-vous et mettez-vous d'accord. — Nos docteurs disent que ce n'est pas le moment de saigner... — Bon oncle, que cette querelle finisse où elle a commencé : — nous calmerons le duc de Norfolk; vous, calmez votre fils.

JEAN DE GAND.

— Être pacificateur convient à mon âge... — Mon fils, rejetez le gage du duc de Norfolk.

RICHARD.

— Et vous, Norfolk, rejetez le sien.

JEAN DE GAND.

— Eh bien, Harry, eh bien? — Quand l'obéissance ordonne, je ne devrais pas ordonner deux fois.

RICHARD.

— Norfolk, répétez cela; nous ordonnons! Inutile délai!

NORFOLK.

— Je me jette moi-même à tes pieds, redouté souverain; — ma vie est à ton service, mais non ma honte. —

Ma vie appartient à mon devoir; mais ma bonne renommée, — qui en dépit de la mort vivra sur ma tombe, — tu ne l'emploieras pas au noir usage du déshonneur. — Je suis honni, accusé, conspué, — percé au cœur par le trait envenimé de la calomnie; — et il n'est qu'un baume pour guerir une telle blessure, c'est le sang du cœur — qui a exhalé ce poison.

RICHARD.

Cette fureur doit être contenue : — donne-moi son gage. Les lions domptent les léopards (2).

NORFOLK.

— Oui, mais n'effacent pas leurs taches; enlevez-moi la honte, — et j'abandonne ce gage. Cher, cher seigneur, — le plus pur trésor que puisse donner l'existence mortelle, — c'est une réputation sans tache; ôtez cela, — et les hommes ne sont qu'une fange dorée, qu'une argile peinte. — Un joyau dans un coffre dix fois verrouillé, — c'est un cœur vaillant dans une poitrine royale. — Mon honneur, c'est ma vie : tous deux ne font qu'un; — enlevez-moi l'honneur, et ma vie est perdue. — Donc, mon cher suzerain, laissez-moi défendre mon honneur; — c'est pour lui que je vis, pour lui que je veux mourir.

RICHARD, à Bolingbroke.

— Cousin, rejetez ce gage; commencez.

BOLINGBROKE.

— Oh ! Dieu préserve mon âme d'une si noire vilenie ! — Puis-je paraître, cimier baissé, en présence de mon père? — Puis-je ravaler ma hauteur jusqu'au pâle effroi d'un mendiant — devant cet effronté poltron ? Avant que ma langue — blesse mon honneur par une si outrageante faiblesse, — avant qu'elle sonne une si honteuse chamade, mes dents déchireront — le servile organe d'une lâche palinodie — et [(insulte suprême!) le cracheront tout sanglant — dans ce refuge de la honte, à la face même de Mowbray !

Jean de Gand sort.

RICHARD.

— Nous ne sommes pas né pour prier, mais pour commander. — Puisque nous ne pouvons parvenir à vous réconcilier, — soyez prêts à faire vos preuves au péril de votre vie, — le jour de la Saint-Lambert, à Conventry ; — c'est là que vos épées et vos lances arbitreront — l'effervescent litige de votre haine acharnée. — Puisque nous ne pouvons vous calmer, nous verrons — la justice désigner l'honneur par la victoire. — Lord maréchal, commandez à nos hérauts d'armes — de s'apprêter à régler cette lutte intestine.

Ils sortent..

SCÈNE II.

[L'ancien hôtel de Savoie, à Londres.] (3)

Entrent JEAN DE GAND et la DUCHESSE DE GLOCESTER.

JEAN DE GAND.

— Hélas ! ce que j'ai en moi du sang de Glocester — me sollicite, plus même que vos cris, — à m'élever contre les bouchers de sa vie. — Mais puisque le châtiment réside dans les mains mêmes — qui ont commis le forfait que nous sommes impuissants à châtier, — confions notre cause à la volonté du ciel. — Quand il verra les temps mûrs sur terre, — il fera pleuvoir une brûlante vengeance sur la tête des coupables.

LA DUCHESSE.

— La fraternité n'est-elle pas pour toi un stimulant plus vif ? — L'amour n'a-t-il plus de flamme dans ton vieux sang ? — Les sept fils d'Édouard, et tu es l'un d'entre eux (4), — étaient comme sept vases pleins de son sang sacré, — comme sept beaux rameaux issus d'une même souche. — Plusieurs de ces vases ont été vidés par le cours de la nature, — plusieurs de ces rameaux ont été coupés par la destinée. — Mais Thomas, mon cher seigneur, ma vie, mon Glocester, — ce vase plein du sang sacré d'Édouard, — ce florissant rameau de la plus royale souche, — a été brisé (et toute la précieuse liqueur a été répandue), — a été haché (et les feuilles de son été ont été toutes flétries), — par la main de l'envie, par le couperet sanglant du meurtre! — Ah! Jean de Gand! son sang était le tien ; le lit, la matrice, — la fougue, le moule qui t'ont formé, — l'ont fait homme ; et tu as beau vivre et respirer, — tu es tué en lui. C'est acquiescer — dans une large mesure à la mort de ton père — que laisser ainsi périr ton malheureux frère, — qui était la vivante image de ton père. — N'appelle pas cela patience, Gand, c'est désespoir : — souffrir que ton frère soit ainsi assassiné, — c'est frayer l'accès de ton cœur sans défense — à la tuerie farouche et lui apprendre à l'égorger. — Ce que nous appelons patience chez les gens vulgaires — n'est que pâle et blême couardise dans de nobles poitrines. — Que te dirai-je? Pour sauvegarder ta propre vie, — le meilleur moyen, c'est de venger la mort de mon Glocester.

JEAN DE GAND.

— Cette querelle est celle de Dieu ; car c'est le représentant de Dieu, — l'oint du Seigneur, sacré sous ses yeux mêmes, — qui a causé cette mort ; si ce fut un crime, — que le ciel en tire vengeance ; car je ne pourrai jamais lever — un bras irrité contre son ministre.

LA DUCHESSE.

— A qui donc, hélas! pourrai-je me plaindre?

JEAN DE GAND.

— A Dieu, le champion et le défenseur de la veuve.

LA DUCHESSE.

— Eh bien, soit !... Adieu, vieux Jean de Gand, tu vas à Coventry voir — combattre notre neveu Hereford et le féroce Mowbray. — Oh ! puissent les injures de mon mari peser sur la lance de Hereford, — en sorte qu'elle traverse la poitrine du boucher Mowbray ! — Ou si par malheur le premier élan est manqué, — puissent les crimes de Mowbray être un tel poids pour son cœur — qu'ils brisent les reins de son coursier écumant, — et culbutent le cavalier dans la lice, — jetant le misérable à la merci de mon neveu Hereford ! — Adieu, vieillard ; la femme de ton ci-devant frère — doit finir sa vie avec la Douleur, sa compagne.

JEAN DE GAND.

— Sœur, adieu. Il faut que j'aille à Coventry. — Puisse le bonheur rester avec toi, comme partir avec moi !

LA DUCHESSE.

— Un mot encore... La douleur rebondit où elle tombe, — non qu'elle soit vide et creuse, mais par l'effet de sa lourdeur. — Je prends congé de toi avant d'avoir rien dit ; — car le chagrin ne finit pas quand il paraît épuisé. — Recommande-moi à mon frère, Edmond York. — Là, c'est tout... Non, ne t'en va pas ainsi. — Quoique ce soit là tout, ne pars pas si vite... — Je vais me rappeler autre chose... Dis-lui... Oh ! quoi ?... — dis-lui de venir me voir bien vite à Plashy. — Hélas ! et que verra là ce bon vieux York ? — Rien que des logements vides, des murailles dégarnies, — des offices dépeuplés, des dalles désertées ! — Et qu'y entendra-t-il ? pour acclamations, rien que mes gémissements ! — Recommande-moi donc à lui ; qu'il n'aille pas là-bas — chercher la douleur : elle y est partout. — Désolée, désolée, je vais partir d'ici et mourir. — C'est le dernier adieu que te disent mes yeux en pleurs.

Ils sortent.

SCÈNE III.

[La plaine de Gosford-green, près Coventry.]

La lice est préparée ; un trône dressé. Hérauts d'armes et autres officiers de service en faction.

Entrent le LORD MARÉCHAL *et* AUMERLE.

LE MARÉCHAL.
— Milord Aumerle, Harry Hereford est-il armé ?

AUMERLE.
— Oui, de pied en cap, et impatient d'entrer.

LE MARÉCHAL.
— Le duc de Norfolk, plein de fougue et de hardiesse, — n'attend que le signal de la trompette de l'appelant.

AUMERLE.
— Ainsi les champions sont prêts, et l'on n'attend plus — que l'arrivée de Sa Majesté.

Fanfares. Entrent le roi RICHARD, *qui va s'asseoir sur son trône,* JEAN DE GAND *et plusieurs autres seigneurs qui prennent leurs places. — Une trompette sonne ; une autre trompette lui répond de l'intérieur. Alors, entre* NORFOLK, *armé de toutes pièces, précédé d'un héraut.*

RICHARD.
— Maréchal, demandez à ce champion — pour quelle cause il vient ici en armes ; — demandez-lui son nom ; et, suivant l'usage, sommez-le — d'attester sous serment la justice de sa cause.

LE MARÉCHAL, à Norfolk.
— Au nom de Dieu et du roi, dis qui tu es, — et pourquoi tu viens dans cet équipement chevaleresque, — contre qui tu viens, et quelle est ta querelle. — Dis la

vérité, sur ton serment et sur ta foi de chevalier, — et que dès lors le ciel et ta valeur te soient en aide !

NORFOLK.

— Mon nom est Thomas Mowbray, duc de Norfolk. — Je viens ici, engagé par un serment — (que le ciel préserve un chevalier de violer jamais !) — pour défendre mon honneur et ma loyauté — envers Dieu, mon roi et ma postérité — contre le duc de Hereford qui m'accuse, — et par la grâce de Dieu et par ce bras, — lui prouver, en me défendant, — qu'il est traître à mon Dieu, à mon roi et à moi. — Comme je combats pour la vérité, que le ciel me soit en aide !

Il s'assied.

Une trompette sonne. Entre BOLINGBROKE, *armé de toutes pièces, précédé par un héraut.*

RICHARD.

— Maréchal, demandez à ce chevalier en armes — qui il est et pourquoi il vient ici, — cuirassé d'habillements de guerre ; — et, suivant les formes de notre loi, — faites-lui attester la justice de sa cause.

LE MARÉCHAL.

— Quel est ton nom ? et pourquoi viens-tu ici — devant le roi Richard, dans sa lice royale ? — Contre qui viens-tu ? Et quelle est ta querelle ? — Parle en vrai chevalier, et, sur ce, le ciel te soit en aide !

BOLINGBROKE.

— Harry Hereford, de Lancastre et de Derby, — c'est moi ! Je me présente en armes dans cette lice, — pour y prouver, par la grâce de Dieu et la valeur de mon corps, — à Thomas Mowbray, duc de Norfolk, — qu'il n'est qu'un hideux félon, traître — au Dieu du ciel, au roi Richard et à moi ; — et, comme je combats pour la vérité, que le ciel me soit en aide !

LE MARÉCHAL.

— Sous peine de mort, que personne n'ait l'audace — ni l'insolente hardiesse de toucher les barrières, — excepté le maréchal et les officiers — désignés pour régler ces loyales épreuves.

BOLINGBROKE.

— Lord maréchal, permettez que je baise la main de mon souverain — et que je plie le genou devant Sa Majesté ; — car, Mowbray et moi, nous sommes comme deux hommes — ayant fait vœu d'un long et pénible pèlerinage. — Prenons donc solennellement congé — de nos amis divers par un affectueux adieu.

LE MARÉCHAL, à Richard.

— L'appelant salue Votre Altesse en toute féauté, — et demande à vous baiser la main et à prendre congé de vous.

RICHARD, se levant.

Nous voulons descendre et le presser dans nos bras. — Cousin Hereford, qu'à la justice de ta cause — la fortune réponde en ce loyal combat ! — Adieu, mon sang ! Si tu le répands aujourd'hui, — nous pourrons pleurer, mais non venger ta mort.

BOLINGBROKE.

— Oh ! que de nobles yeux ne profanent pas une larme — pour moi, si je suis transpercé par la lance de Mowbray ! — Aussi confiant que le faucon qui fond — sur un oiseau, je vais combattre Mowbray.

Au lord maréchal.

— Mon aimable lord, je prends congé de vous, — et de vous, mon noble cousin, lord Aumerle. — Je ne suis pas malade, quoique aux prises avec la mort ; — mais je suis alerte et jeune, et je respire la joie.

Se tournant vers Jean de Gand.

— Eh ! c'est comme aux festins anglais ! j'aborde — le

meilleur en dernier, pour finir par le plus doux! — O toi, auteur terrestre de mon existence, — dont l'ardeur juvénile, en moi régénérée, — m'exalte par une double énergie — au niveau d'une victoire trop haute pour ma tête, — donne à mon armure la trempe de tes prières, acère de tes bénédictions la pointe de ma lance, — en sorte qu'elle pénètre, comme la cire, la cotte de Mowbray, — et fourbis à neuf le nom de Jean de Gand — par la prouesse même de son fils.

JEAN DE GAND.

— Le ciel te fasse prospère en ta bonne cause! — Sois à l'exécution prompt comme l'éclair; — et que tes coups, doublement redoublés, — tombent comme un écrasant tonnerre sur le casque — de ton perfide ennemi! Surexcite ton jeune sang, sois vaillant et vis.

BOLINGBROKE.

— Mon innocence et Saint-Georges à la rescousse!

Il s'assied.

NORFOLK.

— Quel que soit le sort que me réserve Dieu ou la fortune, — ici doit vivre ou mourir, fidèle au trône du roi Richard, — un loyal, juste et intègre gentilhomme. — Jamais captif n'eut plus de joie — à secouer les chaînes de la servitude et à ressaisir — une liberté d'or sans contrôle — que n'en a mon âme palpitante à célébrer — cette fête martiale avec mon adversaire. — Très-puissant suzerain, et vous, compagnons, mes pairs, — recevez de ma bouche un souhait d'heureuses années. — Serein et joyeux, comme à une parade, — je vais au combat. La loyauté a un cœur tranquille.

RICHARD.

— Adieu, milord : je vois avec sécurité — luire dans ton regard la vertu et la valeur. — Maréchal, ordonnez l'épreuve, et faites commencer.

Le roi et les lords retournent à leurs siéges.

SCÈNE III.

LE MARÉCHAL.

Harry de Hereford, de Lancastre et de Derby, — reçois ta lance, et Dieu défende le droit !

BOLINGBROKE, se levant.

— Crénelé dans mon espérance, je crie : Amen !

LE MARÉCHAL, à un officier.

— Allez porter cette lance à Thomas, duc de Norfolk.

PREMIER HÉRAUT D'ARMES.

— Harry de Hereford, Lancastre et Derby, — se présente ici pour son Dieu, son souverain et lui-même, — afin de prouver, sous peine d'être reconnu fourbe et félon, — que le duc de Norfolk, Thomas Mowbray, — est traître à son Dieu, à son souverain et à lui ; il le somme de s'élancer au combat.

DEUXIÈME HÉRAUT D'ARMES.

— Ici se présente Thomas Mowbray, duc de Norfolk, — pour se défendre et pour prouver, — sous peine d'être reconnu fourbe et félon, — que Harry de Hereford, Lancastre et Derby, — est déloyal à Dieu, à son souverain et à lui ; déterminé et plein d'ardeur, — il n'attend que le signal pour commencer.

LE MARÉCHAL.

— Sonnez, trompettes ; et élancez-vous, combattants.

On sonne la charge.

Le roi jette dans le champ clos son bâton de commandant (5).

— Arrêtez ! le roi a jeté son bâton.

RICHARD.

— Que tous deux déposent leurs heaumes et leurs lances et retournent à leurs siéges.

A Jean de Gand et aux seigneurs assesseurs.

— Venez conférer avec nous... Et que les trompettes sonnent — jusqu'au moment où nous signifierons à ces ducs ce que nous aurons décrété.

Longue fanfare.

Aux combattants.

Approchez, — et écoutez ce que nous avons arrêté avec notre conseil. — Attendu que la terre de notre royaume ne doit pas être souillée — de ce sang précieux qu'elle a nourri ; — que nos yeux abhorrent l'atroce spectacle des plaies civiles creusées par des épées voisines ; — que, dans notre pensée, l'orgueil aux ailes d'aigle d'une ambition qui aspire à la nue — et la rancune d'une jalouse rivalité vous provoquent — à réveiller la paix qui, dans le berceau de notre pays, — sommeille avec la calme et douce respiration d'un enfant endormi ; — attendu que l'alarme causée par le rauque ouragan des tambours, — par le cri terrible des trompettes stridentes — et par le choc discordant des armes furieuses — pourrait chasser la noble paix de nos tranquilles contrées — et nous réduire à marcher dans le sang de nos parents ; — en conséquence, nous vous bannissons de nos territoires. — Vous, cousin Hereford, sous peine de mort, — jusqu'à ce que deux fois cinq étés aient enrichi nos champs, — vous ne reverrez pas nos beaux domaines, — mais vous foulerez les sentiers étrangers de l'exil.

BOLINGBROKE.

— Que votre volonté soit faite ! Une chose doit me consoler : — c'est que le soleil, qui vous réchauffe ici, luira aussi pour moi ; — c'est que les rayons d'or qu'il vous prête ici — brilleront sur moi et doreront mon exil.

RICHARD.

— A toi, Norfolk, est réservé un arrêt plus rigoureux, — que j'ai quelque répugnance à prononcer. — Les heures furtives et lentes ne détermineront pas la limite indéfinie de ton douloureux exil. — Cette sentence désespérante : « Ne reviens jamais, sous peine de mort ! » je la prononce contre toi.

NORFOLK.

— Sentence rigoureuse, mon souverain seigneur, — et que je n'attendais pas de la bouche de Votre Altesse! — Coup profond — qui me rejette dans une atmosphère misérable! — Ah! j'avais mérité de Votre Altesse une meilleure récompense! — L'idiome que j'ai appris depuis quarante années, — mon anglais natal, je dois désormais l'oublier. — Et désormais ma langue me sera aussi inutile — qu'une viole ou une harpe sans cordes, — qu'un bon instrument enfermé dans son étui — ou mis entre des mains — qui ne savent pas le toucher pour en régler l'harmonie. — Dans ma bouche vous avez emprisonné ma langue — sous la double grille de mes dents et de mes lèvres; — et la stupide, l'insensible, la stérile ignorance — doit me servir de geôlier. — Je suis trop vieux pour cajoler une nourrice, — trop avancé en âge pour me faire écolier. — Qu'est-ce donc que ta sentence, sinon une mort muette — qui dérobe à ma langue son souffle natal?

RICHARD.

— Il ne te sert de rien de te lamenter. — Après notre sentence, les plaintes arrivent trop tard.

NORFOLK.

— Ainsi je vais tourner le dos au soleil de mon pays — pour aller vivre dans les mélancoliques ténèbres d'une nuit sans fin.

Il va pour se retirer.

RICHARD, à Norfolk.

— Reviens et prends un engagement.

Aux deux exilés.

— Posez sur notre royale épée vos mains proscrites; — jurez, par l'allégeance que vous devez au ciel — (celle que vous nous devez, nous la bannissons avec vous), — de tenir le serment que nous vous administrons : — jurez, au nom de l'honneur et du ciel, — de ne jamais vous rapprocher dans l'exil par une mutuelle sympathie, — de ne jamais vous retrouver face à face, — de ne jamais vous écrire, ni vous saluer, de ne jamais apaiser — la sombre tempête de votre haine domestique, — de ne jamais vous réunir de propos délibéré — pour tramer aucune intrigue, aucun complot coupable — contre nous, notre gouvernement, nos sujets, notre pays.

BOLINGBROKE.

Je le jure.

NORFOLK.

— Je jure aussi d'observer toutes ces conditions.

BOLINGBROKE.

— Norfolk, encore un mot, mais un mot d'ennemi ! — En ce moment, si le roi nous avait laissés faire, — une de nos âmes serait errante dans les airs, — bannie du frêle sépulcre de notre chair, — comme notre chair est maintenant bannie de cette terre. — Confesse tes trahisons, avant de fuir ce royaume. — Puisque tu as si loin à aller, n'emporte pas — l'accablant fardeau d'une conscience coupable.

NORFOLK.

— Non, Bolingbroke. Si jamais je fus un traître, — que mon nom soit rayé du livre de vie, — et moi, banni du ciel, comme d'ici ! — Mais ce que tu es, le ciel, toi et moi, nous le savons ; — et le roi en fera trop tôt, je le crains, la déplorable épreuve... — Adieu, mon suzerain... Désormais je ne puis plus m'égarer. — Hormis la route d'Angleterre, tout chemin est le mien.

RICHARD, à Jean de Gand.

— Oncle, dans la glace de tes yeux — je vois l'affliction de ton cœur; ton triste aspect — a du nombre de ses années d'exil — retranché quatre années.

A Bolingbroke.

Après six hivers glacés, — retourne de l'exil dans la patrie, et tu seras le bienvenu.

BOLINGBROKE.

— Que de temps dans un petit mot! — Quatre hivers languissants et quatre riants printemps — tiennent dans une parole. Tel est le souffle des rois!

JEAN DE GAND.

— Je remercie mon suzerain d'avoir, par égard pour moi, — abrégé de quatre ans l'exil de mon fils. — Mais je n'en recueillerai que peu d'avantage ; — car, avant que les six années qu'il doit passer loin de moi — aient varié leurs lunes et accompli leur révolution, — ma lampe privée d'huile et ma flamme épuisée — seront éteintes par l'âge dans la nuit éternelle ; — mon bout de lumignon sera brûlé et fini, — et la mort aveugle ne me laissera pas revoir mon fils.

RICHARD.

— Bah! mon oncle, tu as bien des années à vivre.

JEAN DE GAND.

— Pas une minute, roi, que tu puisses me donner. — Tu peux abréger mes jours par un sombre chagrin, — et m'enlever des nuits, mais non me prêter un lendemain. — Tu peux aider l'âge à sillonner ma face, — mais tu ne peux arrêter une ride en son pèlerinage. — Ta parole peut concourir avec l'âge à ma mort, — mais, mort, ton royaume ne saurait racheter mon souffle!

RICHARD.

— Ton fils est banni par un sage verdict — auquel tu as, pour ta part, donné ton suffrage : — pourquoi donc sembles-tu protester contre notre justice?

JEAN DE GAND.

— Les choses, douces au goût, deviennent aigres à la digestion. — Vous m'avez consulté comme juge; mais j'aurais mieux aimé — que vous m'eussiez dit d'argumenter en père. — Oh! si c'eût été un étranger, et non mon enfant, — j'aurais eu plus d'indulgence pour pallier sa faute ; j'ai tenu à éviter l'imputation de partialité, — et j'ai par ma sentence détruit ma propre vie. — Hélas! j'espérais qu'un de vous me dirait — que j'étais trop rigoureux de me défaire ainsi de mon bien ; — mais vous avez souffert que ma langue — me fît, contre mon gré, ce mal involontaire.

RICHARD.

— Cousin, adieu... Toi aussi, mon oncle, dis-lui adieu : — nous le bannissons pour six ans ; il faut qu'il parte.

Fanfares. Sortent Richard et sa suite.

AUMERLE.

— Cousin, adieu : ce que votre personne ne pourra plus nous dire, — signifiez-le par écrit du lieu de votre résidence.

LE MARÉCHAL.

— Moi, milord, je ne prends pas congé de vous ; car je compte vous escorter — à cheval, aussi loin que le permettra cette terre.

JEAN DE GAND.

— Oh! pourquoi thésaurises-tu tes paroles, — et ne réponds-tu pas aux effusions de tes amis ?

BOLINGBROKE.

— Les paroles me manquent pour vous faire mes adieux, — au moment même où ma langue devrait les prodiguer — pour exhaler la douleur exubérante de mon cœur.

JEAN DE GAND.

— Ton chagrin n'est qu'une absence temporaire.

BOLINGBROKE.

— En l'absence de la joie, le chagrin est toujours présent.

JEAN DE GAND.
— Qu'est-ce que six hivers? C'est bien vite passé.
BOLINGBROKE.
— Oui, pour l'homme dans la joie; mais d'une heure le chagrin en fait dix.
JEAN DE GAND.
— Suppose que c'est un voyage que tu fais pour ton plaisir.
BOLINGBROKE.
— Mon cœur me détrompera par un soupir, — lui pour qui ce sera un pèlerinage forcé.
JEAN DE GAND.
— Regarde le sombre cercle de ta marche douloureuse — comme la monture où tu dois enchâsser — le précieux joyau de ton retour.
BOLINGBROKE.
— Non, chacun de mes pas pénibles — me rappellera bien plutôt quel monde — m'éloigne des joyaux qui me sont chers. — Il faut que je fasse le long apprentissage — des routes de l'étranger; et à la fin, — devenu libre, de quoi pourrai-je me vanter, — sinon d'avoir été le journalier de la douleur?
JEAN DE GAND.
— Tous les lieux que visite le regard des cieux — sont pour le sage autant de ports et d'heureux havres : — apprends de la nécessité à raisonner ainsi. — Il n'est point de vertu comme la nécessité! — Pense, non que le roi t'a banni, — mais que tu as banni le roi. Le malheur s'appesantit d'autant plus — qu'il s'aperçoit qu'on le supporte faiblement. — Va, figure-toi que je t'ai envoyé en quête de la gloire, — et non que le roi t'a exilé; ou suppose — qu'une peste dévorante plane dans notre atmosphère, — et que tu fuis vers un climat plus pur. — Écoute, imagine que tout ce que ton âme a de plus cher

— est là où tu vas et non là d'où tu viens. — Prends les oiseaux qui chantent pour des musiciens, — le gazon que tu foules pour la natte d'un salon, — les fleurs, pour de belles dames, et ta marche — pour la mesure délicieuse d'une danse. — Car le chagrin hargneux a moins de pouvoir pour mordre — l'homme qui le nargue et le traite légèrement (6).

BOLINGBROKE.

— Oh! qui peut tenir un tison dans sa main, — en songeant aux glaces du Caucase? — ou émousser l'aiguillon d'un appétit famélique — par la seule idée d'un festin imaginaire? — ou se rouler nu dans la neige de décembre, — en songeant à la chaleur d'un été fantastique? — Oh! non, la pensée du bien — ne rend que plus vif le sentiment du mal. — La dent cruelle de la douleur n'est jamais plus venimeuse — que quand elle mord sans ouvrir la plaie.

JEAN DE GAND.

— Viens, viens, mon fils; je vais te mettre dans ton chemin. — Si j'étais jeune comme toi, et dans ta situation, je ne voudrais pas rester.

BOLINGBROKE.

— Adieu donc, sol de l'Angleterre; adieu, terre chérie, — ma mère, ma nourrice, qui me portes encore! — En quelque lieu que j'erre, je pourrai toujours me vanter — d'être, quoique banni, un véritable Anglais.

Tous sortent.

SCÈNE IV.

(Le palais du roi à Londres.)

Entrent RICHARD, BAGOT et GREEN, puis AUMERLE.

RICHARD.

— Nous l'avons remarqué... Cousin Aumerle, — jusqu'où avez-vous accompagné le haut Hereford?

AUMERLE.

— J'ai accompagné le haut Hereford, puisque ainsi vous l'appelez, — jusqu'à la première grande route, et je l'ai quitté là.

RICHARD.

— Et, dites-moi, la séparation a-t-elle fait verser bien des larmes?

AUMERLE.

— Ma foi, aucune de ma part, n'était un vent du nord-est, — qui, en nous soufflant aigrement au visage, — a réveillé la pituite endormie, et a ainsi, par hasard, — honoré d'une larme notre creuse séparation.

RICHARD.

— Qu'a dit notre cousin, quand vous l'avez quitté?

AUMERLE.

Il m'a dit adieu; — et, comme mon cœur répugnait à ce que ma langue — profanât ce mot, j'ai habilement feint — d'être accablé par une telle douleur — que les paroles semblaient ensevelies dans la tombe de mon chagrin. — Morbleu! si le mot adieu avait pu allonger les heures — et ajouter des années à son court bannissement, — il aurait eu de moi un volume d'adieux; — mais, la chose étant impossible, il n'en a pas eu un seul.

RICHARD.

— Il est notre cousin, cousin ; mais il est douteux, — quand le temps le rappellera de l'exil, — que notre parent revienne voir sa famille. — Nous-même, et Bushy, et Bagot que voici, et Green, — nous avons remarqué sa courtoisie envers les gens du peuple, — par quelle humble et familière révérence — il semblait plonger dans leurs cœurs, — que de respects il prostituait à ces manants, — gagnant de pauvres artisans par l'artifice de ses sourires — et par son édifiante soumission aux rigueurs de son sort, — comme s'il eût voulu emporter leurs affections dans l'exil ! — Il ôtait son chapeau à une marchande d'huîtres ! — Deux haquetiers lui criaient : *Dieu vous conduise !* — et obtenaient le tribut de son souple genou — avec des *merci, mes compatriotes, mes chers amis.* — Comme si l'Angleterre lui appartenait par réversion, — et qu'il fût le plus prochain espoir de nos sujets !

GREEN.

— C'est bon, il est parti, et avec lui disparaissent toutes ces idées. — Songeons maintenant aux rebelles qui surgissent en Irlande. — Il faut faire diligence, mon seigneur ; — ne leur laissons pas trouver de nouvelles ressources dans de nouveaux retards, — aussi utiles pour eux que funestes à Votre Altesse.

RICHARD.

— Nous irons en personne à cette guerre. — Et, comme nos coffres, grâce à une cour trop somptueuse — et à de trop généreuses largesses, se sont quelque peu allégés, — nous sommes forcé d'affermer notre domaine royal, — dont le revenu doit subvenir à nos besoins — pour les affaires urgentes. Si cela ne suffit pas, — nos délégués auront des blancs seings — sur lesquels ils inscriront tous les gens riches, connus d'eux, — pour de larges sommes d'or — qu'ils nous enverront plus tard comme subsides ; — car nous voulons partir sur-le-champ pour l'Irlande.

Entre BUSHY.

— Bushy, quelles nouvelles ?

BUSHY.

— Le vieux Jean de Gand est gravement malade, milord ; — il a été pris soudain, et il envoie en toute hâte — supplier Votre Majesté de l'aller voir.

RICHARD.

— Où est-il ?

BUSHY.

A Ely-House.

RICHARD.

— Ciel, suggère à son médecin l'idée — de le dépêcher immédiatement à sa tombe ! — La garniture de ses coffres nous fera des habits — pour équiper nos soldats dans cette guerre d'Irlande. — Venez, messieurs, allons le visiter. — Dieu veuille qu'en faisant toute diligence, nous arrivions trop tard !

Ils sortent.

SCÈNE V.

[Un appartement dans Ely-House.]

JEAN DE GAND est étendu sur un lit de repos ; le DUC D'YORK et d'autres seigneurs sont debout près de lui.

JEAN DE GAND.

— Le roi viendra-t-il ? Que je puisse rendre mon dernier soupir — dans un conseil salutaire pour son imprudente jeunesse !

YORK.

— Ne vous tourmentez pas ; ne vous mettez pas hors

d'haleine ; — car c'est en vain que les conseils parviennent à son oreille.

JEAN DE GAND.

— Oh! mais on dit que la voix des mourants — commande l'attention, comme une profonde harmonie. — Quand les paroles sont rares, elles ne sont guère proférées en vain. — Car c'est la vérité que murmurent ceux qui murmurent leurs paroles à l'agonie. — Celui qui bientôt ne pourra plus rien dire est plus écouté — que ceux dont la jeunesse et la santé inspirent la causerie. — La fin des hommes est plus remarquée que toute leur vie passée. — Le coucher du soleil, le final d'une mélodie — (l'arrière-goût des douceurs en est toujours le plus doux) restent — gravés dans la mémoire plus que les choses antérieures. — Bien que Richard ait refusé d'écouter les conseils de ma vie, — son oreille peut ne pas être sourde à la triste parole de ma mort.

YORK.

— Non, elle est absorbée par les accents flatteurs, — par les louanges adressées à sa puissance, et puis — par des vers licencieux dont l'harmonie venimeuse — trouve toujours ouverte l'oreille de la jeunesse, — par le récit des modes de cette superbe Italie — dont notre nation, toujours tardive en ses singeries, — suit les manières en trébuchant dans une basse imitation ! — Survient-il dans le monde une vanité, — quelque vile qu'elle soit, pourvu qu'elle soit neuve, — vite on l'insinue à l'oreille royale ! — Aussi les conseils arrivent toujours trop tard, — là où la volonté se mutine contre l'empire de la raison. — Ne cherche pas à diriger celui qui veut lui-même choisir son chemin. — A peine te reste-t-il un souffle, et tu veux le perdre !

JEAN DE GAND.

— Il me semble que je suis un prophète subitement

inspiré, — et voici, en expirant, ce que je prédis de lui.
— La flamme ardente et furieuse de son orgie ne saurait durer ; — car les feux violents se consument d'eux-mêmes. — Les petites pluies durent longtemps, mais les brusques orages sont courts. — Il fatigue vite, celui qui galope trop vite. — La nourriture étouffe qui se nourrit trop avidement. — La futile vanité, insatiable cormoran, — bientôt à bout d'aliments, se dévore elle-même. — Cet auguste trône des rois, cette île porte-sceptre, — cette terre de majesté, ce siége de Mars, — cet autre Éden, ce demi-paradis, — cette forteresse bâtie par la nature pour se défendre — contre l'invasion et le coup de main de la guerre, — cette heureuse race d'hommes, ce petit univers, — cette pierre précieuse enchâssée dans une mer d'argent — qui la défend, comme un rempart, — ou comme le fossé protecteur d'un château, — contre l'envie des contrées moins heureuses, — ce lieu béni, cette terre, cet empire, cette Angleterre, — cette nourrice, cette mère féconde de princes vraiment royaux, — redoutables par leur race, fameux par leur naissance, — qui, au service de la chrétienté et de la vraie chevalerie, — ont porté la renommée de leurs exploits — jusque dans la rebelle Judée, jusqu'au sépulcre — du fils bienheureux de Marie, la rançon du monde ; — cette patrie de tant d'âmes chères, cette chère, chère patrie, — chérie pour sa gloire dans le monde, — est maintenant affermée (je meurs en le déclarant), — comme un fief ou une ferme misérable (7). — Cette Angleterre, engagée dans une mer triomphante, — dont la côte rocheuse repousse l'envieux assaut — de l'humide Neptune, est maintenant engagée à l'ignominie — par les taches d'encre et par les parchemins pourris ! — Cette Angleterre qui avait coutume d'asservir les autres, — a consommé honteusement sa propre servitude ! — Oh ! si ce scandale pouvait s'é-

vanouir avec ma vie, — que je serais heureux de mourir !

Entrent le Roi Richard, la Reine, Aumerle (8), Bushy, Green, Bagot, Rose et Willoughby.

YORK.

— Le roi est venu : ménagez sa jeunesse ; — car les jeunes poulains ardents deviennent furieux quand on les irrite.

LA REINE.

— Comment se porte notre noble oncle Lancastre ?

RICHARD.

— Comment va, l'homme ? Comment se porte le vieux Gand ?

JEAN DE GAND.

— Oh ! que ce nom convient à ma personne ! — Vieux gant, en vérité, vieille peau racornie ! — En moi la douleur a gardé un long jeûne fastidieux ; — et qui peut jeûner sans se dessécher ? — J'ai longtemps veillé l'Angleterre endormie ; — les veilles amènent la maigreur, et la maigreur est toute décharnée. — Ce bonheur qui soutient un père, — la vue de mes enfants, j'en ai été strictement sevré, — et c'est par cette privation que tu as fait de moi ce que je suis, — un vieux gant bon à jeter dans la fosse, une vieille peau — dont hérite la matrice profonde de la tombe !

RICHARD.

— Un malade peut-il jouer si subtilement sur son nom !

JEAN DE GAND.

— Non ! ma misère s'amuse à se moquer d'elle-même ; — puisque tu veux détruire mon nom avec moi, — car je me moque de mon nom, grand roi, pour te flatter.

RICHARD.

— Les mourants devraient-ils flatter ceux qui vivent ?

SCÈNE V.

JEAN DE GAND.

— Non, non ; ce sont les vivants qui flattent ceux qui meurent.

RICHARD.

— Mais toi qui es mourant, tu dis que tu me flattes.

JEAN DE GAND.

— Oh ! non, c'est toi qui te meurs, bien que je sois le plus malade.

RICHARD.

— Je suis en pleine santé, je respire, et je te vois bien malade.

JEAN DE GAND.

— Ah ! celui qui m'a créé sait que je te vois bien malade : — la maladie que tu vois en moi, je la vois en toi. — Ton lit de mort, c'est ce vaste pays, — où tu languis dans l'agonie de ta renommée. — Et toi, trop insoucieux patient, — tu confies ta personne sacrée aux soins — des médecins mêmes qui ont fait ton mal. — Mille flatteurs siégent sous ta couronne, — dont le cercle n'est pas plus large que ta tête ; — et, si petite que soit cette cage, — leurs ravages ont toute l'étendue de ce royaume. — Oh ! si d'un regard prophétique ton aïeul avait — pu voir comment le fils de son fils ruinerait ses fils, — il aurait mis ton déshonneur hors de ta portée ; — il t'aurait dépossédé d'avance en te déposant, — plutôt que de te laisser, possédé que tu es, te déposer toi-même. — Oui, cousin, quand tu serais le maître du monde, — il y aurait déshonneur à affermer ce pays ; — mais quand tu ne possèdes au monde que l'Angleterre, — n'est-il pas plus que déshonorant de la déshonorer ainsi ? — Tu es un seigneur d'Angleterre, tu n'en est plus le roi : — ta puissance légale s'est asservie à la loi, — et...

RICHARD.

Et toi, chétif esprit, imbécile lunatique, — tu te prévaux du privilége de la fièvre, — pour oser avec ta morale glacée — faire pâlir notre joue, pour oser, dans ton délire, — chasser le sang royal de sa résidence native ! — Ah ! par la très-royale majesté de mon trône, — si tu n'étais le frère du fils du grand Édouard, — cette langue, qui roule si rondement dans ta tête, — ferait rouler ta tête de tes insolentes épaules !

JEAN DE GAND.

— Oh ! ne m'épargne pas, fils de mon frère Édouard, — par cette raison que je suis le fils d'Édouard son père ! — Pareil au pélican, tu as déjà tiré — de ce sang et tu t'en es enivré. — Mon frère Glocester, cette âme si franchement bienveillante, — (veüille le ciel l'admettre à la félicité parmi les âmes bienheureuses !) — peut te servir de précédent, pour témoigner — que tu ne te fais pas scrupule de verser le sang d'Édouard. — Ligue-toi avec mon mal présent ; — et que ta cruauté s'associe à la vieillesse crochue — pour faucher d'un coup une fleur depuis trop longtemps flétrie. — Vis dans ton infamie, mais que ton infamie ne meure pas avec toi ! — Et puissent ces derniers mots être à jamais tes bourreaux !... — Portez-moi à mon lit, et puis à ma tombe ! — Que ceux-là aiment la vie qui ont encore l'amour et l'honneur !

Il sort, emporté par ses gens.

RICHARD.

— Et que ceux-là meurent qui n'ont plus que la vieillesse et l'humeur sombre ! — Tu n'as plus qu'elles deux, et toutes deux sont faites pour la tombe.

YORK.

— Je supplie Votre Majesté de n'imputer ces paroles — qu'à l'humeur d'une sénilité maladive. — Il vous aime, sur ma vie, et vous chérit — autant que Henry, duc de Hereford, s'il était ici.

RICHARD

— C'est juste ; vous dites vrai : son affection ressemble

à celle de Hereford ; — la mienne ressemble à la leur. Les choses doivent être comme elles sont.

Entre NORTHUMBERLAND.

NORTHUMBERLAND.

— Mon suzerain, le vieux Gand se recommande au souvenir de Votre Majesté.

RICHARD.

— Que dit-il ?

NORTHUMBERLAND.

Rien, vraiment : tout est dit. — Sa langue est désormais un instrument sans corde. — Paroles et vie, le vieux Lancastre a tout épuisé.

YORK

— Puisse York être maintenant le premier à faire ainsi banqueroute ! — Si pauvre que soit la mort, elle met fin à la misère mortelle.

RICHARD.

— Le fruit le plus mûr doit tomber le premier ; de là sa chute. — Son temps est terminé ; nous, nous avons à achever notre pèlerinage : — n'en parlons plus... Songeons maintenant à notre guerre d'Irlande. — Il nous faut exterminer ces Kernes farouches et échevelés, — seuls êtres venimeux qui vivent — sur une terre où rien de venimeux n'a le privilége de vivre. — Et comme cette grande entreprise entraîne des charges, — nous saisissons pour nos subsides — l'argenterie, les espèces, les revenus et les biens meubles — que possédait notre oncle Jean de Gand.

YORK.

— Où s'arrêtera ma patience ? Ah ! jusques à quand — un tendre respect me fera-t-il subir l'iniquité ! — La mort de Glocester, le bannissement de Hereford, — les affronts faits à Gand, les griefs intimes de l'Angleterre,

— les empêchements apportés au mariage — du pauvre Bolingbroke, ma propre humiliation, — rien n'a pu assombrir mon visage serein, — ni soulever contre mon souverain un pli de mon front. — Je suis le dernier des fils du noble Édouard, — qui avaient pour aîné ton père, le prince de Galles. — Dans la guerre, jamais lion ne fut plus furieusement terrible ; — dans la paix, jamais agneau ne fut plus docile et plus doux — que ce jeune et royal gentilhomme. — Tu as ses traits, car il te ressemblait, — quand il avait atteint le nombre de tes heures. — Mais, quand il fronçait le sourcil, c'était contre les Français, — et non contre ses amis : sa noble main — avait gagné ce qu'elle dépensait, et ne dépensait pas — ce qu'avait gagné le bras triomphant de son père ; — ses mains n'étaient pas souillées du sang de ses parents, — mais rougies du sang des ennemis de sa race. — O Richard, York s'est laissé emporter par la douleur ; — sans quoi il n'eût jamais fait une telle comparaison.

RICHARD.

— Eh bien, mon oncle, de quoi s'agit-il ?

YORK.

O mon suzerain, — pardonnez-moi, si c'est votre plaisir ; sinon, je me résignerai à ne pas être pardonné. — Vous prétendez saisir et accaparer dans vos mains — les apanages royaux et les droits du banni Hereford ! — Gand n'est-il pas mort ? et Hereford n'est-il pas vivant ? — Gand n'était-il pas fidèle ? et Harry n'est-il pas loyal ? — Ce prince ne méritait-il pas d'avoir un héritier ? — Et n'a-t-il pas laissé pour héritier un fils bien méritant ? — Anéantissez les droits de Hereford, et vous anéantissez — toutes les chartes et tous les droits consacrés par le temps ; — vous empêchez que demain succède à aujourd'hui ; — vous cessez d'être vous-même, car comment êtes-vous roi, — si ce n'est par hérédité et par succession légitime ?

— Ah ! je le déclare devant Dieu (Dieu fasse que je ne dise pas vrai !), — si vous saisissez injustement le titres de Hereford, — si vous détenez les lettres patentes qui l'autorisent — à revendiquer son héritage — par ses procureurs généraux, si vous refusez l'hommage offert par lui, — vous attirez mille dangers sur votre tête, — vous vous aliénez mille cœurs bien disposés, — et vous entraînez mon affectueuse patience vers des pensées — que l'honneur et l'allégeance ne sauraient inspirer.

RICHARD.

— Pensez ce que vous voudrez ; nous saisissons dans nos mains — sa vaisselle plate, ses biens, son argent et ses terres.

YORK.

— Je n'en serai pas témoin. Adieu, mon suzerain. — Quelles seront les suites de ceci, nul ne peut le dire ; — mais il y a lieu de croire que de mauvais procédés — ne sauraient aboutir à de bons résultats.

Il sort.

RICHARD.

— Bushy, va immédiatement chez le comte de Wiltshire ; — dis lui de nous rejoindre à Ely-House pour aviser à cette affaire. Demain — nous ferons route pour l'Irlande ; et il est grand temps, ma foi. — En notre absence, nous créons — notre oncle York lord gouverneur d'Angléterre, — car il est loyal, et nous a toujours bien aimé ! — Venez, notre reine : demain il nous faudra partir ; — amusons-nous, car nous n'avons pas long-temps à rester.

Fanfares.
Sortent le roi, la reine, Bushy, Aumerle, Green et Bagot.

NORTHUMBERLAND.

— Eh bien, milords, le duc de Lancastre est mort.

ROSS.

— Et vivant ; car à présent son fils est duc.

WILLOUGHBY.

— Duc par le titre, mais non par le revenu.

NORTHUMBERLAND.

— Il le serait largement des deux façons, si la justice avait ses droits.

ROSS.

— Mon cœur est gros ; mais il crèvera dans le silence — plutôt que de se soulager par un libre langage.

NORTHUMBERLAND.

— Non ! dis ta pensée ; et qu'il perde à jamais la parole celui qui répétera tes paroles pour te faire tort !

WILLOUGHBY.

— Ce que tu veux dire concerne-t-il le duc de Hereford ? — Si cela est, parle hardiment, mon cher : — mon oreille est prompte à écouter, quand il s'agit de son bien.

ROSS.

— De son bien ? Je ne puis rien pour son bien — (si vous trouvez que ce soit pour son bien), que le plaindre — d'être ainsi châtré et dépouillé de son patrimoine.

NORTHUMBERLAND.

— Par le ciel, c'est une honte que de laisser accabler par de telles iniquités — un prince royal et tant d'autres — nobles enfants de ce pays chancelant. — Le roi n'est plus lui-même ; il se laisse bassement mener — par des flatteurs ; et, à la première accusation — que leur haine inventera contre nous, — le roi exercera des poursuites sévères — contre nous, nos existences, nos enfants, nos héritiers.

ROSS.

— Il a pillé les communes par des taxes exorbitantes, — et il a à jamais perdu leur affection ; il a, pour de vieilles querelles, — frappé d'amende les nobles, et il a à jamais perdu leur affection.

WILLOUGHBY.

— Et chaque jour sont inventées de nouvelles exactions, — blancs seings, dons volontaires, et je ne sais quoi encore. — Mais, au nom du ciel, à quoi passe tout cela ?

NORTHUMBERLAND.

— Les guerres n'en ont rien absorbé, car il n'a pas guerroyé ; — il a lâchement cédé par un compromis — ce que ses ancêtres avaient conquis par de grands coups ; — il a dépensé dans la paix plus qu'eux dans la guerre.

ROSS.

— Le comte de Wiltshire a le royaume en ferme.

WILLOUGHBY.

— Le roi a fait banqueroute comme un homme insolvable.

NORTHUMBERLAND.

— L'opprobre et la ruine planent sur lui.

ROSS.

— Malgré ses taxes écrasantes, — il n'a d'argent pour cette guerre d'Irlande — qu'en volant le duc banni.

NORTHUMBERLAND.

— Son noble parent ! ô roi dégénéré ! — Mais, milords, nous entendons chanter cette formidable tempête, — et nous ne cherchons pas de refuge pour éviter l'ouragan. — Nous voyons le vent enfler violemment nos voiles, — et nous ne les carguons pas !... Nous nous laissons perdre par sécurité !

ROSS.

— Nous voyons le naufrage qui nous menace ; et le danger est devenu inévitable — par notre indolence à en conjurer les causes.

NORTHUMBERLAND.

— Non pas. Dans les yeux caves de la mort — je vois poindre la vie ; mais je n'ose dire — combien est proche l'heure de notre salut.

WILLOUGHBY.

— Ah! fais-nous part de tes pensées, comme nous te faisons part des nôtres.

ROSS.

— Parle avec confiance, Northumberland ; — nous trois ne faisons qu'un avec toi, et, adressées à nous, — tes paroles ne sont que des pensées. Exprime-toi donc hardiment.

NORTHUMBERLAND.

— Eh bien, voici : (9) de Port-le-Blanc, une baie — de Bretagne, j'ai reçu la nouvelle — que Harry, duc de Hereford, Reignold, lord Cobham, — qui s'est échappé dernièrement de chez le duc d'Exeter, — son frère, le ci-devant archevêque de Cantorbéry (10), — sir Thomas Erpingham, sir John Ramston, — sir John Norbéry, sir Robert Waterton, et Francis Quoint, — tous parfaitement équipés par le duc de Bretagne, — avec huit gros vaisseaux et trois mille hommes de guerre, — arrivent ici en toute hâte — et comptent aborder avant peu sur notre côte septentrionale. — Peut-être auraient-ils déjà pris terre, n'était qu'ils attendent — le départ du roi pour l'Irlande. — Si donc nous voulons secouer notre joug servile, — remplumer les ailes brisées de notre patrie défaillante, — racheter d'un engagement mercantile la couronne souillée, — essuyer la poussière qui cache l'or de notre sceptre, — et rendre son prestige à la majesté souveraine, — partez vite avec moi pour Ravenspurg. — Mais si par défaillance vous n'avez pas ce courage, restez, gardez-moi le secret, et j'irai seul.

ROSS.

— A cheval ! à cheval ! parle d'hésitations à ceux qui ont peur.

WILLOUGHBY.

— Que mon cheval tienne bon, et je serai là le premier.

Ils sortent.

SCÈNE VI.

[Londres. Le palais du roi.]

Entrent la REINE, BUSHY et BAGOT.

BUSHY.

— Madame, Votre Majesté est trop triste. — Vous avez promis, en quittant le roi, — d'écarter une mélancolie délétère pour la vie, — et de garder une humeur enjouée.

LA REINE.

— J'ai fait cette promesse pour plaire au roi, mais je ne puis me plaire — à la tenir ; pourtant je ne sache pas avoir de motif — pour choyer un hôte tel que le chagrin, — hormis l'ennui d'avoir dit adieu à un hôte aussi cher — que mon cher Richard. N'importe, il me semble toujours — que quelque malheur imminent, dont la fortune est grosse, — va m'arriver ; et mon âme — tremble intérieurement de je ne sais quoi : quelque chose l'attriste, — et ce n'est pas seulement le départ de monseigneur le roi.

BUSHY.

— Tout chagrin a vingt spectres — qui font l'effet du chagrin sans l'être. — Car le regard de la douleur, sous le verre aveuglant des larmes, — divise un seul objet en plusieurs ; — comme ces cristaux à facettes qui, considérés de face, — ne montrent rien que confusion, et, vus obliquement, — font saillir une figure. Ainsi, votre chère majesté, — voyant de travers le départ de son seigneur, — y trouve maintes formes de douleur qui la font gémir, — mais qui en réalité ne sont que des reflets — chimériques. Donc, trois fois gracieuse reine, — ne pleurez que le départ de votre seigneur : c'est là votre seul ennui évident. — Si vous en voyez d'autres, c'est avec le regard trouble d'une douleur — qui pleure comme véritables des maux imaginaires.

LA REINE.

— C'est possible ; mais un sentiment intime — me persuade qu'il en est autrement. Quoi qu'il en soit, — je ne puis être que triste, profondément triste : — bien que ma pensée ne s'arrête à aucune pensée, — je ne sais quelle oppression m'énerve et m'écrase.

BUSHY.

— Cette douleur n'est qu'une imagination, ma gracieuse dame !

LA REINE.

— Nullement ; si c'était une imagination, — elle serait enfantée — par quelque chagrin antérieur ; elle ne l'est pas, — car rien n'a engendré ce qui m'afflige ; — le néant dont je souffre n'est pas né de quelque chose. — C'est par anticipation que j'ai cette douleur ; — ce qu'elle est, je ne le sais pas encore, — je ne puis la décrire ; c'est un mal sans nom.

Entre GREEN.

GREEN.

— Dieu garde Votre Majesté !... Heureuse rencontre, messieurs ! — J'espère que le roi n'est pas encore embarqué pour l'Irlande.

LA REINE.

— Pourquoi l'espères-tu ? Espérons plutôt qu'il l'est. — Car son entreprise appelle la célérité ; sa célérité, notre espoir. — Pourquoi donc espères-tu qu'il n'est pas embarqué ?

GREEN.

— Parce qu'il pourrait encore, lui, notre espoir, faire replier ses troupes, — et réduire au désespoir l'espoir d'un ennemi — qui vient de débarquer en force dans ce pays. — Le banni Bolingbroke s'est rappelé lui-même — et, les armes à la main, est arrivé sain et sauf — à Ravenspurg.

LA REINE.

Le Dieu du ciel nous en préserve !

GREEN.

— Oh ! il n'est que trop vrai, madame ; et, qui pis est, — le lord Northumberland, son jeune fils Henri Percy, — les lords Ross, Beaumont et Willoughby, ont couru se joindre à lui avec tous leurs puissants amis.

BUSHY.

— Pourquoi n'avez-vous pas proclamé traîtres Northumberland — et tous ceux de la faction révoltée ?

GREEN.

— Nous l'avons fait : sur quoi le comte de Worcester — a brisé son bâton, résigné sa charge de sénéchal, — et tous les gens de la maison du roi ont fui avec lui — vers Bolingbroke.

LA REINE.

— Green, tu viens d'accoucher ma douleur, — et Bolingbroke en est le fils effrayant. — Maintenant mon âme a mis au monde son prodige ; — et moi, mère, j'ai dans les convulsions de cette nouvelle délivrance — accumulé souffrance sur souffrance, angoisse sur angoisse.

BUSHY.

— Ne désespérez pas, madame.

LA REINE.

Et qui m'en empêchera? — Je veux désespérer et rompre — avec le fourbe espoir. C'est un flatteur, — un parasite qui fait reculer la mort. — La mort dénouerait doucement les liens de l'existence, — sans le faux espoir qui en prolonge l'agonie.

Entre YORK.

GREEN.

— Voici venir le duc d'York.

LA REINE.

— Avec les insignes de la guerre autour de son cou vieilli. — Oh! qu'il a l'air soucieux et préoccupé! — Oncle, — au nom du ciel, dites-nous des paroles consolantes.

YORK.

— Si j'en disais, je mentirais à ma pensée. — La consolation est au ciel; et nous sommes sur la terre, — où il n'existe que croix, soucis et chagrins. — Votre mari est allé sauver son empire au loin, — tandis que d'autres viennent le lui faire perdre chez lui. — Il m'a laissé ici pour étayer ses États, — moi qui, affaibli par l'âge, ne puis me soutenir moi-même. — Maintenant vient l'heure critique qu'ont amenée ses excès! — Maintenant il va éprouver les amis qui le flattaient.

Entre un SERVITEUR.

UN SERVITEUR.

— Milord, votre fils était parti avant mon arrivée.

YORK.

— Parti!... Allons, bien!... Que les choses aillent comme elles voudront! — Les nobles se sont enfuis; les communes sont froides, — et je crains bien qu'elles ne se révoltent en faveur d'Hereford. — Maraud, rends-toi à Plashy auprès ma sœur Glocester; — dis-lui de m'envoyer immédiatement mille livres. — Tiens, prends mon anneau.

LE SERVITEUR.

— Milord, j'avais oublié de le dire à votre seigneurie, — aujourd'hui, en venant, j'y ai passé... — Mais je vais vous affliger si je vous révèle le reste.

YORK.

— Qu'est-ce, maraud ?

LE SERVITEUR.

— Une heure avant mon arrivée, la duchesse était morte.

YORK.

— Miséricorde ! quelle marée de malheurs — vient fondre tout à coup sur cette malheureuse terre ! — Je ne sais que faire... Plût à Dieu que, — sans que je l'y eusse provoqué par aucune trahison, — le roi eût pris ma tête avec celle de mon frère ! — Eh bien, a-t-on dépêché des courriers pour l'Irlande ? — Comment trouver de l'argent pour cette guerre ? — Venez, ma sœur... ma nièce, veux-je dire ! pardonnez, je vous prie...

Au serviteur.

— Va, l'ami, rends-toi chez moi, procure-toi des chariots, — et rapporte toutes les armes qui sont là.

Le serviteur sort.

Aux seigneurs.

— Messieurs, voulez-vous aller rassembler vos hommes ? Si je sais — comment et par quel moyen mettre ordre aux affaires — désordonnées qui me tombent sur les bras, — qu'on ne me croie jamais !... Tous deux sont mes parents : — l'un est mon souverain, que mon serment — et mon devoir m'enjoignent de défendre ; par contre, l'autre — est mon neveu, que le roi a lésé, — à qui la conscience et ma parenté m'enjoignent d'obtenir réparation. — Il faut pourtant faire quelque chose...

Venez, ma nièce, je vais — vous mettre en lieu sûr... Allez rassembler vos hommes, — et rejoignez-moi immédiatement au château de Berkley. — Je devrais également aller à Plashy, — mais le temps ne me le permet pas. Tout est bouleversé ; — tout est livré à la confusion.

Sortent York et la Reine.

BUSHY.

— Le vent est bon pour porter les nouvelles en Irlande ; — mais aucune n'en revient. Lever des forces — proportionnées à celles de l'ennemi, — c'est pour nous tout à fait impossible.

GREEN.

— En outre, notre dévouement au roi — nous dévoue à la haine de ceux qui n'aiment pas le roi.

BAGOT.

— C'est-à-dire du peuple capricieux : car son amour — est dans sa bourse : et quiconque la vide — lui remplit le cœur d'une mortelle haine.

BUSHY.

— Ainsi le roi est généralement condamné.

BAGOT.

— Si le jugement dépend du peuple, nous le sommes également, — ayant toujours été dévoués au roi.

GREEN.

— Eh bien, je vais me réfugier sur-le-champ au château de Bristol : — le comte de Wiltshire y est déjà.

BUSHY.

— J'irai avec vous : car le plus léger service — que le peuple hostile puisse nous rendre, — c'est de nous mettre tous en pièces, le chien ! — Voulez-vous venir avec nous ?

BAGOT.

— Non, je vais en Irlande près de Sa Majesté. — Adieu. Si les présages de mon cœur ne sont pas vains, — nous

nous séparons ici tous trois pour ne jamais nous retrouver.

BUSHY.

— Tout dépend de la tentative d'York pour repousser Bolingbroke.

GREEN.

— Hélas! pauvre duc! la tâche qu'il entreprend, — c'est de compter les sables de la plage, c'est de boire l'Océan! — Pour un qui combattra de son côté, mille déserteront.

BUSHY.

— Adieu, encore une fois! une fois pour toutes, et pour toujours!

GREEN.

— Eh bien, nous nous retrouverons peut-être.

BAGOT.

Jamais, je le crains.

Ils sortent.

SCÈNE VII.

[Les montagnes du Glocestershire.]

Entrent BOLINGBROKE et NORTHUMBERLAND, accompagnés de leurs troupes.

BOLINGBROKE.

— Quelle distance y a-t-il, milord, d'ici à Berkley?

NORTHUMBERLAND.

— Ma foi, noble lord, — je suis étranger ici dans le comté de Glocester. — Ces hautes et sauvages collines, ces chemins rudes et inégaux — allongent notre marche et la rendent fatigante. — Et cependant le miel de votre suave parole — a rendu douce et délectable cette âpre route. — Mais je songe combien le chemin — de Ravenspurg à Cotsword aura paru pénible — à Ross et à Willoughby, privés de votre compagnie, — qui, je le déclare, a complétement trompé — l'ennui et la longueur de ce voyage. — Mais le leur est adouci par l'espérance d'avoir — le bonheur que je possède à présent ; — et l'espoir de la joie prochaine est une joie presque égale — à la joie de l'espoir accompli. — Pour les lords fatigués, cet espoir-là — abrégera la route, comme l'a abrégée pour moi — le charme visible de votre noble compagnie.

BOLINGBROKE.

— Ma compagnie a beaucoup moins de valeur — que vos bonnes paroles... Mais qui vient ici ?

Entre HARRY PERCY.

NORTHUMBERLAND.

— C'est mon fils, le jeune Harry Percy, — envoyé je ne sais d'où par mon frère Worcester... — Harry, comment va votre oncle ?

PERCY.

— Je croyais, milord, avoir par vous de ses nouvelles.

NORTHUMBERLAND.

— Comment ! N'est-il pas avec la reine ?

PERCY.

— Non, mon bon seigneur ; il a quitté la cour, — brisé son bâton d'office, et dispersé — la maison du roi.

NORTHUMBERLAND.

— Pour quelle raison ? — Il n'était pas dans ces dispositions la dernière fois que nous nous sommes parlé.

PERCY.

Parce que votre seigneurie a été proclamée traître. — Lui, milord, il est allé à Ravenspurg — offrir ses services au duc de Hereford ; — et il m'a envoyé par Berkley, pour reconnaître — quelles forces le duc a levées là, — avec ordre de me rendre ensuite à Ravenspurg.

SCÈNE VII.

NORTHUMBERLAND.

— Avez-vous oublié le duc de Hereford, mon enfant?

PERCY.

— Non, mon bon seigneur. Car je ne puis oublier — ce que je ne me suis jamais rappelé. Je ne sache pas — l'avoir jamais connu de ma vie.

NORTHUMBERLAND.

— Apprenez donc à le connaître désormais; voici le duc.

PERCY à Bolingbroke.

— Mon gracieux seigneur, je vous offre, — tels quels, les services d'un jouvenceau tendre et inculte, — que l'âge mûrira et élèvera, j'espère, — à la hauteur des plus éclatants services.

BOLINGBROKE.

— Je te remercie, gentil Percy; sois sûr — que je m'estime heureux surtout — d'avoir l'âme reconnaissante envers mes bons amis. — Ma fortune, en mûrissant avec ton affection, — ne cessera d'en récompenser la fidélité. — Mon cœur fait ce pacte, ma main le scelle ainsi.

Il serre la main de Percy.

NORTHUMBERLAND.

— Quelle distance y a-t-il d'ici à Berkley? Et quel effectif — a là ce bon vieux York avec ses hommes de guerre?

PERCY.

— Là-bas près de cette touffe d'arbres est le château, — défendu par trois cents hommes, à ce que j'ai ouï dire. — Au dedans sont les lords York, Berkley et Seymour; — pas d'autres personnages de renom et de qualité.

Entrent Ross et Willoughby.

NORTHUMBERLAND.

— Voici venir les lords Ross et Willoughby, — l'éperon ensanglanté, la face rougie par la hâte.

BOLINGBROKE.

— Bienvenus, milords. Je vois que votre affection s'attache — à un traître banni. Je n'ai pour tout bien qu'une gratitude encore impuissante qui, dès qu'elle sera plus riche, — récompensera dignement votre amour et vos efforts.

ROSS.

— Votre présence nous fait riches, très-noble lord.

WILLOUGHBY.

— Et elle nous paie avec usure de nos efforts pour l'obtenir.

BOLINGBROKE.

— Recevez encore des remercîments, ces bons du trésor du pauvre, — qui jusqu'à ce que ma fortune enfant devienne majeure, — seront le gage de ma libéralité... Mais qui vient ici ?

Entre Berkley.

NORTHUMBERLAND.

— C'est milord de Berkley, si je ne me trompe.

BERKLEY.

— Milord de Hereford, mon message est pour vous.

BOLINGBROKE.

— Milord, je ne réponds qu'au nom de Lancastre : — je suis venu chercher ce titre en Angleterre, — et je dois le trouver sur vos lèvres, — avant de répliquer à ce que vous pouvez dire.

BERKLEY.

— Ne vous y méprenez pas, milord : ce n'est point mon intention — de raturer aucun de vos titres d'honneur. — Je viens à vous, milord, milord... comme vous voudrez, — de la part du très-glorieux régent de ce royaume, — le duc d'York, pour savoir ce qui vous a porté

— à prendre avantage d'une auguste absence — pour troubler par une guerre intestine notre paix nationale.

Entrent York et son escorte.

BOLINGBROKE.

— Je n'aurai pas besoin de transmettre par vous ma réponse ; — voici venir Sa Grâce en personne... Mon noble oncle !

Il s'agenouille.

YORK.

— Ah ! fais plier ton cœur plutôt que ce genou, — dont l'hommage est hypocrite et trompeur.

BOLINGBROKE.

— Mon gracieux oncle !...

YORK.

Bah ! bah ! — ne me qualifie pas de *grâce* ni d'*oncle !* — Je ne suis pas l'oncle d'un traître ; et ce mot *grâce* — dans une bouche impie n'est que profane. — Pourquoi ces pieds bannis et proscrits — ont ils osé toucher la poussière du sol de l'Angleterre ? — Pourquoi, pourquoi ont-ils osé franchir — tant de milles sur son sein pacifique, — effrayant ses pâles hameaux par l'appareil de la guerre — et par l'ostentation d'une méprisable prise d'armes ? — Es-tu venu parce que l'oint du seigneur, le roi, est absent ? — Eh! fol enfant, le roi est resté ici, — et son autorité réside dans mon cœur loyal. — Si j'avais encore autant de fougueuse jeunesse — qu'au temps où le brave Gand, ton père, et moi, — nous dégagions le Prince Noir, ce jeune Mars de l'humanité, — des rangs de plusieurs milliers de Français, — oh ! comme ce bras, — maintenant prisonnier de la paralysie, t'aurait vite châtié ! — comme il t'aurait vite administré la correction de ta faute !

BOLINGBROKE.

— Mon gracieux oncle, faites-moi connaître ma faute : — quelle est-elle? en quoi consiste-t-elle?

YORK.

— Elle est de la plus grave nature ; — une grosse rébellion, une détestable trahison ! — Tu es un banni, et voici que tu viens, — avant que ton temps soit expiré, — braver ton souverain les armes à la main !

BOLINGBROKE.

— C'est Hereford qui fut banni naguère ; — aujourd'hui c'est Lancastre qui revient. — Mon noble oncle, j'en conjure Votre Grâce, — examinez mes griefs d'un œil impartial. — Vous êtes mon père, car il me semble voir en vous — revivre le vieux Jean de Gand. Eh bien donc, ô mon père ! — permettez-vous que je reste condamné — à la vie errante d'un vagabond, mes droits et mes titres souverains — arrachés de mes mains par la force et abandonnés — à de prodigues parvenus ! Pourquoi suis-je né ? — Si le roi, mon cousin, est roi d'Angleterre, — il faut reconnaître que je suis duc de Lancastre. — Vous avec un fils, Aumerle, mon noble parent : — si vous étiez mort le premier, et qu'il eût été ainsi accablé, — il aurait trouvé dans son oncle Jean de Gand un père — pour chasser ses offenseurs et les réduire aux abois ! — On me défend de réclamer ici mon investiture, — et pourtant j'y suis autorisé par mes lettres patentes. — Les biens de mon père sont séquestrés et vendus, — et tout cela pour le plus coupable usage. — Que vouliez-vous que je fisse ? Je suis un sujet, — et j'invoque la loi. On me refuse des procureurs ; — et voilà pourquoi je revendique en personne mes droits — de légitime descendant à l'héritage de mes pères.

NORTHUMBERLAND.

— Le noble duc a été trop injustement traité.

ROSS.

— Il dépend de Votre Grâce de lui faire réparation.

WILLOUGHBY.

— Des hommes infimes se sont agrandis de ses domaines.

YORK.

— Lords d'Angleterre, écoutez-moi, — j'ai ressenti les outrages faits à mon neveu, — et j'ai tâché par tous mes efforts de lui obtenir réparation ; — mais venir ainsi, les armes à la main, — opérer avec le tranchant de son glaive le redressement de ses torts, — chercher la réparation par l'outrage, c'est ce qui ne se doit pas ; — et vous tous qui le soutenez en ceci, — vous fomentez la rébellion, et vous êtes tous rebelles.

NORTHUMBERLAND.

— Le noble duc a juré qu'il vient seulement — réclamer son bien : et pour cette légitime revendication, — nous avons tous solennellement juré de lui donner aide ; — et puisse ne jamais connaître le bonheur, celui qui violera ce serment !

YORK.

— Bien, bien. Je prévois l'issue de cette prise d'armes. — Je ne puis l'empêcher, je dois le confesser ; mon pouvoir est trop faible, mes ressources sont insuffisantes. — Mais, si je le pouvais, par celui qui m'a donné la vie ! — je vous arrêterais tous et je vous ferais plier devant la merci souveraine du roi. — Mais, puisque je ne le puis, sachez — que je reste neutre. Sur ce, adieu ; à moins qu'il ne vous plaise d'entrer dans le château, — et de vous y reposer cette nuit.

BOLINGBROKE.

— Une offre, mon oncle, que nous accepterons volontiers. — Mais il faut que nous décidions Votre Grâce à venir avec nous — au château de Bristol, occupé, dit-on, — par Bushy, Bagot et leurs complices, — ces chenilles de la république, — que j'ai juré d'extirper et de détruire.

YORK.

— Il se peut que j'aille avec vous... Mais je veux y réfléchir ; — car je répugne à violer les lois de mon pays. — Vous n'êtes ni mes amis ni mes ennemis : vous êtes les bienvenus. — Les choses, devenues irrémédiables, me deviennent indifférentes.

Ils sortent.

SCÈNE VIII.

[Un camp dans le pays de Galles.]

Entrent SALISBURY et un CAPITAINE (11).

LE CAPITAINE.

— Milord de Salisbury, nous avons attendu dix jours ; — c'est à grand'peine que nous avons retenu nos compatriotes ; — et cependant nous ne recevons aucune nouvelle du roi : — conséquemment, nous allons nous disperser : adieu.

SALISBURY.

— Attends encore un jour, fidèle Gallois ; — le roi repose toute sa confiance — en toi.

LE CAPITAINE.

On croit que le roi est mort ; nous ne voulons plus attendre. — Les lauriers dans notre pays sont tous flétris (12), — et les météores épouvantent les étoiles fixes du ciel. — La pâle lune luit sanglante sur la terre, — et des prophètes à la mine décharnée murmurent de formidables changements ; — les riches ont l'air triste, et les gueux dansent et sautent de joie, — les uns, craignant de perdre leur fortune, — les autres espérant faire la leur par la fureur et la guerre. — Ces signes sont les avant-coureurs de la mort ou de la chute des rois. — Adieu ; mes compatriotes sont partis et en fuite, — convaincus que Richard, leur roi, est mort.

Il sort.

SALISBURY.

— Ah ! Richard ! c'est avec le regard d'une âme accablée — que je vois ta gloire, comme une étoile filante, — tomber du firmament sur la terre abjecte ! — Ton soleil se couche en pleurant au fond de l'occident, — annonçant les orages à venir, le malheur et le désordre. — Tes amis ont fui pour se joindre à tes ennemis ; — et tous les destins marchent contre ta fortune.

Il sort.

SCÈNE IX.

[Le camp de Bolingbroke à Bristol.]

Entrent Bolingbroke, York, Northumberland, Percy, Willoughby, Ross, suivis d'officiers qui amènent Bushy et Green prisonniers.

BOLINGBROKE.

Faites avancer ces hommes. — Bushy et Green, je ne veux pas tourmenter vos âmes, — qui vont dans un moment être séparées de vos corps, — par une trop longue dénonciation de vos funestes existences ; — car ce ne serait pas charitable. Néanmoins, pour laver mes mains — de votre sang, ici, à la vue de tous, — je veux exposer quelques-uns des motifs de votre mort. — Vous avez égaré un prince, un roi vraiment royal, — un parfait gentilhomme de race et de nature ; — vous l'avez complétement dénaturé et défiguré. — Dans vos criminels loisirs, vous avez, en quelque sorte, — établi un divorce entre la reine et lui ; — vous avez dépossédé le lit royal, — et flétri les belles joues d'une charmante reine — avec les larmes arrachées de ses yeux par vos noirs outrages. — Moi-même, prince par la fortune de ma naissance, — proche du roi par le sang, proche de lui par l'affection — jusqu'au jour où vous m'avez fait méconnaître par lui, — j'ai dû courber la tête sous vos injures, — et exhaler dans les nues étrangères mes soupirs anglais, — mangeant le pain amer de la proscription, — tandis que vous viviez de mes seigneuries, — que vous détruisiez mes parcs, et que vous abattiez mes forêts ; — tandis que vous arrachiez de mes fenêtres mon blason de famille — et que vous effaciez ma devise, ne me laissant d'autres signes — que l'estime des hommes et le sang de mes veines — pour prouver au monde que je suis gentilhomme. — Ces motifs et bien d'autres (je pourrais en dire deux fois plus) — vous condamnent à mort... Qu'on les livre — à l'exécution et au bras de la mort !

BUSHY.

— Le coup de la mort m'est plus agréable — que ne l'est Bolingbroke à l'Angleterre... Milords, adieu.

GREEN.

— Ce qui me console, c'est que le ciel prendra nos âmes, — et punira l'iniquité des peines de l'enfer.

BOLINGBROKE.

— Milord Northumberland, veillez à ce qu'ils soient dépêchés.

Sortent Northumberland et d'autres, avec les prisonniers.

— Mon oncle, vous dites que la reine est chez vous. — Au nom du ciel, qu'elle soit bien traitée : — dites-lui que je lui envoie mes affectueux hommages ; — ayez bien soin que mes compliments lui soient transmis.

YORK.

— J'ai dépêché un de mes genstilshommes — avec une lettre pleine de votre affection pour elle.

BOLINGBROKE.

— Merci, cher oncle... Venez, milords ! en marche ! — Allons combattre Glendower et ses complices. — Un peu de travail encore, et, ensuite, congé !

Ils sortent.

SCÈNE X.

[La côte du pays de Galles. Un château à l'horizon.]

Fanfares. Tambours et trompettes. Entrent le roi RICHARD, l'évêque de CARLISLE, AUMERLE et des soldats.

RICHARD.

— Vous appelez Barkloughly le château que voici?

AUMERLE.

— Oui milord... Comment Votre Grâce trouve-t-elle l'air de ce pays, — après avoir été secouée par les mers déchaînées?

RICHARD.

— Comment ne l'aimerais-je pas? Je pleure de joie — de me retrouver encore une fois dans mon royaume... — Terre chérie, je te salue de mon étreinte, — quoique des rebelles te déchirent avec les sabots de leurs chevaux. — Comme une mère, longtemps séparée de son enfant, — mêle les sourires et les larmes dans la folle joie de le revoir; — ainsi, souriant et pleurant, je te salue, ma terre, — et te caresse de mes royales mains. — Ne nourris pas les ennemis de ton souverain, ma gentille terre, — et refuse tout cordial à leur appétit dévorant. — Mais fais en sorte que tes araignées qui sucent ton venin, — que tes crapauds rampants se trouvent sur leur chemin — et blessent les pieds perfides — qui te foulent d'un pas usurpateur. — N'offre à mes ennemis que des orties; — et quand ils cueilleront une fleur sur ton sein, — fais-la garder, je te prie, par une vipère, — dont la langue fourchue puisse d'un trait meurtrier — lancer la mort aux ennemis de ton souverain... — Ne riez pas de mes paroles, milords, comme d'une folle adjuration. — Cette terre aura du sentiment, et ses pierres — se changeront en soldats armés, avant que son roi natal — chancelle sous les coups d'une infâme rébellion.

L'ÉVÊQUE DE CARLISLE.

— Ne craignez rien, milord. Le pouvoir qui vous a fait roi — aura le pouvoir de vous maintenir roi, en dépit de tout. — Les moyens que présente le ciel, il faut les saisir, — et non les négliger; autrement, si, quand le ciel veut, — nous ne voulons pas, nous repoussons les offres du ciel, — les moyens providentiels de secours et de salut.

AUMERLE.

— Il veut dire, milord, que nous sommes trop indolents, — tandis que Bolingbroke, grâce à notre sécurité, — s'agrandit et se renforce en ressources et en amis.

RICHARD.

— Désespérant cousin! ne sais-tu pas — que, quand l'œil pénétrant du ciel est caché — derrière le globe et éclaire le monde inférieur, — alors voleurs et bandits se répandent partout, invisibles — et sanglants, en meurtres et en outrages; — mais sitôt que, sortant de dessous cette sphère terrestre, — l'astre embrase à l'orient les fières cimes des pins — et darde sa lumière dans tous les antres coupables, — alors les meurtres, les trahisons et les crimes détestés, — n'ayant plus sur les épaules le manteau de la nuit, — restent découverts et nus, tout tremblants d'eux-mêmes? — Ainsi, quand ce voleur, ce traître Bolingbroke, — qui s'ébattait dans la nuit, — tandis que nous errions aux antipodes (13), — nous verra remonter sur le trône, notre orient, — sa trahison apparaîtra rougissant sur sa face, — et, incapable d'endurer la vue du jour, — épouvantée d'elle-même, elle tremblera de ses crimes. — Toutes les eaux de la mer orageuse et rude — ne sauraient laver du front d'un roi l'onction sacrée. — Le souffle des humains ne saurait déposer — le lieutenant élu par le Seigneur. — A chaque homme qu'à enrôlé Bolingbroke — pour lever un perfide acier contre notre couronne d'or, — Dieu, défendant son Richard, oppose un ange glorieux, — pris à la solde céleste. Donc, si les anges combattent, — les faibles hommes doivent succomber ; car le ciel sauvegarde toujours le droit.

Entre SALISBURY.

— Bienvenu, milord ! — A quelle distance sont réunies vos forces ?

SALISBURY.

— Mon gracieux lord, juste à la distance — de ce faible bras. Le découragement guide ma langue — et ne me permet que les paroles de désespoir. — Un jour de retard, mon noble lord, a, je le crains, — enveloppé de nuages tous tes beaux jours ici-bas. — Oh ! rappelle la journée d'hier, fais rétrograder le temps, — et tu auras douze mille hommes de guerre. — Aujourd'hui, aujourd'hui, ce malheureux jour de retard, — anéantit pour toi bonheur, amis, fortune et puissance. — Car tous les Gallois, sur le bruit de ta mort, — sont allés vers Bolingbroke, ou dispersés et en fuite.

AUMERLE.

— Remettez-vous, mon suzerain... Pourquoi Votre Grâce pâlit-elle ainsi ?

RICHARD.

— Il n'y a qu'un moment, le sang de vingt mille hommes — faisait rayonner ma face, et les voilà échappés ! — Ah ! jusqu'à ce qu'il me vienne autant de sang, — n'ai-je pas raison d'être pâle comme un mort ? — Toutes les âmes, qui veulent être sauvées, fuient loin de mon côté ; — car le temps a mis un stigmate sur mon orgueil.

AUMERLE.

—Reprenez courage, mon suzerain... Rappelez-vous qui vous êtes.

RICHARD.

— Je m'étais oublié... Ne suis-je pas roi? — Réveille-toi, Majesté fainéante! tu dors. — Est-ce que le nom de roi ne vaut pas quarante mille noms? — Arme-toi, arme-toi, mon nom! un chétif sujet s'attaque — à ta gloire suprême!... Ne regardez pas à terre, — vous, favoris d'un roi... Ne sommes-nous pas en haut? — Q'en haut soient nos pensées! Je sais que mon oncle York — a des forces suffisantes pour notre succès... Mais qui vient ici?

Entre Scroop.

SCROOP.

— Que le ciel accorde à mon suzerain plus d'allégresse et de bonheur — que ne peut lui en apporter ma voix timbrée de douleur!

RICHARD.

— Mon oreille est ouverte et mon cœur préparé. — Le pis que tu puisses me révéler est une perte mondaine. — Mon royaume est-il perdu, dis? eh bien, il était mon souci; — et que perd-on à être débarrassé d'un souci? — Bolingbroke prétend-il être aussi grand que nous? — Il ne sera pas plus grand; s'il sert Dieu, — nous le servirons aussi, et nous serons ainsi son égal. — Est-ce que nos sujets se révoltent? nous n'y pouvons rien : — ils violent leur foi envers Dieu comme envers nous! — Crie-moi malheur, destruction, ruine, désastre, catastrophe! — Le pis, c'est la mort, et la mort veut avoir son jour.

SCROOP.

— Je suis bien aise que Votre Altesse soit si bien armée — pour supporter le choc de la calamité. — Telle qu'une tempête irrésistible — qui noie les rives des fleuves sous leurs flots argentés, — comme si l'univers entier allait se dissoudre en larmes, — telle déborde par-dessus toute limite la rage — de Bolingbroke, couvrant votre terre épouvantée — d'acier brillant et dur et de cœurs plus durs que l'acier. — Les barbes blanches arment leurs crânes minces et chauves — contre ta Majesté ; les enfants, s'évertuant à grossir — leurs voix de filles, — agitent leurs membres féminins — dans de roides et incommodes armures qu'ils traînent contre ta couronne ; — tes propres chapelains apprennent à bander l'if — doublement fatal de leurs arcs contre ton sceptre (14); — les femmes même, quittant leur quenouille, brandissent des hachettes rouillées — contre ton trône ; jeunes et vieux se révoltent, — et tout va plus mal encore que je ne puis dire.

RICHARD.

— Tu ne dis que trop bien, trop bien, un si triste récit. — Où est le comte de Wiltshire ? où est Bagot ? — qu'est devenu Bushy ? — où est Green ? — qu'ils aient laissé ce dangereux ennemi — mesurer nos États par une marche si paisible ! — Si nous l'emportons, ils le paieront de leurs têtes ! — Je gage qu'ils ont fait leur paix avec Bolingbroke.

SCROOP.

— Effectivement, milord, ils ont fait leur paix avec lui.

RICHARD.

— O scélérats ! vipères ! damnés sans rédemption ! — Chiens, prêts, au moindre signe, à ramper devant le premier venu ! — Serpents, réchauffés avec le sang de mon cœur, qui me percent le cœur ! — Trois Judas, dont chacun est trois fois pire que Judas ! — Ils ont fait leur paix ! Que le terrible enfer fasse la guerre — à leurs âmes souillées pour ce crime !

SCROOP.

— La plus douce affection, je le vois, en se dénaturant, — tourne à la plus aigre et à la plus mortelle haine. — Rétractez vos imprécations contre leurs âmes. Ils ont fait leur paix, — mais en tendant leur tête, et non leur main. Ceux que vous maudissez — ont reçu le coup suprême de la mort — et gisent profondément ensevelis dans le gouffre de la terre.

AUMERLE.

— Quoi! Bushy, Green et le comte de Wiltshire sont morts!

SCROOP.

— Oui, tous trois ont eu la tête tranchée à Bristol.

AUMERLE.

— Où est le duc mon père avec ses forces?

RICHARD.

— Peu importe... Qu'on ne me parle plus d'espérance! — Causons de tombeaux, de vers et d'épitaphes. — Faisons de la poussière notre papier, et avec la pluie de nos yeux — écrivons la douleur sur le sein de la terre. — Choisissons des exécuteurs testamentaires et disons nos dernières volontés... — Et pourtant, non! Car, que pouvons-nous léguer, — hormis notre corps dégradé à la terre? — Nos domaines, nos existences, tout est à Bolingbroke. — Et nous ne pouvons rien appeler nôtre, si ce n'est la mort, — et cette chétive maquette de terre stérile — qui empâte et couvre nos os! — Au nom du ciel, asseyons-nous à terre, — et disons la triste histoire de la mort des rois : — les uns déposés, d'autres tués à la guerre, — d'autres hantés par les spectres de ceux qu'ils avaient détrônés, — d'autres empoisonnés par leurs femmes, d'autres égorgés en dormant, — tous assassinés! Car dans le cercle même de la couronne — qui entoure les tempes mortelles d'un roi — la mort tient sa

cour, et là, la farceuse trône, — raillant l'autorité de ce roi, ricanant de sa pompe, — lui accordant un souffle, une petite scène — pour jouer au monarque, se faire craindre et tuer d'un regard, — lui inspirant l'égoïsme et la vanité avec l'idée — que cette chair qui sert de rempart à notre vie — est un impénétrable airain ! Puis, après s'être ainsi amusée, — elle en finit; avec une petite épingle, — elle perce ce rempart, et... adieu le roi !
— Couvrez vos têtes, et n'offrez pas à ce qui n'est que chair et que sang — l'hommage d'une vénération dérisoire; jetez de côté le respect, — la tradition, l'étiquette, et la déférence cérémonieuse ; — car vous vous êtes mépris sur moi jusqu'ici. — Comme vous, je vis de pain, je sens le besoin, j'éprouve la douleur, — et j'ai besoin d'amis. Ainsi asservi, — comment pouvez-vous me dire que je suis roi ?

L'ÉVÊQUE DE CARLISLE.

— Milord, les hommes sages ne s'affligent jamais des maux présents, — mais ils emploient le présent à prévenir les afflictions nouvelles. — La peur paralysant la force, craindre l'ennemi, — c'est fortifier l'ennemi de toute votre faiblesse, — c'est follement combattre contre vous-même (15). — Trembler, c'est vous faire tuer. Que risquez-vous de plus à combattre ? — Mourir en combattant, c'est riposter à la mort par la mort, — tandis que mourir en tremblant, c'est payer à la mort un lâche tribut.

AUMERLE.

— Mon père a des troupes : informez-vous de lui, — et d'un membre apprenez à faire un corps.

RICHARD.

— Tu me reprends justement..... Arrogant Bolingbroke, je viens — échanger les coups avec toi dans une journée décisive. — Cet accès de frayeur est dissipé.....

— C'est une tâche aisée que de conquérir ce qui est à nous... — Dis-moi, Scroop, où est mon oncle avec ses forces ? — Que tes paroles me soient douces, ami, si ta mine m'est amère !

SCROOP.

— On juge par l'aspect du ciel — l'état et la disposition du temps ; — de même vous pouvez juger, à mon air triste et accablé, — que ma langue n'a à dire que les plus tristes choses. Je serais un bourreau, si, détail à détail, — je prolongeais le plus douloureux récit. Votre oncle York s'est joint à Bolingbroke ; — tous vos châteaux du Nord se sont rendus, — et tous vos gentilshommes du Sud ont pris les armes — en sa faveur.

RICHARD.

Tu en as dit assez !...

A Aumerle.

— Maudit sois-tu, cousin, de m'avoir écarté — de la douce voie du désespoir ! — Que dis-tu maintenant ? Quelle espérance avons-nous maintenant ? — Par le ciel, je haïrai éternellement — quiconque me dira encore d'espérer. — Allons au château de Flint ; c'est là que j'agoniserai. — Un roi, esclave du malheur, doit obéir royalement au malheur. — Licenciez les forces qui me restent ; et qu'elles aillent — cultiver un terrain qui offre encore quelque espoir de récolte ; — chez moi il n'en est plus. Qu'on ne me parle pas — de revenir sur ceci. Tout conseil serait vain.

AUMERLE.

— Un mot, mon suzerain.

RICHARD.

Il m'offense doublement — celui qui me blesse par les flatteries de son langage. — Licenciez ceux qui me suivent ; laissez-les aller..... Qu'ils passent — de la nuit de Richard au grand jour de Bolingbroke !

Ils sortent.

SCÈNE XI.

[Le pays de Galles. Devant le château de Flint.]

Entrent, tambour battant, couleurs déployées. BOLINGBROKE et ses troupes; YORK, NORTHUMBERLAND et d'autres.

BOLINGBROKE.

— Ainsi, nous l'apprenons par cet avis, — les Gallois sont dispersés; et Salisbury — est allé rejoindre le roi qui est récemment débarqué, — avec quelques amis particuliers, sur cette côte.

NORTHUMBERLAND.

— Voilà une fort agréable et fort bonne nouvelle, milord; — Richard a caché sa tête non loin d'ici.

YORK.

— Il serait bienséant que lord Northumberland — dit : le roi Richard... Jour désastreux — où ce roi sacré devrait cacher sa tête !

NORTHUMBERLAND.

— Votre Grâce me comprend mal : c'était seulement pour abréger — que j'avais omis son titre.

YORK.

— Il fut un temps, — où, si vous aviez ainsi abrégé avec lui, — il eût abrégé avec vous jusqu'à vous raccourcir, — pour ce coup de tête, de toute la longueur de votre tête.

BOLINGBROKE.

— Ne vous méprenez pas, mon oncle, plus que vous ne devez.

YORK.

— Et vous, mon bon neveu, ne prenez pas plus que vous ne devez, — de peur de vous méprendre. Le ciel est au-dessus de votre tête.

BOLINGBROKE.

— Je le sais, mon oncle, et je ne m'oppose point — à sa volonté... Mais qui vient ici?

Entre PERCY.

— Eh bien, Harry, est-ce que ce château ne veut pas se rendre?

PERCY.

— Ce château, milord, est armé royalement — contre ton entrée.

BOLINGBROKE.

Royalement! — Mais il ne renferme pas un roi?

PERCY.

Si fait, mon bon lord, — il renferme un roi. Le roi Richard est — dans cette enceinte de ciment et de pierre : — et avec lui sont lord Aumerle, lord Salisbury, — sir Stephen Scroop; en outre, un ecclésiastique — de sainte dignité, je n'ai pu savoir qui.

NORTHUMBERLAND.

— C'est probablement l'évêque de Carlisle.

BOLINGBROKE, à Northumberland.

Noble lord, — avancez-vous jusqu'aux flancs rudes de cet ancien château ; — par la trompette de cuivre envoyez la fanfare de parlementaire — à ses oreillons délabrés, et transmettez-lui ce message. — Henry Bolingbroke — baise à deux genoux la main du roi Richard, et offre l'allégeance et le loyal dévouement de son cœur — à sa très-royale personne. Je suis venu ici — pour déposer à ses pieds mes armes et ma puissance, — pourvu que la révocation de mon bannissement — et la restauration de mes terres soient pleinement concédées. — Sinon, je prendrai avantage de ma force, — et j'abattrai la poussière de l'été sous des averses de sang — qui pleuvront des blessures des Anglais égorgés. — Combien il répugnerait à l'âme de Bolingbroke — d'inonder de cette tempête cramoisie — le giron frais et vert de la belle terre du roi Richard, — mon hommage agenouillé le démontrera tendrement. — Allez lui déclarer cela, tandis que nous marcherons — sur le tapis gazonné de cette plaine...

Northumberland s'avance vers le château, précédé d'un trompette.

— Marchons sans faire bruire le menaçant tambour, — que des créneaux chancelants de ce château — nos loyales propositions soient pleinement entendues. — Ma rencontre avec le roi Richard ne doit pas, il me semble, — être moins formidable que la rencontre des deux éléments contraires, — le feu et l'eau, alors que leur choc foudroyant — déchire la joue nébuleuse des cieux. — Qu'il soit le feu, je serai l'eau flexible. — Qu'il soit tout à la rage, tandis que sur la terre je ferai pleuvoir — mes eaux ; sur la terre et non sur lui ! — Avançons et observons la contenance du roi Richard.

Le héraut de Northumberland sonne une chamade; un autre trompette y répond du château. Fanfare.

RICHARD *paraît sur les remparts, avec* l'ÉVÊQUE DE CARLISLE, AUMERLE, SCROOP *et* SALISBURY.

YORK.

— Voyez, voyez, le roi Richard lui-même apparaît : — tel que le soleil rougissant de colère, — alors que, du portail enflammé de l'orient, — il aperçoit les nuages envieux conjurés — pour ternir sa gloire et pour obscurcir la trace — radieuse de sa course vers l'occident. — Il a toujours l'air d'un roi ; regardez, son œil, — brillant comme celui de l'aigle, rayonne — d'une majesté souveraine ! Hélas ! hélas ! quel malheur — qu'aucune offense assombrisse tant de splendeur !

RICHARD, à Northumberland.

— Nous sommes stupéfaits ; nous avons attendu jusqu'ici — que tu fléchisses un genou tremblant — devant nous qui croyions être ton roi légitime. — Si nous le sommes, comment tes jarrets osent-ils oublier — de rendre à notre présence leur respectueux devoir? — Si nous ne le sommes pas, montre-nous la main divine — qui nous a destitué de notre office ; car nous savons bien que nulle main de chair et d'os — ne peut saisir la poignée sacrée de notre sceptre, — sans profanation, vol ou usurpation. — Peut-être croyez-vous que, comme vous, tous — ont fait violence à leur âme pour la détourner de nous; — et que nous sommes isolé et dénué d'amis ; — mais sachez que mon maître, le Dieu omnipotent, — assemble, dans les nues, en notre faveur, — des armées de fléaux, qui frapperont — vos enfants encore à naître, — tandis que vous levez vos mains vassales contre ma tête, — et que vous menacez la gloire de ma précieuse couronne. — Dites à Bolingbroke (car c'est lui, je crois, que je vois là-bas) — que chaque pas qu'il fait sur mon territoire — est une dangereuse trahison. Il est venu ouvrir — l'écarlate testament de la guerre saignante ; — mais avant qu'il possède en paix la couronne à laquelle il aspire, — dix mille couronnes sanglantes, dix mille crânes de fils enlevés à leurs mères, — dépareront la face en fleurs de l'Angleterre, — changeront la sereine pâleur de la paix virginale — en pourpre furieuse, et inonderont — du sang anglais le plus loyal, l'herbe de nos prairies !

NORTHUMBERLAND.

— Au roi des cieux ne plaise que notre seigneur le roi — soit ainsi assailli par une guerre — civile et incivile ! Ton trois fois noble cousin, — Harry Bolingbroke, baise humblement ta main ; — il jure par la tombe honorée — qui recouvre les os de votre royal grand-père, — et par la royale noblesse de ton sang et du sien, — issus, l'un et l'autre, de la même source auguste, — et par le bras enseveli du belliqueux Jean de Gand, — il jure par sa gloire et par son honneur, — serment qui résume tous les serments, — que son seul objet, en venant ici, — est de réclamer son royal héritage et d'implorer — à genoux la révocation de son bannissement. — Cela une fois accordé par le roi, — il abandonnera ses armes brillantes à la rouille, — ses coursiers bardés de fer à l'écurie, et son cœur — au bonheur de servir loyalement Votre Majesté. — Il jure, foi de prince, que cela est juste ; — et moi, foi de gentilhomme, je suis de son avis.

RICHARD.

— Écoute, Northumberland, voici la réponse du roi : — Son noble cousin est ici tout à fait le bienvenu, — et toutes ses justes demandes — seront accomplies sans contradiction. — Avec toute la grâce de ton langage, — offre à son affable déférence mes affectueux compliments.

Northumberland revient conférer avec Bolingbroke.

RICHARD, continuant, à Aumerle.

— Nous nous avilissons, n'est-ce pas, cousin ? — par une si pauvre attitude, par des paroles si conciliantes ? — Faut-il rappeler Northumberland, envoyer — un défi au traître, et puis mourir ?

AUMERLE.

— Non, mon bon seigneur ; combattons avec d'affables paroles, — jusqu'à ce que le temps nous prête des amis, et ces amis, le secours de leurs épées.

RICHARD.

— O Dieu ! ô Dieu ! faut-il que ma langue, — qui a prononcé une terrible sentence de bannissement — contre cet homme altier, la révoque — avec des paroles de doucœur! Oh! que ne suis-je aussi grand — que ma douleur ou moins grand que mon nom! — Que ne puis-je oublier ce que j'ai été, — ou ne plus me rappeler ce que je devrais être aujourd'hui! — Tu te soulèves, cœur altier? Libre à toi de battre, — puisque nos ennemis sont libres de nous battre!

AUMERLE.

— Northumberland revient de la part de Bolingbroke.

RICHARD.

— Que faut-il que le roi fasse à présent? Faut-il qu'il se soumette? — Le roi le fera. Faut-il qu'il soit déposé? — Le roi s'y résignera. Faut-il qu'il perde — le nom de roi? Au nom de Dieu, qu'on le lui ôte! — Je donnerai mes joyaux pour un chapelet, — mon splendide palais pour un ermitage, — mon éclatant appareil pour la robe d'un mendiant, — mes gobelets ciselés pour un plat de bois, — mon sceptre pour un bâton de pèlerin, — mes sujets pour une paire de saints sculptés, — et mon vaste royaume pour un petit tombeau, — un petit, petit tombeau, un obscur tombeau! — Je consens même à être enterré sur la route royale, — sur la route la plus fréquentée, pour que les pieds de mes sujets — puissent à toute heure fouler la tête de leur souverain. — Vivant, ils marchent bien sur mon cœur; — une fois enterré, pourquoi pas sur ma tête?..... — Aumerle, tu pleures! mon tendre cousin! — Eh bien, nous verserons l'orage de ces larmes méprisées; — et, mêlées à nos soupirs, elles coucheront les blés de l'été, — et feront la famine sur cette terre révoltée. — Ou bien, si tu veux, nous nous ferons un jeu de nos chagrins, — et nous emploierons nos larmes à quelque gracieuse gageure! — Par exemple, nous les laisserons tomber toujours au même endroit, — jusqu'à ce qu'elles aient excavé dans la terre — deux fosses où nous serons ensevelis avec cette inscription :

Ci-gisent — deux cousins qui ont creusé leurs fosses avec des pleurs ! — Est-ce que notre malheur ne ferait pas bien ainsi ?..... Allons, allons, je vois -- que je babille follement, et vous vous moquez de moi.

<small>A Northumberland qui est revenu près du rempart.</small>

— Très-puissant prince, milord Northumberland, — que dit le roi Bolingbroke ? Sa Majesté veut-elle — permettre à Richard de vivre jusqu'à ce que Richard meure ? — Tu fais la révérence, et Bolingbroke dit oui.

NORTHUMBERLAND.

— Milord, il vous attend dans la cour basse — pour conférer avec vous. Vous plaira-t-il de descendre ?

RICHARD.

— Je descends, je descends, comme l'éclatant Phaéton, — impuissant à conduire des rosses indociles.

<small>Northumberland rejoint Bolingbroke.</small>

— Dans la cour basse ! Cour basse, en effet, où les rois s'abaissent — jusqu'à venir à l'appel des traîtres, et jusqu'à leur faire honneur ! — Dans la cour basse ! Allons en bas ! En bas la cour ! En bas, le roi ! — Car c'est le hibou nocturne qui crie à la hauteur où devrait chanter l'alouette !

<small>Le roi et sa suite quittent le rempart.</small>

BOLINGBROKE.

— Que dit Sa Majesté ?

NORTHUMBERLAND.

Le chagrin et la tristesse de son cœur — le font divaguer, comme un homme en délire ; — néanmoins il descend.

<small>Richard et sa suite apparaissent au bas de la forteresse.</small>

BOLINGBROKE.

— Rangez-vous tous, — et témoignez à Sa Majesté le respect qui lui est dû... — Mon gracieux seigneur...

<small>Il s'agenouille.</small>

RICHARD.

— Beau cousin, vous dégradez votre genou princier — en accordant à la terre vile l'honneur de le baiser. — Je préférerais une preuve d'affection, sensible pour mon cœur, — à ces démonstrations de déférence qui blessent mon regard. — Relevez-vous, cousin, relevez-vous; si bas que soit votre genou, — votre cœur, je le sais, s'élève au moins à cette hauteur.

Il porte la main à sa tête.

BOLINGBROKE.

— Mon gracieux seigneur, je ne viens que réclamer ce qui m'appartient.

RICHARD.

— Ce qui est à vous, vous appartient, et je suis à vous; et tout est à vous.

BOLINGBROKE.

— Soyez à moi, mon très-redouté seigneur, — autant que mes fidèles services mériteront votre affection.

RICHARD.

— Vous avez bien mérité... Ils méritent bien de posséder, — ceux qui savent le plus puissant et le plus sûr moyen d'obtenir... — Mon oncle, donnez-moi votre main; — voyons, séchez vos yeux : — les larmes prouvent l'affection, mais ne fournissent pas le remède... — Cousin, je suis trop jeune pour être votre père, — quoique vous soyez assez vieux pour être mon héritier... — Ce que vous voulez, je le donnerai, et volontiers; — car il faut bien faire ce que la force nous contraint de faire. — Marchons vers Londres... voulez-vous, cousin ?

BOLINGBROKE.

— Oui, mon bon seigneur.

RICHARD.

— Alors, je ne dois pas dire non.

Fanfares. Ils sortent.

SCÈNE XII.

[Les jardins du chateau de Langley.]

Entrent la REINE et deux de ses DAMES.

LA REINE.

— Quel divertissement pourrions-nous improviser ici, dans ce jardin, — pour chasser le pénible souci qui m'obsède ?

PREMIÈRE DAME.

— Madame, nous jouerons aux boules.

LA REINE.

Cela me fera penser — que le monde est plein d'aspérité et que ma fortune — dévie.

PREMIÈRE DAME.

Madame, nous danserons.

LA REINE.

— Mes jambes ne sauraient garder la mesure dans le plaisir, — quand mon pauvre cœur ne la garde pas dans la douleur. — Ainsi, pas de danse, ma fille ; quelque autre jeu !

PREMIÈRE DAME.

— Madame, nous conterons des histoires.

LA REINE.

Tristes ou gaies ?

PREMIÈRE DAME.

— Comme vous voudrez, madame.

LA REINE.

Je n'en veux ni de tristes ni de gaies. — Car si elles sont gaies, la gaieté ne me manquant que trop, — elles me rappelleront d'autant plus vivement mon chagrin. — Si elles sont tristes, comme je n'ai que trop de tristesse,

— elles ajouteront un surcroît de chagrin à mon manque de gaieté. — Les souffrances que j'ai, je n'ai pas besoin de les redoubler; — quant à celles que je n'ai pas, il est inutile que je m'en affecte.

PREMIÈRE DAME.

— Madame, je chanterai.

LA REINE.

Tant mieux, si tu as sujet de chanter; — mais tu me plairais davantage, si tu voulais pleurer.

PREMIÈRE DAME.

— Je pleurerais, madame, si cela pouvait vous faire du bien.

LA REINE.

— Et moi aussi je pleurerais, si cela pouvait me faire du bien, — et je n'aurais pas à t'emprunter des larmes. — Mais chut !... voici venir les jardiniers. — Mettons-nous à l'ombre de ces arbres.

Entrent un Jardinier et deux Garçons.

— Je gage ma misère contre un cent d'épingles —, qu'ils vont parler politique; car ainsi fait chacun — à l'approche d'une révolution. Tout sinistre a de sinistres avant-coureurs.

La reine et ses dames se mettent à l'écart.

LE JARDINIER, au premier garçon.

— Va rattacher ces abricots vagabonds — qui, comme des enfants indociles, font ployer leur père — sous le poids accablant de leur prodigalité. — Donne un support à ces branches fléchissantes.

Au second garçon.

— Toi, va, comme un exécuteur, — abattre les têtes des rameaux trop hâtifs — qui s'élèvent trop haut dans notre république. — L'égalité doit être partout dans notre gouvernement... — Tandis que vous vous emploierez ainsi, moi, j'irai sarcler — les herbes nuisibles qui, sans profit, absorbent — aux dépens des fleurs saines la fécondité du sol.

PREMIER GARÇON.

— Pourquoi dans cet enclos — maintenir la loi, l'ordre, la juste harmonie, — et y faire voir le modèle d'un État régulier, — quand notre pays tout entier, ce jardin muré par la mer, — est plein de mauvaises herbes, voit ses plus belles fleurs étouffées, — tous ses arbres fruitiers incultes, ses haies ruinées, — ses parterres en désordre, et ses plantes salutaires — en proie aux chenilles?

LE JARDINIER.

Tais-toi... — Celui qui a souffert ce printemps désordonné — est lui-même arrivé à la chute des feuilles. — Les mauvaises herbes, qu'abritait son large feuillage, — et qui le dévoraient en paraissant le soutenir, — ont été arrachées et complétement déracinées par Bolingbroke. — Je veux parler du comte de Wiltshire, de Bushy et de Green.

PREMIER GARÇON.

— Comment! est-ce qu'ils sont morts?

LE JARDINIER.

Ils sont morts; et Bolingbroke — a saisi le roi dissipateur... Oh! quel dommage — qu'il n'ait pas soigné et cultivé ses domaines — comme nous ce jardin! Nous, la saison venue, — nous incisons l'écorce, cette peau de nos arbres fruitiers, — de peur que regorgeant de séve et de sang, — ils ne se perdent par excès de richesses. — S'il en avait fait autant aux grands et aux ambitieux, — ils auraient pu vivre pour porter, et lui pour recueillir — les fruits du devoir. — Toutes les branches superflues, — nous les élaguons pour faire vivre les rameaux producteurs. — S'il en avait fait autant, lui-même porterait encore la couronne, — que les dissipations de sa frivole existence ont à jamais jetée bas.

PREMIER SERVITEUR.

— Comment ! vous croyez donc que le roi sera déposé ?

LE JARDINIER.

— Il est déjà dominé ; et il est fort probable — qu'il sera déposé... Des lettres sont parvenues la nuit dernière — à un ami cher de ce bon duc d'York, — qui annoncent de sombres nouvelles.

LA REINE, sortant de sa cachette.

Oh ! j'étouffe ! — Il faut que je parle... Vieux spectre d'Adam, — toi dont l'état est de cultiver ce jardin, comment oses-tu — de ta voix rauque balbutier cette sinistre nouvelle ? — Quelle Ève, quel serpent t'a insinué — de répéter ainsi la chute de l'homme maudit ? — Pourquoi dis-tu que Richard est déposé ? — Être chétif, à peine au-dessus de la terre, tu oses — présager la chute du roi ! Dis-moi où, quand et comment — tu as su cette funeste nouvelle ? Parle, misérable.

LE JARDINIER.

— Pardonnez-moi, madame. J'ai peu de joie — à murmurer cette nouvelle ; mais ce que je dis est vrai. — Le roi Richard est dans la puissante main — de Bolingbroke. Leurs deux fortunes sont pesées ; — dans le plateau de votre seigneur il n'y a que lui-même, — et quelques rares vanités qui le rendent encore plus léger ; — mais dans le bassin du grand Bolingbroke, — il y a, outre lui-même, tous les pairs d'Angleterre, — et grâce à cette surcharge, il l'emporte sur le roi Richard. — Courez à Londres, et vous vous en convaincrez ; — je ne dis que ce que chacun sait

LA REINE.

— Rapide calamité dont la marche est si prompte, — n'est-ce pas moi que concerne ton message, — et je suis la dernière à le connaître ! Oh ! tu entends — me prévenir la dernière, pour que, plus tard que tous, je garde — la souffrance dans mon cœur... Venez, mesdames, allons — trouver à Londres l'infortuné roi de Londres. — Ah ! étais-je née pour ceci ! pour que ma tristesse — parât le triomphe du grand Bolingbroke ! — Jardinier, pour m'avoir annoncé cette nouvelle de malheur, — je voudrais que les plantes que tu greffes ne fleurissent jamais.

Sortent la reine et ses dames.

LE JARDINIER.

— Pauvre reine ! si cela pouvait empêcher ton malheur, — je voudrais que mon art fût sous le coup de ta malédiction ! — Ici elle a laissé tomber une larme ; ici, à cette place, — je sèmerai la rue, cette âcre herbe de grâce : — la rue, emblème de tristesse, apparaîtra ici bientôt, — en souvenir d'une reine éplorée.

Ils sortent.

SCÈNE XIII.

[Londres. Westminster Hall.]

Les lords spirituels sont à la droite du trône ; les lords temporels à la gauche ; les communes au bas. Entrent BOLINGBROKE, AUMERLE, SURREY, NORTHUMBERLAND, PERCY, FITZWATER, UN AUTRE LORD, l'ÉVÊQUE DE CARLISLE, l'ABBÉ DE WESTMINSTER, et les gens de la suite. Des officiers, escortant BAGOT, ferment la marche.

BOLINGBROKE.

Faites avancer Bagot... — Maintenant, Bagot, exprime-toi librement ; — dis ce que tu sais de la mort du noble Glocester, — qui l'a tramée avec le roi, et qui a exécuté — l'œuvre sanglante de sa fin prématurée.

BAGOT.

— Eh bien, confrontez-moi avec lord Aumerle.

BOLINGBROKE, à Aumerle.

— Cousin, avancez, et regardez cet homme.

BAGOT.

— Milord Aumerle, je sais que votre langue hardie — dédaignerait de se démentir. — A cette époque funèbre où fut complotée la mort de Glocester, — je vous ai entendu dire : *N'ai-je pas le bras long, — moi qui, de cette paisible cour d'Angleterre, puis atteindre — jusqu'à Calais la tête de mon oncle?* — Entre autres propos, à cette même époque, — je vous ai ouï dire — que vous refuseriez — l'offre de cent mille couronnes — plutôt que de consentir au retour de Bolingbroke en Angleterre ; et vous avez ajouté — que la mort de votre cousin serait une bénédiction pour ce pays.

AUMERLE.

— Princes et nobles lords, — quelle réponse dois-je faire à cet homme vil ? — Dois-je déshonorer mon illustre étoile — en me faisant son égal pour lui infliger un châtiment ? — Ou je dois m'y résoudre ou laisser souiller mon honneur — par l'accusation de ses lèvres calomnieuses... — Voici mon gage, sceau manuel de mort — qui te marque pour l'enfer ! Je dis que tu mens, — et je soutiendrai que ce que tu as dit est faux, — je le soutiendrai dans le sang de ton cœur, tout indigne qu'il est — de ternir la trempe de ma chevaleresque épée !

Il jette son gant.

BOLINGBROKE.

— Bagot, arrête, je te défends de le relever.

AUMERLE.

— Je voudrais que ce fût le plus illustre de cette assemblée, — hormis un seul, qui m'eût ainsi provoqué.

FITZWATER.

— Si ta valeur exige la parité, — voici mon gage, Aumerle, en échange du tien.

Il jette son gant.

— Par ce beau soleil qui me montre où tu es, — je t'ai entendu dire, et dire en t'en vantant, — que tu étais l'auteur de la mort du noble Glocester. — Si tu le nies, tu en as vingt fois menti ; — et je rejetterai ton imposture dans ton cœur, — qui l'a forgée, avec la pointe de ma rapière.

AUMERLE.

— Lâche, tu n'oserais vivre assez pour voir un pareil jour.

FITZWATER.

— Ah ! sur mon âme, je voudrais que ce fût sur l'heure.

AUMERLE.

— Fitzwater, tu es désormais un damné de l'enfer.

PERCY.

— Aumerle, tu mens; il est aussi honorable — en ce défi que tu es déloyal : — en foi de quoi, je jette ici mon gage, — je soutiendrai mon dire jusqu'à l'extinction — de ton souffle mortel. Ramasse, si tu l'oses.

Il jette son gant.

AUMERLE.

— Si je ne le fais pas, puisse ma main tomber en pourriture, — et ne plus jamais brandir l'acier vengeur — sur le casque étincelant de mon ennemi !

UN LORD.

— Je fais le même vœu, parjure Aumerle ; — et je te provoque par tous les démentis — qui peuvent être hurlés à ton oreille traîtresse — d'un soleil à l'autre. Voici le gage de mon honneur ; — mets-le à l'épreuve, si tu l'oses.

AUMERLE.

— Qui me défie encore? par le ciel, je jette le gant à tous : — j'ai dans ce seul cœur mille esprits — pour tenir tête à vingt mille comme vous.

SURREY.

— Milord Fitzwater, je me rappelle très-bien — le moment où vous causiez avec Aumerle.

FITZWATER.

— Il est vrai, milord ; vous étiez présent, — et vous pouvez certifier que mon rapport est vrai.

SURREY.

— Aussi faux, par le ciel, que le ciel même est vrai.

FITZWATER.

— Surrey, tu mens.

SURREY.

Enfant sans honneur ! — Ce démenti pèsera à mon épée — jusqu'à ce qu'elle t'ait puni par une vengeance éclatante, jusqu'à ce que toi, le donneur de démentis, et ton démenti, vous dormiez — sous terre aussi profondément que le crâne de ton père. — En foi de quoi, voici le gage de mon honneur ; — mets-le à l'épreuve, si tu l'oses.

FITZWATER.

— Insensé qui éperonnes un cheval emporté ! — Si j'ose manger, boire, respirer et vivre, — j'oserai affronter Surrey dans un désert, — et cracher sur lui en lui disant : Tu mens, — tu mens, tu mens ! Voici qui m'engage sur ma foi — à t'infliger une solide correction !

Il jette son gant.

— Comme je prétends prospérer dans ce monde où j'entre, — Aumerle est coupable de ce dont je l'accuse. — En outre, j'ai entendu dire au banni Norfolk — que toi, Aumerle, tu avais envoyé deux de tes hommes — pour exécuter le noble duc à Calais.

AUMERLE.

— Que quelque honnête chrétien me prête un gage pour déclarer — que Norfolk en a menti ! En voici un que je lui jette, — au cas où il serait rappelé pour défendre son honneur.

BOLINGBROKE.

— Toutes ces querelles resteront en suspens — jusqu'à ce que Norfolk soit rappelé : oui, il sera rappelé, — et, quoique mon ennemi, rétabli — dans toutes ses terres et seigneuries. Quand il sera revenu, — nous le mettrons aux prises avec Aumerle.

L'ÉVÊQUE DE CARLISLE.

— Ce jour honorable ne viendra jamais. — Maintes fois Norfolk banni a combattu — pour Jésus-Christ; maintes fois, dans le champ glorieux du christianisme, — il a arboré l'étendard de la foi chrétienne — contre les noirs païens, Turcs et Sarrasins. — Enfin, fatigué de ses travaux de guerre, il s'est retiré — en Italie ; et là, à Venise, il a remis — son corps à la terre de ce beau pays, — et son âme pure au Christ, son capitaine, — sous les couleurs duquel il avait si longtemps combattu.

BOLINGBROKE.

— Comment! évêque, Norfolk est mort!

L'ÉVÊQUE DE CARLISLE.

Aussi sûrement que je suis vivant, milord.

BOLINGBROKE.

— Qu'une bienheureuse paix conduise son âme bienheureuse au sein — du bon vieil Abraham !... Lords appelants, — toutes vos querelles resteront en suspens, — jusqu'à ce que nous vous ayons assigné vos jours d'épreuve.

Entrent YORK et sa suite.

YORK.

— Puissant duc de Lancastre, je viens à toi — de la part du découronné Richard qui, de sa pleine volonté, — t'adopte pour héritier et remet son auguste sceptre — en la possession de ta royale main. — Monte sur le trône que tu hérites dès à présent de lui, — et vive Henry, quatrième du nom !

BOLINGBROKE.

— Au nom de Dieu, je vais monter sur le trône royal.

L'ÉVÊQUE DE CARLISLE.

Ah ! à Dieu ne plaise! — Mes paroles dussent-elles sembler mauvaises à ce royal auditoire, — il est bon qu'avant tout je dise la vérité. — Plût à Dieu qu'il y eût dans cette noble compagnie un homme — assez noble pour être le juge royal — du noble Richard ! Alors la vraie noblesse — lui apprendrait à s'abstenir d'une aussi affreuse iniquité. — Quel sujet peut prononcer une sentence sur son roi ? — Et, entre ceux qui siégent ici, qui n'est pas sujet de Richard? — On ne juge pas les voleurs sans les entendre, — quelque évident que paraisse leur crime; — et l'image de la majesté de Dieu, — son lieutenant, son intendant, son représentant élu, — l'oint du Seigneur, couronné, installé depuis maintes années, — sera jugé par une bouche sujette et inférieure, — sans être même présent ! Ne permettez pas, ô mon Dieu, — que, dans une région chrétienne, des âmes civilisées — donnent le spectacle d'un forfait aussi odieux, aussi noir, aussi infâme ! — C'est à des sujets que je parle, et que je parle en sujet, — enhardi par Dieu même à défendre son roi. — Milord de Hereford que voici, et que vous appelez roi, — est un félon, traître au roi de l'altier Hereford ! — Et si vous le couronnez, je vous prédis ceci : — le sang anglais engraissera la terre, — et les âges futurs gémiront de cet odieux forfait. — La paix ira dormir chez les Turcs et les infidèles ; — et, en ce séjour de la paix, des guerres tumultueuses — jetteront dans la mêlée famille contre famille, parents contre parents. — Le désordre, l'horreur, l'épouvante et la révolte — habiteront ici ; et ce pays sera appelé — le Golgotha des crânes humains ! — Oh ! si vous élevez cette maison contre cette maison, — ce sera la plus désastreuse anarchie — qui soit jamais tombée sur cette terre maudite. — Empêchez cela, résistez à cela, que cela ne soit pas ! — Les enfants de vos petits-enfants crieraient sur vous : Malédiction ! (17)

NORTHUMBERLAND.

— Vous avez bien disserté, monsieur ; et, pour votre peine, — nous vous arrêtons ici comme coupable de haute trahison. — Milord de Westminster, chargez-vous — de le tenir sous bonne garde jusqu'au jour de son procès. — (18) Daignez, milords, accéder à la requête des communes.

BOLINGBROKE.

— Qu'on aille chercher Richard, pour qu'à la vue de tous — il puisse abdiquer : nos procédés ainsi — ne seront pas suspects.

YORK.

Je vais être son guide.

Il sort.

BOLINGBROKE.

— Lords, qui êtes ici arrêtés par nos ordres, — donnez caution de vous présenter au jour désigné.

A l'évêque de Carlisle.

— Nous devons peu à votre affection, — et nous comptions peu sur votre concours.

Rentre YORK, *accompagné de* RICHARD *et de plusieurs officiers portant la couronne et les insignes de la royauté.*

RICHARD.

— Hélas ! pourquoi suis-je mandé devant un roi, — avant d'avoir secoué les royales pensées — dans lesquelles je régnais ? J'ai à peine appris — à insinuer, à flatter, à saluer et à plier le genou : — donnez à la douleur le temps de m'initier — à cette soumission.

Il regarde autour de lui.

Mais je me rappelle bien — les traits de ces hommes : n'étaient-ils pas à moi ? — Naguère ne me criaient-il pas tous salut ? — C'est ce que Judas cria au Christ : mais lui, sur douze, — trouva onze fidèles ; moi, sur douze mille, pas un ! — Dieu sauve le roi !... Est-ce que personne ne dit : Amen ? — Suis-je à la fois le prêtre et le clerc ? Eh bien soit ! Amen ! — Dieu sauve le roi ! quoique je ne sois plus le roi ! — Et amen encore, quand le ciel voudrait que je le fusse toujours ! — Pour quel emploi m'envoie-t-on chercher ?

YORK.

— Pour accomplir, de ton plein gré, — ce qu'une majesté fatiguée t'a fait offrir, — la cession de ta dignité et de ta couronne — à Henry Bolingbroke.

RICHARD.

— Donnez-moi la couronne... Là, cousin, prends la couronne : — je la tiens de ce côté, tiens-la de l'autre. — Maintenant cette couronne d'or est comme un puits profond — auquel sont attachés deux seaux, remplis l'un après l'autre : l'un, vide, s'agitant sans cesse en l'air, — l'autre, en bas, disparu et plein d'eau. — Le seau d'en bas, plein de larmes, c'est moi, — abreuvé de douleurs ; le seau qui monte, c'est vous.

BOLINGBROKE.

— Je croyais que vous abdiquiez de votre plein gré.

RICHARD.

— Ma couronne, oui ; mais mes chagrins me restent. — Vous pouvez me destituer de ma gloire et de ma puissance, — mais non de mes chagrins : je suis toujours roi de ceux-là.

BOLINGBROKE.

— Vous me transmettez une partie de vos soucis avec votre couronne.

RICHARD.

— Vos soucis, en s'augmentant, ne m'enlèvent pas mes soucis. — Ce qui fait mon souci, c'est la perte de mes vieux soucis ; — ce qui fait votre souci, c'est le gain de nouveaux soucis. — Je garde les soucis mêmes que je cède : — ils suivent la couronne, et pourtant ils me restent.

BOLINGBROKE.

— Êtes-vous consentant de renoncer à la couronne ?

RICHARD.

— Oui... et non, car je ne dois plus rien être ; — non, non, car je renonce pour toi à être ce que je suis. — Remarque maintenant comme je vais me dépouiller : — je retire ce lourd diadème de ma tête, — ce sceptre incommode de ma main, — et de mon cœur l'orgueil du pouvoir royal. — Avec mes propres larmes je me lave de l'onction sainte ; — de mes propres mains j'enlève ma couronne ; — de ma propre bouche j'abjure ma dignité sacrée ; — de ma propre voix j'annule tous les serments de fidélité, — j'abdique toute pompe et toute majesté, — j'abandonne mes manoirs, rentes et revenus, — je rapporte mes actes, décrets et statuts. — Que Dieu pardonne tous les serments violés envers moi ! — Que Dieu maintienne inviolables tous les serments à toi prêtés ! — Qu'il ne m'afflige plus de rien, moi qui n'ai plus rien, — et qu'il t'exauce en tout, toi qui as tout acquis ! — Puisses-tu vivre longtemps assis sur le trône de Richard, — et puisse Richard être bientôt couché dans un trou sous la terre ! — Dieu sauve le roi Henry, c'est le vœu de l'ex-roi Richard ! — Dieu veuille lui accorder maintes années de jours radieux ! — Que me reste-t-il à faire ?

NORTHUMBERLAND, lui présentant un papier.

Il vous reste à lire — ces accusations, ces crimes graves — commis par votre personne et par vos familiers — contre l'État et les intérêts de ce pays, — afin que par cette confession la conscience de tous — soit convaincue que vous êtes justement déposé.

RICHARD.

— Le faut-il ? faut-il que je dévide — l'écheveau de mes folies ? Bon Northumberland, — si tes fautes étaient enregistrées, — serais-tu pas humilié d'en donner lecture — devant une si noble compagnie? Si tu le faisais, — tu y trouverais un odieux article, — contenant la déposition d'un roi — et la rupture violente d'un serment sacré, — marqué pour la damnation dans le livre des cieux!..... — Oui, toi, et vous tous qui impassibles me regardez ici — harcelé par ma misère! — Qu'importe qu'il y en ait parmi vous qui, comme Pilate, se lavent les mains, — en montrant un semblant de pitié!... Vous-mêmes, Pilates, — vous m'avez livré à ma croix amère, — et nulle eau ne pourra laver votre péché.

NORTHUMBERLAND.

— Dépêchez, milord ; lisez ces articles.

RICHARD.

— Mes yeux sont pleins de larmes, je ne puis y voir. — Et pourtant l'eau amère ne les aveugle pas au point — qu'ils ne puissent voir ici un tas de traîtres! — Oui, si je tourne mes regards sur moi-même, — je me trouve traître comme le reste : — car j'ai donné ici le consentement de mon âme — pour dépouiller le corps sacré d'un roi ; — j'ai avili la gloire, asservi la souveraineté, — assujetti la majesté suprême et encanaillé le pouvoir !

NORTHUMBERLAND.

— Monseigneur.

RICHARD.

— Je ne suis pas ton seigneur, homme hautain et insolent! — Je ne suis le seigneur de personne! — Je n'ai pas de nom, pas de titre — (non, pas même le nom qui me fut donné sur les fonts baptismaux), — qui ne soit usurpé... Hélas! quel malheur! — avoir traversé tant d'hivers, — et ne pas savoir de quel nom m'appeler! Oh! que ne suis-je un dérisoire roi de neige, — exposé au soleil de Bolingbroke, — pour me fondre tout en eau !... — Bon roi... grand roi (et pourtant pas grandement

bon),—si ma parole a encore une valeur en Angleterrre,
—faites, sur son commandement, apporter un miroir,—
que je voie comment est mon visage, — depuis qu'il est
dépouillé de sa majesté.

BOLINGBROKE.

— Que l'un de vous aille chercher un miroir.

Un homme de la suite sort.

NORTHUMBERLAND.

— Lisez ce papier, en attendant que le miroir arrive.

RICHARD.

— Démon! tu me tourmentes avant que je sois arrivé
en enfer.

BOLINGBROKE.

— N'insistez plus, milord Northumberland.

NORTHUMBERLAND.

— Alors les communes ne seront pas satisfaites.

RICHARD.

—Elles seront satisfaites: j'en lirai assez,—quand j'aurai sous les yeux le livre même — où tous mes péchés sont écrits, c'est-à-dire moi-même.

L'homme rentre avec un miroir et le remet à Richard.

— Donnez-moi cette glace; c'est là que je veux lire...
Quoi! pas de rides plus profondes! La douleur qui a
porté — tant de coups à ce visage,— n'y a pas fait de
plus profondes blessures! O miroir flatteur, — comme les
courtisans de ma prospérité, — tu me trompes! est-ce là
le visage de celui — qui chaque jour sous le toit de son
palais — entretenait dix mille hommes? Est-ce là ce visage — qui, comme le soleil, faisait baisser tous les yeux?
— Est-ce là ce front qui affronta tant de folies — et qui
reçut de Bolingbroke l'affront suprême? — Une gloire
bien fragile brille sur ce visage : — eh bien, le visage
est aussi fragile que la gloire.

Il jette à terre le miroir, qui se brise.

— Car le voilà brisé en mille éclats..... — Remarque, roi taciturne, la morale de ce spectacle, — comme ma douleur a vite détruit mon visage !

BOLINGBROKE.

— L'ombre de votre douleur a détruit — l'ombre de votre visage.

RICHARD.

Répète cela. — L'ombre de ma douleur ? ah ! voyons ! — C'est très-vrai, mon chagrin est tout intérieur ; — et ces formes externes de la désolation — ne sont que les ombres du chagrin invisible — qui fermente en silence dans l'âme torturée. — C'est là qu'en est l'essence ; et je te remercie, roi, — de ta bonté grande : non-seulement tu donnes — cause à mon affliction, mais tu instruis ma douleur — à remonter à sa cause. Je vais demander une faveur, — et puis partir pour ne plus vous importuner. — L'obtiendrai-je ?

BOLINGBROKE.

Quelle est-elle, beau cousin ?

RICHARD.

— Beau cousin ! Eh ! mais je suis plus grand qu'un roi. — Car, quand j'étais roi, mes flatteurs — n'étaient que mes sujets ; et maintenant que je suis un sujet, — voici que j'ai un roi pour flatteur. — Étant si grand, je n'ai pas besoin de solliciter.

BOLINGBROKE.

— Demandez pourtant.

RICHARD.

Et j'obtiendrai la chose ?

BOLINGBROKE.

Vous l'obtiendrez.

RICHARD.

— Eh bien ! permettez-moi de m'en aller.

BOLINGBROKE.

Où ?

RICHARD.

— Où vous voudrez, pourvu que je sois loin de votre vue.

BOLINGBROKE.

— Que quelques-uns d'entre vous le convoient jusqu'à la Tour.

RICHARD.

— C'est bien un convoi, en effet ! Vous savez hâter un convoi, — vous tous, qui vous élevez si lestement par la chute d'un roi légitime !

Richard sort, escorté par quelques lords et par des gardes.

BOLINGBROKE.

— A mercredi prochain nous fixons solennellement — notre couronnement : lords, préparez-vous.

Tous sortent, excepté l'abbé de Westminster, l'évêque de Carlisle, et Aumerle.

L'ABBÉ DE WESTMINSTER.

— Nous venons de voir un malheureux spectacle !

L'ÉVÊQUE DE CARLISLE.

— Le malheur est à venir : les enfants encore à naître — sentiront ce jour les déchirer comme une épine.

AUMERLE.

— Saints ecclésiastiques, n'y a-t-il aucun secret moyen — de délivrer le royaume de ce funeste opprobre !

L'ABBÉ DE WESTMINSTER.

— Avant que j'explique franchement ma pensée, milord, — vous vous engagerez, sous la foi du sacrement, non-seulement — à tenir mes projets ensevelis, mais à exécuter — tout ce qu'il m'arrivera de décider. — Je vois le mécontentement sur vos fronts, — la tristesse dans vos cœurs, et les larmes dans vos yeux. — Venez souper chez moi ; je vous proposerai — un plan qui nous ramènera d'heureux jours.

Ils sortent.

SCÈNE XIV.

[Aux abords de la tour de Londres.]

Entrent la REINE et quelques dames.

LA REINE.

— Le roi passera par ici. Voici le chemin — qui mène à cette affreuse tour de Jules César, — dont le sein de pierre est la prison assignée — par le fier Bolingbroke à mon seigneur condamné. — Reposons-nous ici, si cette terre rebelle — permet encore le repos à la femme de son roi légitime.

Entre RICHARD, conduit par des gardes.

— Mais doucement ! regardez, ou plutôt ne regardez pas — se flétrir ma belle rose... Mais non, levez les yeux, considérez-la, — de sorte que, vous épanchant en une rosée de pitié, — vous puissiez la raviver avec des larmes d'amour !... — O toi, image du désert où fut l'antique Troie, — mappemonde de l'honneur, tombe du roi Richard, — et non plus le roi Richard, magnifique hôtellerie, — pourquoi la hideuse douleur est-elle logée chez toi, — quand le triomphe est devenu l'hôte d'un cabaret ?

RICHARD.

— Femme charmante, ne te ligue pas avec la douleur — pour précipiter ma fin. Apprends, chère âme, — à ne voir dans notre première condition qu'un rêve heureux — dont nous nous sommes éveillés pour connaître enfin — notre état réel. O ma mie, je suis le compagnon inséparable — du sinistre destin ; et lui et moi — nous resterons unis jusqu'à la mort. Cours en France, — et va te cloîtrer dans quelque maison religieuse. — Il nous faut, par une sainte existence, — regagner dans un monde nouveau la couronne — que nos heures profanes nous ont enlevée ici-bas.

LA REINE.

— Quoi! mon Richard est-il changé et affaibli — d'esprit, comme de corps? Bolingbroke a-t-il — détrôné ton intelligence? A-t-il été jusqu'à ton cœur? — Le lion mourant allonge sa griffe — et blesse la terre, à défaut d'autre chose, dans sa rage — d'être maîtrisé : et toi, comme un écolier, — tu prends la correction en patience ! tu baises la verge, — et tu rampes sous l'outrage avec une basse humilité, — toi, le lion, toi, roi des animaux !

RICHARD.

— Roi des animaux, en effet ! Si je n'avais régné sur des brutes, — je serais toujours l'heureux roi des hommes ! — Chère ex-reine, prépare-toi a partir pour la France, — suppose que je suis mort et que tu reçois ici, — comme à mon lit de mort, mon dernier adieu ! — Dans les longues nuits d'hiver, assieds-toi près du feu — avec de bonnes vieilles gens, et fais-leur conter les récits — des âges de malheur dès longtemps écoulés ; — puis, avant de leur dire bonsoir, comme réplique à leur triste histoire, — conte-leur ma chute lamentable, — et renvoie-les en larmes à leurs lits. — Les tisons insensibles eux-mêmes, sympathiquement émus — par l'accent douloureux de ton langage, — laisseront leur flamme éplorée s'éteindre de compassion — et se couvriront, les uns de cendres, les autres d'un noir charbonnement, — pour prendre le deuil du roi légitime détrôné !

Entrent Northumberland *et sa suite.*

NORTHUMBERLAND.

— Milord, les intentions de Bolingbroke sont changées : — vous irez à Pomfret, non à la Tour. — Et pour vous aussi, madame, une décision a été prise : — vous partirez en toute hâte pour la France (19).

RICHARD.

— Northumberland, tu as servi d'échelle — à l'ambitieux Bolingbroke pour monter sur mon trône : — mais avant que le temps ait vieilli bien des heures, — ce crime hideux, devenu un abcès, — s'épanchera en corruption. Tu penseras, — même s'il partage le royaume et t'en donne la moitié, — que c'est trop peu pour toi qui lui as procuré le tout ; — et lui, il pensera que toi, qui sais le moyen — d'établir un roi illégitime, tu saurais également, — à la moindre provocation, trouver moyen — de le culbuter du haut de son trône usurpé. — L'amitié de deux méchants se convertit en crainte, — cette crainte en haine, et la haine entraîne l'un ou l'autre, sinon tous deux, — à une catastrophe et à une mort méritée.

NORTHUMBERLAND.

— Que ma faute retombe sur ma tête, et que cela finisse ! — Dites-vous adieu et séparez-vous ; car vous devez partir sur-le-champ.

RICHARD.

— Double divorce !... Méchants, vous violez — un double mariage, d'abord entre ma couronne et moi, — et puis entre moi et la femme que j'ai épousée...

A la reine.

— Laisse-moi rompre par un baiser les vœux qui nous unissent ; — par un baiser ? impossible... puisque c'est par un baiser qu'ils ont été scellés. — Sépare-nous, Northumberland : moi, pour aller vers le Nord — où le climat languit dans un froid glacial et morbide ; — ma femme, vers la France d'où elle est venue pompeuse — et parée comme le doux Mai, — et où elle est renvoyée sombre comme la Toussaint.

SCÈNE XIV.

LA REINE.

— Faut-il donc que nous nous quittions ! faut-il que nous soyons séparés !

RICHARD.

— Oui, il faut que la main s'éloigne de la main, mon amour, le cœur du cœur !

LA REINE, à Northumberland.

—Bannissez-nous tous deux, et renvoyez le roi avec moi.

NORTHUMBERLAND.

— Ce serait charitable, mais peu politique.

LA REINE.

— Eh bien ! laissez-moi aller où il ira.

RICHARD.

— Deux infortunes qui pleurent à la fois n'en font qu'une. — Pleure-moi en France, je te pleurerai ici ; — mieux vaut être éloignés l'un de l'autre que rapprochés sans satisfaction possible. — Va, compte tes pas par des soupirs ; je compterai les miens par des sanglots.

LA REINE.

—Mon chemin étant le plus long rendra ma plainte la plus longue.

RICHARD.

— Mon chemin étant le plus court, je sangloterai deux fois à chaque pas, — et j'allongerai la route par un surcroît de désespoir. — Allons, allons, cessons de faire la cour à la douleur : — car, quand on épouse la douleur, c'est pour bien longtemps. — Qu'un baiser nous ferme la bouche dans un muet adieu !

Ils s'embrassent.

— Ainsi je te donne mon cœur et te prends le tien.

LA REINE.

— Rends-moi le mien ; ce ne serait pas bien à moi — de garder ton cœur et de le déchirer.

Ils s'embrassent de nouveau.

— Maintenant que j'ai repris le mien, pars, — que je tâche de le déchirer dans un sanglot !

RICHARD.

— Nous agaçons le malheur par ces folles lenteurs. — Encore une fois, adieu... Que notre douleur dise le reste !

Ils sortent.

SCÈNE XV.

[Dans le palais du duc d'York.]

Entrent le Duc et la DUCHESSE D'YORK.

LA DUCHESSE.

— Milord, vous disiez, — quand les larmes vous ont interrompu, que vous finiriez de me conter — l'entrée de nos deux neveux dans Londres.

YORK.

Où en suis-je resté ?

LA DUCHESSE.

A ce triste moment, milord, — où, du haut des fenêtres, des mains brutales et malapprises — jetaient de la poussière et des ordures sur la tête du roi Richard.

YORK.

Je disais donc que le duc, le grand Bolingbroke, — monté sur un destrier ardent et fougueux, — qui semblait bien connaître son superbe cavalier, — poursuivait sa marche d'un pas lent, mais majestueux, — tandis que toutes les voix criaient : *Dieu te garde, Bolingbroke !* — Vous eussiez cru que les fenêtres mêmes parlaient, — si pressées étaient les figures jeunes et vieilles — qui par les croisées dardaient leurs regards avides — sur son visage, et que tous les murs, — tapissés de personnages, s'écriaient à la fois : — *Jésus te préserve, bienvenu Bolingbroke !* — pendant que lui, se tournant de côté et d'autre, — la tête

nue et courbée plus bas que le cou de son fier palefroi,
— leur disait : *Je vous remercie, compatriotes !* — Et il
avançait ainsi, recommençant toujours.

LA DUCHESSE.

— Hélas ! et le pauvre Richard ! quelle figure faisait-il à cheval ?

YORK.

— Comme les spectateurs au théâtre, — dès qu'un acteur favori a quitté la scène, — jettent un regard insouciant sur celui qui entre ensuite, — trouvant son bavardage fastidieux ; — ainsi, et plus dédaigneusement encore, les regards de la foule — tombaient sur Richard. Nul ne criait : *Dieu le garde !* — Nulle bouche joyeuse ne saluait son retour ; — mais on jetait de la poussière sur sa tête sacrée : — et lui, le visage contracté par les pleurs et les sourires, — marques de sa douleur et de sa patience, — rejetait cette poussière avec une tristesse tellement douce — que, si Dieu n'avait, pour quelque grand dessein, acéré — le cœur des hommes, tous se seraient attendris, — et que la barbarie même l'aurait pris en pitié (20). — Mais le ciel a la main dans ces événements ; — et nous devons nous résigner avec calme à sa volonté suprême. — Nous sommes maintenant les sujets jurés de Bolingbroke — dont je reconnais à jamais la puissance et la grandeur.

Entre AUMERLE.

LA DUCHESSE.

— Voici venir mon fils Aumerle.

YORK.

Il était Aumerle naguère ; — mais il a perdu ce titre, pour avoir été partisan de Richard, — et maintenant, madame, vous devez l'appeler Rutland (21). — Je me suis, devant le parlement, porté caution de son dévouement — et de sa féauté inaltérable envers le nouveau roi.

LA DUCHESSE.

— Sois le bienvenu, mon fils. Quelles sont les violettes — qui émaillent le vert giron de ce nouveau printemps ?

AUMERLE.

— Madame, je n'en sais rien et ne m'en soucie guère. — Dieu sait qu'il m'est égal d'en être ou de n'en pas être.

YORK.

— C'est bon, comporte-toi bien dans cette saison nouvelle, — de peur d'être moissonné avant ta floraison. — Quelles nouvelles d'Oxford ? Ces joûtes et ces fêtes durent-elles toujours ?

AUMERLE.

Oui, milord, autant que je sache.

YORK.

Vous irez là, je le sais.

AUMERLE.

— Si Dieu ne s'y oppose, c'est mon intention.

YORK.

— Quel est donc ce sceau qui sort de ta poitrine ? — Oui-dà, tu pâlis? Fais-moi voir cet écrit.

AUMERLE.

Milord, ce n'est rien.

YORK.

Alors, peu importe qu'on le voie. — Je veux être édifié : laisse-moi voir cet écrit ?

AUMERLE.

— Je supplie Votre Grâce de m'excuser : — c'est une chose de minime conséquence — que pour certaines raisons je ne voudrais pas laisser voir.

YORK.

— Et que j'entends voir, monsieur, pour certaines raisons. — Je crains, je crains.

SCÈNE XV.

LA DUCHESSE.

Que pouvez-vous craindre ? — Ce n'est sans doute qu'un billet qu'il aura souscrit — pour quelque brillant costume à porter le jour des fêtes.

YORK.

— Un billet à son ordre ! qu'aurait-il besoin d'un billet — souscrit envers lui-même ? Femme, tu es folle… — Garçon, fais-moi voir cet écrit.

AUMERLE.

— Je vous en supplie, excusez-moi ; je ne puis le montrer.

YORK.

— Je veux être édifié ; fais-le-moi voir, te dis-je.

Il arrache l'écrit de la poitrine d'Aumerle et lit.

— Trahison ! infâme trahison !… scélérat ! traître ! misérable !

LA DUCHESSE.

— Qu'y a-t-il, milord ?

YORK.

— Holà ! quelqu'un !

Entre un VALET.

Sellez mon cheval. — Miséricorde divine ! quel guet-apens !

LA DUCHESSE.

— Voyons, qu'est-ce, milord ?

YORK.

— Donnez-moi mes bottes, vous dis-je ! sellez mon cheval ! — Ah ! sur mon honneur, sur ma vie, sur ma foi, — je dénoncerai le scélérat !

Le valet sort.

LA DUCHESSE.

— De quoi s'agit-il ?

YORK.

— Paix, femme stupide !

LA DUCHESSE.

— Je ne veux pas rester en paix... De quoi s'agit-il, mon fils ?

AUMERLE.

— Soyez calme, bonne mère ; il n'y va — que de ma vie.

LA DUCHESSE.

De ta vie !

YORK.

— Apportez-moi mes bottes, je vais trouver le roi.

Le valet revient avec les bottes du duc.

LA DUCHESSE, *montrant le valet.*

— Chasse-le, Aumerle...Pauvre enfant, tu es consterné.

Au valet.

— Hors d'ici, scélérat! ne reparais jamais devant moi.

YORK, *au valet.*

— Donne-moi mes bottes, te dis-je.

LA DUCHESSE.

— Ah! York, que vas-tu faire?— Tu ne veux pas cacher la faute de ton enfant! — Avons-nous d'autres fils? Est-il vraisemblable que nous en ayons d'autres? — Est-ce que le temps n'a pas tari en moi la fécondité? — Et tu veux enlever mon bel enfant à ma vieillesse, — et me dérober l'heureux nom de mère! — Ne te ressemble-t-il pas? N'est-il pas à toi?

YORK.

— Femme niaise et folle, — tu veux cacher une conspiration si noire! — ils sont douze qui ont fait vœu — en vertu d'un engagement mutuel, — de tuer le roi à Oxford.

LA DUCHESSE.

Il n'en sera pas. — Nous le garderons ici : alors qu'y pourra-t-il ?

YORK.

— Arrière, radoteuse! fût-il vingt fois mon fils, — je le dénoncerais.

LA DUCHESSE.

Si tu avais souffert pour lui — autant que moi, tu serais moins impitoyable. — Mais maintenant je vois ta pensée : tu soupçonnes — que j'ai été déloyale à ton lit, — que c'est un bâtard, que ce n'est pas ton fils. — Cher York, cher mari, n'aie pas cette pensée-là. — Il te ressemble autant qu'il est possible de ressembler : — il ne me ressemble pas, à moi, ni à personne de ma famille, — et pourtant je l'aime.

YORK.

Arrière, femme indocile !

Il sort.

LA DUCHESSE.

— Suis-le, Aumerle : monte un de ses chevaux, — pique des deux, arrive avant lui devant le roi, — et implore ton pardon avant qu'il t'accuse. — Je ne serai pas longue à te rejoindre : toute vieille que je suis, — je suis sûre de galoper aussi vite qu'York ; — et je ne me relèverai de terre, — que Bolingbroke ne t'ait pardonné. En avant ! — pars.

Ils sortent.

SCÈNE XVI.

(Dans le château de Windsor.)

Entrent BOLINGBROKE en costume royal, PERCY et d'autres lords.

BOLINGBROKE.

— Personne ne peut-il me donner des nouvelles de mon enfant prodigue ? — Voilà trois mois entiers que je ne l'ai vu. — S'il est un fléau qui nous menace, c'est lui. — Dieu veuille, milords, qu'on puisse le trouver ! — Faites chercher à Londres, dans les tavernes ; — car on dit qu'il les fréquente journellement — avec des compagnons dévergondés et dépravés, — de ces gens, dit-on, qui se tiennent dans les ruelles étroites, battent — notre guet et dévalisent les passants. — Et lui, ce jeune gars libertin et efféminé, — se fait un point d'honneur de soutenir — cette bande dissolue! (22)

PERCY.

— Milord, j'ai vu le prince il y a deux jours, — et je lui ai parlé des carrousels qui se donnent à Oxford.

BOLINGBROKE.

— Et qu'a dit le galant?

PERCY.

— Il a répondu qu'il irait dans un lupanar — prendre le gant de la créature la plus publique, — qu'il le porterait comme une faveur, et qu'avec cela — il désarçonnerait le plus robuste jouteur.

BOLINGBROKE.

— Désespérément dissolu!... Pourtant à travers ses vices — j'aperçois quelques étincelles d'espoir — que l'âge peut faire jaillir avec éclat. — Mais qui vient ici?

AUMERLE entre tout effaré.

AUMERLE.

Où est le roi?

BOLINGBROKE.

Que veut — notre cousin, avec ce regard et cet air effaré?

AUMERLE.

— Dieu garde Votre Grâce! Je supplie Votre Majesté — de permettre pour un moment que je m'entretienne seul avec elle.

BOLINGBROKE, aux lords.

— Retirez-vous et laissez-nous seuls.

Percy et les lords se retirent.

SCÈNE XVI.

AUMERLE, se jetant aux pieds de Bolingbroke.

— Puissent mes genoux prendre à jamais racine en terre, — puisse ma langue être rivée dans ma bouche à mon palais, — si je me relève ou parle avant que vous pardonniez.

BOLINGBROKE.

— La faute est-elle en projet, ou commise ? — Si elle est encore en projet, quelque odieuse qu'elle soit, — afin de conquérir ton dévouement à venir, je te pardonne.

AUMERLE.

— Permettez-moi donc de tourner la clef, — que personne n'entre avant que mon récit soit fini.

BOLINGBROKE.

— Comme tu voudras.

Aumerle ferme la porte.

YORK, du dehors.

— Méfie-toi, mon prince, tiens-toi sur tes gardes ! — Tu as un traître, là en ta présence.

BOLINGBROKE, dégainant.

— Scélérat ! je vais m'assurer de toi.

AUMERLE.

Retiens ta main vengeresse ; — tu n'as rien à craindre.

YORK, du dehors.

— Ouvre la porte, roi follement imprudent et confiant ! — Faut-il que par amour je te parle en rebelle ! — Ouvre la porte ou je vais l'enfoncer.

BOLINGBROKE ouvre la porte. YORK entre.

BOLINGBROKE.

— De quoi s'agit-il, mon oncle ? parle ; — reprends haleine ; dis-nous d'où le danger nous menace, — que nous nous armions pour y faire face.

YORK.

— Parcours cet écrit, et tu reconnaîtras — la trahison que ma hâte m'empêche d'expliquer.

AUMERLE, au roi.

— Souviens-toi, en lisant, de ta promesse. — Je me repens : ne lis pas mon nom là ; — mon cœur n'est point complice de ma main.

YORK.

— Il l'était, scélérat, avant que ta main eût signé. — Roi, j'ai arraché cela de la poitrine du traître ; — c'est la crainte et non l'amour qui cause son repentir. — Oublie toute pitié pour lui, de peur que ta pitié ne devienne — un serpent qui te perce le cœur.

BOLINGBROKE.

— O hideux, énorme et audacieux complot ! — O loyal père d'un fils félon ! — Source argentine, limpide et immaculée, — d'où ce ruisseau n'est sorti — que pour se souiller dans de fangeux méandres ! — Le bien débordé de toi est devenu le mal ; — aussi, c'est ton excessive bonté qui excusera — cette mortelle noirceur de ton coupable fils.

YORK.

— Ainsi, ma vertu sera l'entremetteuse de son vice ! — Il dépensera mon honneur à son infamie, — comme un enfant prodigue, l'or d'un père avare ! — Ah ! mon honneur doit vivre par la mort de son déshonneur, — ou son déshonneur fera la honte de ma vie ! — Tu me tues en l'épargnant : en lui laissant le souffle, — tu fais vivre le traître et mourir l'honnête homme.

LA DUCHESSE D'YORK, de l'extérieur.

— Holà, mon prince ! au nom du ciel, que j'entre !

BOLINGBROKE.

— Quelle est l'inquiète suppliante qui pousse ce cri strident ?

LA DUCHESSE.

— Une femme, ta tante ! grand roi, c'est moi ! — Écoute-moi, ouvre la porte; — exauce une mendiante qui n'a jamais mendié.

BOLINGBROKE.

— La scène change : d'une chose sérieuse — nous passons à l'intermède *de la Mendiante et du Roi* (23). — Mon dangereux cousin, faites entrer votre mère. — Je sais qu'elle vient intercéder pour votre noir forfait.

YORK.

— Si tu pardonnes à la prière de qui que ce soit, — cette indulgence fera peut-être prospérer de nouveaux forfaits. — Coupe ce membre gangrené, et le reste reste sain ; — laisse-le, et tout le reste se corrompt.

Entre LA DUCHESSE D'YORK.

LA DUCHESSE.

— O roi ! ne crois pas cet homme au cœur dur : — qui ne s'aime pas soi-même ne peut aimer personne.

YORK.

— Femme frénétique, que fais-tu ici ? — Est-ce que tes vieilles mamelles veulent encore nourrir ce traître ?

LA DUCHESSE.

— Patience, cher York !... Écoute-moi, mon doux seigneur.

Elle s'agenouille.

BOLINGBROKE.

— Relevez-vous, ma bonne tante.

LA DUCHESSE.

Pas encore, je t'en conjure. — Je veux ne jamais cesser d'être à genoux; — je veux ne jamais voir le jour visible aux heureux, — que tu ne m'aies rendu la joie, que tu ne m'aies prescrit d'être joyeuse — en pardonnant à Rutland, mon coupable enfant.

AUMERLE, s'agenouillant.

— Je me joins à genoux aux prières de ma mère.

YORK, s'agenouillant.

— Et moi j'oppose à leurs instances ma loyale génuflexion. — Puisse-t-il t'arriver malheur, si tu fais grâce !

LA DUCHESSE.

— Est-ce qu'il parle sérieusement? Regarde son visage, — ses yeux ne versent point de larmes, ses prières sont dérisoires, — ses paroles partent du bout des lèvres, les nôtres du fond du cœur; — il ne prie que mollement et désire un refus : — nous, nous prions avec cœur, avec âme, avec tout notre être. — Ses jarrets fatigués se redresseraient volontiers, je le sais : — nos genoux resteront à terre jusqu'à ce qu'ils y prennent racine. — Ses prières sont pleines d'une menteuse hypocrisie; — les nôtres, d'une ferveur vraie et d'une profonde sincérité. — Nos prières prient plus haut que les siennes; qu'elles obtiennent donc — cette miséricorde que doivent obtenir les vraies prières !

BOLINGBROKE.

— Bonne tante, relevez-vous.

LA DUCHESSE.

Non, ne dis pas encore : relevez-vous ! — Dis : je pardonne, avant de dire : relevez-vous. — Si j'avais été la nourrice chargée de t'apprendre à parler, — le mot *pardon* eût été le premier dit par toi. — Jamais je n'ai tant brûlé d'entendre un mot. — Roi, dis : je pardonne ; que la pitié te le fasse dire. — Le mot est court, mais moins court encore qu'il n'est doux : — pas de mot qui aille aussi bien à la bouche des rois !

YORK.

— Parle-leur en français, roi; dis-leur : *Pardonnez-moy*.

LA DUCHESSE.

— Tu apprends au pardon à annuler le pardon ! — Ah ! mari cruel, seigneur endurci — qui places le mot à contre-sens du mot! Ah ! parle de pardon dans l'idiome de notre pays ; — nous ne comprenons rien à ce français ironique. — Ton regard commence à parler, prête-lui ta voix ! — Ou bien donne une oreille à ton cœur compatissant, — afin qu'entendant nos plaintes et nos prières perçantes, — tu sois ému de pitié assez pour pardonner !

BOLINGBROKE.

— Bonne tante, relevez-vous.

LA DUCHESSE.

Je ne demande pas à me relever. — L'unique grâce que je sollicite, c'est un pardon.

BOLINGBROKE.

— Je lui pardonne comme Dieu me pardonnera.

LA DUCHESSE.

— O heureux triomphe d'un genou ployé ! — Pourtant, je ne suis pas guérie de ma frayeur : redis encore cela. — Répéter un pardon, ce n'est pas doubler le pardon, — c'est seulement le confirmer.

BOLINGBROKE.

— De tout mon cœur je lui pardonne.

LA DUCHESSE.

Tu es un dieu sur la terre.

BOLINGBROKE.

— Quant à ce loyal beau-frère (24), et à cet abbé, — et au reste de cette clique de conjurés, — la destruction va leur aboyer aux talons. — Bon oncle, faites envoyer des troupes — à Oxford et partout où se trouveront ces traîtres. — Je jure qu'ils ne vivront pas longtemps en ce monde, — sans que je les attrape, si une fois je sais où ils sont. — Mon oncle, adieu... Adieu cousin. — Votre mère a heureusement prié pour vous ; soyez désormais fidèle.

LA DUCHESSE.

— Viens, mon fils, viens, vieux pécheur ; que Dieu fasse de toi un homme nouveau.

Ils sortent (25).

SCÈNE XVII.

[A Windsor.]

Entrent Exton et un valet.

EXTON.

— As-tu pas remarqué ce qu'a dit le roi ? — *N'ai-je pas un ami qui me délivrera de cette vivante alarme ?* — C'est cela, n'est-ce pas ?

LE VALET.

Ce sont ses propres paroles.

EXTON.

— *N'ai-je pas un ami ?* a-t-il dit. Il a répété cela deux fois, — il a insisté à deux reprises, n'est-ce pas ?

LE VALET.

— Oui.

EXTON.

— Et tout en parlant, il m'a expressément regardé, — comme pour dire : je voudrais que tu fusses homme — à brusquer le divorce entre mon cœur et cette épouvante, — désignant par là le roi qui est à Pomfret. Allons, partons. — Je suis l'ami du roi et je le délivrerai de son ennemi.

Ils sortent.

SCÈNE XVIII.

[Le donjon du château de Pomfret.]

Entre le roi RICHARD.

RICHARD.

— J'ai cherché jusqu'ici comment je pourrais comparer — la prison où je vis avec le monde ; — mais, comme le monde est populeux, — et qu'ici il n'y a d'autre créature que moi, — je n'ai pas trouvé moyen. Pourtant forgeons ce rapprochement. — Je considère ma cervelle comme la femelle de mon esprit : — mon esprit est le père, et à eux deux ils procréent — une génération de pensées qui pullulent — et qui peuplent ce microcosme — de fantaisies sombres comme les populations de ce monde ; — car aucune pensée ne contient la satisfaction. Les plus élevées, — les pensées qui ont trait aux choses divines, sont mélangées — de doutes et mettent le verbe même — en contradiction avec le verbe. — Ainsi à cette parole : *Laissez arriver à moi les petits*, elles opposeront celle-ci : — *Il est aussi difficile d'arriver qu'à un chameau — de passer par le trou d'une aiguille.* — Les pensées qui tendent à l'ambition complotent — d'inexécutables miracles : elles cherchent comment ces faibles ongles pourraient — creuser un passage à travers les flancs de pierre — de ce dur monde, les murs de ma sordide prison ; — et, comme c'est impossible, elles expirent dans leur propre vanité. — Les pensées qui tendent à la résignation insistent sur ce point — que nous ne sommes pas la première victime de la fortune, — et que nous ne serons pas la dernière ; comme ces mendiants stupides, — qui, assis au pilori, donnent à leur ignominie ce refuge — que bien d'autres y ont été et que bien d'autres encore y seront assis, — et qui trouvent ainsi une sorte de soulagement — à mettre leur propre infortune sur le dos — de ceux qui ont déjà enduré la pareille. — Ainsi je joue à moi seul bien des personnages, — dont aucun n'est content. Par moments, je suis roi ; — alors les trahisons me font souhaiter d'être mendiant, — et me voilà mendiant. Alors l'écrasante misère — me persuade que j'étais mieux, étant roi ; — et me voilà redevenu roi : mais immédiatement — je songe que je suis détrôné par Bolingbroke, — et aussitôt je ne suis plus rien. Mais quoi que je sois, — ni pour moi, ni pour aucun homme de cette humanité, — il ne saurait y avoir de satisfaction avant ce soulagement suprême, — l'anéantissement.

On entend une musique.

Qu'entends-je? de la musique!... — Ah! ah! observez la mesure... Comme la plus douce musique est aigre, — quand les temps sont manqués et les accords non observés! — Il en est de même dans l'harmonie des existences humaines. — Ici j'ai l'ouïe assez délicate — pour reprendre une note fausse dans une corde dérangée. — Mais, dans le concert de mon pouvoir et de mon temps, — je n'ai pas eu l'ouïe assez fine pour discerner les temps manqués! — J'ai abusé du temps, et à présent le temps abuse de moi; — car à présent le temps fait de moi son horloge. — Mes pensées sont des minutes, dont chaque seconde est marquée par un soupir — à ce cadran extérieur de mes yeux, — auquel est fixé, comme la pointe de l'aiguille, — mon doigt qui sans cesse en essuie les larmes. — Le son qui indique l'heure, c'est — le bruyant sanglot qui est le battant — du timbre de mon cœur. Ainsi les soupirs, les larmes et les sanglots — marquent les secondes, les minutes et les heures... Mais le temps — vole pour Bolingbroke en joie superbe, — tandis que je fais ici pour lui le stupide office d'un ressort d'horloge. — Cette musique m'exaspère : qu'elle cesse! — Quoique parfois elle ramène le fou à la raison, — elle aurait sur moi l'effet de rendre fou le raisonnable. — N'importe! béni soit le noble cœur qui me donne ce concert! — C'est une preuve d'affection; et l'affection pour Richard — est un étrange joyau en ce monde de haine.

Entre un Groom.

LE GROOM.

— Salut, royal prince!

RICHARD.

Merci, mon noble pair. — Le moins cher d'entre nous est de dix liards trop cher. — Qui es-tu! Et comment es-tu venu en ce lieu — où nul homme ne vient que ce triste limier — qui m'apporte ma nourriture pour faire vivre mon infortune ?

LE GROOM.

— Roi, j'étais un pauvre groom de tes écuries, — quand tu étais roi. Allant à York, — j'ai à grand'peine fini par obtenir permission — de revoir les traits du roi, mon ci-devant maître. — Oh! que j'ai eu le cœur navré, le jour du couronnement, — quand, dans les rues de Londres, j'ai vu — Bolingbroke sur le rouan Barbary, — ce cheval que tu as si souvent monté, — ce cheval que j'avais dressé avec tant de soin !

RICHARD.

— Il montait Barbary !... Et, dis-moi, mon ami, — comment Barbary se gouvernait-il sous lui ?

LE GROOM.

— Si fièrement qu'il semblait dédaigner la terre.

RICHARD.

— Tant il était fier d'avoir Bolingbroke sur le dos ! — Cette rosse a mangé du pain dans ma main royale; — elle était fière d'être caressée par cette main. — Et elle n'a pas bronché ! Elle ne s'est pas abattue — (puisque l'orgueil doit avoir une chute), et elle n'a pas cassé le cou — à l'homme orgueilleux qui usurpait sa croupe !... — Pardon, cheval ! Pourquoi te faire des reproches — puisque, créé pour être dominé par l'homme, — tu es né pour porter ! Moi je ne suis pas né cheval; — et pourtant je porte mon fardeau comme un âne, — éperonné et surmené par l'impétueux Bolingbroke.

Entre le Geolier, un plat à la main.

LE GEOLIER, au groom.

— Camarade, détale ; il ne faut pas rester ici plus longtemps.

RICHARD.

— Si tu m'aimes, il est temps que tu partes.

LE GROOM.

— Ce que ma langue n'ose exprimer, mon cœur le dira.

Il sort.

LE GEOLIER montrant le plat.

— Milord, vous plairait-il de manger ?

RICHARD.

— Goûte d'abord, comme d'habitude.

LE GEOLIER.

— Milord, je n'ose : sir Pierce d'Exton, — que le roi vient d'envoyer, me donne l'ordre contraire.

RICHARD.

— Le diable emporte Henry de Lancastre, et toi ! — Ma patience est usée, et je suis las.

Il frappe le geôlier.

LE GEOLIER.

— A l'aide ! à l'aide ! à l'aide !

Entrent Exton et des gens armés.

RICHARD.

— Qu'est-ce à dire ? Que prétend la mort dans cette brutale attaque ? — Manant, ta propre main me fournit l'instrument de ta mort.

Il arrache une arme à l'un des assaillants et le tue.

— Toi, va remplir une autre place dans l'enfer.

Il en tue un second ; puis est lui-même frappé à mort par Exton.

— Il brûlera dans des flammes inextinguibles, le bras — qui donne ce vertige à ma personne... Exton, ta main féroce — a souillé du sang du roi la propre terre du roi. — Monte, monte, mon âme ! ton séjour est là-haut, — tandis que ma chair grossière s'affaisse ici-bas pour mourir.

Il meurt.

EXTON.

— Aussi plein de valeur que de sang royal ! — J'ai épuisé l'une et l'autre ! Oh ! plût au ciel que ce fût une bonne action ! — Car maintenant le démon, qui prétendait que je faisais bien, — me dit que cette action est enregistrée dans l'enfer. — Je vais porter ce roi mort au roi vivant. — Qu'on emporte les autres, et qu'on leur donne ici la sépulture.

Il sortent (26).

SCÈNE XIX.

[Le château de Windsor.]

Fanfares. Entrent BOLINGBROKE et YORK avec des seigneurs et les gens de leur suite.

BOLINGBROKE.

— Cher oncle York, la dernière nouvelle que nous apprenons, — c'est que les rebelles ont incendié — notre ville de Cicester, dans le Glocestershire : — ont-ils été pris ou tués, c'est ce que nous ne savons pas encore.

Entre NORTHUMBERLAND.

— Bienvenu, milord ! quelles nouvelles ?

NORTHUMBERLAND.

— D'abord, que je souhaite toute prospérité à ton pouvoir sacré ; — ensuite, que j'ai envoyé à Londres — les têtes de Salisbury, de Spencer, de Blunt et de Kent. — Les détails de leur arrestation sont — amplement exposés dans le papier que voici,

Il lui présente un papier.

BOLINGBROKE.

— Nous te remercions pour ta peine, noble Percy ; — à tes mérites seront décernées des récompenses méritées.

Entre FITZWATER.

FITZWATER.

— Milord, j'ai envoyé de Londres à Oxford — les têtes de Brocas et de sir Bennet Seely, — deux des dangereux affidés — qui ont comploté à Oxford ton effroyable renversement.

BOLINGBROKE.

— Tes services, Fitzwater, ne seront pas oubliés ; — je sais toute la noblesse de ton mérite.

Entre PERCY *avec* l'ÉVÊQUE DE CARLISLE.

PERCY.

— Le grand conspirateur, l'abbé de Westminster, — accablé de remords et de mélancolie amère, — à livré son corps à la tombe ; — mais voici Carlisle vivant pour subir — ton royal arrêt et la peine de son orgueil.

BOLINGBROKE.

— Carlisle, voici notre arrêt : — Choisis quelque retraite, quelque pieuse résidence, — autre que celle que tu possèdes, et vas-y jouir de la vie. — Pourvu que tu vives en paix, tu mourras libre de toute persécution. — Car, bien que tu aies toujours été mon ennemi, — je vois en toi de hautes étincelles d'honneur.

Entre EXTON, *suivi de gens portant un cercueil.*

EXTON.

— Grand roi, je te présente dans ce cercueil — ta crainte ensevelie. Ci-gît, inanimé, — le plus puissant entre tes plus grands ennemis, — Richard de Bordeaux, amené là par moi.

BOLINGBROKE.

— Exton, je ne te remercie pas; car tu as,—de ta main fatale, commis une action qui retombera en opprobre — sur ma tête et sur cet illustre pays.

EXTON.

— C'est sur un mot de vous, milord, que je l'ai commise.

BOLINGBROKE.

— Ils n'aiment pas le poison, ceux qui ont besoin du poison, — et je ne t'aime pas. Quoique j'aie souhaité sa mort, — je l'aime assassiné, et hais son assassin. — Pour ta peine reçois les reproches de ta conscience, — mais non mon approbation ni ma faveur princière. — Va errer avec Caïn dans l'ombre de la nuit, — et ne montre jamais ta tête au jour ni à la lumière. — Milords, je vous l'assure, c'est pour mon âme une profonde tristesse — que ma grandeur naissante ait été arrosée de sang. — Venez vous associer au deuil qui m'afflige, — et couvrez-vous vite du noir funèbre. — Je veux faire un voyage en Terre Sainte, — pour laver de ce sang ma main coupable. — Marchez tristement à ma suite, et, honorant mon deuil, — suivez en larmes cette bière prématurée.

Ils sortent.

FIN DE RICHARD II.

L'histoire de Henry Quatrième

vec la bataille de Shrewsbury, entre le Roy et le lord Henry Percy, surnommé Henry Hotspur du Nord

Avec les spirituelles plaisanteries de Sir John Falstalffe

A LONDRES

mprimé par P. S. pour Andrew Wise, demeurant au Cimetière de Saint-Paul, à l'enseigne de l'Ange

PERSONNAGES (27) :

LE ROI HENRY IV.
HENRY, prince de Galles,
Le prince JOHN DE LANCASTRE, } fils du roi.

HENRY PERCY, comte de NORTHUMBERLAND,
HENRY PERCY, surnommé HOTSPUR, son fils (28),
THOMAS PERCY, comte de WORCESTER,
OWEN GLENDOWER, chef des Gallois,
ARCHIBALD, comte de DOUGLAS,
EDMOND MORTIMER, comte de MARCH,
SCROOP, archevêque d'YORK,
} coalisés contre le roi.

SIR RICHARD VERNON,
SIR WALTER BLUNT,
Le comte de WESTMORELAND,
} partisans du roi.

SIR JOHN FALSTAFF (29),
POINS,
GADSHILL,
PETO,
BARDOLPHE,
} compagnons de Falstaff.

LADY PERCY, femme d'Hotspur et sœur de Mortimer.
LADY MORTIMER, fille de Glendower et femme de Mortimer.
MISTRESS QUICKLY, hôtesse de la taverne d'East-Cheap.

LORDS ET OFFICIERS, UN SHÉRIFF, UN CABARETIER, UN CHAMBELLAN, DES GARÇONS D'AUBERGE, DEUX VOITURIERS, DES VOYAGEURS, DES GENS DE SERVICE.

La scène est en Angleterre.

SCÈNE I.

[Londres. Le palais du roi.]

Entrent le roi Henry, Westmoreland, sir Walter Blunt et d'autres courtisans.

LE ROI.
— Tout frémissants, tout pâles encore d'inquiétude, — laissons la paix effarée respirer un moment, — et reprendre rapidement haleine pour les nouvelles luttes — qui vont commencer sur de lointains rivages. — Désormais cette terre altérée — ne teindra plus ses lèvres crevassées du sang de ses enfants ; la guerre ne sillonnera plus nos plaines de tranchées, — n'écrasera plus nos fleurs sous les sabots ferrés — des charges ennemies. Ces fronts hostiles, — qui, comme les météores d'un ciel troublé, — tous de même nature, tous formés de la même substance, — se heurtaient naguère dans la mêlée intestine — et dans le choc furieux d'une tuerie fratricide, — désormais harmonieusement unis dans les mêmes rangs, — marcheront tous dans le même sens, et cesseront d'opposer — les amis aux amis, les parents aux parents, les alliés aux alliés. — La lame de la guerre ne blessera plus son maître, — comme un couteau mal rengaîné. Maintenant donc, amis, — c'est sur le tombeau lointain du Christ, — que, soldat enrôlé au service de la croix divine, — nous voulons conduire les guerriers anglais ; — leurs bras ayant été moulés dans la matrice de leurs mères — pour chasser les païens des plaines saintes —

que foulèrent les pieds divins — qui, il y a quatorze cents ans, furent cloués, — pour notre salut, sur la croix amère ! — Mais ce projet est déjà vieux d'un an, — et il va sans dire que nous l'accomplirons. — Ce n'est pas pour le discuter que nous nous réunissons... Donc, — mon beau cousin Westmoreland, apprenez-moi — ce qu'a décidé hier soir notre conseil — pour hâter une expédition si chère.

WESTMORELAND.

— Mon suzerain, la question était chaudement agitée, — et plusieurs états de dépenses étaient déjà arrêtés, — hier soir, quand à la traverse est arrivé — un courrier du pays de Galles, chargé de graves nouvelles. — La pire de toutes, c'est que le noble Mortimer, — qui conduisait les hommes de l'Herefordshire — contre l'irrégulier, le sauvage Glendower, — a été fait prisonnier par la rude main de ce Gallois. — Mille de ses gens ont été massacrés, — et sur leurs cadavres de telles violences, — de si brutales, de si honteuses mutilations — ont été commises par les Galloises qu'on ne peut — les redire ni en parler sans rougir.

LE ROI.

— Et il paraît que la nouvelle de ce combat — aurait suspendu nos préparatifs pour la Terre Sainte.

WESTMORELAND.

— Oui, cette nouvelle aggravée par d'autres, mon gracieux seigneur. — Car il en est venu du nord de plus défavorables — et de plus fâcheuses. Voici ce qu'on rapporte. — Le jour de la Sainte-Croix, le vaillant Hotspur, — le jeune Harry Percy et le brave Archibald, — cet Écossais de vaillance éprouvée, — ont eu une rencontre à Holmédon. — La journée a dû être sérieuse et sanglante, — à en juger par les décharges de leur artillerie : — c'est la conjecture du porteur de la nouvelle — qui, au moment le plus chaud — de cette lutte acharnée, est monté à cheval, — incertain du résultat.

LE ROI.

— Voici un ami cher et diligent, — sir Walter Blunt, qui vient de descendre de cheval, — encore crotté de toutes les boues — qui l'ont éclaboussé d'Holmédon jusqu'ici ; — et il nous rapporte les plus douces et les plus agréables nouvelles. — Le comte de Douglas est en déroute. — Dix mille hardis Écossais et vingt-deux chevaliers, — baignés dans leur sang, ont été vus par sir Walter — dans les plaines d'Holmédon. Hotspur a fait prisonniers — Mordake, comte de Fife, le fils aîné — du vaincu Douglas, et puis les comtes d'Atholl, — de Murray, d'Angus et de Menteith. — N'est-ce pas là un glorieux butin, — une galante prise? hein, cousin, n'est-ce pas ?

WETSMORELAND.

Sur ma foi, — c'est un triomphe dont un prince serait fier.

LE ROI.

— Oui, voilà une réflexion qui m'attriste ! j'ai le tort — d'envier à milord Northumberland — le bonheur d'être le père d'un pareil fils, — un fils qui est le thème des louanges de l'honneur, — la tige la plus élancée du bosquet, — le mignon bien-aimé, l'orgueil de la fortune, — tandis que moi, témoin de sa gloire, — je vois la débauche et le déshonneur ternir le front — de mon jeune Harry. Oh! si l'on pouvait prouver — que quelque fée rôdeuse de la nuit a changé — nos enfants dans leurs langes, — a nommé le mien Percy, le sien, Plantagenet ! — Alors j'aurais son Harry, et lui aurait le mien ! — Mais ne pensons plus à lui... Que vous semble, cher cousin, — de l'insolence de ce jeune Percy ? Les prisonniers — qu'il a surpris dans cette aventure, — il prétend se les arroger, et il me fait dire — que je n'en aurai qu'un seul, Mordake, comte de Fife.

WESTMORELAND.

— C'est un conseil de son oncle, de ce Worcester, — si malveillant pour vous en toute occasion, — qui l'excite à se rengorger et à hérisser — sa jeune crête contre votre majesté.

LE ROI.

— Mais je l'ai fait appeler pour m'en rendre raison. — Et nous sommes forcés par ce motif à suspendre — nos saints projets sur Jérusalem. — Cousin, mercredi prochain, nous tiendrons — notre conseil à Windsor; informez-en les lords; — mais revenez promptement près de nous; car tout ce que j'ai à dire et à faire, la colère ne me permet pas encore de l'expliquer.

WESTMORELAND.

— J'obéirai, mon suzerain.

Ils sortent.

SCÈNE II.

[Une auberge.]

Entrent HENRY, prince de Galles, et FALSTAFF.

FALSTAFF.

Ah çà, Hal, à quel moment du jour sommes-nous, mon gars?

LE PRINCE HENRY.

Tu t'es tellement épaissi l'esprit à force de boire du vieux Xérès, de te déboutonner après souper et de dormir sur les bancs après midi, que tu as oublié de demander ce que tu désires vraiment savoir. Que diable te fait l'instant du jour où nous sommes? A moins que les heures ne fussent des coupes de Xérès, les minutes des chapons, les pendules des langues de maquerelles, les cadrans des enseignes de maisons de passe, et le bienfaisant soleil lui-même une belle et chaude fille en taffetas couleur flamme, je ne vois pas pour quelle raison tu ferais cette chose superflue de demander à quel moment du jour nous sommes.

FALSTAFF.

Effectivement, Hal, vous arrivez à me comprendre. Car nous autres, preneurs de bourses, nous nous réglons sur la lune et les sept planètes, et non sur Phébus, le blond chevalier errant. Et je t'en prie, doux railleur, quand tu seras roi... Que Dieu garde ta Grâce!... ta Majesté, devrais-je dire, car, pour la grâce, tu n'en auras pas.

LE PRINCE HENRY.

Comment! pas du tout?

FALSTAFF.

Non, ma foi, pas même ce qu'il en faudrait pour préluder à un repas composé d'un œuf et d'une beurrée.

LE PRINCE HENRY.

Bon. Après? Continue : au fait, au fait!

FALSTAFF.

Eh bien donc, doux railleur, quand tu seras roi, ne permets pas que nous autres, qui sommes les gardes du corps de la nuit, on nous appelle les voleurs des trésors du jour. Qu'on nous nomme les forestiers de Diane, les gentilshommes de l'ombre, les mignons de la lune, et qu'on dise que nous sommes des gens qui se gouvernent bien, puisque nous sommes gouvernés, comme la mer, par notre noble et chaste maîtresse, la lune, sous les auspices de laquelle nous... volons.

LE PRINCE HENRY.

Tu as raison : ce que tu dis est fort juste. Car notre fortune à nous autres, qui sommes les gens de la lune, a, comme la mer, son flux et son reflux, étant, comme la mer, gouvernés par la lune. La preuve, la voici : une bourse d'or, fort résolûment escroquée le lundi soir, est fort dissolûment dépensée le mardi matin ; obtenue en vociféférant *halte-là!* dépensée en criant *du vin!* tantôt, quand le flot baisse, au niveau du pied de l'échelle, tantôt, quand il monte, à la hauteur de la plate-forme du gibet.

FALSTAFF.

Pardieu, tu dis vrai, mon garçon. Et n'est-ce pas que mon hôtesse de la taverne est une fille délicieuse ?

LE PRINCE HENRY.

Comme le miel de l'Hybla, mon vieux garçon d'hôtel. Et n'est-ce pas qu'un justaucorps de buffle habille délicieusement un recors ?

FALSTAFF.

Ah çà ! ah çà, railleur forcené, que signifient tes pointes et tes quolibets ? En quoi diantre m'intéresse un justaucorps de buffle ?

LE PRINCE HENRY.

Et en quoi diable m'intéresse mon hôtesse de la taverne ?

FALSTAFF.

Eh! mais tu l'as appelée mainte et mainte fois pour compter avec elle.

LE PRINCE HENRY.

Et t'ai-je jamais appelé pour te faire payer ta part ?

FALSTAFF.

Non ; je te rends justice : tu as tout payé là.

LE PRINCE HENRY.

Oui, là et ailleurs, autant que mes fonds s'y prêtaient ; et, quand ils ne s'y prêtaient plus, j'ai usé de mon crédit.

FALSTAFF.

Oui, et si bien usé que, s'il n'était pas présumable que tu es l'héritier présomptif... Mais, dis-moi donc, doux railleur, est-ce que les gibets resteront debout en Angleterre, quand tu seras roi? L'énergie sera-t-elle malmenée, comme aujourd'hui, par le frein rouillé de cette vieille farceuse, la mère la Loi? Ah! quand tu seras roi, ne pends pas les voleurs.

LE PRINCE HENRY.

Non, tu le feras, toi.

FALSTAFF.

Moi! Oh! à merveille! Pardieu, je serai un juge rare.

LE PRINCE HENRY.

Tu juges déjà de travers, je veux dire que tu seras chargé de pendre les voleurs, et tu deviendras ainsi un bourreau rare.

FALSTAFF.

Soit, Hal, soit. Jusqu'à un certain point, cela conviendrait à mes goûts autant que de faire antichambre à la cour, je puis te le dire.

LE PRINCE HENRY.

Pour avoir une charge?

FALSTAFF.

J'aurais à coup sûr une charge... d'habits : le bourreau, comme tu sais, n'a pas une mince garde-robe. Sand-dieu! je suis aussi mélancolique qu'un vieux chat ou qu'un ours à l'attache.

LE PRINCE HENRY.

Ou qu'un lion suranné ou qu'un luth d'amoureux.

FALSTAFF.

Oui, ou que le bourdon d'une cornemuse du Lincolnshire.

LE PRINCE HENRY.

Pourquoi pas autant qu'un lièvre ou que le marais lugubre de Moorditch (31)?

FALSTAFF.

Tu as les plus désagréables comparaisons ; et en effet, tu es bien le plus inventif, le plus coquin, le plus charmant jeune prince... Mais, Hal, je t'en prie, ne m'importune plus de futilités. Plût à Dieu que, toi et moi, nous sussions où acheter une provision de bonne renommée ! Un vieux lord du conseil m'a chapitré l'autre jour dans la rue à votre sujet, messire, mais je n'y ai pas fait attention ; et pourtant il parlait fort sagement, mais je ne l'ai pas écouté ; et pourtant il parlait sagement, et dans la rue encore !

LE PRINCE HENRY.

Tu as bien fait ; car « la sagesse crie dans les rues, et personne ne l'écoute. » (32)

FALSTAFF.

Oh ! quelle citation sacrilége ! en vérité, tu serais capable de corrompre un saint. Tu m'as fait bien du tort, Hal, Dieu te le pardonne ! Avant de te connaître, Hal, je ne connaissais rien ; et maintenant, s'il faut dire la vérité, je ne suis guère meilleur qu'un des pécheurs. Il faut que je renonce à cette vie-là, et j'y renoncerai ; pardieu, si je ne le fais pas, je suis un coquin ! Je ne me damnerais pas pour tous les fils de roi de la chrétienté.

LE PRINCE HENRY.

Où prendrons-nous une bourse demain, Jack ?

FALSTAFF.

Où tu voudras, mon garçon ! J'en suis ; si je me récuse, appelle-moi coquin, et moque-toi de moi.

LE PRINCE HENRY.

Bon, je vois que tu t'amendes. Tu passes de la prière à l'escamotage des bourses.

Poins entre et s'arrête à distance.

FALSTAFF.

Dame, Hal, c'est ma vocation ! Hal, il n'y a pas de péché pour un homme à travailler dans sa vocation.... Poins !... Nous allons savoir si Gadshill a une affaire en tête. Oh ! si les hommes ne devaient être sauvés que par leur mérite, quel trou d'enfer serait assez chaud pour lui ? Voilà bien le plus omnipotent coquin qui ait jamais crié *Halte !* à un honnête homme.

LE PRINCE HENRY.

Bonjour, Ned.

POINS.

Bonjour, cher Hal... Que dit monsieur Remords ? Que dit sir John sac-à-vin-sucré ? Jack, comment vous arrangez-vous, le diable et toi, au sujet de ton âme, que tu lui as vendue, le dernier vendredi saint, pour un verre de madère et une cuisse de chapon froid ?

LE PRINCE HENRY.

Sir John tiendra sa parole ; le diable aura son aubaine.

Montrant Falstaff.

Il n'a jamais fait mentir les proverbes : il donnera au diable son dû.

POINS.

Te voilà donc damné pour avoir tenu parole au diable !

LE PRINCE HENRY.

Autrement il serait damné pour avoir escroqué le diable.

POINS.

Ah çà, mes enfants, mes enfants, demain de grand matin, à quatre heures, à Gadshill! Il y a des pèlerins qui vont à Cantorbéry avec de riches offrandes, et des marchands qui chevauchent vers Londres avec des bourses obèses. J'ai des masques pour vous tous ; vous avez vos chevaux. Gadshill couche cette nuit à Rochester ; j'ai commandé un souper pour demain soir à East-Cheap. Nous pouvons faire le coup aussi sûrement que dans nos lits. Si vous voulez venir, je bourrerai vos bourses d'écus ; sinon, restez chez vous, et allez vous faire pendre.

FALSTAFF.

Écoute, Yedward ; si je reste céans et ne vais pas là-bas, je veux que vous soyez pendus pour y avoir été.

POINS.

Viendrez-vous, mes gaillards ?

FALSTAFF.

Hal, veux-tu en être ?

LE PRINCE HENRY.

Qui ? moi ! voler ! Moi, un bandit ! Moi ! non, ma foi !

FALSTAFF.

Il n'y a ni honnêteté, ni énergie, ni bonne camaraderie en toi et tu n'es point issu du sang royal, si tu n'as pas le courage de te mettre en campagne pour un souverain.

LE PRINCE HENRY.

Eh bien donc, une fois dans ma vie je veux faire une folie.

FALSTAFF.

Ah ! voilà qui est bien dit !

LE PRINCE HENRY.

Oui, advienne que pourra, je resterai au logis.

FALSTAFF.

Pardieu, je me révolterai, quand tu seras roi.

LE PRINCE HENRY.

Je ne m'en soucie guère.

POINS.

Sir John, je t'en prie, laisse-nous seuls, le prince et moi ; je lui donnerai de si bonnes raisons pour cette expédition, qu'il viendra.

FALSTAFF.

Soit. Puisses-tu avoir l'esprit qui persuade, et lui, l'oreille qui profite ! Puisse ce que tu diras être émouvant, et ce qu'il entendra être convaincant, au point que le vrai prince veuille, par récréation, devenir un faux voleur ; car les pauvres abus de notre temps ont grand besoin d'être patronnés. Adieu. Vous me trouverez à East-Cheap.

LE PRINCE HENRY.

Adieu, printemps dernier! Adieu, été de la Toussaint!
Falstaff sort.

POINS.

Allons, mon bon, doux et délicieux prince, montez à cheval avec nous demain. J'ai une farce à jouer que je ne puis exécuter seul. Falstaff, Bardolphe, Peto et Gadshill (33) détrousseront les gens que nous avons traqués. Ni vous ni moi ne serons là; mais, dès qu'ils auront le butin, si vous et moi ne les détroussons pas à leur tour, abattez cette tête de dessus mes épaules.

LE PRINCE HENRY.

Mais comment nous séparerons-nous d'eux en route?

POINS.

Eh bien, nous nous mettrons en route avant ou après eux, et nous leur indiquerons un rendez-vous, auquel il nous sera loisible de manquer ; et alors ils risqueront seuls le coup; et ils n'auront pas plutôt fini que nous tomberons sur eux.

LE PRINCE HENRY.

Oui, mais il est probable qu'ils nous reconnaîtront, à nos chevaux, à nos habits et à tout autre indice.

POINS.

Bah! pour nos chevaux, ils ne les verront pas, je les attacherai dans le bois; dès que nous les aurons quittés, nous changerons de masques ; enfin, l'ami, j'ai des sarraux de bougran tout exprès pour cacher notre costume habituel.

LE PRINCE HENRY.

Mais je crains qu'avec eux nous n'ayons affaire à trop forte partie.

POINS.

Allons donc! il y en a deux que je connais pour les

deux plus francs couards qui aient jamais tourné le dos ; et quant au troisième, s'il se bat plus longtemps que de raison, j'abjure la carrière des armes. L'effet de cette farce sera dans les incompréhensibles mensonges que nous débitera ce gros coquin, quand nous serons réunis à souper : comme quoi il se sera battu avec une trentaine au moins ; à quelles parades, à quelles bottes, à quelles extrémités il aura été réduit ; et c'est dans le démenti final qu'éclatera la plaisanterie.

LE PRINCE HENRY.

C'est bon, j'irai avec toi ; prépare tout ce qu'il nous faut, et rejoins-moi ce soir à East-Cheap : c'est là que je souperai. Adieu.

POINS.

Adieu, milord.

Poins sort.

LE PRINCE HENRY, seul.

Je vous connais tous, et je veux bien me prêter quelque temps — à l'humeur effrénée de votre désœuvrement. — En cela je veux imiter le soleil — qui permet aux nuages infimes et pestilentiels — de voiler au monde sa beauté, — afin d'être admiré davantage, lorsqu'après s'être fait désirer, — il consent à reparaître — en dissipant les sombres et hideuses brumes — de vapeurs qui semblaient l'étouffer. — Si les jours de fête remplissaient toute l'année, — le plaisir serait aussi fastidieux que le travail, — mais, venant rarement, ils viennent toujours à souhait ; — et rien ne plaît que ce qui fait événement. — Aussi, lorsque je rejetterai cette vie désordonnée, — et que je paierai la dette que je n'ai jamais contractée, — plus je dépasserai ma promesse, — plus j'étonnerai les hommes. — Et, comme un métal qui reluit sur un terrain sombre, — ma réforme, brillant sur mes fautes, — aura plus d'éclat et attirera plus les regards — qu'une vertu qu'aucun contraste ne fait ressortir. — Je veux faillir, mais pour faire de mes défaillances un mérite, — en rachetant le passé quand les hommes y compteront le moins.

Il sort.

SCÈNE III.

[Le palais du roi.]

Entrent le ROI HENRY, NORTHUMBERLAND, WORCESTER, HOTSPUR, sir WALTER BLUNT et autres.

LE ROI.

— Mon sang a été jusqu'ici trop froid et trop calme — pour s'émouvoir de tant d'indignités. — Vous en avez fait l'épreuve; et voilà pourquoi — vous abusez de ma patience. Mais soyez-en sûrs, — je veux désormais prendre conseil de mon rang, — en me montrant puissant et formidable, et non plus de mon caractère — qui a été onctueux comme l'huile, souple comme le jeune duvet, — et qui a conséquemment perdu ses titres au respect — que les âmes hautaines n'accordent jamais qu'à la hauteur.

WORCESTER.

— Notre maison, mon souverain seigneur, n'a guère mérité — les coups du pouvoir, — de ce pouvoir même que nos propres mains — ont contribué à rendre si imposant.

NORTHUMBERLAND.

— Milord...

LE ROI.

Worcester, va-t'en, car je vois la menace — et la désobéissance dans ton regard. Ah! monsieur, — votre attitude est par trop hardie et par trop péremptoire, — et la majesté royale ne saurait tolérer — la maussade frontière d'un sourcil vassal. — Vous êtes libre de nous délivrer de votre présence; quand nous aurons besoin — de vos services et de vos conseils, nous vous enverrons chercher.

Worcester sort.

A Northumberland.

— Vous alliez parler.

NORTHUMBERLAND.

Oui, mon bon seigneur. Ces captifs, — réclamés au nom de Votre Altesse, — que Harry Percy a pris à Holmédon, — n'ont pas été, comme il le dit, aussi formellement refusés — qu'on l'a rapporté à Votre Majesté. C'est donc à la malveillance ou à un malentendu — qu'il faut attribuer ce tort, et non à mon fils.

HOTSPUR.

— Mon suzerain, je n'ai pas refusé les prisonniers. — Mais je me souviens que, quand le combat était fini, — quand j'étais altéré par la fureur et par l'extrême fatigue, — hors d'haleine, défaillant, appuyé sur mon épée, — est survenu certain lord, propret, pimpant, — frais comme un fiancé, le menton rasé — et uni comme un champ fauché après la moisson. — Il était parfumé comme un modiste. — Et entre son index et son pouce il tenait — une boîte de senteur que tour à tour — il approchait, éloignait, — puis rapprochait de son nez, qui, irrité enfin, — reniflait avec humeur... Et toujours il souriait et jasait; — et, comme les soldats passaient emportant les corps morts, — il les traitait de malappris, d'impertinents, marauds, — pour oser amener ainsi un sale et désagréable cadavre — entre le vent et sa seigneurie. — Alors, en terme de gala et de belle dame, — il m'a fait maintes questions, et, entre autres choses, m'a demandé — mes prisonniers, au nom de Votre Majesté. — Moi, dans ce moment, tout souffrant de mes blessures qui s'étaient refroidies, — hors de moi, impatienté — d'être ainsi harcelé par ce godelureau, — j'ai répondu négligemment je ne sais quoi... — qu'il les aurait ou ne les aurait pas ; car j'étais exaspéré — de le voir, si reluisant et si parfumé, — parler, avec un ton de dame d'atours, — de canons, de tambours, de blessures, Dieu me pardonne ! — et me dire que le remède souverain par excellence — pour les contusions internes était le spermaceti, et que c'était vraiment grand dommage — que des entrailles de la terre inoffensive — eût été extrait ce vilain salpêtre — qui avait détruit si lâchement — tant de braves et beaux hommes, et que, sans ces misérables canons, — lui-même il eût été soldat. — A ce verbiage impertinent et décousu, milord, — j'ai répondu vaguement, comme je vous l'ai dit ; — aussi, je vous en conjure, ne permettez pas que son rapport — s'élève à la hauteur d'une accusation — entre mon dévouement et Votre Majesté.

BLUNT.

— Les circonstances étant considérées, mon bon seigneur, — tout ce que Harry Percy a pu dire — à un pareil personnage, en pareil lieu, — à pareil moment, ainsi que le rapport qui en a été fait, — peut être enseveli dans un juste oubli. Qu'on ne relève pas — à son détriment ni à sa charge ce qu'il a dit alors, puisqu'il se dédit maintenant.

LE ROI.

— Toujours est-il qu'il nous refuse ses prisonniers, — à moins (c'est là sa condition) — que nous ne rachetions à nos propres dépens — son beau-frère, l'imbécile Mortimer. — Sur mon âme, le comte de Marche a volontairement sacrifié — la vie de ceux qu'il menait au combat — contre ce formidable magicien, ce damné Glendower, — dont il vient, nous l'apprenons, — d'épouser la fille. Allons-nous donc — vider nos coffres pour racheter un traître ? — Allons-nous payer la trahison, et transiger avec des vasseaux — qui se sont perdus et ruinés eux-mêmes ? — Non, qu'il meure de faim dans ces moutagnes stériles ! — Jamais je ne tiendrai pour mon ami — un homme qui me demandera de dépenser même un penny — pour la rançon du révolté Mortimer.

HOTSPUR.

Le révolté Mortimer ! — Ah ! mon souverain seigneur, s'il est tombé au pouvoir de l'ennemi, — ce n'est que par le hasard de la guerre. Pour le prouver, — il ne faudrait que faire parler ces blessures, — plaies béantes, qu'il a reçues si vaillamment, — alors que, sur la rive, bordée de joncs, de la douce Séverne, — dans un duel corps à corps, — qui dura près d'une heure, — il lutta de prouesse avec le formidable Glendower. — Trois fois ils reprirent haleine, et trois fois, — d'un mutuel accord, ils se désaltérèrent aux eaux vives de la Séverne, — qui, effrayée de leur sanglant aspect, — courait effarée parmi les roseaux tremblants, — cachant sa chevelure ondée au fond du lit — qu'ensanglantaient ces valeureux combattants ! — Jamais une hypocrisie vile et tarée — n'eût coloré son œuvre de si mortelles blessures ; — non, jamais le noble Mortimer — n'eût reçu de gaîté de cœur autant de coups ! Qu'on ne lui jette donc pas cette accusation calomnieuse de révolte.

LE ROI.

— C'est toi qui mens, Percy, c'est toi qui mens sur son compte. — Il ne s'est jamais mesuré avec Glendower. — Je te le déclare, — il eût autant osé tenir tête au diable — qu'à un ennemi comme Owen Glendower. — N'as-tu pas honte ?... Morbleu, qu'à l'avenir — je ne vous entende plus parler de Mortimer ; — envoyez-moi vos prisonniers au plus vite, — ou vous aurez de moi des nouvelles — qui vous déplairont... Milord Northumberland, — nous vous autorisons à partir avec votre fils ; — envoyez-moi vos prisonniers ou vous entendrez parler de moi.

Sortent le roi, Blunt et sa suite.

HOTSPUR.

— Et quand le diable viendrait rugir pour les avoir, — je ne les enverrais pas !... Je vais courir après lui — pour le lui dire; car je veux soulager mon cœur, — fût-ce au risque de ma tête.

NORTHUMBERLAND.

— Eh quoi ! ivre de colère ! arrêtez un peu; — voici votre oncle qui vient.

Rentre Worcester.

HOTSPUR.

Ne plus parler de Mortimer ! — Sangdieu, je veux parler de lui; et que mon âme — n'obtienne pas miséricorde, si je ne me joins pas à lui. — Oui, pour sa cause, j'épuiserai toutes ces veines, — je verserai le plus précieux de mon sang goutte à goutte dans la poussière, — ou j'élèverai Mortimer qu'on foule aux pieds — aussi haut que ce roi oublieux, — cet ingrat, ce gangrené Bolingbroke !

NORTHUMBERLAND à Worcester.

— Frère, le roi a rendu furieux votre neveu.

WORCESTER.

— Qui donc a provoqué cette effervescence depuis mon départ ?

HOTSPUR.

— Morbleu, il veut avoir tous les prisonniers; — et quand je l'ai pressé encore une fois de racheter — le frère de ma femme, alors ses joues ont pâli; — et il m'a jeté à la face un regard meurtrier, — tout frémissant qu'il était au seul nom de Mortimer.

WORCESTER.

— Je ne puis le blâmer. Mortimer n'a-t-il pas été proclamé — par feu Richard le prince du sang le plus proche (34) ?

NORTHUMBERLAND.

— Il l'a été : j'ai été témoin de la proclamation. — C'était à l'époque où le malheureux roi — (Dieu nous pardonne nos torts envers lui !) partit — pour cette expédition d'Irlande — dont il revint brusquement — pour être déposé et bientôt assassiné.

WORCESTER.

— Une mort à propos de laquelle la large bouche du monde — ne cesse de nous diffamer et de nous flétrir.

HOTSPUR.

— Mais doucement, je vous prie. Le roi Richard a donc — proclamé mon frère Edmond Mortimer — héritier de la couronne ?

NORTHUMBERLAND.

Oui : je l'ai entendu moi-même.

HOTSPUR.

— Alors, je ne puis blâmer le roi son cousin — de désirer qu'il meure de faim dans de stériles montagnes. — Mais vous qui avez mis la couronne — sur la tête de cet homme oublieux, — et qui, pour lui, portez la tache odieuse — d'une connivence meurtrière, sera-t-il dit — que vous subirez un monde de malédictions, — et que vous serez assimilés aux agents, aux instruments subalternes, — aux cordes, à l'échelle, au bourreau même qu'il emploie ! — Oh ! pardonnez-moi, si je descends aussi bas — pour vous montrer le rang et la situation — où vous êtes ravalés sous ce roi subtil ! — O honte ! sera-t-il dit de nos jours, — serait-il écrit tout au long dans les chroniques a venir — que des hommes de votre noblesse et de votre puissance — se sont engagés dans une injuste cause, — comme vous l'avez fait tous deux, Dieu vous le pardonne ! — en abattant Richard, cette rose suave et charmante, — pour planter à sa place cette épine, cette ronce, Bolingbroke ? — Et, pour surcroît de honte, serait-il dit —

que vous avez été dupés, écartés et repoussés — par celui pour qui vous avez subi toutes ces hontes? — Non! il est temps encore de racheter — votre honneur banni et de vous relever — dans l'estime du monde. — Vengez-vous des moqueries et des dédaigneux mépris — de ce roi altier, qui songe nuit et jour — à s'acquitter de tout ce qu'il vous doit — par le sanglant paiement de votre mort. — Je dis donc...

WORCESTER.

Silence, mon neveu; n'en dites pas davantage. — Maintenant, je vais ouvrir le fermoir d'un livre secret, — et lire à votre mécontentement, si prompt à tout saisir, — une œuvre profonde, dangereuse, — pleine de périls, pour l'achèvement de laquelle il faut autant d'audace aventureuse — que pour franchir un torrent qui rugit — sur le chancelant étai d'une lance.

HOTSPUR.

— Si l'on tombe, bonsoir!... il faut sombrer ou nager...
— Déchaînez le Danger de l'est à l'ouest, — pourvu que du nord au sud il rencontre l'Honneur, — et laissez-les aux prises... Oh! le cœur bat mieux — à traquer un lion qu'à lever un lièvre.

NORTHUMBERLAND.

— La pensée de quelque grand exploit — l'emporte au delà des bornes de la patience.

HOTSPUR.

— Par le ciel, je serais tenté de m'élancer — jusqu'à la face pâle de la lune pour en arracher l'Honneur éclatant, — ou de plonger dans les abîmes de l'Océan, — jusqu'à des profondeurs restées inaccessibles à la sonde, — pour en retirer par les cheveux l'Honneur englouti, — si le libérateur pouvait recueillir, — seul et sans rival, toute la gloire de son action. — Mais foin d'une médaille partagée!

WORCESTER.

— Le voilà occupé d'un tas de chimères, — et nullement de l'objet qui réclame son attention... — Bon neveu, donnez-moi un moment d'audience.

HOTSPUR.

— J'implore votre merci.

WORCESTER.

Ces nobles Écossais, — qui sont vos prisonniers...

HOTSPUR.

Je les garderai tous. — Pardieu, il n'en aura pas un seul de ces Écossais. — Non, ne fallût-il qu'un Écossais pour sauver son âme, il ne l'aurait pas ; — par ce bras, je les garderai.

WORCESTER.

Vous vous emportez, — sans même prêter l'oreille à mes desseins. — Ces prisonniers, vous les garderez...

HOTSPUR.

Certes, je les garderai ; cela est net. — Il a dit qu'il ne rachèterait pas Mortimer ; — il a défendu de parler de Mortimer ; — mais j'irai le trouver pendant son sommeil, — et je lui hurlerai à l'oreille : *Mortimer !* — Oui-dà, j'aurai un sansonnet qui sera dressé à ne dire — qu'un mot : *Mortimer !* et je le lui donnerai — pour tenir sa colère en mouvement !

WORCESTER.

Écoutez, mon neveu ; un mot...

HOTSPUR.

Je m'engage ici solennellement à avoir pour unique étude — de vexer et de tourmenter ce Bolingbroke — et ce prince de cape et d'épée, le prince de Galles. — Si je n'avais dans l'idée que son père ne l'aime pas — et serait bien aise qu'il lui arrivât malheur, — je le ferais empoisonner avec un pot d'ale.

SCÈNE III.

WORCESTER.

— Adieu, parent! je vous parlerai — quand vous serez mieux disposé à écouter.

NORTHUMBERLAND.

— Ah çà! quelle mouche te pique? Quelle folle impatience — te possède? Tu éclates comme une commère, — sans vouloir attacher ton attention à d'autres paroles que les tiennes.

HOTSPUR.

— C'est que, voyez-vous, je suis flagellé, battu de verges, — je suis sur des épines, je suis piqué par une fourmilière, quand j'entends parler — de cet infâme politique, Bolingbroke!... — Du temps de Richard... Comment appelez-vous l'endroit? — Peste soit de l'endroit!.. c'est dans le Glocestershire, — là où résidait cette ganache, le duc, son oncle, — son oncle York, là où, pour la première fois, j'ai plié le genou — devant ce roi des sourires, ce Bolingbroke, tudieu! — quand vous et lui reveniez de Ravenspurg...

NORTHUMBERLAND.

Au château de Berkley.

HOTSPUR.

Vous l'avez dit. — Ah! quel tas de compliments confits — m'adressait alors ce chien couchant! — *Quand sa fortune enfant serait majeure,* disait-il, — et puis *gentil Harry Percy* et puis *cher cousin!* — Le diable emporte ces faux cousins!... Dieu me pardonne!... — Bon oncle, contez votre histoire, car j'ai fini.

WORCESTER.

— Non; si vous n'avez pas fini, poursuivez; — nous attendrons votre loisir.

HOTSPUR.

J'ai fini, sur ma parole.

WORCESTER.

— Eh bien, pour revenir à vos prisonniers écossais, —

mettez-les sur-le-champ en liberté sans rançon, — et employez le fils de Douglas comme unique agent — pour lever des troupes en Écosse; pour diverses raisons — que je vous manderai par écrit, soyez-en sûr, — ce sera chose facile.

A Northumberland.

Vous, milord, — tandis que votre fils sera ainsi occupé en Écosse, — vous vous insinuerez secrètement dans la confiance — de ce noble et bien-aimé prélat, — l'archevêque...

HOTSPUR.

D'York, n'est-ce pas ?

WORCESTER.

— Lui-même ; il est encore sous le coup — de la mort de son frère lord Scroop à Bristol. — Je ne parle pas ici par conjecture ; — je ne dis pas ce que je crois probable, mais ce qui, à ma connaissance, — a été dûment ruminé, concerté, arrangé, — un projet qui n'attend plus que l'apparition — d'une occasion pour éclater...

HOTSPUR.

— Je suis sur la piste !.. Sur ma vie, cela réussira.

NORTHUMBERLAND.

— Tu lâches toujours la meute, avant que le gibier soit levé.

HOTSPUR.

— Eh ! c'est incontestablement un noble plan... — Et alors les troupes d'Écosse et d'York — d'opérer leur jonction avec Mortimer, hein ?

WORCESTER.

Certainement.

HOTSPUR.

— Ma foi, voilà un coup excellent !

WORCESTER.

— Mais des raisons majeures nous pressent : hâtons-nous, — pour sauver nos têtes, de lever la tête. — Car, si humble que puisse être notre attitude, — le roi se croira toujours notre débiteur — et verra en nous des mécontents, — jusqu'à ce qu'il ait trouvé moyen de régler notre compte. — Et voyez déjà comme il commence — à éloigner de nous ses bonnes grâces.

HOTSPUR.

— En effet, en effet ; nous serons vengés de lui.

WORCESTER.

— Adieu, mon neveu... En tout ceci suivez exactement — la marche que vous indiqueront mes lettres. — Quand le moment sera mûr, et ce sera prochainement, — j'irai trouver secrètement Glendower et lord Mortimer. — Alors, vous, Douglas et nous, — nous réunirons heureusement nos troupes, conformément à mon plan, — pour soutenir de toutes nos forces notre fortune — qui maintenant chancelle entre nos mains.

NORTHUMBERLAND.

— Au revoir, mon bon frère ; nous réussirons, j'en ai confiance.

HOTSPUR.

— Adieu, mon oncle... Oh ! puissent les heures être courtes — jusqu'au moment où les champs de bataille, les coups et les gémissements feront écho à nos ébats !

Il sortent.

SCÈNE IV.

[Rochester. Une cour d'auberge.]

Il fait nuit. Entre un VOITURIER, une lanterne à la main.

PREMIER VOITURIER.

Ohé ! s'il n'est que quatre heures du matin, je veux être pendu. Le Chariot est au-dessus de la cheminée neuve, et notre cheval n'est pas encore chargé. Holà, palefrenier !

LE PALEFRENIER, de l'intérieur.

Voilà ! voilà !

PREMIER VOITURIER.

Je t'en prie, Tom, bats la selle de Cut, et rembourre un peu l'arçon ; la pauvre bête est sans cesse écorchée au garrot.

Entre un SECOND VOITURIER.

SECOND VOITURIER.

Les pois et les fèves sont humides ici comme le chien, et il y a de quoi donner les vers à ces pauvres bêtes. Cette maison-ci est sens dessus dessous, depuis que Robin le palefrenier est mort.

PREMIER VOITURIER.

Pauvre garçon ! Il n'a pas eu un bon moment depuis que le prix des avoines a monté : ç'a été sa mort.

DEUXIÈME VOITURIER.

Je crois que sur toute la route de Londres voici bien la maison la plus odieuse pour les puces. Je suis marqueté comme une tanche.

PREMIER VOITURIER.

Comme une tanche ! Par la messe, jamais roi de la chrétienté n'a été mieux mordu que je ne l'ai été depuis le premier chant du coq.

DEUXIÈME VOITURIER.

Eh ! ils ne vous donnent jamais de pot de chambre, et alors vous faites eau dans la cheminée ; et votre urine engendre les puces comme des loches.

PREMIER VOITURIER.

Holà, palefrenier ! arrive donc, pendard, arrive donc !

DEUXIÈME VOITURIER.

J'ai un jambon et deux racines de gingembre à porter jusqu'à Charing-Cross.

PREMIER VOITURIER.

Cordieu! les dindons meurent de faim dans mon panier... Holà, palefrenier! La peste t'étouffe! As-tu pas d'yeux dans la tête? Est-ce que tu n'entends pas! Si l'on n'est pas en droit de te fendre la caboche comme de boire un coup, je suis un franc coquin... Arrive donc, pendard!... Est-ce que tu n'as pas de conscience?

Entre GADSHILL.

GADSHILL.
Bonjour, voiturier. Quelle heure est-il?

PREMIER VOITURIER.
Je pense qu'il est deux heures.

GADSHILL.
Je t'en prie, prête-moi ta lanterne, pour voir mon cheval hongre à l'écurie.

PREMIER VOITURIER.
Tout beau, je vous prie, je sais un tour qui en vaut deux comme celui-là, sur ma parole.

GADSHILL, *au second voiturier.*
Je t'en prie, prête-moi la tienne.

DEUXIÈME VOITURIER.
Oui-dà! Tâche de deviner quand... Prête-moi ta lanterne, dit-il?... Parbleu, je te verrai pendre auparavant.

GADSHILL.
Voiturier, l'ami, à quelle heure comptez-vous arriver à Londres?

DEUXIÈME VOITURIER.
Assez tôt pour aller au lit avec une chandelle, je te le garantis... Venez, voisin Mugs, nous allons réveiller ces messieurs; ils veulent voyager en compagnie, car ils ont un bagage considérable.

Les voituriers sortent.

GADSHILL.

Holà! garçon!

LE GARÇON D'AUBERGE, fredonnant de l'intérieur.
« *Leste comme un coupeur de bourse!* »

GADSHILL.

Autant dire « Leste comme un garçon d'auberge. » Car, entre toi et un coupeur de bourse, il n'y a que la différence qui sépare l'ordonnateur de l'exécuteur. C'est toi qui fais le plan.

Entre le GARÇON D'AUBERGE.

LE GARÇON D'AUBERGE.

Bonjour, maître Gadshill. Ce que je vous ai dit hier soir tient toujours. Il y a un franc-tenancier des bruyères de Kent qui a apporté avec lui trois cents marcs en or : je le lui ai entendu dire à quelqu'un de sa compagnie, la nuit dernière, à souper, une sorte d'officier comptable qui a abondance de bagage aussi, Dieu sait quoi! Ils sont déjà debout, et demandent des œufs et du beurre : ils vont partir à l'instant.

GADSHILL.

L'ami, s'ils ne rencontrent pas les clercs de saint Nicolas (35), je te livre le cou que voici.

LE GARÇON D'AUBERGE.

Non, je n'en veux pas ; je t'en prie, garde ça pour le bourreau; car je sais que tu adores saint Nicolas aussi sincèrement que peut le faire un homme sans foi.

GADSHILL.

Que me parles-tu de bourreau? Si jamais on me pend, je compléterai une belle paire de pendus; car, si je suis pendu, le vieux sir John le sera avec moi, et tu sais qu'il n'est pas étique..... Bah! il y a bien d'autres Troyens auxquels tu ne songes guère, qui, pour le plaisir, daignent faire honneur au métier, et qui, si l'on examinait les choses de trop près, se chargeraient, pour leur propre crédit, de tout arranger. Je ne suis pas associé avec des va-nu-pieds, des porteurs de gourdin, assommeurs à six pennys, avec des buveurs de bière forcenés, moustachus et pourpres; mais avec tout ce qui est noble et tranquille, avec des bourgmestres et de grands propriétaires, gens de consistance, plus disposés à frapper qu'à parler, à parler qu'à boire, et à boire qu'à prier. Et pourtant je me trompe, mordieu! car ils sont continuellement occupés à prier leur patronne, la fortune publique; à la prier? non, je veux dire à la piller; car ils ne cessent de lui courir sus pour en rembourrer leurs bottes.

LE GARÇON.

S'ils sont ainsi chaussés de la fortune publique, j'ai grand'peur que leurs bottes ne prennent l'eau dans un vilain chemin.

GADSHILL.

Nullement, nullement; c'est la justice elle-même qui les cire. Nous volons aussi sûrement que dans un château fort; nous avons la recette de la graine de fougère, nous marchons invisibles (36).

LE GARÇON DE TAVERNE.

Ah! ma foi, je crois que c'est à la nuit, plutôt qu'à la graine de fougère, que vous devez d'être invisibles.

GADSHILL.

Donne-moi la main: tu auras une part dans nos acquêts, foi d'homme vrai.

LE GARÇON DE TAVERNE.

Non, promets-la-moi plutôt foi de voleur faux.

GADSHILL.

Allons donc! *homo* est un nom commun à tous les hommes. Dis au palefrenier d'amener mon cheval hongre de l'écurie. Adieu, maraud fangeux.

Ils sortent.

SCÈNE V.

[Une route aux environs de Gadshill.]

Il fait nuit. Entrent le PRINCE HENRY et POINS.

POINS.

Allons, à l'affût! à l'affût! J'ai éloigné le cheval de Falstaff, et il est crispé de rage comme du velours gommé.

LE PRINCE HENRY.

Range-toi.

Entre FALSTAFF.

FALSTAFF.

Poins! Poins! le pendard! Poins!

LE PRINCE HENRY.

Silence, mauvais foie gras! quel tapage tu fais là!

FALSTAFF.

Où est Poins, Hal?

LE PRINCE HENRY.

Il est monté au haut de la colline; je vais le chercher.

Il fait semblant de s'en aller.

FALSTAFF.

Je suis maudit pour toujours voler en compagnie de ce filou-là. Le drôle a emmené mon cheval, et l'a attaché je ne sais où. Pour peu que je marche quatre pieds carrés plus loin, j'aurai la respiration coupée...... Dame, après tout, je ne doute pas de mourir de ma belle mort, si j'échappe à la hart pour avoir tué ce coquin-là. Voilà vingt-deux ans que je jure à toute heure, à tout moment, de renoncer à la compagnie du coquin, et pourtant j'en suis ensorcelé. Si le drôle ne m'a pas donné des drogues pour me forcer à l'aimer, je veux être pendu; c'est inexplicable autrement : j'ai bu des drogues... Poins! Hal! la peste de vous deux!... Bardolphe! Peto! que je meure de faim, si je vais voler un pas plus loin! S'il n'est pas vrai qu'il vaudrait autant devenir honnête homme et quitter ces drôles que boire un coup, je suis le plus franc maraud qui ait jamais mâché avec une dent. A pied, huit verges de terrain inégal, c'est pour moi soixante-dix milles ; et ces chenapans au cœur de pierre ne le savent que trop bien. Peste soit du métier, quand les bandits ne sont pas honnêtes les uns envers les autres!

On siffle.

Houhou!... La peste de vous tous! donnez-moi mon cheval, coquins ; donnez-moi mon cheval, pendards!

LE PRINCE HENRY.

Silence, grosse tripe! couche-toi là ; mets ton oreille contre terre, et écoute si tu n'entends pas le pas des voyageurs.

FALSTAFF.

Avez-vous des leviers pour me redresser, quand je serai à terre? Sangdieu! je ne recommencerais pas à promener ainsi ma propre chair, pour l'argent monnayé qui est dans l'échiquier de ton père. Quelle rage avez-vous de me mettre ainsi sur les dents?

LE PRINCE HENRY.

Tu mens, on ne te met pas sur les dents, on te met sur tes pieds.

FALSTAFF.

Je t'en prie, bon prince Hal, retrouve-moi mon cheval, bon fils de roi!

LE PRINCE HENRY.

Fi, drôle! suis-je votre palefrenier?

FALSTAFF.

Va te pendre avec ta jarretière d'héritier présomptif!... Si je suis pris, je vous revaudrai cela. Si je ne fais pas faire sur vous tous des ballades qu'on chantera sur des airs ignobles, qu'une coupe de Xérès soit pour moi du poison ! Quand une plaisanterie est poussée si loin, et à pied encore, je la hais.

Entrent GADSHILL, *puis* BARDOLPHE *et* PETO.

GADSHILL.

Halte !

FALSTAFF.

Eh ! je fais halte, bien malgré moi.

POINS.

C'est notre chien d'arrêt : je reconnais sa voix...

BARDOLPHE, à Gadshill.

Quelles nouvelles ?

GADSHILL.

Enveloppez-vous, enveloppez-vous : mettez vos masques ; voilà l'argent du roi qui descend la colline ; il va à l'échiquier du roi.

FALSTAFF.

Vous mentez, drôle ; il va à la taverne du roi.

GADSHILL.

Il y a là de quoi nous enrichir tous.

FALSTAFF.

Oui, d'une corde de potence.

LE PRINCE HENRY.

Vous quatre, mes maîtres, vous les arrêterez dans le défilé. Ned, Poins et moi, nous allons nous poster plus bas ; s'ils échappent à votre attaque, alors ils se rabattront sur nous.

PETO.

Combien sont-ils ?

GADSHILL.

Huit ou dix.

FALSTAFF.

Corbacque! ne sera-ce pas eux qui nous voleront?

LE PRINCE HENRY.

Quel couard que ce sir Jean de la Panse!

FALSTAFF.

Ma foi, je ne suis pas Jean de Gand, votre grand-père, mais pour ça, Hall, je ne suis pas un couard.

LE PRINCE HENRY.

Eh bien! c'est ce que nous verrons à l'épreuve.

POINS.

L'ami Jack, ton cheval est derrière la haie; quand tu en auras besoin, tu le trouveras là. Adieu, et tiens bon.

FALSTAFF.

Ah! si je pouvais le frapper! quand je devrais être pendu!

LE PRINCE HENRY.

Ned, où sont nos déguisements?

POINS.

Ici, à côté. Suivez-moi de près.

Le prince Henry et Poins se retirent.

FALSTAFF.

Allons, mes maîtres, bonne chance! chacun à sa besogne.

Entrent des VOYAGEURS.

PREMIER VOYAGEUR.

Venez, voisin; le garçon conduira nos chevaux jusqu'au bas de la côte : marchons un peu à pied pour dégourdir nos jambes.

LES VOLEURS.

Halte-là!

LES VOYAGEURS.

Jésus ait pitié de nous!

FALSTAFF.

Frappez! sus aux coquins! coupez-leur la gorge! Ah!

chenilles ! fils de putains ! misérables mangeurs de lard!
ils nous haïssent, nous autres ; jeunesses, terrassez-les !
dépouillez-les !

PREMIER VOYAGEUR.

Ah ! nous sommes perdus à tout jamais, nous et tout ce
que nous avons.

FALSTAFF.

A la potence, misérables ventrus! Vous, perdus !...
Non, gros ladres. Je voudrais que toute votre réserve fût
ici ! En avant, couennes, en avant ! Quoi, coquins ! faut-il
pas que les jeunes gens vivent ! Vous êtes grands jurés,
pas vrai ? Nous allons vous faire jurer, sur ma foi.

Falstaff et ses compagnons dépouillent les voyageurs, les garrottent et
les emmènent. Au moment où ils sortent, rentrent le prince HENRY
et POINS.

LE PRINCE HENRY.

Les bandits ont garrotté les honnêtes gens. Maintenant,
si nous pouvions, toi et moi, voler les bandits et nous en
retourner joyeusement à Londres, ce serait matière à
jaser pour une semaine, à rire pour un mois, et à plaisanter pour toujours.

POINS.

Rangeons-nous, je les entends venir.

Rentrent le VOYAGEURS.

FALSTAFF.

Allons, mes maîtres, partageons, et puis à cheval,
avant le jour ! Si le prince et Poins ne sont pas deux
couards fieffés, il n'y a pas d'équité au monde; il n'y a pas
plus de valeur dans ce Poins que dans un canard sauvage.

LE PRINCE HENRY, s'élançant.

Votre argent!

POINS.

Scélérats !

Comme les bandits sont en train de partager, le Prince et Poins fondent sur eux. Après une estocade ou deux, tous les bandits se sauvent, ainsi que Falstaff, laissant tout le butin derrière eux.

LE PRINCE HENRY.

— Conquête bien aisée !... Maintenant à cheval, et gaiement ! — Les voleurs sont dispersés, et possédés d'une frayeur — si forte, qu'ils n'osent même pas approcher l'un de l'autre. — Chacun prend son camarade pour un exempt. — En route, bon Ned. Falstaff sue à mort, — et engraisse la terre maigre tout en cheminant. — Si je ne crevais de rire, je le plaindrais.

POINS.

— Comme le coquin hurlait !

Ils sortent (37).

SCÈNE VI.

[Dans le château de Warkworth.]

Entre HOTSPUR, lisant une lettre.

HOTSPUR.

... « Mais, pour ma part, milord, je serais bien aise d'être là, en raison de l'affection que je porte à votre maison... » *Il serait bien aise !* Pourquoi n'y est-il pas alors ? *En raison de l'affection qu'il porte à notre maison !* Il montre bien en ceci qu'il aime mieux sa grange qu'il n'aime notre maison. Voyons, continuons : « Le projet que vous entreprenez est dangereux... » Oui, ça, c'est certain ; il est dangereux d'attraper un rhume, de dormir, de boire ; mais je vous dis, milord stupide, que sur cette épine, le danger, nous cueillerons cette fleur, la sûreté. « Le projet que vous entreprenez est dangereux ; les amis que vous avez nommés incertains ; le moment même défavorable, et tout votre plan trop léger pour contre-balancer une si puissante opposition... » Vous dites ça, vous dites ça ? Moi, je vous dis en revanche que vous êtes un niais, un lâche, un rustre, et que vous mentez. Quel cerveau fêlé ! Pardieu, notre plan est un des meilleurs plans qui aient jamais été conçus ; nos amis sont fidèles et sûrs. Un bon plan, de bons amis, et qui promettent tant. Un plan excellent, de très-bons amis ! De quelle ardeur gelée est ce coquin-là ! Comment ! milord d'York approuve le plan et la marche générale de l'action !... Sangdieu, si en ce moment j'étais près de ce drôle, je lui ferais sauter la cervelle avec l'éventail de sa femme ! Est-ce qu'il n'y a pas mon père, mon oncle et moi ? lord Edmond Mortimer, milord d'York et Owen Glendower ? Est-ce qu'il n'y a pas en outre les Douglas ? Est-ce que je n'ai pas leur promesse écrite de venir me joindre en armes, le neuf du mois prochain ? Et est-ce que quelques-uns d'entre eux ne sont pas déjà en marche ? Quel païen que ce drôle-là ! quel mécréant ! Ah ! vous verrez à présent que, dans toute la sincérité de sa frayeur et de sa poltronnerie, il ira trouver le roi et lui découvrira toutes nos menées ! Oh ! je voudrais me partager et me mettre en pièces, pour avoir proposé à ce plat de lait écrémé une si honnête entreprise ! Le pendard ! qu'il aille tout dire au roi. Nous sommes préparés : je vais partir ce soir.

Entre Lady Percy.

— Eh bien, Kate ? Il faut que je vous quitte dans deux heures.

LADY PERCY.

— O mon bon seigneur, pourquoi êtes-vous seul ainsi ?..
— Et pour quelle offense ai-je, depuis quinze jours, été — banni du lit de mon Harry ? — Dis-moi, mon doux lord,

qu'est-ce qui t'ôte — l'appétit, la gaieté et le sommeil doré? — Pourquoi tournes-tu tes yeux vers la terre, — et tressailles-tu si souvent quand tu es seul? — Pourquoi as-tu perdu la fraîcheur de tes joues, — et abandonné mes trésors, et tous mes droits sur toi, — à la rêverie sombre et à la mélancolie maudite? — Dans tes légers sommeils, j'ai veillé près de toi, — et je t'ai entendu murmurer des récits de luttes armées, parler en termes de manége à ton destrier bondissant, — et lui crier *courage! en avant!* Et tu parlais — de sorties, de retraites, de tranchées, de tentes, — de palissades, de fortins, de parapets, — de basilics, de canons, de couleuvrines, de prisonniers rachetés, et de soldats tués, — et de tous les incidents d'un combat à outrance. — Ton esprit en toi avait si bien guerroyé, — et t'avait tellement surmené dans ton sommeil, — que des perles de sueur ruisselaient sur ton front, — comme des bulles sur un cours d'eau fraîchement agité; — et sur ta face apparaissaient d'étranges contractions, — comme nous en voyons aux hommes qui retiennent leur haleine — dans un grand et brusque élan. Oh! qu'annoncent ces présages? — Mon seigneur est engagé dans quelque grave affaire, — et je dois le connaître, ou il ne m'aime pas.

HOTSPUR.

— Holà!

Entre un VALET.

Gilliams est-il parti avec le paquet?

LE VALET.

— Oui, milord, il y a une heure.

HOTSPUR.

— Butler a-t-il amené ces chevaux de chez le shériff?

LE VALET.

— Milord, il vient d'amener un cheval à l'instant même.

HOTSPUR.

— Quel cheval? un rouan, brétaudé, n'est-ce pas?

LE VALET.

— Oui, milord.

HOTSPUR.

Ce rouan sera mon trône. — Oui, je serai dessus tout à l'heure. *O espérance!* — Dis à Butler de le mener dans le parc.

Le valet sort.

LADY PERCY.

— Mais écoutez, milord.

HOTSPUR.

Que dis-tu, milady?

LADY PERCY.

— Qu'est-ce qui vous entraîne ainsi loin de moi?

HOTSPUR.

Mon cheval, — mon amour, mon cheval!

LADY PERCY.

Fi, tête folle, babouin que vous êtes! — Une belette est agitée de moins de lubies — que vous. Sur ma foi, — je connaîtrai ce qui vous occupe, Harry; pour ça, je le veux. — J'ai peur que mon frère Mortimer ne se remue — pour ses droits, et ne vous envoie chercher — afin de soutenir son entreprise. Mais si vous allez.....

HOTSPUR.

— Jusque-là, à pied, je serai fatigué, mon amour.

LADY PERCY.

— Allons, allons, perroquito, répondez — directement à la question que je vous adresse. — Sur ma foi, je te romprai le petit doigt, Harry, — si tu ne veux pas me dire toute la vérité.

HOTSPUR.

— Assez, assez, espiègle!... T'aimer?... je ne t'aime pas, — je ne me soucie guère de toi, Kate. Ce n'est point l'époque — de jouer à la poupée et de choquer les lèvres. — Il nous faut des nez en sang ; les écus brisés — ont seuls cours aujourd'hui. Tudieu, mon cheval ! — Que dis-tu, Kate ? Que me veux-tu ?

LADY PERCY.

— Est-ce que tu ne m'aimes pas ?... Pas du tout, vraiment ? — Eh bien, soit. Puisque vous ne m'aimez pas, — je ne veux plus m'aimer moi-même. Vous ne m'aimez pas ?... — Ah ! dites-moi si vous plaisantez, ou non.

HOTSPUR.

— Allons, veux-tu me voir monter à cheval ? — Quand je serai en selle, je te jurerai — un amour infini. Mais écoutez bien, Kate ; — désormais, je ne veux plus que vous me demandiez — où je vais ni que vous raisonniez à ce sujet. — Je vais où je dois aller ; et, pour conclure, — il faut que je vous quitte dès ce soir, mignonne Kate. — Je vous sais prudente ; mais prudente seulement — autant que peut l'être l'épouse de Harry Percy ; vous êtes énergique, — mais femme. Et pour les secrets, — nulle n'est plus discrète ; car je suis bien sûr — que tu ne révéleras pas ce que tu ne sais pas. — Et voilà jusqu'où va ma confiance en toi, mignonne Kate.

LADY PERCY.

— Comment ! jusque-là !

HOTSPUR.

— Pas un pouce au delà. Mais écoutez bien, Kate ; — là où j'irai, vous irez aussi. — Moi, je pars aujourd'hui, vous demain. — Êtes-vous contente, Kate ?

LADY PERCY.

Il le faut bien.

Ils sortent.

SCÈNE VII.

[East-Cheap. La taverne de la Hure (38)].

Entrent le PRINCE HENRY et POINS.

LE PRINCE HENRY.

Ned, je t'en prie, sors de cette chambre crasseuse, et prête-moi main forte pour rire un peu.

POINS.

Où as-tu été, Hal?

LE PRINCE HENRY.

Avec trois ou quatre bourriques, au milieu de soixante et quatre-vingts barriques. J'ai fait vibrer la corde la plus basse de l'humilité. L'ami, je suis le confrère juré d'un trio de garçons de cave; et je puis les appeler tous par leurs noms de baptême, Tom, Dick, Francis. Il affirment déjà, sur leur salut, que, bien que je ne sois encore que prince de Galles, je suis le roi de la courtoisie; et ils me disent tout net que je ne suis pas un fier Jeannot, comme Falstaff, mais un Corinthien, un garçon de cœur, un bon enfant; pardieu, c'est ainsi qu'ils m'appellent! Et quand je serai roi d'Angleterre, je serai le chef de tous les bons drilles d'East-Cheap. Ils appellent boire sec, *teindre en écarlate*; et quand vous reprenez haleine en vous arrosant, ils crient *hem!* et vous disent d'avaler tout. Pour conclure, j'ai fait de tels progrès en un quart d'heure que je puis boire avec le premier chaudronnier venu, dans son propre jargon, ma vie durant. Je te le déclare, Ned, tu as perdu un grand honneur de ne t'être pas trouvé avec moi dans cette action. Mais, doux Ned, pour adoucir encore ton doux nom de Ned, je te donne ce cornet de sucre que vient de me flanquer dans la main un sousvalet, un gaillard qui n'a jamais dit dans sa vie autre chose que *huit shillings six pences* et *vous êtes le bienvenu*, avec cette addition criarde : *Tout à l'heure, monsieur, tout à l'heure ! Mesurez une pinte de vin doux pour la Demi-Lune !* Sur ce, Ned, pour chasser le temps jusqu'à ce que Falstaff vienne, poste-toi, je te prie, dans une pièce à côté ; je vais demander à ce naïf garçon dans quel but il m'a donné ce sucre, et toi, tu ne cesseras pas d'appeler *Francis !* en sorte que sa conversation avec moi ne sera qu'un continuel *tout à l'heure !* Passe à côté, et je vais t'enseigner la manière.

POINS, appelant.

Francis !

LE PRINCE HENRY.

Tu es parfait.

POINS, appelant.

Francis !

Il sort.

Entre FRANCIS.

FRANCIS.

Tout à l'heure,! Tout à l'heure, monsieur... Regarde dans *la Grenade*, Ralph.

LE PRINCE HENRY.

Arrive ici, Francis.

FRANCIS.

Milord ?

LE PRINCE HENRY.

Combien de temps as-tu à servir, Francis ?

FRANCIS.

Dame, cinq ans et autant...

POINS, de l'intérieur.

Francis !

FRANCIS.

Tout à l'heure, tout à l'heure, monsieur.

LE PRINCE HENRY.

Cinq ans! Par Notre-Dame, c'est un long bail pour faire tinter l'étain. Mais, Francis, aurais-tu l'audace de lâcher pied devant ton engagement, de lui montrer une belle paire de talons et de t'esquiver?

FRANCIS.

Ah! Seigneur, monsieur! je jurerais sur tous les livres d'Angleterre que j'aurais le cœur de...

POINS, de l'intérieur.

Francis!

FRANCIS.

Tout à l'heure, tout à l'heure, monsieur!

LE PRINCE HENRY.

Quel âge as-tu, Francis?

FRANCIS.

Voyons... A la Saint-Michel qui vient, j'aurai...

POINS, de l'intérieur.

Francis!

FRANCIS.

Tout à l'heure, monsieur!... Milord, attendez un peu, je vous prie.

LE PRINCE HENRY.

Non, mais écoute donc, Francis. Ce sucre que tu m'as donné, il y en avait pour un penny, n'est-ce pas?

FRANCIS.

Ah! Seigneur, monsieur! je voudrais qu'il y en eût eu pour deux.

LE PRINCE HENRY.

Je veux en retour te donner mille livres : demande-les-moi quand tu voudras, et tu les auras.

POINS, de l'intérieur.

Francis!

SCÈNE VII.

FRANCIS.

Tout à l'heure, tout à l'heure !

LE PRINCE HENRY.

Tout à l'heure, Francis ? Non pas, Francis ; mais demain, Francis ; ou jeudi, Francis ; ou, ma foi, Francis, quand tu voudras. Mais, Francis...

FRANCIS.

Milord ?

LE PRINCE HENRY.

Consentirais-tu à voler un quidam qui porte justaucorps de cuir à boutons de cristal, cheveux ras, anneau d'agate, bas puce, jarretière de serge, langue doucereuse, panse espagnole ?

FRANCIS.

Ah ! Seigneur ! monsieur, que voulez-vous dire ?

LE PRINCE HENRY.

Allons, je vois que le bâtard brun est votre unique boisson... Car, voyez-vous, Francis, votre pourpoint de toile blanche se salira... En Barbarie, monsieur, cela ne peut pas revenir aussi cher (39).

FRANCIS.

Quoi, monsieur ?

POINS, de l'intérieur.

Francis !

LE PRINCE HENRY.

Pars donc, maroufle ! Est-ce que tu n'entends pas appeler ?

En ce moment, le Prince et Poins appellent Francis tous deux à la fois. Le garçon s'arrête ahuri, ne sachant où aller.

Entre le CABARETIER.

LE CABARETIER.

Ah çà ! tu restes coi, quand tu t'entends appeler de la sorte ! Cours aux pratiques là-bas !

Francis sort.

Milord, le vieux sir John, avec une demi-douzaine d'autres, est à la porte ; les ferai-je entrer ?

LE PRINCE HENRY.

Qu'ils attendent un moment, et puis vous ouvrirez la porte.

Le cabaretier sort.

Poins !

POINS, revenant.

Tout à l'heure, tout à l'heure, monsieur !

LE PRINCE HENRY.

L'ami, Falstaff et le reste des voleurs sont à la porte. Allons-nous être gais !

POINS.

Gais comme des grillons, mon gars. Mais, dites-moi, quelle maligne joie avez-vous tirée de cette plaisanterie avec le garçon ? Voyons, à quoi vous a-t-elle servi ?

LE PRINCE HENRY.

Je ferais en ce moment toutes les farces qui ont pu être trouvées farces, depuis les vieux jours du bonhomme Adam jusqu'à l'âge juvénil que marque l'heure présente de minuit.

Francis revient avec du vin.

Quelle heure est-il, Francis ?

FRANCIS.

Tout à l'heure, tout à l'heure, monsieur.

LE PRINCE HENRY.

Se peut-il que ce drôle ait un vocabulaire moindre qu'un perroquet, et soit pourtant le fils d'une femme !... Son industrie se borne à monter et à descendre les escaliers ; son éloquence au total d'une addition... Je ne suis pas encore de l'humeur de Percy, l'Hotspur du Nord, celui qui me tue six ou sept douzaines d'Écossais à un déjeuner, se lave les mains et dit à sa femme : *Fi de cette vie tranquille ! je n'ai pas d'occupation... O mon doux Harry*, dit-elle, *combien en as-tu tué aujourd'hui?*... *Qu'on fasse boire mon cheval rouan*, s'écrie-t-il ; puis, une heure après, il répond : *Environ quatorze, une bagatelle, une bagatelle!*... Introduis Falstaff, je te prie ; je jouerai Percy, et ce maudit sanglier jouera dame Mortimer, son épouse. *Rivo*, dit l'ivrogne (40) ! Introduis cette panse, introduis ce suif.

Entrent FALSTAFF, GADSHILL, BARDOLPHE et PETO.

POINS.

Salut, Jack. Où donc as-tu été ?

FALSTAFF.

Peste soit de tous les couards ! Qu'ils aillent au diable ! et *amen*, morbleu !... Donne-moi une coupe de Xérès, garçon..... Plutôt que de continuer cette vie-là, je voudrais coudre des bas, les raccommoder et les fouler sous mes pieds !... Peste soit de tous les couards !... Donne-moi une coupe de Xérès, coquin ! Est-ce qu'il n'y a plus de vertu sur la terre ?

Il boit.

LE PRINCE HENRY.

As-tu jamais vu Phébus caresser une motte de beurre, et la motte de beurre fondre d'attendrissement à la douce étreinte du soleil ? Si tu l'as vu, eh bien, regarde-moi ce produit-là.

Il montre Falstaff.

FALSTAFF.

Coquin ! il y a de la chaux dans ce Xérès-là. Il n'y a que coquinerie chez l'homme infâme..... Pourtant un couard est pire qu'une coupe de Xérès avec de la chaux dedans : infâme couard !... Va ton chemin, vieux Jack ; meurs quand tu voudras ; si alors la virilité, la véritable virilité n'a pas disparu de la face de la terre, eh bien, je suis un hareng saur. Il n'y a pas en Angleterre trois hommes de bien échappés à la hart, et l'un d'eux est gros et se fait vieux. Dieu nous soit en aide! Ah! le méchant monde! Je voudrais être tisserand; je chanterais des psaumes ou n'importe quoi. Peste soit de tous les couards, encore une fois!

LE PRINCE HENRY.

Eh bien, sac de laine, que marmonnez-vous là?

FALSTAFF.

Un fils de roi! Si je ne t'expulse pas de ton royaume avec un sabre de bois, et si je ne chasse pas tous tes sujets devant toi, comme un troupeau d'oies sauvages, je veux ne jamais porter un poil sur mon visage. Vous, prince de Galles!

LE PRINCE HENRY.

Ah çà! fils de putain! boule humaine! de quoi s'agit-il?

FALSTAFF.

N'es-tu pas un couard? Réponds-moi à ça; et Poins aussi?

POINS.

Corbacque! grosse panse, si vous m'appelez couard, tudieu! je te poignarde.

FALSTAFF.

Moi, t'appeler couard! Je te verrai damner avant de t'appeler couard; mais je donnerais mille livres pour pouvoir courir aussi vite que toi. Vous avez les épaules assez droites, vous autres, et cela vous est égal qu'on voie votre dos. Vous appelez ça épauler vos amis! Peste soit de cette épaulée-là! parlez-moi des gens qui me font face!... Qu'on me donne une coupe de Xérès!..... Je suis un coquin, si j'ai bu aujourd'hui.

LE PRINCE HENRY.

Misérable! tes lèvres sont à peine essuyées depuis ta dernière rasade.

FALSTAFF.

N'importe! Peste soit de tous les couards, encore une fois!

Il boit.

LE PRINCE HENRY.

De quoi s'agit-il?

FALSTAFF.

De quoi s'agit-il? Nous voilà quatre ici qui avons pris mille livres ce matin.

LE PRINCE HENRY.

Où sont-elles, Jack? Où sont-elles?

FALSTAFF.

Où sont-elles? on nous les a reprises. Nous étions quatre malheureux contre cent.

LE PRINCE HENRY.

Comment! cent, mon cher?

FALSTAFF.

Je suis un coquin, si je n'ai pas croisé l'épée avec une douzaine d'entre eux, deux heures durant. J'ai échappé par miracle. J'ai reçu huit bottes à travers mon pourpoint, quatre à travers mon haut-de-chausse; mon bouclier est percé de part en part; mon épée est ébréchée comme une scie à main. *Ecce signum.* Je ne me suis jamais mieux comporté depuis que je suis un homme. Tout a été inutile. Peste soit de tous les couards! qu'ils parlent, eux; s'ils disent plus ou moins que la vérité, ce sont des scélérats, ce sont des fils de ténèbres!

LE PRINCE HENRY.

Parlez, mes maîtres; que s'est-il passé?

GADSHILL.

Nous quatre, nous sommes tombés sur une douzaine environ.....

FALSTAFF.

Seize au moins, milord.

GADSHILL.

Et nous les avons garrottés.

PETO.

Non, non, ils n'ont pas été garrottés.

FALSTAFF.

Faquin! ils ont été garrottés, tous sans exception, ou je ne suis qu'un juif, un juif hébreu.

GADSHILL.

Comme nous partagions, six ou sept nouveaux venus ont fondu sur nous.

FALSTAFF.

Et ils ont délié les premiers; et puis il en est arrivé d'autres.

LE PRINCE HENRY.

Quoi! est-ce que vous vous êtes battus avec eux tous?

FALSTAFF.

Tous? Je ne sais pas ce que vous appelez tous; mais si je ne me suis pas battu avec cinquante, je suis une botte de radis; s'il n'étaient pas cinquante-deux ou trois sur le pauvre vieux Jack, je ne suis point une créature bipède.

POINS.

Je prie Dieu que vous n'en ayez pas égorgé quelques-uns.

FALSTAFF.

Ah! les prières n'y peuvent plus rien! car j'en ai poivré deux; il y en a deux à qui j'ai réglé leur compte, deux drôles, vêtus de bougran. Je vais te dire, Hal, si je te fais un mensonge, crache-moi à la figure, appelle-moi cheval. Tu connais ma vieille parade; voici ma position, et voici comme je tendais ma lame... Quatre drôles en bougran dérivent sur moi...

LE PRINCE HENRY.

Comment! quatre! Tu disais deux, tout à l'heure.

FALSTAFF.

Quatre, Hal! Je t'ai dit quatre.

POINS.
Oui, oui, il a dit quatre.

FALSTAFF.
Ces quatre se sont avancés de front, et ont dégagé sur moi en même temps. Moi, sans faire plus d'embarras, j'ai reçu leurs sept pointes dans mon bouclier, comme ceci.

LE PRINCE HENRY.
Sept ! Mais ils n'étaient que quatre, tout à l'heure.

FALSTAFF.
En bougran.

POINS.
Oui, quatre, vêtus de bougran.

FALSTAFF.
Sept, par cette poignée ! ou je ne suis qu'un manant !

LE PRINCE HENRY, à Poins.
Je t'en prie, laisse-le faire ; nous en aurons davantage bientôt.

FALSTAFF.
M'entends-tu, Hal ?

LE PRINCE HENRY.
Oui, et je t'écoute, Jack.

FALSTAFF.
Fais attention, car la chose en vaut la peine. Les neuf en bougran, dont je te parlais...

LE PRINCE HENRY.
Bon, deux de plus déjà !

FALSTAFF.
Ayant rompu leur pointe...

POINS.
Perdirent leur culotte !

FALSTAFF.
Commencèrent à lâcher pied. Mais je les suivis de près, je les attaquai à bras raccourci, et, en un clin d'œil, je réglai le compte à sept des onze.

LE PRINCE HENRY.

O monstruosité! de deux hommes en bougran il en est sorti onze!

FALSTAFF.

Mais, comme si le diable s'en mêlait, trois malotrus, trois goujats, en drap de Kendal vert (41), sont venus derrière mon dos, et ont dérivé sur moi; car il faisait si noir, Hal, que tu n'aurais pas pu voir ta main.

LE PRINCE HENRY.

Ces mensonges sont pareils au père qui les enfante, gros comme des montagnes, effrontés, palpables. Ah! boyau à cervelle de boue, fou à caboche épaisse, immonde fils de putain, pain de suif graisseux!

FALSTAFF.

Çà, es-tu fou, es-tu fou? N'est-ce pas la vérité, la vérité?

LE PRINCE HENRY.

Eh! comment as-tu pu reconnaître que ces hommes portaient du drap de Kendal vert, puisqu'il faisait si noir que tu ne pouvais pas voir ta main? Allons, donne-nous une raison! Que dis-tu à cela?

POINS.

Allons, une raison, Jack, une raison!

FALSTAFF.

Quoi, par contrainte! Non, quand on m'infligerait l'estrapade et tous les supplices du monde, je ne dirais rien par contrainte. Vous donner une raison par contrainte! Quand les raisons seraient aussi abondantes que les mûres, je n'en donnerais à personne par contrainte, moi!

LE PRINCE HENRY.

Je ne veux pas être plus longtemps complice de ce mensonge..... Cet impudent couard, ce briseur de lits, ce casseur de reins de cheval, cette énorme montagne de chair...

FALSTAFF.

Arrière, meurt-de-faim, peau de gnome, langue de veau séchée, verge de taureau, stock-fiche..... Oh! que n'ai-je assez de souffle pour énumérer tout ce qui te ressemble! Aune de tailleur, fourreau, carquois, vile rapière en arrêt!

LE PRINCE HENRY.

Allons, reprends haleine, et puis recommence! Et quand tu te seras épuisé en ignobles comparaisons, laisse-moi te dire un mot.

POINS.

Écoute, Jack.

LE PRINCE HENRY.

Nous deux, nous vous avons vus, tous quatre, tomber sur quatre hommes; vous les avez garrottés, et vous vous êtes emparés de leur avoir... Écoutez, maintenant, comme un simple récit va vous confondre... Alors, nous deux, nous sommes tombés sur vous quatre, et d'un mot nous vous avons fait lâcher votre prise, et nous nous la sommes appropriée, si bien que nous pouvons vous la montrer ici dans la maison. Et quant à vous, Falstaff, vous avez emmené vos tripes avec une agilité, avec une promptitude, avec une prestesse! Et tout en courant vous mugissiez : *grâce!* avec les beuglements les plus plaintifs que jamais veau ait poussés! Quel misérable il faut que tu sois pour avoir ébréché ton épée comme tu l'as fait, et venir dire ensuite que c'est en te battant! Quel subterfuge, quel stratagème, quelle échappatoire, pourras-tu trouver à présent pour te soustraire à la confusion manifeste et patente?

POINS.

Voyons, nous t'écoutons, Jack; quel subterfuge as-tu encore?

FALSTAFF.

Pardieu, je vous ai reconnus aussi bien que celui qui vous a faits. Ah çà, écoutez-moi, mes maîtres : était-ce à moi de tuer l'héritier présomptif? Devais-je attenter au prince légitime? Eh! tu sais bien que je suis aussi vaillant qu'Hercule; mais remarque l'instinct : jamais le lion ne touche à un vrai prince (42). L'instinct est une grande chose; j'ai été couard par instinct. Je n'en aurai qu'une plus haute idée de moi-même et de toi, ma vie durant, de moi, comme lion vaillant, et de toi comme vrai prince. Mais, pardieu, enfants, je suis charmé que vous ayez l'argent. Hôtesse, en faction aux portes! veillez cette nuit, vous prierez demain. Lurons, garçons, enfants, cœurs d'or! A vous tous les titres de la camaraderie! Ah! allons-nous nous amuser! Si nous avions une comédie impromptu?

LE PRINCE HENRY.

J'y consens; ta fuite en fera le sujet.

FALSTAFF.

Ah! ne parle plus de ça, Hal, si tu m'aimes.

Entre l'Hotesse.

L'HOTESSE.

Doux Jésus! Milord prince!

LE PRINCE HENRY.

Eh bien, milady hôtesse, qu'as-tu à me dire?

L'HOTESSE.

Diantre, milord, il y a à la porte un noble de la cour qui voudrait vous parler; il dit qu'il vient de la part de votre père.

LE PRINCE HENRY.

Donne une couronne à ce noble, et renvoie-le à ma mère.

FALSTAFF.

Quelle sorte d'homme est-ce?

SCÈNE VII.

L'HOTESSE.

Un vieux homme.

FALSTAFF.

Que fait Sa Gravité hors de son lit à minuit?... Lui donnerai-je sa réponse?

LE PRINCE HENRY.

Oui, je t'en prie, Jack.

FALSTAFF.

Ma foi, je vais l'expédier.

Il sort.

LE PRINCE HENRY.

Ah! par Notre-Dame, mes maîtres, vous vous êtes bien battus; vous également, Peto; vous également, Bardolphe. Vous êtes des lions, vous aussi; vous vous êtes sauvés par instinct, vous ne voudriez pas toucher au prince légitime! Non! fi donc.

BARDOLPHE.

Ma foi, j'ai couru quand j'ai vu les autres courir.

LE PRINCE HENRY.

Dis-moi maintenant, sérieusement, comment se fait-il que l'épée de Falstaff soit ainsi ébréchée?

PETO.

Eh! il l'a ébréchée avec sa dague; et il nous a dit qu'il épuiserait en serments tout l'honneur de l'Angleterre pour vous persuader que la chose s'était fait dans le combat, et il nous a conseillé d'agir comme lui.

BARDOLPHE.

Voire même de nous frotter le nez avec du chiendent, pour le faire saigner; et puis de barbouiller nos habits avec ce sang, et de jurer que c'était le sang des honnêtes gens. J'ai fait ce que je n'avais pas fait depuis sept ans, j'ai rougi en entendant ses monstrueuses inventions.

LE PRINCE HENRY.

O misérable, il y a dix huit ans que tu as pris en cachette un verre de Xérès, et que tu as été pincé sur le fait ; et depuis lors tu as eu une rougeur involontaire. Tu avais avec toi le feu et le fer, et tu t'es sauvé ! Quel est l'instinct qui te poussait?

BARDOLPHE, montrant sa trogne rouge.

Milord, voyez-vous ces météores ? apercevez-vous ces éruptions

LE PRINCE HENRY.

Oui.

BARDOLPHE.

Que croyez-vous que cela annonce ?

LE PRINCE HENRY.

Un foie échauffé et une bourse refroidie.

BARDOLPHE.

La prépotence de la bile, milord, pour qui s'y connaît.

LE PRINCE HENRY.

Non ; pour qui te connaît, l'imminence de la potence.

Rentre FALSTAFF.

Voici venir le maigre Jack, voici venir le squelette. Eh bien, ma douce créature ampoulée ! Combien y a-t-il de temps, Jack, que tu as vu ton propre genou ?

FALSTAFF.

Mon propre genou ! Quand j'avais ton âge, Hal, j'avais la taille plus mince que la serre d'un aigle, je me serais faufilé dans l'anneau d'un alderman. Peste soit des soupirs et des chagrins ! ils vous gonflent un homme comme une vessie. Il circule de vilaines nouvelles. C'était sir John Bracy qui est venu de la part de votre père ; il faut que vous alliez à la cour dans la matinée. Cet écervelé du Nord, Percy, et ce Gallois qui a donné la bastonnade à Amaimon, fait Lucifer cocu, et forcé le diable à lui jurer hommage lige sur la croix d'une pertuisane welche... Comment diantre l'appelez-vous ?

POINS.

Oh! Glendower?

FALSTAFF.

Owen, Owen, lui-même; et son gendre Mortimer; et le vieux Northumberland; et cet Écossais, le plus gaillard des Écossais, Douglas, qui court à cheval jusqu'au haut d'une côte perpendiculaire...

LE PRINCE HENRY.

Celui qui, lancé au grand galop, tue avec son pistolet un moineau au vol.

FALSTAFF.

Vous avec touché juste.

LE PRINCE HENRY.

Mieux qu'il n'a jamais touché le moineau.

FASTAFF.

Eh bien, ce coquin-là a de l'énergie; il n'est pas capable de fuir.

LE PRINCE HENRY.

Et pourquoi donc, drôle, le loues-tu de si bien courir?

FALSTAFF.

A cheval, coucou! mais, à pied, il ne bougerait pas d'un pied.

LE PRINCE HENRY.

Si fait, Jack, par instinct?

FALSTAFF.

Par instinct, d'accord. Eh bien donc, il est là, ainsi qu'un certain Mordake, et puis un millier de bonnets bleus. Worcester s'est esquivé cette nuit. Ces nouvelles-là ont fait blanchir la barbe de ton père. Vous pouvez acheter des terres à présent aussi bon marché que du maquereau infect.

LE PRINCE HENRY.

Alors il est probable, si le mois de juin est chaud, et si

cette bousculade civile dure, que nous achèterons les pucelages, comme on achète les gros clous, au cent.

FALSTAFF.

Par la messe, enfant, tu dis vrai ; il est probable que nous ferons une bonne aubaine de ce côté-là ! Mais, dis-moi, Hal, est-ce que tu n'as pas une peur horrible ? Comme héritier présomptif, l'univers pouvait-il t'offrir trois ennemis pareils à ce démon de Douglas, à ce lutin de Percy et à ce diable de Glendower ? Est-ce que tu n'as pas une peur horrible ? Est-ce que ton sang n'en frissonne pas ?

LE PRINCE HENRY.

Pas du tout, ma foi ; il me faudrait un peu de ton instinct.

FALSTAFF.

Ah ! tu vas être horriblement grondé demain, quand tu paraîtras devant ton père : si tu m'aimes, prépare au moins une réponse.

LE PRINCE HENRY.

Eh bien, joue le rôle de mon père, et examine ma conduite en détail.

FALSTAFF.

Tu le veux ? J'y consens... Ce fauteuil sera mon trône, cette dague mon sceptre, et ce coussin ma couronne.

LE PRINCE HENRY.

Ton trône est une chaise percée ; ton sceptre d'or, une dague de plomb ; ta précieuse et riche couronne, un pitoyable crâne chauve !

FALSTAFF.

N'importe ; si le feu de la grâce n'est pas tout à fait éteint en toi, tu vas être ému... Donnez-moi une coupe de Xérès, pour que j'aie les yeux rouges et que je sois censé avoir pleuré ; car il faut que je parle avec émotion, et je le ferai sur le ton du roi Cambyse (43).

SCÈNE VII.

LE PRINCE HENRY.

C'est bon, voici ma révérence.

FALSTAFF.

Et voici mon discours... Rangez-vous, noblesse.

L'HOTESSE.

Doux Jésus! Voilà un excellent spectacle, ma foi.

FALSTAFF.

— Ne pleure pas, suave reine, car ce ruissellement de larmes est superflu. —

L'HOTESSE.

Oh! le père! comme il soutient bien sa dignité!

FALSTAFF.

— Au nom du ciel, milords, emmenez ma triste reine, — car les larmes obstruent les écluses de ses yeux. —

L'HOTESSE.

Doux Jésus! il joue ça comme un de ces ribauds de comédiens que je vois encore.

FALSTAFF.

Silence, bonne chopine, silence, bon gratte-cerveau... Harry, je m'étonne non-seulement des lieux où tu passes ton temps, mais aussi de la société dont tu t'entoures. Car bien que la camomille pousse d'autant plus vite qu'elle est plus foulée, cependant, plus la jeunesse est gaspillée, plus elle s'épuise. Pour croire que tu es mon fils, j'ai d'abord la parole de ta mère, puis ma propre opinion; mais j'ai surtout pour garant cet affeux tic de ton œil, et cette dépression idiote de ta lèvre inférieure. Si donc tu es mon fils, voici ma remontrance. Pourquoi, étant mon fils, te fais-tu ainsi montrer au doigt? Voit-on le radieux fils du ciel faire l'école buissonnière et manger des mûres? Ce n'est pas une question à poser : verra-t-on le fils d'Angleterre se faire voleur et escamoter les bourses? Voilà la question. Il est une chose, Harry, dont tu as souvent ouï parler et qui est connue à bien des gens dans notre pays sous le nom de poix : cette poix, selon le rapport des anciens auteurs, est salissante : la société que tu fréquentes est de même. Car, Harry, en ce moment je te parle dans les larmes, et non dans l'ivresse, dans le désespoir, et non dans la joie, dans les maux les plus réels, et non en vains mots !... Pourtant il y a un homme vertueux que j'ai souvent remarqué dans ta compagnie, mais je ne sais pas son nom.

LE PRINCE HENRY.

Quelle manière d'homme est-ce, sous le bon plaisir de Votre Majesté ?

FALSTAFF.

Un homme de belle prestance, ma foi, corpulent, l'air enjoué, le regard gracieux, et la plus noble attitude ; âgé, je pense, de quelque cinquante ans, ou, par Notre-Dame, inclinant vers la soixantaine. Et je me souviens maintenant, son nom est Falstaff. Si cet homme est d'humeur libertine, il me trompe fort ; car, Harry, je lis la vertu dans ses yeux. Si donc l'arbre peut se connaître par le fruit, comme le fruit par l'arbre, je déclare péremptoirement qu'il y a de la vertu dans ce Falstaff : attache-toi à lui et bannis le reste. Et dis-moi maintenant, méchant vaurien, dis-moi, où as-tu été tout ce mois-ci ?

LE PRINCE HENRY.

Est-ce là parler en roi ! Mets-toi à ma place, et je vais jouer mon père.

FALSTAFF.

Tu me déposes !... Ah ! si tu as seulement la moitié de ma gravité et de ma majesté, en parole comme en action, que je sois pendu par les talons, comme un lapereau ou un lièvre chez un marchand de volailles !

LE PRINCE HENRY, prenant la place de Falstaff.

Allons, me voici installé.

FALSTAFF.

Et moi, me voici debout... Vous allez juger, mes maîtres.

LE PRINCE HENRY.

Eh bien, Harry, d'où venez-vous ?

FALSTAFF.

D'East-Cheap, mon noble lord.

LE PRINCE HENRY.

Les plaintes que je reçois sur ton compte sont graves.

FALSTAFF.

Tudieu, milord, elles sont fausses... Ah ! vous allez voir si je suis caressant pour un jeune prince !

LE PRINCE HENRY.

Tu jures, enfant impie ! Désormais ne lève plus les yeux sur moi. Tu es violemment entraîné hors des voies de la grâce : il y a un démon qui te hante sous la forme d'un vieux gros homme : tu as pour compagnon un muid humain. Pourquoi te commets-tu avec ce bagage d'humeur, cette huche verrouillée de bestialité, ce paquet gonflé d'hypocrisie, cet énorme baril de Xérès, ce sac à boyaux tout plein, ce bœuf gras rôti avec la farce dans son ventre, ce vice vénérable, cette iniquité grise, ce père ruffian, cette vanité surannée ? A quoi est-il bon ? à déguster le Xérès et le boire. A quoi est-il propre et apte ? à découper un chapon et à le manger. En quoi consiste son habileté ? en astuce. Son astuce ? en coquinerie. En quoi est-il coquin ? en tout. En quoi est-il estimable ? en rien !

FALSTAFF.

Je voudrais que Votre Grâce me permît de la suivre. De qui Votre Grâce veut-elle parler ?

LE PRINCE HENRY.

De ce scélérat, de cet abominable corrupteur de la jeunesse, Falstaff, ce vieux Satan à barbe blanche.

FALSTAFF.

Milord, je connais l'homme.

LE PRINCE HENRY.

Je le sais.

FALSTAFF.

Mais dire que je lui connais plus de défauts qu'à moi-même, ce serait dire plus que je ne sais. Qu'il soit vieux (et il n'en est que plus à plaindre), c'est ce qu'attestent ses cheveux blancs ; mais qu'il soit (sauf votre respect) un putassier, c'est ce que je nie absolument. Si le Xérès et le sucre sont des crimes, Dieu soit en aide aux coupables ! si c'est un péché que d'être vieux et gai, alors je sais plus d'un vieux convive qui est damné ; si être gras, c'est être haïssable, alors il faut aimer les vaches maigres de Pharaon. Non, mon bon seigneur, bannis Peto, bannis Bardolphe, bannis Poins ; mais pour le cher Jack Falstaff, l'aimable Jack Falstaff, le loyal Jack Falstaff, le vaillant Jack Falstaff, d'autant plus vaillant qu'il est le vieux Jack Falstaff, ne le bannis pas de la société de ton Harry, ne le bannis pas de la société de ton Harry ! Bannir le grassouillet Jack, autant bannir le monde entier !

LE PRINCE HENRY.

Je le bannis. Je le veux.

On frappe.

Sortent l'hôtesse, Francis et Bardolphe.

BARDOLPHE *rentre courant.*

BARDOLPHE.

Oh ! milord, milord ! le shériff est à la porte avec le guet le plus monstrueux.

FALSTAFF.

Arrière, drôle !... finissons la pièce. J'ai beaucoup à dire en faveur de ce Falstaff.

L'Hotesse *rentre en hâte.*

L'HOTESSE.

O Jésus! milord, milord!

FALSTAFF.

Hé! hé! Le diable chevauche sur un archet de violon!... Qu'y a-t-il?

L'HOTESSE.

Le shériff et tout le guet sont à la porte : ils viennent fouiller la maison ; dois-je les laisser entrer?

Le prince fait signe que oui.

FALSTAFF.

Çà, entends-tu bien, Hal?... Ne prenons jamais une pièce fausse pour une vraie pièce d'or. Tu es essentiellement fou, sans le paraître.

LE PRINCE HENRY.

Et toi naturellement couard, sans instinct.

FALSTAFF.

Je nie votre majeure. Si vous refusez de recevoir le shériff, à merveille ; sinon, soit, qu'il entre. Si je ne figure pas sur la charrette aussi bien qu'un autre homme, peste soit de mon éducation! J'espère être étranglé par une hart aussi vite qu'un autre.

LE PRINCE HENRY.

Va te cacher derrière la tapisserie ; que les autres montent en haut. Ah! mes maîtres, tout pour une figure honnête et une honnête conscience!

FALSTAFF.

J'avais l'un et l'autre ; mais leur temps est passé, et conséquemment je me cache.

Tous se retirent, excepté le prince et Poins.

LE PRINCE HENRY.

Faites entrer le shériff.

Entrent le Shériff *et un* Voiturier.

— Eh bien, maître shériff, que me voulez-vous ?

LE SHÉRIFF.

— Veuillez d'abord me pardonner, milord. Le cri public a poursuivi certains hommes jusque dans cette maison ?

LE PRINCE HENRY.

Quels hommes ?

LE SHÉRIFF.

— Un d'eux est bien connu, mon gracieux seigneur : — un gros homme gras.

LE VOITURIER.

Gras comme du beurre.

LE PRINCE HENRY.

— Cet homme, je vous assure, n'est pas ici ; — car je lui ai moi-même donné une commission pour le moment. — Mais, shériff, je te donne ma parole — de l'envoyer demain, avant l'heure du dîner, — pour répondre devant toi ou tout autre — de tout ce qu'on pourra dire à sa charge. — Et sur ce, laissez-moi vous prier de quitter cette maison.

LE SHÉRIFF.

— Je vais le faire, milord. Il y a deux gentlemen — qui, dans ce vol, ont perdu trois cents marcs.

LE PRINCE HENRY.

— Il se peut. S'il a volé ces hommes, — il en répondra ; et sur ce, adieu.

LE SHÉRIFF.

— Bonne nuit, mon noble lord.

LE PRINCE HENRY.

Ou plutôt bonjour, n'est-ce pas ?

SCÈNE VII.

LE SHÉRIFF.

— Effectivement, milord, je crois qu'il est deux heures du matin.

Le shériff et le voiturier sortent.

LE PRINCE HENRY.

Cet huileux coquin est aussi connu que Saint-Paul. Allons, appelle-le.

POINS, soulevant la tapisserie qui cache Falstaff.

Falstaff! Il est profondément endormi derrière la tapisserie, et il ronfle comme un cheval.

LE PRINCE HENRY.

Écoute! comme il respire péniblement!... Fouille ses poches.

Poins fouille les poches de Falstaff et en tire des papiers.

Qu'as-tu trouvé?

POINS.

Rien que des papiers, milord.

LE PRINCE HENRY.

Voyons ce que c'est. Lis-les.

POINS, déployant l'un des papiers.

« Item, un chapon, 2 sh. 2 d.
» Item, sauce, 4 d.
» Item, Xérès, deux gallons, 5 s. 8 d.
» Item, anchois, et Xérès après souper, 2 s. 6 d.
» Item, pain, un demi-penny. »

LE PRINCE HENRY.

O monstruosité! rien qu'un demi-penny de pain pour cette intolérable quantité de Xérès!... Serre le reste; nous le lirons plus à loisir; laissons-le dormir là jusqu'au jour. Je vais à la cour dans la matinée. Nous partons tous pour la guerre, et tu y auras un poste honorable. Je procurerai à ce gros coquin un emploi dans l'infanterie, et je suis sûr qu'une marche de trois cents verges sera sa mort. L'argent sera remboursé avec usure. Rejoins-moi

de bonne heure dans la matinée; et sur ce, bonjour,
Poins

POINS.

Bonjour, mon bon seigneur.

SCÈNE VIII.

[Bagor. Chez l'archidiacre.]

Entrent HOTSPUR, WORCESTER, MORTIMER, et GLENDOWER.

MORTIMER.

— Ces promesses sont brillantes, les personnes sûres, — et notre début offre les plus heureuses espérances.

HOTSPUR.

— Lord Mortimer, et vous, cousin Glendover, — voulez-vous vous asseoir? — Et vous, oncle Worcester... Diantre! — j'ai oublié la carte !

GLENDOVER.

Non, la voici. — Asseyez-vous, cousin Percy; asseyez-vous, bon cousin Hotspur; — car, chaque fois que Lancastre vous désigne — de ce nom, ses joues pâlissent, et, poussant — un soupir, il vous souhaite au ciel.

HOTSPUR.

— Et vous en enfer, chaque fois qu'il entend — nommer Owen Glendower.

GLENDOVER.

Je ne puis le blâmer. Lors de ma nativité, — le front du ciel était rempli de formes flamboyantes, — de fanaux brûlants; et, à ma naissance, — le globe terrestre, jusque dans ses fondements, — trembla comme un couard (44).

HOTSPUR.

Bah! il en eût fait autant — à cette époque-là, si la chatte de votre mère — avait mis bas, ne fussiez-vous pas né.

SCÈNE VIII.

GLENDOVER.

— Je dis que la terre tremblait, quand je suis né.

HOTSPUR.

— Et moi, je dis que la terre était d'une autre humeur que moi, — si, comme vous le supposez, elle tremblait par peur de vous.

GLENDOVER.

— Les cieux étaient tout en feu ; la terre tremblait.

HOTSPUR.

— Oh! alors la terre tremblait de voir les cieux en feu, — et nullement parce que votre naissance lui faisait peur. — La nature malade éclate souvent — en éruptions étranges. Souvent la terre en travail — est affligée et tourmentée d'une sorte de colique — par des vents impétueux, emprisonnés — dans ses entrailles qui, en cherchant une issue, — secouent cette vieille bonne dame, la terre, et culbutent — clochers et tours couvertes de mousse. A votre naissance, — notre mère - grand la terre, ayant ce dérangement, — frissonnait convulsivement.

GLENDOVER.

Cousin, je ne supporterais pas — ces contradictions de bien des gens. Permettez-moi — de vous dire encore une fois qu'à ma naissance — le front du ciel était rempli de formes flamboyantes; — les chèvres s'enfuyaient des montagnes, et les troupeaux — couvraient d'étranges clameurs les plaines épouvantées. — Ces signes m'ont marqué pour extraordinaire, — et tout le cours de ma vie montre — que je ne suis pas sur la liste des hommes vulgaires. — Où est, dans l'enceinte tracée par la mer — qui murmure contre les côtes d'Angleterre, d'Écosse et de Galles, — le vivant qui peut m'appeler son élève ou qui m'a donné des leçons? — Et pourtant trouvez-moi un fils de la femme, — qui puisse me suivre dans les voies ardues de la science — et marcher de front avec moi dans les expériences les plus profondes.

HOTSPUR.

— Je crois que personne ne parle mieux welche... — Je vais dîner.

MORTIMER.

Finissez, cousin Percy ; vous allez le rendre fou.

GLENDOWER.

— Je puis appeler les esprits du fond de l'abîme.

HOTSPUR.

— Et moi aussi, je le puis ; et tout homme le peut ; — mais veulent-ils venir, quand vous les appelez ?

GLENDOWER.

— Eh ! je puis vous apprendre, cousin, à commander — au diable.

HOTSPUR.

— Et je puis t'apprendre, petit cousin, à humilier le diable — en disant la vérité. « Dites la vérité, et vous humilierez le diable. » — Si tu as le pouvoir de l'évoquer, amène-le ici, — et je jure que j'aurai le pouvoir de le chasser sous l'humiliation. — Oh ! tant que vous vivez, dites la vérité, — et vous humilierez le diable.

MORTIMER.

Allons, allons, — assez de ce verbiage inutile.

GLENDOWER.

— Trois fois Henry Bolingbroke a affronté — ma puissance ; trois fois, des rives de la Wye — et de la sablonneuse Séverne, je l'ai renvoyé, — dans un complet dénûment, sous les coups de la tempête.

HOTSPUR.

— Renvoyé tout nu, et par le mauvais temps encore. — Comment a-t-il pu esquiver les fièvres, au nom du diable ?

GLENDOWER.

— Allons, voici la carte. Partageons-nous notre domaine, — conformément à notre triple convention ?

Tous considèrent une carte que Glendower vient de déployer.

SCÈNE VIII.

MORTIMER.

L'archidiacre l'a divisé — en trois portions bien égales. — L'Angleterre, depuis la Trente et la Séverne jusqu'ici, — au sud et à l'est, m'est assignée pour ma part. — Tout l'ouest, le pays de Galles au delà de la Séverne, — et tout le fertile territoire compris dans cette limite, — à Owen Glendower; et à vous, cher cousin, — tout le nord, à partir de la Trente. — Déjà nos contrats tripartis sont dressés. — Nous n'avons plus qu'à les sceller respectivement, — opération qui pourra se faire ce soir; — et demain, cousin Percy, vous et moi, — et ce bon lord Worcester, nous partirons pour rejoindre votre père et l'armée écossaise, — comme nous en sommes convenus, à Shrewsbury. — Mon père Glendower n'est pas encore prêt, — et nous n'aurons pas besoin de son aide avant quatorze jours.

A Glendower.

— Dans cet intervalle, vous aurez pu réunir — vos tenanciers, vos amis, et les gentilshommes de votre voisinage.

GLENDOWER.

— Un temps plus court me rapprochera de vous, milords, — et vos dames viendront sous mon escorte. — Il faut que vous vous dérobiez au plus vite sans prendre congé d'elles : — car il y aura déluge, — quand vos femmes se sépareront de vous.

HOTSPUR, le doigt sur la carte.

— Il me semble que ma portion, au nord de Burton, ici, — n'est pas égale à la vôtre. — Voyez comme cette rivière vient sur moi tortueusement — et me retranche, du meilleur de mon territoire, — une énorme demi-lune, un monstrueux morceau. — Je ferai barrer le courant à cet endroit; — et la coquette, l'argentine Trente coulera par ici — dans un nouveau canal, uni-

— forme et direct : elle ne serpentera plus avec une si profonde échancrure — pour me dérober ce riche domaine.

GLENDOWER.

— Elle ne serpentera plus! elle serpentera, il le faut; vous le voyez bien.

MORTIMER.

Oui, — mais remarquez comme elle poursuit son cours et revient sur moi — en sens inverse, pour votre dédommagement; — elle supprime d'un côté autant de terrain — qu'elle vous en prend de l'autre.

WORCESTER.

— Oui, mais on pourrait à peu de frais la barrer ici, — et gagner tout ce cap du côté du nord, — en la faisant couler directement et également.

HOTSPUR.

— Je le veux ainsi : ce sera fait à peu de frais.

GLENDOWER.

— Je ne veux pas de changement.

HOTSPUR.

Vous n'en voulez pas?

GLENDOWER.

— Non, et vous n'en ferez pas.

HOTSPUR.

Qui donc me contredira?

GLENDOWER.

— Eh! ce sera moi.

HOTSPUR.

Alors, faites que je ne vous comprenne pas. — Parlez welche.

GLENDOWER.

— Je sais parler anglais, milord, aussi bien que vous; — car j'ai été élevé en Angleterre, à la cour; — tout jeune encore, j'ai composé pour la harpe, — et très-agréablement, nombre de chansons anglaises, — et j'ai ajouté à la langue d'utiles ornements, — mérite qu'on ne vous a jamais connu.

HOTSPUR.

— Morbleu, je m'en félicite de tout mon cœur ; — j'aimerais mieux être chat et crier miaou — que d'être un de ces faiseurs de ballades ! — J'aimerais mieux entendre tourner un chandelier de cuivre, — ou une roue sèche grincer sur un essieu : — cela ne m'agacerait pas les dents — autant que cette poésie minaudière. — On dirait l'allure forcée d'un bidet éclopé.

GLENDOWER.

— Allons, on vous changera le cours de la Trente.

HOTSPUR.

— Peu m'importe, je donnerais trois fois autant de territoire — à un ami vraiment méritant ; — mais, en fait de marché, voyez-vous bien, — je chicanerais sur la neuvième partie d'un cheveu. — Les traités sont-ils dressés ? partons-nous ?

GLENDOWER.

— Il fait un beau clair de lune, vous pouvez partir de nuit. — Je vais presser l'écrivain et, en même temps, — révéler votre départ à vos femmes. — J'ai peur que ma fille n'en devienne folle, — tant elle radote de son Mortimer.

Il sort.

MORTIMER.

— Fi, cousin Percy ! comme vous contrecarrez mon père !

HOTSPUR.

— Je ne puis m'en empêcher. Parfois il m'exaspère, — en me parlant de la taupe et de la fourmi, — du visionnaire Merlin et de ses prophéties, — et d'un dragon, et d'un poisson sans nageoire, — d'un griffon aux ailes rognées et d'un corbeau qui mue, — d'un lion couchant et d'un chat rampant, — et de je ne sais quel galimatias — qui me met hors de moi (45). Je vais vous dire, — la nuit dernière encore il m'a tenu neuf heures au moins — à énumérer les noms des divers diables — qui étaient ses laquais. Je criais *humph! bien! continuez!* — mais je n'écoutais pas un mot. Oh! il est aussi fastidieux — qu'un cheval fatigué, qu'une femme bougonne, — pire qu'une maison enfumée. J'aimerais mieux vivre — de fromage et d'ail dans un moulin à vent, bien loin, — que de faire la meilleure chère et de l'entendre causer, — dans n'importe qu'elle maison de plaisance de la chrétienté.

MORTIMER.

— Ma foi, c'est un digne gentilhomme, — parfaitement instruit et initié — à d'étranges mystères; vaillant comme un lion, — et prodigieusement affable, et aussi généreux — que les mines de l'Inde. Vous le dirai-je, cousin? — il a pour votre caractère de grands égards, — et il fait même violence à sa nature, — quand vous contrariez son humeur; oui, ma foi. — Je vous garantis qu'il n'y a pas un homme vivant — qui aurait pu le provoquer comme vous l'avez fait, — sans essuyer une terrible rebuffade. — Mais ne recommencez pas souvent, je vous en conjure.

WORCESTER.

— En vérité, milord, vous vous obstinez trop dans votre tort; — depuis votre arrivée ici, vous en avez assez fait — pour pousser sa patience à bout. — Il faut que vous appreniez, milord, à vous corriger de ce défaut-là. — Bien que parfois il atteste de la grandeur, du courage, de la noblesse — (et c'est là la grâce suprême qu'il vous donne), — souvent néanmoins il décèle l'emportement brutal, — le défaut de manières, le manque de retenue,

— l'orgueil, la hauteur, la présomption et le dédain ; — et le moindre de ces travers, quand il hante un gentilhomme, — lui aliène les cœurs, et fait tache — à la beauté de toutes ses vertus, — en leur retirant le charme.

HOTSPUR.
— Bon, me voici à l'école ! que les bonnes manières vous soient en aide ! — Voici venir nos femmes ; prenons congé d'elles.

Glendower revient avec Lady Mortimer et Lady Percy.

MORTIMER.
— Une contrariété qui m'agace mortellement, — c'est que ma femme ne sait pas l'anglais, et que je ne sais pas le welche.

GLENDOWER.
— Ma fille pleure ; elle ne veut pas se séparer de vous ; — elle veut être soldat, elle aussi ; elle veut aller à la guerre.

MORTIMER.
— Cher père, dites-lui qu'elle et ma tante Percy — nous rejoindront promptement sous votre escorte.

Glendower parle à sa fille en welche et elle lui répond dans la même langue.

GLENDOWER.
— Elle n'en veut pas démordre ; une revêche et obstinée coquine, — sur qui le raisonnement ne peut rien !

Lady Mortimer parle en welche à Mortimer.

MORTIMER.
— Je comprends tes regards ; ce joli welche — que tu verses de ces cieux gonflés, — je ne l'entends que trop parfaitement ; et, n'était la timidité, — je te répliquerais dans ce parler-là.

Lady Mortimer parle en l'embrassant.
— Je comprends tes baisers, et toi les miens, — et

voilà une discussion sentie. — Mais je n'aurai pas de repos, amour, — que je n'aie appris ta langue ; car, dans ta bouche — le welche est aussi suave que les belles stances, — chantées sur le luth, avec de ravissantes modulations, — par une belle reine, sous un bosquet d'été.

GLENDOWER.

— Ah ! si vous vous attendrissez, elle va devenir folle.

Lady Mortimer parle de nouveau.

MORTIMER.

— Oh ! je suis l'ignorance même en ceci.

GLENDOWER.

Elle vous dit — de vous coucher sur la natte indolente, — et de reposer votre douce tête sur ses genoux ; — et alors elle vous chantera les chansons qui vous plaisent, — et elle sacrera sur vos paupières le dieu du sommeil, — berçant vos sens dans un délicieux assoupissement, — intermédiaire entre la veille et le sommeil — comme l'aube entre le jour et la nuit, — une heure avant que l'attelage harnaché du ciel — commence sa course dorée à l'orient !

MORTIMER.

— De tout mon cœur. Je vais m'asseoir et l'entendre chanter. — Pendant ce temps-là notre acte sera rédigé, je présume.

GLENDOWER.

Asseyez-vous. — Les musiciens qui vont jouer pour vous — planent dans l'air à mille lieues d'ici ; — et pourtant ils vont être ici sur-le-champ. Asseyez-vous, et écoutez. —

HOTSPUR, à lady Percy.

Viens, Kate, tu es parfaite, couchée. Allons, vite, vite ; que je puisse reposer ma tête dans ton giron.

LADY PERCY.

Allez, étourneau.

Glendower dit quelques mots welches, et aussitôt la musique joue.

HOTSPUR.

—Maintenant je vois que le diable comprend le welche, — et je ne m'étonne pas qu'il soit si fantasque. —. Par Notre-Dame, il est bon musicien. —

LADY PERCY.

Alors vous devriez être musicien dans l'âme; car vous êtes tout à fait gouverné par votre fantaisie. Restez tranquille, bandit, et écoutez la lady chanter en welche.

HOTSPUR.

J'aimerais mieux entendre Lady, ma braque, hurler en irlandais.

LADY PERCY.

Veux-tu avoir la tête rompue?

HOTSPUR.

Non.

LADY PERCY.

Eh bien, reste tranquille.

HOTSPUR.

Pour ça, non plus! C'est la manie des femmes!

LADY PERCY.

Maintenant, Dieu te conduise!

HOTSPUR.

Au lit de la dame welche!

LADY PERCY.

Que dis-tu là?

HOTSPUR.

Paix! elle chante.

Lady Mortimer chante une chanson welche.

HOTSPUR, reprenant.

Allons, Kate, je veux une chanson de vous aussi.

LADY PERCY.

De moi! Nenni, sur ma parole!

HOTSPUR.

Nenni, sur ma parole! Mon cœur, vous jurez comme

la femme d'un confiseur! — *Nenni, sur ma parole! Aussi vrai que j'existe! Dieu me pardonne! Aussi sûr qu'il fait jour!* — Tu fais des serments de si soyeuse étoffe, — qu'on dirait que tu ne t'es jamais promenée au delà de Finsbury (46). — Jure-moi, Kate, en vraie lady que tu es, — avec un bon serment qui remplisse la bouche, et laisse — les *sur ma parole* — et autres protestations de pain d'épice — aux robes galonnées de velours et aux bourgeoises endimanchées. — Allons, chante.

LADY PERCY.

Je ne veux pas chanter.

HOTSPUR.

C'est pourtant le meilleur moyen de te faire prendre pour un tailleur ou pour un éleveur de rouges-gorges. Si les actes sont dressés, je partirai avant deux heures; et sur ce, venez quand vous voudrez.

Il sort.

GLENDOWER.

— Venez, venez, lord Mortimer : vous êtes aussi lent — que le bouillant lord Percy est ardent à partir. — Maintenant notre convention est rédigée; nous n'avons plus qu'à la sceller, et puis — a cheval immédiatement!

MORTIMER.

De tout cœur.

Ils sortent.

SCÈNE IX.

[Londres. — Le palais du roi.]

Entrent le Roi HENRI, le PRINCE DE GALLES et des LORDS.

LE ROI.

— Milords, laissez-nous, le prince de Galles et moi, — nous avons à conférer en particulier; mais ne vous éloi-

gnez pas, — car nous aurons bientôt besoin de vous.
                              Les lords sortent.

— Je ne sais si c'est pour quelque offense par moi commise — que Dieu a voulu, — dans son mystérieux jugement, faire naître — de mon sang le fléau destiné à me frapper ; — mais, par les écarts de ton existence, tu — me ferais croire que tu es désigné entre tous — pour être le brûlant instrument, la verge céleste — qui doit punir mes trangressions. Autrement, dis-moi, — comment des passions si dépravées, si basses, — des occupations si misérables, si sordides, si impures, si viles, — des plaisirs si stériles, une société aussi grossière — que celle à laquelle tu t'associes et t'adjoins, — pourraient-elles se concilier avec la grandeur de ta race, — et être de niveau avec ton cœur princier ?

LE PRINCE HENRY.

— Sous le bon plaisir de Votre Majesté, je voudrais pouvoir — me justifier de toutes mes fautes — aussi complétement que je suis sûr de me laver de — maintes accusations lancées contre moi. — Aussi bien, laissez-moi implorer votre indulgence ; — et, quand j'aurai réfuté les nombreuses fables — que l'oreille du pouvoir est trop souvent condamnée à entendre — de la bouche des flagorneurs souriants et de vils faiseurs de nouvelles, — puissent les quelques erreurs réelles où s'est égarée — à tort mon irrégulière jeunesse — trouver leur pardon dans mon sincère repentir !

LE ROI.

— Dieu te pardonne !... Pourtant, Harry, laisse-moi m'étonner — de tes aspirations qui prennent un vol — tout à fait contraire à l'essor de tous tes ancêtres. — Tu as brutalement perdu ta place au conseil, — laquelle est maintenant occupée par ton frère puîné ; — et tu t'es à peu près aliéné les cœurs — de toute la cour et des princes de mon sang. — Les espérances fondées sur ton avenir — sont ruinées ; et il n'est pas d'homme qui, — dans les pressentiments de son âme, ne prévoie ta chute. — Si j'avais été aussi prodigue de ma présence, — si je m'étais ainsi prostitué à la vue des hommes, — si je m'étais ainsi usé et avili dans une vulgaire compagnie, — l'opinion, qui m'a poussé au trône, — serait restée fidèle au maître d'alors, — et m'aurait abandonné à un exil obscur, — comme un homme sans éclat et sans portée. — Me faisant voir rarement, je ne pouvais bouger, — sans provoquer l'étonnement, ainsi qu'une comète : — les uns disaient à leurs enfants : *C'est lui !* — d'autres s'écriaient : *Où cela ? lequel est Bolingbroke ?* — Et alors je dérobais au ciel tous les hommages ; — et je me drapais dans une telle humilité — que j'arrachais l'allégeance de tous les cœurs, — les acclamations et les vivats de toutes les bouches, — en présence même du roi couronné. — C'est ainsi que je conservais mon prestige frais et nouveau ; — ma présence, comme une robe pontificale, — était toujours remarquée avec étonnement ; et c'est pourquoi mon apparition, — événement toujours éclatant, faisait l'effet d'une fête, — et gagnait par la rareté une telle solennité ! — Quant au roi ambulant, il trottait de tous côtés — avec de plats bouffons, esprits extravagants, feux de paille — aussitôt éteints qu'allumés ; il jetait de côté sa dignité, — il commettait sa majesté avec des bateleurs, des fous, — et laissait profaner son grand nom par leurs sarcasmes ; — en dépit de ce nom, il encourageait — de ses rires les plaisanteries des pages, et s'offrait en butte — aux vains quolibets du premier imberbe venu. — Il était le familier de la rue, — il s'inféodait à la populace, — et, comme chaque jour il — rassasiait les hommes de sa présence, — tous étaient écœurés de ce miel, et le prenaient — en dégoût, comme une chose douce qui, pour peu — qu'elle devienne fastidieuse, devient fastidieuse à l'excès. — Aussi, quand il avait occasion de se montrer, — il était comme le coucou en juin, — qu'on entend sans y prendre garde ; s'il était vu, c'était par des yeux — qui, lassés et blasés par l'habitude, — ne lui accordaient pas cette attention extraordinaire — qui se fixe sur le soleil de la royauté, — quand il ne brille que rarement à la vue des admirateurs, — par des yeux endormis qui baissaient leurs paupières — somnolentes devant lui, et lui présentaient cet aspect morne — qu'un homme ombrageux a pour un adversaire, — tant ils étaient saturés, gorgés, fatigués de sa présence ! — Et toi, Harry, tu es exactement dans le même cas. — Tu as perdu ta prérogative princière — par d'avilissantes associations. Tous les yeux — sont las de ta banale présence, — excepté les miens qui auraient désiré te voir davantage, — et qui maintenant encore, en dépit de moi-même, — sont aveuglés par une folle tendresse.

LE PRINCE HENRY.

— A l'avenir, mon trois fois gracieux seigneur, je saurai — mieux être moi-même.

LE ROI.

Par l'univers, — ce que tu es à cette heure, Richard l'était, alors — qu'arrivant de France, je débarquai à Ravenspurg ; — et ce que j'étais alors, Percy l'est aujourd'hui. — Ah ! par mon sceptre, et par mon âme, — il a plus de titres au pouvoir — que toi, fantôme d'héritier ; — car, sans droit, sans couleur même de droit, — il couvre de harnais les campagnes du royaume, — il affronte la gueule armée du lion ; — et, sans devoir à l'âge autant que toi, — il conduit de vieux lords et de vénérables évêques — aux batailles sanglantes et aux menées meurtrières. — Quelle impérissable gloire n'a-t-il pas acquise — contre cet illustre Douglas qui, par ses hauts faits, —

ses incursions hardies et sa grande renommée militaire, — a conquis le rang suprême parmi les soldats — et le titre de premier capitaine — dans tous les royaumes qui reconnaissent le Christ! — Trois fois cet Hotspur, ce Mars au maillot, — ce guerrier enfant, a déconfit le grand Douglas — en ses entreprises ; il l'a fait prisonnier, — l'a mis en liberté et en a fait son ami ; — et le voilà qui, haussant la voix profonde du défi, — ébranle la paix et la sûreté de notre trône ! — Que dis-tu de cela ? Percy, Northumberland, — Sa Grâce l'archevêque d'York, Douglas, Mortimer, — se coalisent contre nous et sont en campagne. — Mais pourquoi te dire ces nouvelles, à toi ? — Pourquoi te parler de mes adversaires, à toi, Harry, — qui es mon plus proche et mon plus intime ennemi ! — Peut-être te verra-t-on, cédant à la peur vassale, — à une passion basse, à un accès d'humeur, — combattre contre moi à la solde de Percy, — ramper à ses talons et flatter sa colère — pour montrer à quel point tu es dégénéré !

LE PRINCE HENRI.

— Ne le croyez pas ; vous ne verrez rien de pareil. — Que Dieu pardonne à ceux qui m'ont aliéné — à ce point la bonne opinion de Votre Majesté! — Je veux racheter tout cela sur la tête de Percy ; — et, à la fin de quelque glorieuse journée, — je m'enhardirai à vous dire que je suis votre fils ; — alors je porterai un vêtement de caillots, — et je cacherai mes traits sous un masque de sang — qui, une fois lavé, effacera ma honte. — Et ce sera le jour, à quelque époque qu'il brille, — où cet enfant de l'honneur et de la renommée, — ce galant Hotspur, ce chevalier vanté de tous, — et votre Harry méconnu se seront rencontrés. — Puissent toutes les illustrations entassées sur son cimier — se multiplier à l'infini, et sur ma tête — s'accumuler les hontes ! Car le moment viendra — où je forcerai ce jouvenceau du Nord à échanger — sa gloire contre mes indignités. — Mon bon seigneur, Percy n'est qu'un commis — chargé de faire pour moi provision de hauts faits ; — mais j'exigerai de lui un compte si rigoureux — qu'il me restituera jusqu'à la moindre gloire, — jusqu'à la plus légère louange, — dussé-je lui arracher ce compte du cœur ! — Voilà ce que je promets ici, au nom de Dieu : — s'il lui plaît que je tienne parole, — je supplie Votre Majesté de jeter le baume de l'indulgence — sur les plaies invétérées de mon intempérance. — Sinon, la fin de la vie brise tous les liens ; — et je mourrai de cent mille morts, — avant de rompre la moindre parcelle de ce vœu.

LE ROI HENRY.

— Voilà l'arrêt de mort de cent mille rebelles. — Tu auras de l'emploi et ma souveraine confiance.

Entre BLUNT.

— Eh bien, bon Blunt ? tu as l'air bien pressé.

BLUNT.

— Comme l'affaire, dont je viens vous parler. — Lord Mortimer d'Écosse a envoyé dire — que Douglas et les rebelles anglais ont fait leur jonction, — le onze de ce mois, à Shrewsbury. — Si tous tiennent leurs promesses, — jamais forces plus imposantes et plus formidables — n'ont menacé un État d'un mauvais tour.

LE ROI.

— Le comte de Westmoreland est parti aujourd'hui — avec mon fils lord John de Lancastre ; — car cette nouvelle est déjà vieille de cinq jours. — Mercredi prochain, Harry, vous partirez ; — jeudi, nous nous mettrons nous-mêmes en marche. — Notre rendez-vous est Bridgenorth : et vous, Harry, — vous vous dirigerez par le Glocesterhire. En calculant — ce qui nous reste à faire, il faut une douzaine de jours encore — pour que toutes nos forces soient réunies à Bridgenorth. — Nous avons beaucoup d'affaires sur les bras. En avant! — Notre ennemi se renforce de nos délais.

Ils sortent.

SCÈNE X.

(East-Cheap. — La taverne de la Hure.)

Entrent FALSTAFF et BARDOLPHE.

FALSTAFF.

Bardolphe, est-ce que je n'ai pas indignement baissé depuis cette dernière action? Est-ce que je ne diminue pas? Est-ce que je ne dépéris pas? Vois, ma peau pend sur moi comme la pelure avachie d'une vieille lady. Je suis flétri comme une vieille pomme de reinette. Allons, je vais me repentir, et bien vite, tandis que je suis encore en état; car je serai bientôt à bout d'énergie, et alors je n'aurai plus la force de me repentir. Si je n'ai pas oublié comment est fait le dedans d'une église, je suis un grain de poivre, un cheval de brasseur. Le dedans d'une église! C'est la compagnie, la mauvaise compagnie, qui a été ma ruine.

BARDOLPHE.

Sir John, vous vous affectez tellement que vous ne pouvez vivre longtemps.

FALSTAFF.

Oui, voilà la chose. Allons, chante-moi une chanson égrillarde. Égaie-moi. J'étais aussi vertueusement doué qu'un gentilhomme a besoin de l'être; vertueux suffisamment; jurant peu; jouant aux dés, pas plus de sept fois..... par semaine; allant dans les mauvais lieux pas plus d'une fois par quart... d'heure; ayant trois ou quatre fois rendu de l'argent emprunté ; vivant bien et dans la juste mesure ; et maintenant je mène une vie désordonnée et hors de toute mesure.

BARDOLPHE.

Voyez-vous, vous êtes si gras, sir John, qu'il faut bien que vous soyez hors de mesure ; hors de toute mesure raisonnable, sir John.

FALSTAFF.

Réforme ta face et je réformerai ma vie. Tu es notre amiral ; tu portes la lanterne de la poupe, mais c'est dans ton nez ; tu es le chevalier de la lampe ardente.

BARDOLPHE.

Allons, sir John, ma face ne vous fait pas de mal.

FALSTAFF.

Non, je le jure ; j'en fais le bon usage que bien des gens font d'une tête de mort : c'est mon *memento mori*. Je ne vois jamais ta face sans penser au feu de l'enfer, et au riche qui vivait dans la pourpre ; car le voilà dans sa simarre qui brûle, qui brûle. Si tu étais quelque peu adonné à la vertu, je jurerais par ta face ; mon serment serait *par ce feu qui est l'ange de Dieu!* Mais tu es tout à fait perdu ; et ma foi, n'était ta face illuminée, tu serais l'enfant des plus noires ténèbres. Quand tu courais au haut de Gadshill dans la nuit pour attraper mon cheval, si je ne t'ai pas pris pour un *ignis fatuus* ou pour une boule de feu grégeois, il n'y a plus d'argent qui vaille. Oh! tu es une fête perpétuelle, un éternel feu de joie! Tu m'as économisé mille marcs de flambeaux et de torches, en cheminant avec moi, la nuit, de taverne en taverne ; mais l'argent du vin que tu m'as bu m'aurait payé les lumières, chez le chandelier le plus cher de l'Europe. Voilà trente-deux ans que j'entretiens ton feu, salamandre que tu es. Dieu m'en récompense.

BARDOLPHE.

Corbacque ! je voudrais que ma face fût dans votre ventre.

FALSTAFF.

Miséricorde ! je serais sûr alors d'avoir le cœur incendié !

Entre l'Hotesse,

Eh bien, dame Partlet, ma poule (47)? vous êtes-vous enquise? Qui est-ce qui a dévalisé ma poche ?

L'HOTESSE.

Ah çà, sir John ! que croyez-vous donc, sir John? Croyez-vous que j'entretiens des filous dans ma maison ? Mon mari et moi, nous avons fouillé, nous avons interrogé, homme par homme, garçon par garçon, tous nos domestiques : jusqu'ici il ne s'est pas perdu chez moi le dixième d'un cheveu.

FALSTAFF.

Vous mentez, l'hôtesse. Bardolphe s'y est fait raser et y a perdu plus d'un poil ; et je jurerais que ma poche a été dévalisée. Allons donc, vous êtes une femme, allons.

L'HOTESSE.

Qui ! moi? Je te soutiendrai le contraire. Jour de Dieu ! Jamais je n'avais été appelée ainsi dans ma propre maison !

FALSTAFF.

Allons donc ! je vous connais suffisamment.

L'HOTESSE.

Non, sir John ; vous ne me connaissez pas, sir John ; je vous connais, moi, sir John. Vous me devez de l'argent, sir John, et maintenant vous me cherchez querelle pour m'en frustrer. Je vous ai acheté une douzaine de chemises pour votre dos.

FALSTAFF.

De la toile de Doullens, de la toile grossière. Je les

ai données à des boulangères qui en ont fait des blutoirs.

L'HOTESSE.

Eh bien, aussi sûr que je suis une vraie femme, c'était de la toile de Hollande à huit shillings l'aune. En outre, sir John, vous devez ici, en bon argent, pour votre nourriture, pour vos boissons extrà, et pour argent prêté, vingt-quatre livres.

FALSTAFF, montrant Bardolphe.

Il en a eu sa part : qu'il vous paie.

L'HOTESSE.

Lui ! hélas ! il est pauvre ; il n'a rien.

FALSTAFF.

Comment ! pauvre ! Regardez sa face ; qu'appelez-vous donc riche ? Qu'on monnoie son nez, qu'on monnoie ses joues ; je ne paierai pas un denier. Ah çà, me prenez-vous pour un nigaud ? Comment ! je ne pourrai pas prendre mes aises dans mon auberge, sans avoir ma poche dévalisée ! J'ai perdu un anneau de mon grand-père, valant quarante marcs.

L'HOTESSE.

Oh ! Jésus ! j'ai ouï dire au prince, je ne sais combien de fois, que cet anneau-là était de cuivre.

FALSTAFF.

Comment ! le prince est un Jeannot, un pied-plat ; mordieu ! s'il était ici, je le bâtonnerais comme un chien, pour peu qu'il dît cela.

Entrent le PRINCE HENRY *et* POINS *au pas de marche. Falstaff va à leur rencontre en faisant le geste de jouer du fifre sur son bâton.*

FALSTAFF.

Eh bien, mon gars ? C'est donc par ce trou-là que le vent souffle ? Faut-il que nous marchions tous ?

BARDOLPHE.

Oui, deux à deux, à la façon de Newgate.

L'HOTESSE.

Milord, veuillez m'entendre, je vous prie.

LE PRINCE HENRY.

Que dis-tu, mistress Quickly? Comment va ton mari ? Je l'aime fort ; c'est un honnête homme.

L'HOTESSE.

Mon bon seigneur, veuillez m'entendre.

FALSTAFF.

Je t'en prie, laisse-la et écoute-moi.

LE PRINCE HENRY.

Que dis-tu, Jack ?

FALSTAFF.

L'autre soir, je me suis endormi ici, derrière la tapisserie, et j'ai eu ma poche dévalisée. Cette maison est devenue un mauvais lieu, on y dévalise les poches.

LE PRINCE HENRY.

Qu'as-tu perdu, Jack ?

FALSTAFF.

Me croiras-tu, Haï? Trois ou quatre billets de quarante livres chacun, et un anneau de mon grand-père.

LE PRINCE HENRY.

Une bagatelle, un objet de huit pennys environ.

L'HOTESSE.

C'est ce que je lui ai déclaré, milord ; et je lui ai dit que Votre Grâce l'avait dit. Aussi, milord, il parle de vous d'une façon abominable, comme un homme mal embouché qu'il est ; il a dit qu'il vous bâtonnerait.

LE PRINCE HENRY.

Bah ! il n'a pas dit ça !

L'HOTESSE.

Je n'ai ni foi, ni sincérité, ni sexe, s'il ne l'a pas dit !

FALSTAFF.

Il n'y a pas plus de sincérité en toi que dans un pruneau

SCÈNE X.

bouilli, ni de bonne foi que dans un renard débusqué ; et quant à ton sexe, la pucelle Marianne serait plus propre que toi à faire la femme d'un constable (48)... Va, machine, va.

L'HOTESSE.

Comment, machine ? quelle machine ?

FALSTAFF.

Quelle machine ? eh bien, une machine pouvant servir de prie-Dieu.

L'HOTESSE.

Je ne suis pas une machine à servir de prie-Dieu ; je souhaite que tu le saches, je suis l'épouse d'un honnête homme ; et, ton titre de chevalier mis à part, tu es un manant de m'appeler comme ça.

FALSFAFF.

Ton titre de femme mis à part, tu es une bête de dire le contraire.

L'HOTESSE.

Quelle bête, manant, dis donc ?

FALSTAFF.

Quelle bête ? Eh bien, une loutre.

LE PRINCE HENRY.

Une loutre, sir John ? pourquoi une loutre ?

FALSTAFF.

Eh bien, parce qu'elle n'est ni chair ni poisson ; un homme ne sait comment la prendre.

L'HOTESSE.

Tu es un homme sans conscience de dire ça ; tu sais, et tout homme sait, comment me prendre, manant.

LE PRINCE HENRY.

Tu dis vrai, hôtesse ; il te diffame bien grossièrement.

L'HOTESSE.

Et vous aussi, milord : il disait, l'autre jour, que vous lui deviez mille livres.

LE PRINCE HENRY.

Drôle, je vous dois mille livres ?

FALSTAFF.

Mille livres, Hal ? un million ! Ton amour vaut un million : tu me dois ton amour.

L'HOTESSE.

Et puis, milord, il vous a appelé Jeannot, et il a dit qu'il vous bâtonnerait.

FALSTAFF.

Ai-je dit ça, Bardolphe ?

BARDOLPHE.

En effet, sir John, vous l'avez dit.

FALSTAFF.

Ouais ; s'il disait que mon anneau était de cuivre.

LE PRINCE HENRY.

Je dis qu'il est de cuivre ; oseras-tu tenir ton engagement, maintenant ?

FALSTAFF.

Dame, Hal, tu sais que, comme homme, tu ne me ferais pas reculer ; mais, comme prince, je te redoute, comme je redoute le rugissement du lionceau.

LE PRINCE HENRY.

Et pourquoi pas du lion ?

FALSTAFF.

C'est le roi qui doit être redouté comme le lion. Crois-tu que je te redoute comme je redoute ton frère ? Ah ! si cela est, fasse le ciel que ma ceinture craque !

LE PRINCE HENRY.

Oh ! en ce cas, comme tes tripes te retomberaient sur tes genoux ! Mais, drôle, il n'y a place dans ta panse, ni pour la bonne foi, ni pour la loyauté, ni pour l'honnêteté ; elle est tout entière remplie par les tripes et le diaphragme. Accuser une honnête femme de vider ta poche ! Fils de putain, impudent coquin bouffi, s'il y avait dans ta poche autre chose que des notes de taverne, des adresses de mauvais lieux, et la valeur d'un pauvre sou de sucre candi pour allonger tes flatuosités, si tes poches étaient enrichies d'autres ordures que celles-là, je suis un misérable. Et pourtant vous vous obstinez, vous ne voulez pas empocher un démenti !... N'as-tu pas honte?

FALSTAFF.

Écoute, Hal! Tu sais que, dans l'état d'innocence, Adam a failli; et que peut donc faire le pauvre Jack Falstaff, dans ces jours de corruption? Tu le vois, j'ai plus de chair qu'un autre homme, et partant, plus de fragilité... Vous confessez donc que vous avez vidé mes poches?

LE PRINCE HENRY.

Cela semble résulter de la déposition.

FALSTAFF.

L'hôtesse, je te pardonne. Allons, va préparer le déjeuner; aime ton mari, aie l'œil sur tes gens, choie tes hôtes; tu me trouveras traitable autant que de raison; tu vois que je suis pacifié... Encore!... voyons, je t'en prie, va-t'en.

L'hôtesse sort.

Eh bien, Hal, les nouvelles de la cour! L'affaire du vol, mon garçon, comment se liquide-t-elle?

LE PRINCE HENRY.

Oh! mon cher rosbif, il faut toujours que je sois ton bon ange. L'argent est restitué.

FALSTAFF.

Oh! je n'aime pas cette restitution-là, c'est double peine.

LE PRINCE HENRY.

Je suis réconcilié avec mon père, et il n'y est rien que je ne puisse.

FALSTAFF.

Commence-moi par voler l'Échiquier, et fais-le sans prendre la peine de t'en laver les mains.

RODOLPHE.

Faites-le, milord.

LE PRINCE HENRY.

Je t'ai procuré, Jack, un emploi dans l'infanterie.

FALSTAFF.

Je l'aurais préféré dans la cavalerie. Où trouverai-je un gaillard qui sache voler congrûment? Oh! un bon voleur de vingt-deux ans ou à peu près! Je suis dans un affreux dépourvu. Allons, Dieu soit loué! Ces rebelles-là n'en veulent qu'aux gens vertueux; je les approuve, je les remercie.

LE PRINCE HENRY.

Bardolphe!

BARDOLPHE.

Milord?

LE PRINCE HENRY, remettant des papiers à Bardolphe.

— Va porter cette lettre à lord John de Lancastre, — à mon frère John; celle-ci à milord de Westmoreland. — Allons, Poins, à cheval, à cheval! Car toi et moi, — nous avons à galoper trente milles avant l'heure du dîner. — Jack, rejoins-moi demain à Temple-Hall, — à deux heures de l'après-midi; — là, tu sauras quel est ton emploi, et tu recevras — de l'argent et des instructions pour la fourniture de tes hommes. — La terre brûle, Percy est à son apogée. — Il va falloir en rabattre, eux ou nous.

Sortent le prince, Poins et Bardolphe.

FALSTAFF.

— Belles paroles! monde magnifique! L'hôtesse, mon déjeuner! allons. — Oh! comme je voudrais que cette taverne fût mon tambour!

Il sort.

SCÈNE XI.

[Le camp des insurgés près de Shrewsbury.]

Entrent Hotspur, Worcester et Douglas.

HOTSPUR.

Bien dit, mon noble Écossais ; si le langage de la vérité, — dans ce siècle raffiné, n'était pas tenu pour flatterie, — de telles louanges seraient décernées à Douglas, — que le guerrier le plus éprouvé de cette époque n'aurait pas une renommée aussi vaste dans le monde. Pardieu, je ne sais pas flatter; je fais fi — des discours flagorneurs; mais nul — n'occupe, dans l'affection de mon cœur, une plus belle place que vous-même. — Voyons, prenez-moi au mot, mettez-moi à l'épreuve, milord.

DOUGLAS.

Tu es le roi de l'honneur. — De tous les puissants qui respirent sur la terre, il n'en est pas — que je n'affronte.

HOTSPUR.

Faites, et tout est bien.

Entre un Messager, apportant une lettre.

— Quelle lettre as-tu là ?
À Douglas.
Je ne puis que vous remercier.

LE MESSAGER.

— Cette lettre vient de votre père.

HOTSPUR.

— Une lettre de lui! que ne vient-il lui-même?

LE MESSAGER.

— Il ne peut venir, milord; il est gravement malade.

HOTSPUR.

— Mordieu ! Comment a-t-il le loisir d'être malade — au moment du conflit? Qui conduit ses troupes? — Sous quel commandement arrivent-elles?

LE MESSAGER.

— Sa lettre vous dira mieux que moi sa décision, milord.

WORCESTER.

— Dis-moi, je te prie, est-ce qu'il garde le lit?

LE MESSAGER.

— Il le gardait, milord, depuis quatre jours, quand je me suis mis en route; — et, au moment de mon départ, — ses médecins étaient fort inquiets de lui.

WORCESTER.

— J'aurais voulu voir un sain état de choses, — avant que la maladie le visitât. — Sa santé n'a jamais été plus précieuse que maintenant.

HOTSPUR.

— Malade en ce moment ! faiblir en ce moment ! voilà une maladie qui frappe — notre entreprise au cœur même ; — elle atteint jusqu'à nous, jusqu'à notre camp. — Il m'écrit ici... que son mal est interne... — que ses amis ne sauraient être réunis assez tôt — par un lieutenant et qu'il n'a pas trouvé bon — de confier une mission si dangereuse et si délicate — à une autre autorité que la sienne. — Toutefois, il nous conseille hardiment — de poursuivre la chose, avec nos faibles forces, — et de voir comment la fortune est disposée à notre égard. — Car, écrit-il, il n'y a plus à reculer, — le roi étant certainement instruit — de tous nos projets. Qu'en dites-vous?

WORCESTER.

— La maladie de votre père est pour nous la paralysie.

HOTSPUR.

— C'est une blessure dangereuse, un membre coupé.
— Et pourtant, non, ma foi. Son absence — nous semble beaucoup plus grave qu'elle ne l'est en réalité : serait-il bon — de risquer toute la fortune de nos États réunis — sur un seul coup ? de jeter un si riche va-tout — sur le hasard scabreux d'une heure incertaine ? — Cela ne serait pas bon. Car nous mettrions à découvert — le fond même et l'âme de nos espérances, — la limite même, le terme extrême — de nos ressources.

DOUGLAS.

Tel serait le cas, en effet, — tandis que maintenant une excellente réserve nous reste. — Nous pouvons hardiment dépenser, dans l'espoir — de ce que nous garde l'avenir. — Nous avons là la vivante assurance d'une retraite.

HOTSPUR.

— Un rendez-vous, un asile où nous réfugier, — si le diable et le malheur en veulent — à la virginité de notre entreprise.

WORCESTER.

— Pourtant j'aurais souhaité que votre père fût ici. — La nature délicate de notre tentative — ne comporte pas de division. Il y a des gens — qui, ne sachant pas pourquoi le comte est absent, — penseront que la prudence, la loyauté, une véritable aversion — pour notre conduite, l'ont retenu à l'écart ; — et songez combien une pareille idée — peut modifier l'élan d'une faction inquiète — et mettre en question notre cause. — Car, vous le savez bien, nous autres assaillants, — nous devons nous mettre en garde contre un strict examen, — et boucher toutes les claires-voies, toutes les ouvertures par lesquelles — le regard de la raison pourrait plonger sur nous. — Cette absence de votre père est un rideau tiré

— qui révèle à l'ignorant un sujet d'alarmes — auquel il ne songeait pas.

HOTSPUR.

Vous allez trop loin. — Voici plutôt l'effet que j'attribue à son absence : — elle donne à notre grande entreprise un éclat, un prestige, — un lustre d'héroisme — qu'elle n'aurait pas si le comte était ici ; car on devra croire — que, si nous pouvons, sans son secours, tenir tête — à toute la monarchie, nous sommes sûrs, — avec son secours, de la renverser de fond en comble. — Tout va bien encore, tous nos membres sont encore intacts.

DOUGLAS.

— Oui, au gré de notre cœur. Le mot crainte — est un terme inusité en Écosse.

Entre Sir Richard Vernon.

HOTSPUR.

— Mon cousin Vernon ! le bienvenu, sur mon âme !

VERNON.

— Plût à Dieu que mes nouvelles méritassent cette bienvenue, milord. — Le comte de Westmoreland, fort de sept mille hommes, — marche sur nous ; avec lui, est le prince John.

HOTSPUR.

— Pas de mal à cela. Quoi encore ?

VERNON.

Et en outre, j'ai appris — que le roi en personne s'est mis en campagne, — ou se dispose à venir ici rapidement — avec des forces imposantes.

HOTSPUR.

— Il sera le bienvenu aussi. — Où est son fils, — le prince de Galles, cette tête folle, ce pied léger ? — Où sont-ils, lui et ses camarades qui font fi du monde — et le somment de passer son chemin ?

SCÈNE XI.

VERNON.

Tous équipés, tous sous les armes, — tous, la plume d'autruche au vent, — battant des ailes comme des aigles qui viennent de se baigner, — étincelants comme des images sur leurs cottes d'or, — pleins d'ardeur comme le mois de mai — et splendides comme le soleil à la mi-été, — folâtres comme de jeunes chèvres, farouches comme de jeunes taureaux. — J'ai vu le jeune Henry, la visière baissée, — les cuissards aux cuisses, galamment armé, — s'élancer de terre comme un Mercure ailé, — et sauter en selle avec une telle aisance, — qu'on eût dit un ange descendu des cieux, — pour monter et manier un ardent Pégase, — et charmer le monde par sa noblesse équestre!

HOTSPUR.

— Assez, assez! pire que le soleil de mars, — cet éloge donne la fièvre. Qu'ils viennent! — Ils arriveront parés comme des victimes, — que nous offrirons, toutes chaudes et toutes saignantes, — à la vierge flamboyante de la Guerre qui fume. — Mars, vêtu de maille, va trôner sur son autel, — ayant du sang jusqu'aux oreilles! Je suis en feu, — quand je songe à ce riche butin qui est si près de nous, — et qui n'est pas à nous. — Allons, vite, que je prenne mon cheval — qui doit me lancer comme la foudre — contre la poitrine du prince de Galles. — Nous allons nous mesurer, Henry contre Henry, destrier contre destrier, — et nous ne nous séparerons que quand l'un de nous aura laissé tomber un cadavre. — Oh! que Glendower n'est-il arrivé!

VERNON.

Encore une nouvelle! — J'ai appris à Worcester, tout en chevauchant, — qu'il ne peut réunir ses forces avant quinze jours.

DOUGLAS.

— Voilà la pire nouvelle que j'aie encore apprise.

WORCESTER.

— Oui, ma foi, elle a un son glacial.

HOTSPUR.

— A combien peut monter toute l'armée du roi?

VERNON.

— A trente mille hommes.

HOTSPUR.

Va pour quarante mille. — Mon père et Glendower restant tous deux à l'écart, — nos forces peuvent suffire pour cette grande journée. — Allons, mettons-les vite en ligne. — Le jour du jugement est proche; s'il faut mourir, mourons tout joyeusement.

DOUGLAS.

— Ne parlez pas de mourir; je suis assuré pour six mois — contre la crainte et contre le coup de la mort.

Tous sortent.

SCÈNE XII.

(Une route en avant de Coventry.)

Entrent FALSTAFF et BARDOLPHE.

FALSTAFF.

Bardolphe va en avant jusqu'à Coventry; remplis-moi une bouteille de Xérès; nos soldats traverseront la ville; nous irons ce soir à Sutton-Cop-Hill.

BARDOLPHE.

Voulez-vous me donner de l'argent, capitaine?

FALSTAFF.

Débourse, débourse.

BARDOLPHE.

Cette bouteille-là fait bien un angelot.

SCÈNE XII.

FALSTAFF.

En ce cas, prends-le pour ta peine ; quand elle ferait vingt anges, prends-les tous ; je réponds des finances. Dis à mon lieutenant Peto de me rejoindre au bout de la ville.

BARDOLPHE.

Oui, capitaine. Adieu.

Il sort.

FALSTAFF.

Si je ne suis pas honteux de mes soldats, je suis un merlan mariné. J'ai diablement mésusé de la presse du roi. J'ai reçu, pour le remplacement de cent cinquante soldats, trois cents et quelques livres. Je ne presse que de bons propriétaires, des fils de gros fermiers ; je recherche les garçons fiancés, dont les bans ont été publiés deux fois, un tas de drôles douillets qui aimeraient autant ouïr le diable qu'un tambour, qui sont plus effrayés de la détonation d'une arquebuse qu'une poule frappée ou qu'un canard sauvage blessé. Je n'ai pressé que de ces mangeurs de beurrée, ayant au ventre un cœur pas plus gros qu'une tête d'épingle, et tous se sont rachetés du service ; et maintenant toute ma troupe se compose d'enseignes, de caporaux, de lieutenants, d'officiers de compagnies, aussi gueux, aussi déguenillés que ce Lazare en tapisserie dont les plaies sont léchées par les chiens du glouton ; des gaillards qui, en réalité, n'ont jamais été soldats ; des domestiques improbes renvoyés, des cadets de cadets, des garçons de cabaret évadés, des aubergistes ruinés ; vers rongeurs d'une société tranquille et d'une longue paix ; des chenapans dix fois plus déguenillés qu'une vieille enseigne rapiécée. Voilà les gens que j'ai pour remplacer ceux qui se sont rachetés du service ; vous diriez cent cinquante enfants prodigues en haillons, venant justement de garder les pourceaux et d'avaler leur eau de vaisselle et leurs glands. Un mauvais plaisant, qui m'a rencontré en route, m'a dit que j'avais dépeuplé tous les gibets et pressé tous les cadavres. Jamais on n'a vu pareils épouvantails. Je ne traverserai pas Coventry avec eux; ça, c'est clair. Et puis, ces coquins-là marchent les jambes écartées, comme s'ils avaient les fers aux pieds; le fait est que j'ai tiré la plupart d'entre eux de prison. Il n'y a qu'une chemise et demie dans toute ma compagnie; et la demi-chemise est faite de deux serviettes, bâties ensemble et jetées sur les épaules comme la cotte sans manches d'un héraut; et la chemise, pour dire la vérité, a été volée à mon hôte de Saint-Albans, ou à l'homme au nez rouge qui tient l'auberge de Daventry. Mais tout ça n'est rien; ils trouveront assez de linge sur les haies.

Entrent le PRINCE HENRY *et* WESTMORELAND.

LE PRINCE HENRY.

Te voilà, Jack bouffi? Te voilà, matelas?

FALSTAFF.

Tiens, Hal! te voilà, jeune fou! Que diable fais-tu dans le Warwickshire?... Mon cher lord de Westmoreland, j'implore votre merci; je croyais déjà Votre Honneur à Shrewsbury.

WESTMORELAND.

Ma foi, sir John, il est grand temps que je sois là, et vous aussi; mais mes troupes y sont déjà; le roi, je puis vous le dire, compte sur nous tous; nous avons à marcher toute la nuit.

FALSTAFF.

Bah! ne vous inquiétez pas de moi; je suis vigilant, comme un chat pour voler de la crème.

LE PRINCE HENRY.

Pour voler de la crème? je le crois en effet; car, à

force d'en voler, tu es devenu beurre. Mais, dis-moi, Jack, à qui sont ces hommes qui viennent derrière nous ?

FALSTAFF.

A moi, Henry, à moi.

LE PRINCE HENRY.

Je n'ai jamais vu d'aussi pitoyables gueux.

FALSTAFF.

Bah! bah! c'est assez bon pour la pointe d'une pique : chair à canon, chair à canon! Ils rempliront un trou aussi bien que des meilleurs. Eh! mon cher, des hommes mortels! des hommes mortels!

WESTMORELAND.

Oui, mais, sir John, il me semble qu'ils sont pauvres et étiques à l'excès; ils sont par trop misérables.

FALSTAFF.

Ma foi, pour leur pauvreté, je ne sais où ils l'ont prise; et pour leur étisie, je suis sûr qu'ils ne la tiennent pas de moi.

LE PRINCE HENRY.

Non, j'en jurerais; à moins que vous n'appeliez étisie trois doigts de graisse sur les côtes. Mais dépêchons-nous, l'ami : Percy est déjà dans la plaine.

FALSTAFF.

Comment! le roi est-il déjà campé?

WESTMORELAND.

Oui, sir John; je crains que nous ne nous attardions.

FALSTAFF.

Au fait, — un combat finissant, un repas commençant — vont, l'un, au soldat mou, l'autre, au convive ardent.

Ils s'éloignent

SCÈNE XIII.

[Le camp des insurgés près de Shrewsbury.]

Entrent Hotspur, Worcester, Douglas et Vernon.

HOTSPUR.
— Nous lui livrerons bataille ce soir.

WORCESTER.
Cela ne se peut pas.

DOUGLAS.
— Alors vous lui donnez l'avantage.

VERNON.
Pas du tout.

HOTSPUR, à Vernon.
— Comment dire cela? Est-ce qu'il n'attend pas des renforts?

VERNON.
— Nous aussi.

HOTSPUR.
Les siens sont certains, les nôtres douteux.

WOSCESTER, à Hotspur.
— Cher cousin, suivez mon avis; ne bougez pas ce soir.

VERNON, à Hotspur.
— Ne le faites pas, milord.

DOUGLAS.
Votre conseil n'est pas bon; — c'est la crainte et la pusillanimité qui vous font parler.

VERNON.
— Ne me calomniez pas, Douglas. Sur ma vie — (et je soutiendrais mon dire au péril de ma vie), — quand l'honneur bien entendu me commande, — je prends aussi peu conseil de la faiblesse et de la peur — que

vous, milord, ou qu'aucun Écossais vivant. — On verra demain dans la bataille — qui de nous a peur.

DOUGLAS.

Oui, ou ce soir.

VERNON.

Soit !

HOTSPUR.

— Ce soir, dis-je.

VERNON.

Allons, allons, cela ne se peut pas. — Je m'étonne grandement que des hommes ayant comme vous une haute autorité — ne voient pas tous les obstacles — qui reculent notre attaque. La cavalerie — de mon cousin Vernon n'est pas encore venue. — La cavalerie de votre oncle Worcester n'est arrivée qu'aujourd'hui : — et maintenant son ardeur et sa fougue sont paralysées, — son énergie est abattue, émoussée par une excessive fatigue, — et il n'y a pas un cheval qui n'ait perdu au moins la moitié de sa valeur.

HOTSPUR.

La cavalerie de l'ennemi est dans le même état, — généralement épuisée et accablée par la fatigue ; — la meilleure partie de la nôtre est complétement reposée.

WORCESTER.

— L'effectif du roi dépasse le nôtre. — Au nom du ciel ! cousin, attendez que tous soient arrivés.

Une fanfare annonce un parlementaire.

Entre Sir WALTER BLUNT.

BLUNT.

— Je viens avec de gracieuses offres, de la part du roi ; — daignez seulement m'entendre et m'écouter.

HOTSPUR.

— Soyez le bienvenu, sir Walter Blunt, et plût à Dieu — que vous fussiez dans nos rangs ! — Il en est parmi nous qui vous aiment fort ; et ceux-là même — en veulent à votre grand mérite et à votre bonne renommée, — voyant que vous n'êtes pas des nôtres — et que vous vous tournez contre nous en ennemi.

BLUNT.

— A Dieu ne plaise qu'il n'en soit pas ainsi, — tant que, sortis des limites du véritable devoir, — vous vous tournerez contre la majesté sacrée ! — Mais voici mon message. Le roi m'envoie savoir — la nature de vos griefs ; et pourquoi, — évoquant du sein de la paix publique — ces hostilités téméraires, vous donnez à son loyal peuple l'exemple — d'une si cruelle audace. Si le roi — a méconnu aucunement vos services — qu'il reconnaît être considérables, — il vous presse d'énoncer vos griefs ; et sur-le-champ — vous obtiendrez pour toutes vos demandes une ample satisfaction, — ainsi qu'un pardon absolu pour vous-mêmes, et pour ceux — qui ont été égarés par vos suggestions.

HOTSPUR.

— Le roi est bien bon ; le roi, nous le savons bien, — sait quand il faut promettre et quand il faut s'acquitter. — Mon père, mon oncle et moi, — nous lui avons donné la royauté même qu'il porte ; — quand il était à peine âgé de vingt-six ans, — compromis dans l'estime du monde, misérable, déchu, — pauvre proscrit inaperçu, se faufilant dans son pays, — mon père l'accueillit sur le rivage ; — alors, l'entendant jurer et prendre Dieu à témoin — qu'il ne venait que pour être duc de Lancastre, — pour réclamer son héritage et implorer la paix, — mon père fut attendri jusqu'au fond du cœur — par ses larmes d'innocence et ses protestations de dévouement ; — il jura de l'assister et lui tint parole. — Dès que les lords et les barons du royaume — s'aperçurent que Northumberland inclinait en sa faveur, — grands et petits vinrent le saluer du chapeau et du genou, — allèrent à sa rencontre dans les bourgs, les cités, les villages, — l'escortèrent sur les ponts, l'attendirent dans les ruelles, — déposèrent leurs dons à ses pieds, lui prêtèrent serment, — lui donnèrent leurs héritiers pour pages, attachèrent — à ses pas leur multitude dorée. — Lui, aussitôt que sa grandeur a pris le temps de se reconnaître, — il se met au-dessus de la promesse — qu'il a faite à mon père, n'étant encore qu'un pauvre aventurier, — sur le rivage désert de Ravenspurg. — Et le voilà, morbleu, qui prend sur lui de réformer — certains édits, certains décrets vexatoires, — pesant trop lourdement sur la communauté ; — crie contre les abus, affecte de pleurer — sur les maux de sa patrie ; et grâce à cette grimace, — à ce bel air de justice, il gagne — les cœurs de tous ceux qu'il voulait amorcer. — Il est allé plus loin ; il a fait tomber les têtes — de tous les favoris que le roi absent — avait laissés comme lieutenants derrière lui, — alors qu'il faisait en personne la guerre d'Irlande.

BLUNT.

— Bah ! je ne suis pas venu pour entendre ceci.

HOTSPUR.

Je conclus donc. — Peu de temps après, il déposait le roi, et bientôt lui ôtait la vie, — puis, immédiatement surchageait de taxes l'État tout entier. — Pour combler la mesure, il souffrait que March, son cousin — (qui, si chacun était à sa place, — serait son roi), restât prisonnier dans le pays de Galles — et fût abandonné sans rançon. — Il m'humiliait dans mes plus heureuses victoires, — cherchait à me prendre au piége de ses ruses, — chassait mon oncle du conseil, — renvoyait avec rage mon père de la cour, — rompait serment sur serment, commettait iniquité sur iniquité, — et enfin nous réduisait à chercher — notre salut dans cette prise d'armes et à mettre en question — son autorité que nous trouvons trop déloyale pour être durable.

BLUNT.

— Rapporterai-je cette réponse au roi ?

HOTSPUR.

— Pas dans ces termes, sir Walter ; nous allons conférer entre nous. — Rendez-vous près du roi ; qu'il nous donne — une caution qui garantisse le retour de notre messager, — et demain matin, de bonne heure, mon oncle — lui portera nos intentions ; et sur ce, adieu.

BLUNT.

— Je souhaite que vous acceptiez une offre toute de grâce et d'affection.

HOTSPUR.

— Et peut-être l'accepterons-nous.

BLUNT.

Dieu le veuille !

Ils sortent.

SCÈNE XIV.

[York. L'archevêché.]

Entrent L'ARCHEVÊQUE D'YORK et un GENTILHOMME.

L'ARCHEVÊQUE, *remettant des papiers au gentilhomme.*

— Hâtez-vous, bon sir Michael ; prenez des ailes pour porter — cette dépêche cachetée au lord maréchal ; — celle-ci à mon cousin Scroop, et toutes les autres — à ceux à qui elles sont adressées ; si vous saviez — combien elles sont importantes, vous vous presseriez.

LE GENTILHOMME.

Mon bon seigneur, — j'en devine la teneur.

L'ARCHEVÊQUE.

C'est probable. — Demain, bon sir Michael, est un jour

— où la fortune de dix mille hommes — doit subir la suprême épreuve. Car demain, mon cher, à Shrewsbury, — d'après les renseignements certains qui me sont donnés, — le roi, à la tête d'une armée formidable hâtivement levée, — doit se rencontrer avec lord Harry ; et je crains, sir Michael, — qu'en raison de la maladie de Northumberland, — dont le contingent était le plus considérable, — et en raison de l'absence d'Owen Glendower, sur les forces duquel il comptait — et que certaines prophéties ont empêché de venir, — je crains que l'armée de Percy ne soit trop faible — pour soutenir une lutte immédiate contre le roi.

LE GENTILHOMME.

— Eh ! mon bon lord, vous n'avez rien à craindre. Il y a là Douglas — et lord Mortimer.

L'ARCHEVÊQUE.

Non, Mortimer n'est pas là.

LE GENTILHOMME.

— Mais il y a Mordake, Vernon, lord Harry Percy, — et il y a milord de Worcester ; et une élite — de vaillants guerriers, de nobles gentilshommes.

L'ARCHEVÊQUE.

Cela est vrai ; mais de son côté le roi a réuni — l'élite suprême du royaume tout entier. — Le prince de Galles, lord John de Lancastre, — le noble Westmoreland, le martial Blunt, — et bien d'autres combattants, leurs émules, hommes distingués — par leur réputation et leur expérience militaire.

LE GENTILHOMME.

— Ne doutez pas, milord, qu'ils ne trouvent de dignes adversaires.

L'ARCHEVÊQUE.

— Je l'espère ; mais il est utile de se défier. — Ainsi, pour parer au pire, sir Michael, hâtez-vous ; — car, si lord

Percy ne réussit pas, avant que le roi — licencie ses troupes, il compte nous visiter, — instruit qu'il est de notre confédération ; — et il n'est que prudent de nous fortifier contre lui. — Conséquemment, hâtez-vous ; il faut que j'aille écrire encore — à d'autres amis ; et sur ce, adieu, sir Michael.

Ils se séparent.

SCÈNE XV.

[Le camp du roi, près de Shrewsbury, éclairé par le point du jour.]

Entrent le Roi Henry, le Prince Henry, le Prince John de Lancastre, Sir Walter Blunt, et Sir John Falstaff.

LE ROI.

— Comme le soleil se lève sanglant — au-dessus de cette colline boisée ! Le jour pâlit — à cette morbide apparition.

LE PRINCE HENRY.

Le vent du sud — sert de trompette à ses desseins, — et, par un sourd bruissement dans les feuilles, — annonce une tempête et une journée orageuse.

LE ROI.

— Qu'il sympathise donc avec les vaincus : — car il n'est pas de jours sombres pour ceux qui triomphent.

Fanfares. Entrent Worcester et Vernon.

— C'es vous, milord de Worcester ? Il est fâcheux — que nous nous rencontrions l'un et l'autre en de pareils termes. — Vous avez trompé notre confiance, — et vous nous avez forcés à ôter nos souples manteaux de paix — pour comprimer nos vieux membres dans un incommode acier. — Cela n'est pas bien, milord, cela n'est pas bien. — Que répondez-vous ? Voulez-vous de nouveau dénouer

— le nœud rude d'une guerre abhorrée, — et vous mouvoir de nouveau dans cet orbe d'obéissance, — où vous jetiez un si pur et si légitime éclat? — Voulez-vous n'être plus un météore égaré, — prodige sinistre, présage — de calamités éclatantes pour les temps à venir?

WORCESTER.

— Écoutez-moi, mon seigneur. — Pour ma part, je serais bien aise — de passer le tardif reste de ma vie — dans des heures tranquilles ; car je proteste — que je n'ai pas cherché ce jour de discorde.

LE ROI.

— Vous ne l'avez pas cherché! Comment donc est-il venu?

FALSTAFF.

— La rébellion était sur son chemin, et il l'a rencontrée.

LE PRINCE HENRY.

— Paix, chouette, paix!

WORCESTER.

— Il a plu à Votre Majesté de détourner — de moi et de toute notre maison les regards de sa faveur; — et pourtant, je dois vous le rappeler, milord, — nous avons été les premiers et les plus dévoués de vos amis. — Pour vous, je brisai mon bâton d'office — au temps de Richard ; je courus nuit et jour — afin de vous rejoindre et de baiser votre main, — alors que vous étiez, par la position et le crédit, — beaucoup moins puissant et fortuné que moi. — C'est mon frère, son fils et moi-même — qui vous ramenâmes dans vos foyers, affrontant hardiment — tous les dangers du moment. Alors vous nous jurâtes, — et vous fîtes ce serment à Doncaster, — que vous ne méditiez rien contre l'État, — et que vous ne réclamiez que votre nouvelle succession, — l'héritage de Jean de Gand, le duché de Lancastre : — pour cela nous vous promîmes assistance. Mais bientôt — la fortune fit pleuvoir ses faveurs sur votre tête, — et un déluge de prospérités tomba sur vous : — notre secours, l'absence du roi, — les abus d'une époque de désordre, — les souffrances que vous aviez apparemment supportées, — et les vents contraires, qui retenaient le roi — dans sa malheureuse guerre d'Irlande, depuis si longtemps — que toute l'Angleterre le croyait mort, — tout cela était pour vous un essaim d'avantages ; — vous en prîtes occasion pour vous faire prier au plus vite — de prendre en main le pouvoir suprême. — Vous mîtes en oubli le serment que vous nous aviez fait à Doncaster. — Élevé par nous, vous nous avez traités — comme ce nourrisson ingrat, le coucou, — traite le passereau ; vous avez bouleversé notre nid. — Votre hauteur, alimentée par nous, est devenue telle — que notre dévouement même n'a plus osé s'offrir à votre vue — de peur d'être dévoré ; et nous avons été forcés, — dans l'intérêt de notre sûreté, de fuir à tire-d'aile — — votre présence et d'improviser cette résistance, — forts désormais des armes — que vous-même avez forgées contre vous-même — par vos iniques procédés, par votre attitude menaçante, — et par la violation de tous les vœux et de tous les serments — que vous aviez faits dans la jeunesse de votre entreprise.

LE ROI.

— Toutes ces choses-là, vous les avez débitées, — proclamées aux croix des marchés, lues dans les églises, — pour lustrer le vêtement de la rébellion — de quelques belles couleurs qui puissent plaire aux yeux — des esprits capricieux et changeants, de ces pauvres mécontents — qui restent bouche béante et se frottent les mains — à la nouvelle de tout bouleversement nouveau. — Jamais insurrection n'a été à court — de fausses couleurs pour décorer sa cause, — ni de gueux turbulents, affamés — de trouble, de dévastation et de confusion.

LE PRINCE HENRY.

— Plus d'une âme, dans nos deux armées, — paiera cher cette rencontre, — si une fois elles en viennent aux prises. Dites à votre neveu — que le prince de Galles se joint au monde entier — pour louer Henry Percy. J'en jure par mes espérances, — l'entreprise présente mise de côté, — je ne crois pas qu'il existe aujourd'hui un gentilhomme plus brave, — plus activement vaillant, plus vaillamment jeune, — plus audacieux ou plus hardi — à honorer notre époque par de nobles actions. — Pour ma part, je dois le dire à ma honte, — j'ai été infidèle à la chevalerie ; — et telle est, je le sais, l'opinion qu'il a de moi. — Cependant, je le déclare devant la majesté de mon père, — je consens à lui laisser prendre sur moi l'avantage — de sa grande renommée et de sa gloire, — et j'offre, pour épargner le sang des deux partis, — de tenter la fortune contre lui dans un combat singulier.

LE ROI.

— Et nous, nous n'hésitons pas, prince de Galles, à te risquer dans cette lutte, — quoique des considérations immenses — s'y opposent... Non, bon Worcester, non ; — nous aimons fort notre peuple ; nous aimons ceux même — qui se sont égarés dans le parti de notre neveu ; — et, s'ils veulent accepter l'offre de notre clémence, — lui, eux, vous tous, oui, tous, — vous redeviendrez mes amis, et je serai le vôtre. — Dites-le à votre neveu, et rapportez-moi — sa réponse ; mais s'il ne cède pas, — la réprimande et la redoutable correction sont à nos ordres — et feront leur office. Sur ce, partez ; — nous ne voulons plus être ennuyés de pourparlers ; — nos offres sont belles, acceptez-les sagement.

Sortent Worcester et Vernon.

LE PRINCE HENRY.

— Elles ne seront pas acceptées, sur ma vie! — Le Douglas et l'Hotspur réunis — tiendraient tête à l'univers en armes.

LE ROI.

— A l'œuvre donc! chaque chef à son poste! — Car, sur leur réponse, nous leur courrons sus; — et que Dieu nous assiste, comme notre cause est juste!

Sortent le roi, Blunt et le prince John.

FALSTAFF.

Hal, si tu me vois tomber dans la bataille, couvre-moi de ta personne : c'est un service d'ami.

LE PRINCE HENRY.

Un colosse seul peut te rendre ce service. Dis tes prières, et adieu.

FALSTAFF.

Je voudrais que ce fût l'heure du lit, et que tout fût bien.

LE PRINCE HENRY.

Bah! tu dois une mort à Dieu.

Il sort.

FALSTAFF, seul.

Elle n'est pas encore exigible; je répugnerais à payer avant le terme. Qu'ai-je besoin d'aller ainsi au-devant de qui ne s'adresse pas à moi? Allons, peu importe. L'honneur me porte en avant. Oui, mais si l'honneur me porte dans l'autre monde quand je vais en avant! après? Est-ce que l'honneur peut remettre une jambe? Non. Un bras? Non. Enlever la douleur d'une blessure? Non. L'honneur n'entend donc rien à la chirurgie? Non. Qu'est-ce que l'honneur? Un mot. Qu'y a-t-il dans ce mot honneur? Un souffle. Le charmant bénéfice! Qui le possède, cet honneur? Celui qui est mort mercredi. Le sent-il? Non. L'entend-il? Non. Est-il donc chose insensible? Oui, pour les morts. Mais ne peut-il vivre avec les vivants? Non. Pourquoi? La médisance ne le permet pas. Aussi, je n'en veux pas. L'honneur est un simple écusson, et ainsi finit mon catéchisme.

Il sort.

SCÈNE XVI.

[Le camp des insurgés.]

Entrent Worcester et Vernon.

WORCESTER.

— Oh! non, il ne faut pas, sir Richard, que mon neveu connaisse — l'offre généreusement bienveillante du roi.

VERNON.

— Il vaudrait mieux qu'il la connût.

WORCESTER.

En ce cas, nous sommes tous perdus. — Il n'est pas possible, il ne se peut pas — que le roi tienne sa parole de nous aimer. — Il nous suspectera toujours, et il trouvera l'occasion — de punir cette offense dans d'autres fautes. — Le soupçon aura toujours sur nous ses innombrables yeux ; — car la trahison n'inspire pas plus de confiance qu'un renard — qui, si bien apprivoisé, soigné et enfermé qu'il soit, — aura toujours la malice fauve de ses ancêtres. — Que nous ayons la mine triste ou gaie, — les commentaires l'interpréteront à mal ; — et nous serons comme des bœufs à l'étable, — d'autant plus proches de la mort qu'ils sont mieux traités. — Le tort de mon neveu pourra facilement s'oublier ; — il a pour excuse la jeunesse, la chaleur du sang, — et ce surnom privilégié, — Hotspur, l'écervelé, que gouverne le caprice. — Toutes ses fautes pèseront sur ma tête — et sur celle de son père : nous l'avons élevé ; — et, puisqu'il tient sa corruption de nous, — ce sera à nous, source de tout, à payer pour tout. — Voilà pourquoi, cher cousin, il faut que Harry ignore, — à tout prix, l'offre du roi.

VERNON.

— Dites ce que vous voudrez ; je dirai comme vous (49). — Voici venir votre neveu.

Entrent Hotspur et Douglas, suivis d'officiers et de soldats.

HOTSPUR.

— Mon oncle est de retour. Qu'on mette en liberté — milord de Westmoreland... Oncle, quelles nouvelles ?

WORCESTER.

— Le roi va vous livrer bataille immédiatement.

DOUGLAS.

— Envoyons-lui un défi par lord Westmoreland.

HOTSPUR.

— Lord Douglas, allez le charger de ce défi.

DOUGLAS.

— Oui, ma foi, et bien volontiers.

Il sort.

WORCESTER.

— Il n'y a pas dans le roi même un semblant de clémence.

HOTSPUR.

— En auriez-vous demandé ? A Dieu ne plaise !

WORCESTER.

— Je lui ai parlé doucement de nos griefs, — de sa parole violée ; pour réparer ses torts, — il abjure maintenant ce qu'il a juré : — il nous appelle rebelles, traîtres, et il prétend — avec son épée hautaine flageller en nous ce nom odieux.

Rentre Douglas.

DOUGLAS.

— Aux armes, gentilshommes, aux armes ! Car j'ai

lancé — un défi superbe à la gorge du roi Henry ; — Westmoreland, qui était notre otage, le lui a porté ; — ce qui ne peut manquer d'accélérer son attaque.

WORCESTER.

— Le prince de Galles s'est avancé devant le roi, — et vous a défié à un combat singulier, mon neveu.

HOTSPUR.

— Oh ! comme je voudrais que la querelle fût toute sur nos têtes, — et que les seuls exposés à perdre le souffle aujourd'hui — fussent Harry de Monmouth et moi ! Dites-moi, dites-moi, — comment était conçu son cartel ? Était-il méprisant ?

VERNON.

— Non, sur mon âme. Je n'ai jamais de ma vie — entendu provocation plus modestement lancée ; — vous eussiez dit un frère défiant un frère — à un courtois exercice, à une passe d'armes. — Il vous a rendu tous les hommages ; — il a paré vos louanges d'une éloquence princière ; — il a parlé de vos mérites comme une chronique ; — vous mettant au-dessus de tout éloge, — et dépréciant tous les éloges comme indignes de votre valeur. — Puis, avec une noblesse qui séyait à un vrai prince, — il a fait la rougissante critique de lui-même, — et a grondé sa vagabonde jeunesse avec une telle grâce — qu'il semblait posséder un double esprit, — à la fois maître et disciple. — Là il s'est arrêté. Mais je puis le déclarer devant tous, — s'il survit aux haines de cette journée, — jamais l'Angleterre n'aura eu une espérance si belle, — et si méconnue dans ses écarts.

HOTSPUR.

— Je crois vraiment, cousin, que tu es énamouré — de ses extravagances. Je n'ai jamais ouï parler — d'un prince si follement libertin. — Mais, qu'il soit ce qu'il voudra ; je veux avant ce soir, — l'étreindre dans mes bras de

soldat, – et l'accabler de ma caresse. – Aux armes !
vite, aux armes ! Compagnons, soldats, amis, – que le
sentiment du devoir exalte votre ardeur – mieux que je
ne puis le faire par mes exhortations, – moi qui n'ai
guère le don de la parole.

Entre un MESSAGER.

LE MESSAGER.
– Milord, voici une lettre pour vous.
HOTSPUR.
Je ne puis la lire maintenant. – O gentilshommes, la
vie est courte ; – mais, employés lâchement, ses courts
moments seraient encore trop longs, – quand même,
à cheval sur l'aiguille d'une horloge, – la vie s'arrête-
rait au bout d'une heure. – Si nous vivons, nous
vivons pour marcher sur la tête des rois ; – si nous
mourons, il est beau de mourir, quand des princes meurent avec nous ! – et quant à notre conscience, toute
prise d'armes est légitime – quand le but en est
équitable !

Entre un MESSAGER.

LE MESSAGER.
– Milord, préparez-vous ; le roi avance rapidement.
HOTSPUR.
– Je le remercie de me couper la parole, – car je ne
fais pas profession d'éloquence. Un dernier mot : – que
chacun fasse de son mieux. Et maintenant je tire – mon
épée, bien résolu à en rougir la trempe – avec le sang le
plus pur que je pourrai trouver – dans les hasards de
cette périlleuse journée. – Maintenant, *Espérance ! Percy !*
et en avant ! – Faites résonner tous les instruments
superbes de la guerre, – et embrassons-nous tous à cette

musique ; — car je gagerais le ciel contre la terre que plusieurs d'entre nous n'accompliront pas — une seconde fois cet acte de courtoisie.

SCÈNE XVII.

Les trompettes sonnent. Tous s'embrassent et s'en vont.

[Le champ de bataille de Shrewsbury.]

Mouvements de troupes. Escarmouches. On sonne la charge. Puis entrent de différents côtés DOUGLAS et BLUNT.

BLUNT.

— Quel est ton nom, toi qui dans la bataille — me barres ainsi le chemin ? Quel honneur cherches-tu — sur ma tête ?

DOUGLAS.

Sache-le donc, mon nom est Douglas ; — et je te hante ainsi dans la bataille — parce qu'on m'a dit que tu es le roi.

BLUNT.

On t'a dit vrai.

DOUGLAS.

— Lord Stafford a payé cher aujourd'hui — sa ressemblance avec toi ; car, au lieu de toi, roi Henry, — cette épée l'a immolé ; elle t'immolera de même, — si tu ne te rends pas comme mon prisonnier.

BLUNT.

— Je ne suis pas né pour me rendre, fier Écossais, — et tu vas trouver en moi un roi qui vengera — la mort de lord Stafford.

Ils se battent. Blunt est tué.

Entre Hotspur.

HOTSPUR.

— Douglas, si tu t'étais battu ainsi à Holmédon, — je n'aurais jamais triomphé d'un Écossais.

DOUGLAS.

—Tout est fini : victoire complète ! voilà le roi étendu sans vie.

HOTSPUR.

Où ?

DOUGLAS.

Ici.

HOTSPUR.

— Cet homme, Douglas ? Non, je reconnais parfaitement son visage : — c'était un vaillant chevalier ; son nom était Blunt ; — il était équipé comme le roi.

DOUGLAS, regardant le cadavre.

— Qu'un fou accompagne ton âme partout où elle ira ! — Tu as payé trop cher un titre d'emprunt. — Pourquoi m'as-tu dit que tu étais le roi ?

HOTSPUR.

— Le roi a beaucoup de combattants habillés comme lui.

DOUGLAS.

— Eh bien, par mon épée, je pourfendrai tous ses habits ; — je massacrerai toute sa garde-robe, pièce à pièce, — jusqu'à ce que je rencontre le roi.

HOTSPUR.

Allons, en avant ! — Nos soldats soutiennent parfaitement la lutte.

Ils sortent.

Nouvelles fanfares d'alarme. Entre Falstaff.

FALSTAFF.

J'ai eu beau ne pas régler mon compte à Londres, j'ai

grand'peur qu'on ne me le règle céans : ici il faut payer, mais c'est de sa personne.

Se penchant sur le cadavre de Blunt.

Doucement! qui es-tu? Sir Walter Blunt! Voilà pour vous un grand honneur!... La belle sottise!... Je suis bouillant comme du plomb fondu, et aussi pesant. Dieu me préserve du plomb! Je n'ai pas besoin d'autre charge que mes propres entrailles... J'ai conduit mes chenapans quelque part où ils ont été poivrés ; sur mes cent cinquante, il n'y en a que trois de vivants, et ils ne sont plus bons qu'à mendier, leur vie durant, à la sortie des villes. Mais qui vient ici?

Entre le Prince Henry.

LE PRINCE HENRY.

— Quoi! tu restes là à ne rien faire? prête-moi ton épée. — Bien des gentilshommes, étendus roides morts — sous les pieds des chevaux de l'arrogant ennemi, — ne sont pas encore vengés! Je t'en prie, prête-moi ton épée. —

FALSTAFF.

Oh! je t'en prie, Hal, laisse-moi le temps de respirer un peu! Jamais le Turc Grégoire n'exécuta autant de prouesses que j'en ai accompli aujourd'hui (50). J'ai réglé le compte de Percy ; son sort est certain.

LE PRINCE HENRY.

Il l'est en effet : il vit pour te tuer. Prête-moi ton épée, je te prie.

FALSTAFF.

Non, par Dieu, Hal, si Percy est vivant, tu n'auras pas mon épée ; mais prends mon pistolet, si tu veux.

LE PRINCE HENRY.

Donne-le-moi. Quoi! il est dans sa gaîne.

FALSTAFF.

Oui, Hal; il est chaud, il est chaud! il y a là de quoi jeter par terre toute une ville.

LE PRINCE HENRY, tirant une bouteille de vin.

Ah çà ! est-ce le moment de plaisanter et de batifoler?
Il lui rejette la bouteille et sort.

FALSTAFF.

Allons, si Percy est vivant, je le transperce... S'il se trouve sur ma route, s'entend. Autrement si je vais volontairement me placer sur la sienne, je veux qu'il fasse de moi une carbonnade. Je n'aime pas la gloire grimaçante que sir Walter a là. Donnez-moi la vie ! si je puis la conserver, à merveille. Sinon, la gloire arrivera sans que je l'aie cherchée, et tout sera fini.

Il sort.

SCÈNE XVIII.

[Une autre partie du champ de bataille.]

Fanfare d'alarme. Mouvement de troupes. Entrent le Roi, le PRINCE HENRY, le PRINCE JOHN et WESTMORELAND.

LE ROI.

Je t'en prie, — Harry, retire-toi, tu perds trop de sang. — Lord John de Lancastre, allez avec lui.

LE PRINCE JOHN.

— Non, milord, pas avant que je sois aussi en sang.

LE PRINCE HENRY.

— J'en supplie Votre Majesté, retournez en avant, — de peur que votre retraite n'alarme vos amis.

LE ROI

Je vais le faire... — Milord de Westmoreland, conduisez-le à sa tente.

WESTMORELAND.

— Allons, milord, je vais vous conduire à votre tente.

LE PRINCE HENRY.

— Me conduire, milord? Je n'ai pas besoin de votre

aide. — Et à Dieu ne plaise qu'une simple égratignure chasse — le prince de Galles d'un champ de bataille comme celui-ci, — où la noblesse, baignée dans son sang, est foulée aux pieds, — et où les armes des rebelles triomphent dans le massacre !

LE PRINCE JOHN.

— Nous nous reposons trop longtemps. Venez, cousin Westmoreland ; — c'est par ici qu'est notre devoir ; au nom de Dieu, venez.

Le prince John et Westmoreland sortent.

LE PRINCE HENRY.

— Par le ciel, tu m'as bien trompé, Lancastre. — Je ne te croyais pas seigneur d'un tel héroïsme. — Jusqu'ici je t'ai aimé comme un frère, John ; — mais maintenant, tu m'es aussi sacré que mon âme.

LE ROI.

— Je l'ai vu tenir Percy à distance, — avec une fermeté d'attitude que je n'attendais pas — d'un guerrier si novice.

LE PRINCE HENRY.

Oh ! cet enfant — nous donne de l'ardeur à tous !

Il sort.

Fanfare d'alarme. Entre DOUGLAS.

DOUGLAS.

— Un autre roi ! ils repoussent comme les têtes de l'hydre. — Je suis le Douglas fatal à tous ceux — qui portent ces insignes-là. Qui es-tu, — toi qui simules la personne d'un roi ?

LE ROI.

— Le roi lui-même ; désolé au fond du cœur, Douglas, — de ce que tu aies tant de fois rencontré son ombre — et jamais le roi en personne. J'ai deux fils — qui te cherchent, toi et Percy, sur le champ de bataille, — Mais, puisque tu te croises si heureusement avec moi, je vais t'éprouver; ainsi défends-toi.

DOUGLAS.

— Je crains que tu ne sois encore un faux Henry; — et pourtant tu as, ma foi, l'attitude d'un roi. — Mais, qui que tu sois, je suis sûr que tu es à moi, — et voici qui te met en mon pouvoir.

Ils se battent. Au moment où le roi est en danger, entre le PRINCE HENRY.

LE PRINCE HENRY.

— Relève la tête, vil Écossais, ou tu cours le risque — de ne jamais la relever! Les âmes — du vaillant Shirley, de Stafford et de Blunt sont dans mes armes; — c'est le prince de Galles qui te menace; — et il n'a jamais fait de promesse qu'il n'ait tenue.

Ils se battent. Douglas fuit.

Au roi.
— Courage, milord! Comment se trouve Votre Grâce? — Sir Nicholas Gawsey a envoyé demander du secours, — et Clifton aussi; je vais rejoindre Clifton sur-le-champ.

LE ROI.

— Arrête, et reprends haleine un moment. — Tu as racheté ta réputation perdue, — et tu as montré que tu fais quelque cas de ma vie, — en venant si vaillamment à ma rescousse.

LE PRINCE HENRY.

— O ciel! combien ils m'ont fait injure, — ceux qui ont dit que je soupirais après votre mort! — Si cela était, je n'aurais eu qu'à laisser tomber — sur vous le bras insultant de Douglas; — il aurait hâté votre fin aussi vite — que toutes les potions empoisonnées du monde, — et aurait épargné à votre fils la peine d'une trahison.

LE ROI.

— Cours près de Clifton ; moi, je vais au secours de sir Nicholas Gawsey.

Le roi sort. Entre HOTSPUR.

HOTSPUR.

— Si je ne me trompe, tu es Henry Monmouth.

LE PRINCE HENRY.

— Tu parles comme si je voulais renier mon nom.

HOTSPUR.

— Mon nom est Harry Percy.

LE PRINCE HENRY.

En ce cas, je vois — un bien vaillant rebelle de ce nom. — Je suis le prince de Galle ; et ne crois pas, Percy, — me disputer plus longtemps la gloire. — Deux astres ne peuvent se mouvoir dans la même sphère ; — et l'Angleterre ne saurait subir le double règne — de Harry Percy et du prince de Galles.

HOTSPUR.

— Et elle ne le subira pas, Harry, car l'heure est venue — d'en finir avec un de nous deux ; et plût à Dieu — que ta renommée guerrière fût déjà aussi grande que la mienne !

LE PRINCE HENRY.

— Je la ferai plus grande, avant de te quitter ; — tous les honneurs épanouis sur ton cimier, — je veux les moissonner et en faire une guirlande pour mon front.

HOTSPUR.

— Je ne puis supporter plus longtemps tes forfanteries. —

Ils se battent.

Entre FALSTAFF.

FALSTAFF.

Bien répliqué, Hal ! ferme, Hal ! ah ! vous ne trouverez pas un jeu d'enfant ici, je puis vous le dire.

Entre Douglas : il se bat avec Falstaff qui s'affaisse à terre, comme s'il était mort, puis s'éloigne. Hotspur est blessé et tombe.

HOTSPUR.

— O Harry ! tu m'as dérobé ma jeunesse ! — Mais ce qui m'affecte, c'est moins la perte de cette vie fragile — que les titres éclatants que tu as conquis sur moi. — Ils blessent ma pensée plus que tes coups d'épée ma chair... — Mais la pensée est l'esclave de la vie, et la vie est la marotte du Temps, — et le Temps, qui domine tout l'univers, — doit lui-même s'arrêter... Oh ! je pourrais prophétiser, — si la terreuse et froide main de la mort — ne pesait sur ma bouche... Non, Percy, tu n'es que poussière, — et qu'une pâture pour...

Il expire.

LE PRINCE HENRY.

— Pour les vers, brave Percy... Adieu, grand cœur ! — Ambition mal tramée, comme te voilà rétrécie ! — Quand ce corps contenait un esprit, — un royaume pour lui était un trop petit espace ; — mais maintenant, deux pas de la plus vile terre — lui sont une place suffisante... Cette terre qui te porte mort — ne porte pas vivant un aussi intrépide gentilhomme.

Se penchant sur le cadavre.

— Si tu étais encore sensible aux hommages, — je ne te donnerais pas une preuve si chère de dévotion : — mais permets que mes soins voilent ta face mutilée ; — je me glorifie d'observer en ton honneur — ces nobles rites de la tendresse. — Adieu ; n'emporte au ciel avec toi que des louanges ! — Que ton ignominie dorme avec toi dans la tombe, — et qu'elle ne soit pas rappelée dans ton épitaphe.

Il aperçoit Falstaff étendu par terre.

— Quoi ! une vieille connaissance ! Toute cette chair n'a donc pas pu — conserver un peu de vie ! Pauvre Jack, adieu ! — je me serais plus aisément séparé d'un meilleur

SCÈNE XVIII.

que toi. — Oh! tu m'aurais cruellement manqué — si j'avais été vivement épris de frivolité. — Dans cette sanglante mêlée, la mort n'a pas frappé de chair plus épaisse, — si elle a frappé de plus chères existences! — Je te ferai embaumer bientôt ; jusque-là reste couché dans le sang près du noble Percy.

Il sort. (51)

FALSTAFF, *se relevant lentement.*

M'embaumer! si tu m'embaumes aujourd'hui, je te permets de me saler et de me manger demain... Corbacque! il était temps de simuler le mort, ou ce bouillant dragon d'Écossais m'aurait payé mon écot. Simuler? Je me trompe, je n'ai rien de simulé. C'est mourir qui est simuler ; car on n'est que le simulacre d'un homme, quand on n'a pas la vie d'un homme ; au contraire, simuler le mort, quand on vit, par là ce n'est pas être un simulacre, mais bien le réel et le parfait modèle de la vie. La meilleure partie du courage, c'est la prudence ; et c'est grâce à cette meilleure partie que j'ai sauvé ma vie. Têtebleu! j'ai peur de ce salpêtre de Percy, tout mort qu'il est. Si lui aussi simulait et s'il allait se lever! Diantre! J'ai grand'peur que des deux morts simulés il ne fût le plus solide. Aussi je vais lui assurer son sort ; oui, et je jurerai l'avoir tué. Pourquoi ne pourrait-il pas se relever aussi bien que moi? Un témoin seul peut me démentir, et personne ne me voit.

Donnant un coup de poignard à Percy.

Donc, l'ami, encore cette blessure à la cuisse, et venez avec moi.

Il charge le cadavre sur son dos.

Rentrent le PRINCE HENRY et le PRINCE JOHN.

LE PRINCE HENRY.

— Allons, frère John, tu as bravement étrenné — ton épée vierge.

LE PRINCE JOHN.

Mais doucement! qui avons-nous là? — Est-ce que vous ne m'avez pas dit que ce gros homme était mort?

LE PRINCE HENRY.

— En effet; je l'ai vu mort, inanimé et sanglant — sur le sol. — Es-tu vivant? ou n'es-tu qu'un fantôme — qui se joue de notre vue? Parle, je te prie; — nous n'en croyons pas nos yeux, nous n'en croirons que nos oreilles. — Tu n'es pas ce que tu sembles!

FALSTAFF.

Non, c'est certain. Je ne suis pas un homme double; mais, si je ne suis pas Jean Falstaff, alors je suis un Jeannot.

Jetant le corps à terre.

Voilà Percy! Si votre père veut me conférer quelque honneur, soit; sinon, qu'il tue lui-même le prochain Percy. Je m'attends à être duc ou comte, je puis vous l'assurer.

LE PRINCE HENRY.

— Mais c'est moi qui ai tué Percy; et toi, je t'ai vu mort. —

FALSTAFF.

Toi!... Seigneur! Seigneur! que ce monde est adonné au mensonge! Je vous accorde que j'étais à terre et hors d'haleine, et lui aussi; mais nous nous sommes relevés tous deux au même instant, et nous nous sommes battus une grande heure à l'horloge de Shrewsbury. Si l'on veut m'en croire, à merveille; sinon, que ceux qui doivent récompenser la valeur répondent de leur ingratitude sur leur tête! Je soutiendrai jusqu'à la mort que je lui ai fait cette blessure à la cuisse; si l'homme était encore vivant et qu'il niât cela, je lui ferais avaler un morceau de mon épée.

LE PRINCE JOHN.

— Voilà bien la plus étrange histoire que j'aie jamais entendue.

LE PRINCE HENRY.

— Voilà bien aussi le plus étrange gaillard, frère John. — Allons, porte fièrement ton bagage sur ton dos ! — Pour ma part, si un mensonge peut te faire du bien, — je le dorerai des plus beaux termes que je pourrai.

On sonne la retraite.

— La trompette sonne la retraite ; la journée est à nous. — Venez, frère, allons jusqu'à l'extrémité du champ de bataille, — afin de voir quels de nos amis sont vivants, et quels sont morts. —

Sortent le prince Henry et le prince John.

FALSTAFF.

Je vais les suivre soi-disant pour avoir ma récompense. Celui qui me récompensera, que Dieu le récompense ! Si je deviens grand, je diminuerai ; car je me purgerai, je renoncerai au vin, et je vivrai proprement, comme le doit un noble seigneur.

Il sort, emportant le corps d'Hotspur.

SCÈNE XIX.

[La tente royale.]

Les trompettes sonnent. Entrent le Roi Henry, *le* Prince Henry, *le* Prince John, Westmoreland *et d'autres lords, suivis de* Worcester *et de* Vernon, *prisonniers.*

LE ROI.

— Ainsi la rébellion a toujours trouvé son châtiment. — Malveillant Worcester ! ne t'avions-nous pas chargé de paroles de grâce, — de clémence et d'amour pour tous ? — Tu as perverti le sens de nos offres, — et abusé de la confiance de ton neveu. — Trois chevaliers, tués aujourd'hui dans nos rangs, — un noble comte et bien d'autres — seraient vivants à cette heure, — si, en vrai chrétien, tu avais loyalement transmis — d'une armée à l'autre mon loyal message.

WORCESTER.

— Ce que j'ai fait, ma sûreté me le conseillait; — et je subirai patiemment le sort — inévitable qui m'accable.

LE ROI.

— Conduisez Worcester à la mort, ainsi que Vernon ; — quant aux autres coupables, nous attendrons.

Worcester et Vernon sortent, conduits par des gardes.

Quel est l'état du champ de bataille ?

LE PRINCE HENRY.

— Le noble Écossais, lord Douglas, voyant — la fortune de la journée entièrement tournée contre lui, — le noble Percy tué, et tous ses hommes — pris de panique, s'est enfui avec le reste ; — et, en tombant d'une colline, il s'est tellement meurtri — que les assaillants l'ont fait prisonnier. Dans ma tente — est le Douglas ; et je conjure Votre Grâce — de permettre que je dispose de lui.

LE ROI.

De tout mon cœur.

LE PRINCE HENRY.

— A vous donc, frère John de Lancastre, — appartiendra ce généreux office. — Allez trouver Douglas, et rendez-lui — sans rançon liberté pleine et entière. — Sa valeur, imprimée aujourd'hui sur nos cimiers, — nous a appris à honorer de tels hauts faits — dans la personne même de nos adversaires.

LE ROI.

— Ainsi, il ne nous reste plus qu'à diviser nos forces. — Vous, mon fils John, et vous, mon cousin Westmoreland, — vous vous porterez sur York en toute hâte, —

au-devant de Northumberland et du prélat Scroop — qui, à ce que nous apprenons, ont pris activement les armes. — Moi-même et vous, mon fils Harry, nous nous dirigerons sur le pays de Galles, — pour combattre Glendower et le comte de March. — La rébellion perdra tout son pouvoir sur ce territoire, — pour peu qu'elle subisse l'échec d'une seconde journée. — Et puisque notre entreprise a si bien commencé, — ne l'abandonnons pas, que nous n'ayons reconquis notre bien !

Ils sortent

FIN DE HENRI IV.

La seconde Partie

DU

Roi Henry Quatrième

Continuant jusqu'à sa mort et au couronnement

de Henry Cinquième

Avec l'humour de *Sir IOHN FALSTAFFE*
et du fanfaron *PISTOLET*

Comme elle a été souventes fois iouée publiquement
les seruiteurs du très-honorable Lord Chambellan

Ecrite par

William Shakespeare

A LONDRES

Imprimée par V. S. pour Andrew Wyse et William Aspley

PERSONNAGES* :

LA RUMEUR, servant de prologue.
LE ROI HENRY IV.
LE PRINCE HENRY, plus tard le roi HENRY V.
LE PRINCE JOHN DE LANCASTRE. \
HUMPHREY DE GLOCESTER. } Fils de Henry IV et frères de Henry V.
THOMAS DE CLARENCE. /

NORTHUMBERLAND. \
L'ARCHEVÊQUE D'YORK.
MOWBRAY. } Ennemis du roi Henry IV.
LORD BARDOLPHE.
TRAVERS.
MORTON.
COLLEVILLE. /

WARWICK. \
WESTMORELAND.
SURREY. } Du parti du roi.
GOWER.
HARCOURT.
LE LORD GRAND JUGE. /

POINS.
FALSTAFF.
BARDOLPHE. } Humoristes variés.
PISTOLET.
PETO.
UN PAGE. /

SHALLOW. } Juges de campagne.
SILENCE. /

DAVY, valet de Shallow.
CROC ET PIÉGE, exempts.

MOISI. \
OMBRE.
VERRUE. } Soldats de la campagne.
FAIBLE.
VEAU. /

GARÇONS DE CABARET, ESTAFIERS, GROOMS.

LA FEMME DE NORTHUMBERLAND.
LA VEUVE DE PERCY.
L'HOTESSE QUICKLY.
DOROTHÉE TROUE-DRAP.

L'ÉPILOGUE.

* Cette liste originale est textuellement traduite de l'édition in-folio de 1623.

PROLOGUE.

Entre la Rumeur, *portant un costume semé de langues peintes.*

LA RUMEUR.

— Ouvrez l'oreille ; car qui de vous voudrait faire — le sourd, quand parle la bruyante Rumeur ? — C'est moi qui, de l'orient au couchant, — faisant du vent mon cheval de poste, divulgue sans cesse — les actes commencés sur ce globe terrestre. — Sur mes langues voltigent continuellement des fictions — que je traduis dans tous les idiomes — et qui remplissent les oreilles des hommes de faux bruits. — Je parle de paix, tandis que l'hostilité secrète — déchire le monde, sous le sourire de la tranquillité. — Et quel autre que la Rumeur, quel autre que moi — hâte les levées d'hommes alarmées et les préparatifs de défense, — tandis que l'année, grosse de quelque autre catastrophe, — est censée porter dans ses flancs une guerre terrible et tyrannique ! — La Rumeur est une flûte — où soufflent les soupçons, les jalousies, les conjectures : — instrument si aisé et si simple — que le rude monstre aux innombrables têtes, — la discordante et indécise multitude — peut en jouer. Mais qu'ai-je besoin — de faire l'anatomie de ma personne bien connue,

— au milieu de mes familiers! Pourquoi la Rumeur est-elle ici? — Je cours devant la victoire du roi Harry — qui, dans la plaine sanglante de Shrewsbury, — a écrasé le jeune Hotspur et ses troupes, — éteignant la flamme de la téméraire rébellion — dans le sang même des rebelles. Mais à quoi pensé-je — de commencer ainsi par dire la vérité? Mon rôle est — de répandre le bruit que Harry Monmouth a succombé — sous l'épée furieuse du noble Hotspur; — et que le roi devant le courroux de Douglas — a courbé sa tête sacrée jusqu'à la tombe. — Voilà le rapport que j'ai propagé dans les villes paysannes — entre le royal champ de bataille de Shrewsbury — et cette enceinte délabrée de pierres vermoulues — où le père d'Hostpur, le vieux Northumberland, — fait le malade. Les courriers arrivent haletants, — et ils n'apportent pas d'autres nouvelles — que celles qu'ils ont apprises de moi. Interprètes de la Rumeur, — ils apportent les flatteuses consolations du mensonge, plus cruelles que la rigoureuse vérité.

Elle sort.

SCÈNE I.

[Wackworth. L'entrée du château de Northumberland.]

Le portier est devant la porte. Entre LORD BARDOLPHE.

LORD BARDOLPHE.

— Qui garde la porte ici? Holà!... Où est le comte!

LE PORTIER.

— Qui annoncerai-je?

LORD BARDOLPHE.

Dites au comte — que lord Bardolphe l'attend ici.

LE PORTIER.

— Sa Seigneurie se promène dans le jardin. — Que

Votre Honneur veuille seulement frapper à la porte, — et le comte répondra lui-même.

LORD BARDOLPHE.

Voici le comte qui vient.

Entre Northumberland.

NORTHUMBERLAND.

— Quelles nouvelles, lord Bardolphe ? Chaque instant aujourd'hui — doit être le père d'un événement. — Les temps sont violents ; la discorde, comme un cheval — repu d'une nourriture trop riche, s'est follement emportée, — et renverse tout devant elle.

LORD BARDOLPHE.

Noble comte, — je vous apporte des nouvelles certaines de Shrewsbury !

NORTHUMBERLAND.

— Dieu veuille qu'elles soient bonnes !

LORD BARDOLPHE.

Aussi bonnes que le cœur peut les souhaiter. — Le roi est blessé presque mortellement ; — dans le triomphe de milord votre fils, — le prince Henry a été tué roide ; les deux Blunt — ont péri de la main de Douglas ; le jeune prince John, — et Westmoreland, et Stafford ont fui le champ de bataille ; — le poltron sir John, le porc de Henry Montmouth, — est prisonnier de votre fils. Jamais journée — aussi disputée, aussi soutenue, aussi brillamment gagnée, — n'est venue ennoblir les temps, — depuis les succès de César.

NORTHUMBERLAND.

D'où tenez-vous tout ceci ? — Est-ce que vous avez vu le champ de bataille ? Est-ce que vous venez de Shrewsbury ?

LORD BARDOLPHE.

— J'ai parlé, milord, à quelqu'un qui en venait — un

gentilhomme bien né et de bonne renommée, — qui m'a spontanément donné ces nouvelles pour vraies.

NORTHUMBERLAND.

— Voici mon serviteur Travers que j'ai envoyé — mardi dernier à la recherche des nouvelles.

LORD BARDOLPHE.

— Milord, je l'ai devancé en chemin ; — il ne sait rien de certain — que ce qu'il peut avoir appris de moi.

Entre TRAVERS.

NORTHUMBERLAND.

— Eh bien, Travers, quelles bonnes nouvelles arrivent avec vous ?

TRAVERS.

— Milord, sir John Umfreville m'a fait rebrousser chemin — avec de joyeuses nouvelles ; et, étant mieux monté que moi, — il m'a devancé. Après lui est arrivé, à franc étrier, — un gentilhomme presque épuisé de fatigue, — qui s'est arrêté près de moi pour laisser respirer son cheval ensanglanté : — il m'a demandé le chemin de Chester, et je lui — ai demandé des nouvelles de Shrewsbury. — Il m'a dit que la rébellion avait eu mauvaise chance, — et que l'éperon du jeune Harry Percy était refroidi. — Sur ce, il a lâché la bride à son cheval agile, — et, se penchant en avant, il a enfoncé le fer de ses talons — jusqu'à la mollette dans les flancs haletants — de la pauvre bête : et, partant ainsi — sans attendre d'autres questions, — il semblait dans son élan dévorer le chemin.

NORTHUMBERLAND.

Hein ? Répète ! — Il t'a dit que l'éperon du jeune Harry Percy était refroidi ? — que l'ardent Hotspur était froid ? que la rébellion — avait eu mauvaise chance ?

LORD BARDOLPHE.

Milord, écoutez, — si mon jeune lord, votre fils, n'a

pas la victoire, — sur mon honneur, je suis prêt à donner ma baronnie — pour un lacet de soie : ne parlons plus de ça.

NORTHUMBERLAND.

— Et pourquoi donc ce gentilhomme qui a accosté Travers — donne-t-il ces détails désastreux ?

LORD BARDOLPHE.

Qui, lui ? — C'est quelque mauvais drôle qui aura volé — le cheval qu'il montait, et qui, sur ma vie ! — aura parlé au hasard. Tenez, voici encore des nouvelles.

Entre MORTON.

NORTHUMBERLAND.

— Oui, le front de cet homme, comme certains frontispices, — annonce une œuvre de nature tragique. — Telle appparaît la rive sur laquelle le flot impérieux — a laissé les traces de son usurpation. — Parle, Morton, tu viens de Shrewsbury !

MORTON.

— Oui, mon noble lord, je me suis échappé de Shrewsbury, — où la détestable mort a mis son masque le plus hideux — pour épouvanter notre parti.

NORTHUMBERLAND.

Comment se portent mon fils et mon frère ? — Tu trembles, et la pâleur de tes joues, — mieux que ta bouche, me dit ton message. — Tel était l'homme qui, défaillant, accablé, — sinistre, la mort dans les yeux, perdu de douleur, — tira le rideau de Priam dans l'horreur de la nuit, — et voulut lui dire que la moitié de sa Troie était en flammes ; — mais Priam connut l'incendie, avant les paroles de l'homme, — et moi, je sais la mort de mon Percy, avant que tu l'aies annoncée. — Voici ce que tu veux me dire : « Votre fils a fait ceci, et ceci ; — votre frère, ceci ; ainsi a combattu le noble Douglas ! »

— Tu veux frapper mon oreille avide du récit de leurs exploits ; — mais, à la fin, la frappant pour toujours, — tu éteindras ces louanges avec ce soupir — suprême : « frère, fils, et tous sont morts ! »

MORTON.

— Douglas est vivant, et votre frère aussi ; — mais, pour milord votre fils...

NORTHUMBERLAND.

Ah ! il est mort !... — Vois commé le soupçon a la parole prompte. — Celui qui redoute une chose et craint de l'apprendre — voit instinctivement dans les yeux d'autrui — que ce qu'il redoutait est arrivé. Cependant parle, Morton ; — dis au comte que sa divination en a menti ; — et ce sera pour moi une insulte douce, — et je t'enrichirai pour m'avoir fait cet affront.

MORTON.

— Vous êtes trop grand pour que je vous contredise. — Votre instinct n'est que trop vrai, vos craintes ne sont que trop certaines.

NORTHUMBERLAND.

— Mais tout cela ne dit pas que Percy soit mort. — Je lis une étrange confession dans ton regard. — Tu hoches la tête, et tu tiens pour dangereux ou coupable — de déclarer la vérité. S'il est tué, dis-le ; — ce n'est pas une offense que d'annoncer sa mort : — il est coupable de calomnier un mort, — mais non de dire qu'un mort ne vit plus. — Pourtant le premier porteur d'une affligeante nouvelle — n'a qu'un office ingrat ; et sa voix — a toujours le son d'une cloche funèbre, — sonnant à notre souvenir le glas d'un ami disparu.

LORD BARDOLPHE.

— Je ne puis croire, milord, que votre fils soit mort.

MORTON.

— Je regrette qu'il me faille vous forcer à croire — ce

que je voudrais, Dieu le sait, ne pas avoir vu. — Mais je l'ai vu de mes yeux, sanglant, — épuisé, hors d'haleine, ne ripostant plus que mollement — à Harry Monmouth ; j'ai vu le prince, dans l'élan de sa furie, — renverser à terre l'intrépide Percy, — qui ne s'est plus relevé vivant. — Bref, la mort de ce capitaine dont l'ardeur enflammait — le plus grossier paysan de son camp, — une fois ébruitée, a refroidi — le courage le plus éprouvé de son armée. — Car c'était à sa trempe que s'acérait son parti ; — lui détruit, tout le reste — s'est affaissé comme un plomb massif et pesant. — Et de même que l'objet le plus lourd — vole, une fois lancé, avec le plus de rapidité, — ainsi nos hommes, accablés par la perte d'Hotspur, — ont communiqué au poids de cette douleur l'élan de la panique, — et, plus rapides que des flèches volant vers leur but, — nos soldats ont cherché leur salut — dans la fuite. C'est alors que le noble Worcester, — a été trop aisément fait prisonnier ; et ce furieux Écossais, — le sanglant Douglas, dont la laborieuse épée — avait trois fois tué le spectre du roi, — a commencé à perdre courage, et a honoré la honte — de ceux qui tournaient le dos ; dans sa fuite, — la peur l'a fait trébucher, et il a été pris. La conclusion — est que le roi a triomphé, et qu'il a envoyé — contre vous, milord, une colonne mobile, — commandée par le jeune Lancastre — et par Wesmoreland. Voilà la vérité tout entière.

NORTHUMBERLAND.

— J'aurai toujours le temps de m'en désoler. — Dans le poison il y a un remède ; et ces nouvelles — qui, bien portant, m'auraient rendu malade, — malade, m'ont en quelque sorte rétabli. — Et ainsi qu'un malheureux dont les jointures affaiblies par la fièvre, — pareilles à de fragiles charnières, fléchissent sous la vie, — tout à coup, emporté par un accès, s'échappe comme une flamme —

des bras de son gardien ; ainsi mes membres, — affaiblis par la douleur, mais maintenant surexcités par elle, — ont une triple énergie. Loin de moi donc, béquille débile ! — Désormais c'est un gantelet de maille aux jointures d'acier — qui doit ganter cette main. Loin de moi aussi, coiffe de malade ! — tu es un cimier trop mou pour une tête — que visent des princes, gorgés de victoires ! — Désormais que le fer ceigne mon front ! Et que — l'heure la plus rude que puissent amener le temps et la haine — vienne menacer l'enragé Northumberland ! — Que le ciel et la terre s'étreignent ! que désormais la main de la nature — cesse de tenir enchaîné le flot furieux ! que l'ordre périsse ! — et que le monde ne soit plus un théâtre — où les luttes se prolongent en actes languissants ; — mais que l'unique esprit du premier-né Caïn — règne dans tous les cœurs, en sorte que tous les esprits étant voués — à de sanglantes carrières, le rude drame puisse finir, — et la nuit ensevelir les morts !

TRAVERS.
— Cette violente émotion vous fait mal, milord.

LORD BARDOLPHE.
— Cher comte, que Votre Honneur ne divorce pas avec la sagesse.

MORTON.
— La vie de tous vos partisans dévoués — repose sur votre santé qui, si vous vous abandonnez — à ces frénétiques émotions, ne peut manquer de s'affaiblir. — Vous aviez pesé les conséquences de la guerre, mon noble lord, — vous en aviez calculé les hasards, avant de dire : — *Revoltons-nous !* Vous aviez prévu — que, dans la répartition des coups, votre fils pouvait succomber ; — vous saviez que, marchant au milieu des périls, sur le bord d'un précipice, — il avait plus de chance d'y tomber que de le franchir. — Vous aviez conscience que sa

chair n'était pas à l'épreuve — des blessures et des plaies, et que son humeur aventureuse — le pousserait au plus fort du danger. — Pourtant vous lui avez dit : *va !* et aucune — de ces graves appréhensions n'a pu faire obstacle — à votre inébranlable résolution. Qu'est-il donc arrivé, — qu'est-il donc résulté d'une entreprise si hardie ? — Rien de plus que ce qui était probable (52).

LORD BARDOLPHE.

— Nous tous qui sommes frappés par ce désastre, — nous savions que nous nous aventurions sur la mer la plus périlleuse, — et qu'il y avait dix à parier contre un que nous n'en réchapperions pas. — Pourtant, nous nous sommes aventurés, car le résultat espéré — étouffait la crainte du péril probable. — Et, puisque nous sommes désemparés, tentons de nouveau l'aventure. — Allons, hasardons tout, corps et biens.

MORTON.

— Il en est plus que temps. D'ailleurs, mon très-noble lord, — j'apprends, comme une nouvelle certaine dont je garantis la vérité, — que le bon archevêque d'York est debout (53), — à la tête de troupes bien disciplinées ; c'est un homme — qui attache ses partisans par un double lien. — Milord, votre fils n'avait pour combattre que les corps, — les ombres, les dehors des hommes : — car ce mot rébellion éloignait — leurs âmes de l'action de leurs corps ; — et ils ne combattaient qu'avec répugnance et par contrainte, — comme on avale une médecine. Aussi leurs armes seulement — étaient pour nous ; mais, quant à leurs esprits et à leurs âmes, — ils étaient glacés par le mot rébellion, — comme le poisson dans un étang gelé. Mais aujourd'hui l'évêque — fait de l'insurrection une religion : — réputé sincère et pieux dans ses idées, — il entraîne à la fois le corps et l'âme ; — il sacre sa révolte avec le sang — du beau roi Richard, gratté sur les dalles de Pomfret ; — il dérive du ciel sa querelle et sa cause ; — il dit à tous qu'il veut sauver une terre ensanglantée, — qui râle sous la puissance de Bolingbroke ; — et petits et grands se pressent sur ses pas.

NORTHUMBERLAND.

— Je savais cela déjà ; mais, à vrai dire, — ma douleur présente l'avait effacé de mon souvenir. — Entrez avec moi ; et que chacun donne son avis — sur le meilleur moyen d'assurer notre salut et notre vengeance ; — expédions des courriers et des lettres, et faisons-nous vite des amis. — Jamais ils ne furent plus rares, et jamais plus nécessaires.

Ils sortent.

SCÈNE II.

[Londres. Une rue.]

Entre SIR JOHN FALSTAFF, *suivi d'un petit page portant son épée et son bouclier.*

FALSTAFF.

Corbleu ! géant, que dit le docteur de mon onde ?

LE PAGE.

Il a dit, messire, que l'onde en elle-même était une onde bonne et saine ; mais que la personne qui l'avait lâchée pouvait avoir plus de maladies qu'elle ne se figurait.

FALSTAFF.

Les gens de toute espèce se font gloire de me narguer. La cervelle de ce stupide tas de boue, qu'on appelle l'homme, ne saurait concevoir rien de risible qui ne soit inventé par moi ou sur moi. Je ne suis pas seulement spirituel par moi-même, mais je suis cause de tout l'esprit qu'ont les autres hommes... Marchant ainsi devant toi, je suis comme une truie qui a écrasé tous ses petits hormis un seul. Si le prince ne t'a pas mis à mon service uniquement pour me faire repoussoir, eh bien, je n'ai aucun jugement. Méchante pousse de mandragore, tu ferais bien mieux comme aigrette à mon chapeau que comme valet à mes talons. C'est la première fois que je suis pourvu d'une agate. N'importe ; je ne vous monterai ni dans l'or ni dans l'argent, mais je vous enchâsserai dans le plus vil appareil, et je vous renverrai à votre maître, petit bijou ; oui, au prince votre maître, ce jouvenceau qui n'a pas encore de duvet au menton. Je verrai la barbe me pousser dans la paume de la main avant qu'il en ait sur les joues : et pourtant il n'hésite pas à dire que sa face est une face de souverain. Dieu la terminera quand il voudra, elle n'a pas encore un poil de trop ; il a beau dire que c'est une face de souverain ; pour un barbier elle ne vaudrait pas six pennys ; et pourtant il se dresse sur ses ergots, comme s'il était déjà un homme fait quand son père n'était encore qu'un bachelier ! Il peut, tant qu'il voudra, être fier de Sa Grâce, il n'est guère en grâce auprès de moi, je puis le lui assurer... Qu'a dit maître Dumbledon à propos de ce satin pour mon manteau court et mon haut-de-chausses ?

LE PAGE.

Il dit, messire, qu'il faut que vous lui donniez une meilleure caution que Bardolphe ; il ne veut prendre ni son billet ni le vôtre ; il ne se contente pas de cette sûreté-là.

FALSTAFF.

Qu'il subisse la damnation du glouton ! et puisse la langue lui brûler plus encore !... Un fils de putain ! Un misérable Achitophel !... un fieffé manant ! tenir un gentilhomme en suspens, et puis réclamer des sûretés! Ces gueux à caboche doucereuse ne portent plus que des talons hauts et des brochettes de clefs à leurs ceintures; et quand un homme attend d'eux quelque livraison honnête, alors ils insistent pour une sûreté! Autant vous mettre de la mort-aux-rats dans la bouche que de venir vous la fermer avec ce mot : sûreté! Je comptais, foi de chevalier, qu'il m'enverrait vingt-deux verges de satin! et c'est une demande de sûreté qu'il m'envoie! Eh bien, il peut dormir en sûreté; car il porte la corne d'abondance, et la légèreté de sa femme brille au travers; et lui, il n'en voit rien, quoiqu'il ait sa propre lanterne pour s'éclairer... Où est Bardolphe?

LE PAGE.

Il est allé à Smithfield pour acheter un cheval à Votre Seigneurie.

FALSTAFF.

Je l'ai acheté, lui, à Saint-Paul (54), et il va m'acheter un cheval à Smithfield : si je pouvais me procurer une femme dans un mauvais lieu, je serais servi, monté et marié à l'avenant.

Entrent le LORD GRAND JUGE et UN EXEMPT (55).

LE PAGE.

Messire, voici le noble seigneur qui a incarcéré le prince pour l'avoir frappé à l'occasion de Bardolphe.

FALSTAFF.

Suis-moi de près; je ne veux pas le voir.

LE GRAND JUGE, à l'exempt.

Qui est-ce qui s'en va là-bas?

L'EXEMPT.

Sous le bon plaisir de votre seigneurie, c'est Falstaff.

LE GRAND JUGE.

Celui qui était impliqué dans le vol?

L'EXEMPT.

Lui-même, milord ; mais il a depuis rendu de grands services à Shrewsbury, et j'ai ouï dire qu'il va se rendre en mission auprès de lord John de Lancastre.

LE GRAND JUGE.

Comment, à York? Rappelez-le.

L'EXEMPT, appelant.

Sir John Falstaff!

FALSTAFF.

Page, dis-lui que je suis sourd.

LE PAGE, à l'exempt.

Parlez plus haut : mon maître est sourd.

LE GRAND JUGE.

Je suis sûr qu'il l'est à toute bonne parole... Allez, tirez-le par le coude ; il faut que je lui parle.

L'EXEMPT.

Sir John !

FALSTAFF.

Quoi! jeune drôle, mendier ainsi! Est-ce qu'il n'y a pas de guerres? pas d'emploi? Est-ce que le roi n'a pas besoin de sujets? la rébellion, de soldats? Bien qu'il n'y ait d'honneur que dans un seul parti, il y a plus de déshonneur à mendier qu'à servir dans le plus mauvais parti, fût-il au plus haut degré flétri par le nom de rébellion.

L'EXEMPT.

Vous vous méprenez sur moi, monsieur.

FALSTAFF.

Eh! monsieur, ai-je dit que vous étiez un honnête homme? Mon double titre de chevalier et de guerrier mis de côté, j'en aurais menti par la gorge si j'avais dit ça.

L'EXEMPT.

Eh bien, je vous en prie, monsieur, mettez de côté votre double titre de chevalier et de guerrier, et permettez-moi de vous dire que vous en avez menti par la gorge, si vous dites que je ne suis pas un honnête homme.

FALSTAFF.

Moi, te permettre de me parler ainsi! Mettre de côté ce qui fait partie de moi-même! Si tu obtiens cette permission-là de moi, pends-moi; si tu la prends, mieux vaudrait pour toi t'aller pendre. Arrière, mauvais limier! détale!

L'EXEMPT.

Monsieur, milord voudrait vous parler.

LE GRAND JUGE.

Sir John Falstaff, un mot!

FALSTAFF.

Mon cher lord... Dieu donne le bonjour à votre seigneurie! Je suis aise de voir votre seigneurie dehors : j'avais ouï dire que votre seigneurie était malade. J'espère que votre seigneurie est sortie après consultation. Bien que votre seigneurie n'ait pas tout à fait passé la jeunesse, elle sent déjà un peu l'atteinte de l'âge, l'avant-goût des amertumes du temps; je supplie donc très-humblement votre seigneurie d'avoir un soin révérencieux de sa santé.

LE GRAND JUGE.

Sir John, je vous avais mandé avant votre départ pour Shrewsbury.

FALSTAFF.

N'en déplaise à votre seigneurie, j'apprends que Sa Majesté est revenue, non sans quelque inquiétude, du pays de Galles.

LE GRAND JUGE.

Je ne parle pas de Sa Majesté... Vous n'avez pas voulu venir quand je vous ai mandé.

FALSTAFF.

Et j'apprends, en outre, que Son Altesse a été attaquée de nouveau par cette putain d'apoplexie.

LE GRAND JUGE.

Eh bien, que le ciel lui rende la santé ! Laissez-moi vous parler, je vous prie.

FALSTAFF.

A mon idée, cette apoplexie est une sorte de léthargie, n'en déplaise à votre seigneurie ; une sorte d'assoupissement du sang, un coquin d'éblouissement.

LE GRAND JUGE.

Qu'est-ce que vous me dites-là ? qu'elle soit ce qu'elle voudra.

FALSTAFF.

Elle a son origine dans un excès de souffrance ou d'étude, dans une perturbation du cerveau. J'ai lu dans Galien la cause de ses effets ; c'est une espèce de surdité.

LE GRAND JUGE.

Je crois que vous êtes atteint de la maladie ; car vous n'entendez pas ce que je vous dis.

FALSTAFF.

Très-bien, milord, très-bien ; mais, ne vous en déplaise, c'est plutôt l'infirmité de ne pas écouter, la maladie de ne pas faire attention, qui me trouble.

LE GRAND JUGE.

En vous punissant par les talons, on rectifierait l'inattention de vos oreilles ; et je ne répugnerais pas à devenir votre médecin.

FALSTAFF.

Je suis aussi pauvre que Job, milord, mais pas aussi patient. Votre seigneurie peut, en raison de ma pauvreté, m'administrer la potion de l'emprisonnement ; mais comment j'aurai la patience de suivre vos prescriptions, c'est un point sur lequel les savants pourraient avoir quelques grains de scrupule, voire même un scrupule entier.

LE GRAND JUGE.

Je vous ai envoyé dire de venir me parler, alors qu'il y avait contre vous une affaire capitale.

FALSTAFF.

Et moi, sur l'avis de mon conseil, un savant légiste de ce pays, je ne me suis pas présenté.

LE GRAND JUGE.

Eh! le fait est, sir John, que vous vivez dans une grande infamie.

FALSTAFF.

Un homme serré dans mon ceinturon ne peut vivre à moins.

LE GRAND JUGE.

Vos ressources sont fort minces, et vous êtes gros dépensier.

FALSTAFF.

Je voudrais qu'il en fût tout autrement. Que mes ressources ne sont-elles plus vastes et que ne suis-je un dépensier moins gros!

LE GRAND JUGE.

Vous avez égaré le jeune prince.

FALSTAFF.

C'est le jeune prince qui m'a égaré. Je suis l'aveugle au gros ventre, et il est mon caniche.

LE GRAND JUGE.

Allons, il m'en coûterait de rouvrir une plaie fraîchement fermée; vos services diurnes à Shrewsbury ont quelque peu doré votre exploit nocturne de Gadshill. Vous pouvez remercier notre époque agitée de la paisible terminaison de cette affaire.

FALSTAFF.

Milord?

LE GRAND JUGE.

Mais puisque tout est bien, restez-en là: n'éveillez pas le loup qui dort.

FALSTAFF.

Éveiller un loup est chose aussi fâcheuse que de flairer un renard.

LE GRAND JUGE.

Eh! vous êtes comme une chandelle dont la meilleure partie est consumée.

FALSTAFF.

Un flambeau de fête, milord, à bout de suif. J'ai pourtant, sans mentir, la qualité de sire.

LE GRAND JUGE.

Il n'y a pas à votre face un poil blanc qui ne devrait vous inculquer la grâce de la gravité.

FALSTAFF.

La graisse, la graisse, la graisse!

LE GRAND JUGE.

Vous suivez partout le jeune prince, comme son mauvais ange.

FALSTAFF.

Pas précisément, milord; votre mauvais ange est léger (56); moi, au contraire, je suis sûr que quiconque me regardera seulement me prendra sans me peser; et pourtant, sous certains rapports, je reconnais que je ne suis pas une espèce courante. La vertu obtient si peu d'égard dans ces temps mercantiles que le vrai courage se fait montreur d'ours. L'esprit se fait garçon de cabaret, et épuise sa verve à faire des comptes. Tous les autres dons propres à l'homme, faussés qu'ils sont par la perversité de ce siècle, ne valent pas une groseille à maquereau. Vous qui êtes vieux, vous ne prenez pas en considération notre caractère, à nous autres qui sommes jeunes; vous jugez la chaleur de notre rate à l'aigreur de votre bile; et nous qui sommes dans l'effervescence de notre jeunesse, je dois le confesser, nous sommes un peu mauvais sujets.

LE GRAND JUGE.

Quoi! vous inscrivez votre nom sur la liste de la jeunesse, vous que tous les caractères de l'âge désignent comme un vieillard! N'avez-vous pas l'œil humide, la main sèche, le teint jaune, la barbe blanche, la jambe qui décroît, le ventre qui grossit? N'avez-vous pas la voix cassée, l'haleine courte, le menton double, l'intelligence simple, et toutes vos facultés flétries par la caducité? Et encore vous vous donnez pour jeune! Fi, fi, fi, sir John!

FALSTAFF.

Milord, je suis né vers trois heures de l'après-midi avec la tête blanche et un ventre quelque peu replet. Pour ma voix, je l'ai perdue à brailler et à chanter des antiennes. Quant à vous donner d'autres preuves de ma jeunesse, je n'en ferai rien : la vérité est que je suis vieux seulement par la raison et l'entendement; et celui qui veut risquer mille marcs contre moi, à qui exécutera le mieux la cabriole, n'a qu'à m'avancer l'argent, et gare à lui! Pour le soufflet que le prince vous a donné, il vous l'a donné avec une brusquerie princière, et vous l'avez reçu avec une noble sensibilité. Je l'en ai grondé, et le jeune lion fait pénitence, non pas dans la cendre, morbleu, mais dans la soie neuve, non pas dans le sac de bure, mais en sac-à-vin.

LE GRAND JUGE.

Allons, que Dieu envoie au prince un meilleur compagnon!

FALSTAFF.

Que Dieu envoie au compagnon un meilleur prince! Je ne puis me de débarrasser de lui.

LE GRAND JUGE.

Eh bien, le roi vous a donc séparé du prince Henry : j'apprends que vous devez marcher, avec lord John de Lancastre, contre l'archevêque et le comte de Northumberland.

FALSTAFF.

Ouais; j'en rends grâce à votre mignonne et charmante

imaginative. Mais, vous tous qui restez au logis à baiser madame la Paix, faites donc des prières pour que nos armées ne se rencontrent pas par une journée chaude! Car je n'ai pris, pardieu, que deux chemises avec moi, et je ne prétends pas suer extraordinairement. Pour peu que la journée soit chaude, si je brandis autre chose que ma bouteille, je veux ne plus jamais cracher blanc. A peine voit-on poindre une affaire dangereuse qu'on me flanque dedans. Je ne peux pourtant pas durer toujours (57). Mais ç'a toujours été la manie de notre nation anglaise : dès qu'elle a quelque chose de bon, elle le met partout. Si vous vous obstinez à dire que je suis vieux, vous devriez me donner du repos. Plût à Dieu que mon nom fût moins terrible à l'ennemi! J'aimerais mieux être rongé à mort par la rouille que réduit à néant par un mouvement perpétuel.

LE GRAND JUGE.

Allons, soyez honnête, soyez honnête, et que Dieu bénisse votre expédition!

FALSTAFF.

Votre seigneurie voudrait-elle me prêter mille livres pour m'équiper?

LE GRAND JUGE.

Pas un penny, pas un penny : vous êtes par trop pressé d'ajouter à vos charges. Portez-vous bien; recommandez-moi à mon cousin Westmoreland.

Le grand juge et l'exempt sortent.

FALSTAFF.

Si je le fais, qu'on me tarabuste à coups de maillet! L'homme ne peut pas plus séparer l'avarice de la vieillesse que la paillardise du jeune âge. Mais la goutte tourmente l'une, et la vérole pince l'autre. Et ces deux fléaux-là rendent toute malédiction superflue... Page!

LE PAGE.

Messire?

FALSTAFF.

Combien y a-t-il dans ma bourse ?

LE PAGE.

Sept groats et deux pences.

FALSTAFF.

Je ne peux pas trouver de remède à cette consomption de la bourse : emprunter, c'est seulement la faire languir et languir jusqu'à épuisement ; la maladie est incurable... Allez porter cette lettre à milord de Lancastre ; celle-ci au prince ; celle-ci au comte de Westmoreland ; et celle-ci à la vieille mistress Ursule, à qui je jure toutes les semaines de l'épouser, depuis que j'ai aperçu le premier poil blanc à mon menton... En marche ! vous savez où me retrouver.

Le page sort.

Peste soit de cette goutte ! ou de cette vérole ! car c'est l'une ou l'autre qui fait des siennes dans mon gros orteil. Peu importe si je boite ; j'ai la guerre pour prétexte, et ma pension n'en paraîtra que plus légitime. Un bon esprit tire parti de tout ; je saurai exploiter les maladies, même à mon avantage.

Il sort.

SCÈNE III.

[York. Le palais de l'archevêché.]

Entrent L'ARCHEVÊQUE D'YORK, les lords HASTINGS, MOWBRAY et BARDOLPHE.

L'ARCHEVÊQUE.

— Ainsi vous savez nos motifs, et vous connaissez nos ressources. — Maintenant, mes très-nobles amis, je vous en prie tous, — dites franchement ce que vous pensez de nos espérances. — Et vous d'abord, lord maréchal, qu'en dites-vous ?

SCÈNE III.

MOWBRAY.

— J'approuve les raisons de notre prise d'armes ; — mais je voudrais comprendre plus nettement — comment nous pouvons parvenir avec nos ressources — à présenter un front suffisamment hardi et solide — à la puissante armée du roi.

HASTINGS.

— Nos forces présentes, mises en ligne, s'élèvent — à vingt-cinq mille hommes d'élite ; — et des renforts considérables sont attendus — du grand Northumberland dont le cœur couve — un incendie de ressentiments.

LORD BARDOLPHE.

— La question, lord Hastings, se réduit donc à ceci : — nos vingt-cinq mille hommes présents — peuvent-ils tenir la campagne, sans Northumberland ?

HASTINGS.

— Avec lui, ils le peuvent.

LORD BARDOLPHE.

Oui, parbleu, voilà le vrai. — Mais si, sans lui, nous nous jugeons trop faibles, — mon avis est que nous ne devons pas nous avancer trop loin, — avant d'avoir ce secours sous la main. — Car, dans une affaire de si sanglant aspect, — les conjectures, les espérances, les suppositions — d'auxiliaires incertains doivent être non avenues.

L'ARCHEVÊQUE.

— Vous avez raison, lord Bardolphe ; car c'est là effectivement — le cas du jeune Hotspur à Shrewsbury.

LORD BARDOLPHE.

— Justement, milord ; il s'était bercé d'espérances, — aspirant l'air dans l'attente de secours promis, — se flattant de recevoir des renforts, — qui, en réalité, ont été inférieurs à ses plus infimes calculs ; — et c'est ainsi qu'avec la grande imagination — propre aux fous, il a conduit ses troupes à la mort, — et s'est jeté les yeux fermés dans l'abîme.

HASTINGS.

— Mais permettez, il n'y a jamais de mal — à calculer les probabilités et les motifs d'espoir.

LORD BARDOLPHE.

— Il peut y en avoir, si les ressources immédiates de la guerre, — les forces nécessaires à la marche de l'entreprise, — n'existent qu'en espérance, comme ces boutons que nous voyons — apparaître au commencement du printemps. L'espoir de les voir porter fruit — offre moins de certitude que la crainte — de les voir mordus par la gelée. Quand nous voulons bâtir, — nous étudions d'abord le terrain, puis nous traçons le plan ; — et quand nous voyons le dessin de l'édifice, — alors nous calculons les frais de construction : — si nous trouvons qu'ils dépassent nos moyens, — que faisons-nous? Nous retraçons notre plan — sur des proportions moindres ou, enfin, nous renonçons — à bâtir. A plus forte raison, dans cette grande entreprise, — où il s'agit presque d'abattre une royauté — et d'en relever une autre, devons-nous étudier — l'état du terrain, faire le plan, — choisir des fondations sûres, — consulter les experts, examiner nos propres ressources, — pour savoir si une pareille œuvre est, oui ou non, — au-dessus de nos moyens. Autrement, — nos forces n'existent que sur le papier et en chiffres, — et, au lieu d'hommes, nous n'alignons que des noms d'hommes : — pareils à quelqu'un qui tracerait un plan de maison — trop dispendieux pour lui, et qui, après l'avoir exécuté à demi, — y renoncerait, laissant sa coûteuse ébauche, — exposée nue aux larmes des nuages, — en proie à la brutale tyrannie de l'hiver.

HASTINGS.

— Admettons que nos espérances, si bien conçues qu'elles semblent, — doivent aboutir à un avortement, admettons que nous n'ayons plus — un seul homme à attendre ; — je crois encore que nos forces sont assez considérables, — telles qu'elles sont, pour égaler celles du roi.

LORD BARDOLPHE.

— Quoi ! est-ce que le roi n'a que vingt-cinq mille hommes ?

HASTINGS.

— A nous opposer, pas davantage ; non, pas même autant, lord Bardolphe. — Car, pour faire face aux périls criants, son armée — est divisée en trois corps : un, contre les Français ; — un autre, contre Glendower ; le troisième, forcément — dirigé contre nous. Ainsi, voilà ce roi débile — partagé en trois ; et ses coffres ne rendent plus — que le son creux de la misère.

L'ARCHEVÊQUE.

— Qu'il rassemble ses forces éparses — pour nous accabler de toute sa puissance, — c'est ce qui n'est pas à craindre.

HASTINGS.

S'il le fait, — il laisse ses derrières sans défense, les Français et les Gallois — aboyant à ses talons. Ne craignez rien.

LORD BARDOLPHE.

— Qui doit, selon toute apparence, diriger ses forces contre nous ?

HASTINGS.

— Le duc de Lancastre et Westmoreland. — Lui-même et Harry Monmouth marchent contre les Gallois. — Mais quel est le lieutenant qu'il oppose aux Français,

— c'est ce qu'aucun renseignement certain ne m'a appris.

L'ARCHEVÊQUE.

En avant! — Et publions les motifs de notre prise d'armes. — Le peuple est malade de son propre choix : — sa trop avide affection s'est écœurée. — Il a une demeure vertigineuse et mobile, — celui qui bâtit sur le cœur de la multitude. — O peuple stupide, quelles bruyantes acclamations — tu jetais au ciel en bénissant Bolingbroke, — alors qu'il n'était pas encore ce que tu voulais qu'il fût! — Et maintenant que tu es servi à souhait, — monstrueux mangeur, tu es tellement rassasié de lui — que tu t'efforces de le rendre. — Ainsi, ainsi, chien immonde, tu as recraché — de ton estomac glouton le royal Richard; — et maintenant tu as faim du mort que tu as vomi, — et tu l'appelles de tes hurlements. A qui se fier de notre temps? — Ceux qui, du vivant de Richard, voulaient sa mort, — sont maintenant énamourés de son tombeau. — Toi, qui jetais de la poussière sur sa tête auguste, — alors qu'à travers Londres en fête il avançait en soupirant — sur les pas admirés de Bolingbroke, — tu t'écries maintenant : *O terre! rends-nous ce roi-là — et reprends celui-ci!* O imagination des hommes maudits! Le passé et l'avenir semblent toujours préférables; le présent, toujours pire (58).

MOWBRAY.

— Irons-nous réunir nos troupes pour entrer en campagne?

HASTINGS.

— Nous sommes les sujets du moment, et le moment nous presse de partir.

Ils sortent.

SCÈNE IV.

(Londres. Une rue.)

Entrent l'HOTESSE, GRIFF et son valet; puis PIÉGE.

L'HOTESSE.

Eh bien, maître Griffe, avec-vous enregistré l'action?

GRIFFE.

Elle est enregistrée.

L'HOTESSE.

Où est votre exempt? Est-ce un exempt vigoureux? Tiendra-t-il ferme?

GRIFFE, à son valet.

Maraud, où est Piége?

L'HOTESSE.

Ah! oui, seigneur! ce bon maître Piége.

PIÉGE, s'avançant.

Voici, voici.

GRIFFE.

Piége, il faut que nous arrêtions sir John Falstaff.

L'HOTESSE.

Oui, bon maître Piége, je l'ai fait actionner, et tout.

PIÉGE.

Il pourra en couter la vie à quelques-uns d'entre nous, car il jouera du poignard.

L'HOTESSE.

Miséricorde! prenez garde à lui : il m'a poignardée dans ma propre maison, et cela le plus brutalement du monde. En vérité, il ne se soucie pas du mal qu'il fait, une fois que son arme est dehors; il frappe comme un diable; il n'épargne ni homme, ni femme, ni enfant.

GRIFFE.

Si je puis venir à bout de lui, je ne me soucie guère de ses bottes.

L'HOTESSE.

Non, ni moi non plus ; je vous prêterai main-forte.

GRIFFE.

Si seulement je puis l'empoigner, si je le tiens seulement dans mes pinces.

L'HOTESSE.

Je suis ruinée par son départ : je vous assure qu'il a chez moi un compte qui n'en finit pas. Cher maître Griffe, tenez-le ferme ! cher maître Piége, ne le laissez pas échapper. Il va continûment au coin de la rue, sauf votre respect, pour avoir une selle ; et il est impliqué à dîner à la Tête du Léopard, dans Lombard-Street, chez maître Ledoux, le marchand de soieries : je vous en prie, puisque mon exion est enregistrée et mon affaire si ouvertement connue de tout le monde, faites-lui rendre des comptes. Cent marcs, c'est une somme bien lourde pour une pauvre femme seule ; et j'ai attendu, et attendu, et attendu ; et j'ai été lanternée, et lanternée, et lanternée de jour en jour, que c'est une honte d'y penser. Il n'y a pas d'honnêteté dans ces procédés-là ; à moins qu'on ne fasse d'une femme un âne, une bête à supporter les outrages du premier chenapan venu. Le voilà qui arrive ; et avec lui ce fieffé coquin de Bardolphe, au nez de Malvoisie. Faites votre office, faites votre office, maître Griffe, et vous, maître Piége ; faites-moi, faites-moi, faites-moi bien votre office.

Entrent sir JOHN FALSTAFF, SON PAGE *et* BARDOLPHE.

FALSTAFF.

Eh bien ? qui est-ce qui a perdu sa jument ici ? qu'y a-t-il ?

GRIFFE.

Sir John, je vous arrête à la requête de mistress Quickly.

SCÈNE IV.

FALSTAFF.

Arrière, varlets! Dégaine, Bardolphe, coupe-moi la tête de ce coquin, et jette la gouine dans le canal.

L'HOTESSE.

Me jeter dans le canal! C'est moi qui vais te jeter dans le canal! Essaye, essaye, gredin de bâtard!... Au meurtre, au meurtre! Oh! homicide coquin! veux-tu donc tuer les officiers de Dieu et du roi? Ah! homicide gredin! tu es un homicide, un bourreau d'hommes, un bourreau de femmes!

FALSTAFF.

Tiens-les à distance, Bardolphe.

GRIFFE.

Main-forte! main-forte!

L'HOTESSE.

Bonnes gens, donnez-nous un coup de main ou deux!... Tu ne veux pas? tu ne veux pas? Ah! tu ne veux pas! ah! tu ne veux pas!... Va, va, gredin! Va, homicide!

FALSTAFF.

Arrière, carogne! coureuse! drôlesse! je vais vous chatouiller la catastrophe!

Entre le lord GRAND JUGE *et sa suite.*

LE GRAND JUGE.

Qu'y a-t-il! respectez la paix céans.

L'HOTESSE.

Mon bon lord, soyez bon pour moi! je vous conjure de me soutenir.

LE GRAND JUGE.

— Eh bien, sir John? quel tapage faites-vous ici? — Cela sied-il à votre position, à votre emploi, à votre mission? — Vous devriez être déjà loin sur la route d'York.

Au recors.

— Lâche-le, l'ami ; pourquoi t'accroches-tu à lui? —

L'HOTESSE.

O mon très-vénérable lord, n'en déplaise à Votre Grâce, je suis une pauvre veuve d'East-Cheap, et il est arrêté à ma requête.

LE GRAND JUGE.

Pour quelque compte, sans doute?

L'HOTESSE.

Il n'y a là aucun conte, milord, il s'agit de tout mon avoir. Il m'a tout mangé, maison et le reste ; il a mis toute ma substance dans sa grosse bedaine... Mais va, tu m'en rendras une partie, ou je serai toutes les nuits sur toi, comme ta bête noire.

FALSTAFF.

Je crois plus probable que je serai, moi, sur la bête noire, pour peu que j'aie l'avantage du terrain.

LE GRAND JUGE.

Qu'est-ce que ça signifie, sir John? Fi! quel homme de tempérament raisonnable pourrait endurer cette tempête d'imprécations? Est-ce que vous n'avez pas honte de forcer une pauvre veuve à recourir à de telles violences pour ravoir son bien?

FALSTAFF, à l'hôtesse.

Quelle est la somme totale de ce que je te dois?

L'HOTESSE.

Morguienne! ta personne et ton argent, si tu étais un honnête homme. Tu m'as juré, sur un gobelet à figures dorées, assis dans ma chambre du Dauphin, à la table ronde, près d'un feu de charbon, le mercredi de la Pentecôte, le jour où le prince t'a fendu la tête pour avoir comparé son père à un chanteur de Windsor, tu m'as juré, au moment où je lavais ta blessure, de m'épouser et de faire de moi milady ton épouse. Peux-tu nier ça? Est-ce que Dame Réjouissance, la femme du boucher, n'est pas entrée alors, en m'appelant commère Quickly? Elle venait m'enprunter un filet de vinaigre, nous disant qu'elle avait un bon plat de crevettes ; sur quoi tu as demandé à en manger; sur quoi je t'ai dit que c'était mauvais pour une blessure fraîche. Et, quand elle est descendue, est-ce que tu ne m'as pas dit de ne plus être si familière avec ces petites gens-là, ajoutant qu'avant peu on m'appellerait madame? Et puis, est-ce que tu ne m'as pas embrassée, en me disant de t'aller chercher trente shillings ? Maintenant je te somme de jurer sur le saint livre : nie ça, si tu peux.

FALSTAFF.

Milord, c'est une pauvre folle ; elle dit par toute la ville que son fils aîné vous ressemble; elle a été dans une bonne situation, et le fait est que la pauvreté lui a troublé les idées. Mais quant à ces niais d'exempts, permettez, je vous prie, que j'exerce un recours contre eux.

LE GRAND JUGE.

Sir John, sir John, je connais fort bien votre manière de fausser et de torturer la vérité! Ce n'est ni votre air assuré, ni le tas de paroles que vous laissez échapper avec une effronterie plus qu'impudente, qui peut me faire dévier de la stricte impartialité ; vous avez, il me semble, abusé de la complaisante crédulité de cette femme pour faire servir à vos besoins sa bourse et sa personne.

L'HOTESSE.

Oui, vraiment, milord.

LE GRAND JUGE.

Paix, je te prie !... Payez-lui ce que vous lui devez, et réparez le tort que vous lui avez causé : vous pouvez faire l'un avec de la monnaie sterling, et l'autre avec la pénitence courante.

FALSTAFF.

Milord, je ne subirai pas cette réprimande sans répliquer. Vous qualifiez d'impudente effronterie une honorable franchise : qu'un homme fasse la révérence sans rien dire, c'est un vertueux personnage. Eh bien, non, milord, sans oublier le respect que je vous dois, je ne vous parlerai pas en suppliant ; je vous dis que je demande à être délivré de ces recors, le service du roi me réclamant au plus vite.

LE GRAND JUGE.

Vous parlez comme si vous étiez libre de faire le mal : répondez donc d'une manière digne de votre caractère, en satisfaisant cette pauvre femme.

FALSTAFF.

Viens ici, l'hôtesse.

Il prend l'hôtesse à part.

Entre GOWER.

LE GRAND JUGE.

Eh bien, maître Gower, quelles nouvelles ?

GOWER, *remettant un papier au grand juge.*

— Milord, le roi et Henry, prince de Galles — vont arriver. Ce papier vous dira le reste.

Le grand juge lit le papier.

FALSTAFF, *parlant à l'hôtesse.*

Foi de gentilhomme !

L'HOTESSE.

Bah ! vous disiez de même auparavant.

FALSTAFF.

Foi de gentilhomme !... Allons, n'en parlons plus.

L'HOTESSE.

Par la terre céleste où je marche, je serais forcée de mettre en gage et mon argenterie et les tapisseries de mes salles à manger.

FALSTAFF.

Des verres, des verres, c'est tout ce qu'il faut pour boire ; et quant à tes murs, une gentille petite drôlerie, comme l'histoire de l'Enfant prodigue, ou la Chasse allemande, peinte à la détrempe, vaut mille fois mieux que tous les rideaux de lit et ces tapisseries mangées des mouches. Qu'il y ait dix livres, si tu peux. Allons, n'étaient tes humeurs, il n'y aurait pas de meilleure fille que toi en Angleterre. Va, lave-toi le visage, et retire ta plainte. Allons, il ne faut plus être avec moi de cette humeur-là. Est-ce que tu ne me connais pas? Allons, allons, je sais qu'on t'a poussée à ça.

L'HOTESSE.

Je t'en prie, sir John, que vingt nobles suffisent! En vérité, je serais forcée d'engager mon argenterie, sérieusement, là.

FALSTAFF.

Renonçons-y ; je me retournerai autrement : vous serez toujours une sotte.

L'HOTESSE.

Eh bien, vous aurez la somme, quand je devrais mettre ma robe en gage. J'espère que vous viendrez souper : vous me payerez tout ensemble?

FALSTAFF.

Vivrai-je?

A Bardolphe.

Va avec elle, va avec elle ; amorce, amorce.

L'HOTESSE.

Voulez-vous que Dorothée Troue-Drap soupe avec vous ?

FALSTAFF.

C'est dit, ayons-la.

Sortent l'hôtesse, Bardolphe, les exempts et le page.

LE GRAND JUGE.

J'ai ouï de meilleures nouvelles.

FALSTAFF.

Quelles sont les nouvelles, mon cher lord?

LE GRAND JUGE, à Gower.

Où le roi a-t-il couché cette nuit?

GOWER.

A Basingstoke, milord.

FALSTAFF.

J'espère, milord, que tout va bien... Quelles sont les nouvelles, milord?

LE GRAND JUGE, à Gower, sans regarder Falstaff.

Est-ce que toutes ses forces reviennent?

GOWER.

— Non; quinze cents hommes d'infanterie et cinq cents chevaux — vont rallier milord de Lancastre — pour marcher contre Northumberland et l'archevêque. —

FALSTAFF, au grand juge.

Est-ce que le roi revient du pays de Galles, mon noble lord?

LE GRAND JUGE, sans regarder Falstaff.

Vous aurez une lettre de moi tout à l'heure; allons, venez avec moi, cher maître Gower.

FALSTAFF.

Milord!

LE GRAND JUGE.

Qu'y a-t-il?

FALSTAFF, sans regarder le juge.

Maître Gower, vous inviterai-je à dîner?

GOWER.

Je suis aux ordres de milord; je vous remercie, bon sir John.

LE GRAND JUGE.

Sir John, vous flânez ici trop longtemps, ayant à recruter des soldats dans les comtés que vous traverserez.

FALSTAFF, sans regarder le juge.

Voulez-vous souper avec moi, maître Gower?

LE GRAND JUGE.

Quel est donc le maître sot qui vous a enseigné ces manières-là, sir John ?

FALSTAFF, toujours sans regarder le juge.

Maître Gower, si elles ne me vont pas, c'est un sot qui me les a apprises... C'est la grâce même de l'escrime, milord : coup pour coup ; partant, quitte.

LE GRAND JUGE.

Que le Seigneur t'éclaire ! tu es un grand sot.

Ils sortent.

SCÈNE V.

[Londres. Une autre rue.]

Entrent le Prince Henry et Poins (59).

LE PRINCE HENRY.

Crois-moi, je suis excessivement las.

POINS.

Est-il possible ! je n'aurais pas cru que la lassitude osât s'attacher à un personnage de si haut rang.

LE PRINCE HENRY.

Ma foi, si ; j'en conviens, dût cet aveu ternir l'éclat de ma grandeur. N'est-il pas bien indigne de moi d'avoir envie de petite bière ?

POINS.

Certes, un prince ne devrait pas avoir le goût assez relâché pour se souvenir qu'il existe une si faible drogue.

LE PRINCE HENRY.

Il faut donc que mon appétit ne soit pas de nature princière ; car, sur ma parole, je me ressouviens pour le moment de cette pauvre créature, la petite bière. Mais, en vérité, de si humbles réflexions me mettent fort mal avec ma grandeur. Quelle disgrâce pour moi de me rappeler ton nom, de reconnaître demain ta figure, de remarquer combien tu as de paires de bas de soie, à savoir, celle-ci et celle qui était jadis couleur pêche, de porter dans ma mémoire l'inventaire de tes chemises, l'une pour l'apparat, l'autre pour l'usage! mais, sur cet article, le gardien du jeu de paume en sait plus long que moi : car il faut que tu sois bien à court de linge pour ne pas tenir une raquette là; et voilà bien longtemps que tu te prives de cet exercice, parce que tes pays-bas ont trouvé moyen d'absorber toute ta toile de Hollande (60). Et Dieu sait si les marmots, qui braillent sous les ruines de ton linge, hériteront du royaume des cieux; mais les sages-femmes déclarent que ce n'est pas la faute des enfants; et c'est ainsi que le monde multiplie, et que les familles s'agrandissent puissamment.

POINS.

Que ce frivole langage semble malsonnant après vos rudes labeurs! Dites-moi donc si beaucoup de bons jeunes princes parleraient ainsi, leur père étant aussi malade que l'est le vôtre à cette heure?

LE PRINCE HENRY.

Te dirai-je une chose, Poins?

POINS.

Oui, mais que ce soit quelque chose de très-bon.

LE PRINCE HENRY.

Ce sera toujours assez bon pour un esprit aussi peu relevé que le tien.

POINS.

Allons, j'attends le choc de ce que vous allez dire.

LE PRINCE HENRY.

Eh bien, je vais te dire, il ne convient pas que je sois triste, maintenant que mon père est malade; et pourtant je puis te l'avouer, comme à un homme qu'il me plaît, faute de mieux, d'appeler mon ami, je pourrais être triste, et triste pour tout de bon.

POINS.

Oh! bien difficilement, pour un pareil motif.

LE PRINCE HENRY.

Sur ma parole, tu me crois dans les petits papiers du diable, autant que toi et Falstaff, pour l'endurcissement et la perversité. Qui vivra, verra. Toutefois, je te le déclare, mon cœur saigne intérieurement quand je sais mon père si malade; mais dans une mauvaise compagnie telle que la tienne, j'ai dû, et pour cause, m'abstenir de toute ostentation de douleur.

POINS.

Pour quelle cause?

LE PRINCE HENRY.

Que penserais-tu de moi si je pleurais?

POINS.

Vous seriez, dans ma pensée, un hypocrite tout à fait princier.

LE PRINCE HENRY.

Ce serait la pensée de tout le monde; et tu es un gaillard heureusement prédisposé à penser comme tout le monde; jamais la pensée d'un homme n'a suivi mieux que la tienne les sentiers battus : effectivement, dans la pensée de tout le monde, je serais un hypocrite. Et qu'est-ce qui porte votre éminentissime pensée à penser ainsi?

POINS.

Ah! c'est que vous avez été si libertin et si étroitement lié avec Falstaff...

LE PRINCE HENRY.

Et avec toi.

POINS.

Par le ciel, j'ai bonne réputation; je puis entendre de

mes deux oreilles ce qui se dit de moi ; le pis qu'on puisse dire, c'est que je suis un cadet de famille, et que je suis un garçon adroit de mes mains, et je confesse que, pour ces deux choses-là, je n'en puis mais. Regardez, regardez, voici Bardolphe.

LE PRINCE HENRY.

Et le page que j'ai donné à Falstaff ; c'était un chrétien, quand il l'a eu de moi ; et vois si le gros coquin n'en a pas fait un singe.

Entrent Bardolphe et le Page.

BARDOLPHE, au prince.

Dieu garde Votre Grâce !

LE PRINCE HENRY.

Et la vôtre, très-noble Bardolphe !

BARDOLPHE, au page.

Allons, âne vertueux, timide imbécile, est-ce qu'il faut rougir ainsi ? Pourquoi rougissez-vous à présent ? Quel homme d'armes virginal faites-vous donc ! Est-ce une telle affaire, de dépuceler un pot de quatre pintes !

LE PAGE.

Tout à l'heure, milord, il m'a appelé à travers le volet rouge d'un cabaret, et il m'était impossible de distinguer de la fenêtre la moindre portion de son visage. A la fin, j'ai aperçu ses yeux, et j'ai cru qu'il avait fait deux trous dans le cotillon neuf de la cabaretière, et qu'il regardait au travers.

LE PRINCE HENRY.

Est-ce que cet enfant-là n'a pas profité ?

BARDOLPHE.

Arrière, fils de putain, lapin bipède, arrière !

LE PAGE.

Arrière, méchant rêve d'Althée, arrière !

SCÈNE V.

LE PRINCE HENRY.

Instruis-nous, page ; qu'est-ce que c'est que ce rêve-là, page ?

LE PAGE.

Eh bien, milord, Althée rêva qu'elle était délivrée d'un tison ardent ; et voilà pourquoi je l'appelle rêve d'Althée (61).

LE PRINCE HENRY, donnant de l'argent au page.

Cette explication vaut bien une couronne : voici pour toi, page.

POINS.

Oh ! puisse une fleur si belle être préservée des vers !... Tiens, voilà six pennys pour te garantir.

BARDOLPHE.

Si à vous tous vous ne le faites pas pendre, le gibet sera lésé.

LE PRINCE HENRY.

Et comment va ton maître, Bardolphe ?

BARDOLPHE.

Bien, milord. Il a appris le retour en ville de Votre Grâce : voici une lettre pour vous.

POINS.

Délivrée avec grand respect !... Et comment va l'été de la Saint-Martin, votre maître ?

BARDOLPHE.

Bien de corps, monsieur.

POINS.

Certes, la partie immortelle aurait besoin d'un médecin ; mais il ne s'en émeut point : ça a beau être malade, ça ne meurt pas.

LE PRINCE HENRY.

Je permets à cet apostème d'être aussi familier avec moi que mon chien : et il tient à son privilége ; car voyez comme il écrit.

Il remet la lettre à Poins.

POINS, lisant.

« *John Falstaff, chevalier*... Il faut qu'il apprenne ça à tout le monde, chaque fois qu'il a occasion de se nommer. Juste comme ces parents du roi qui ne se piquent jamais le doigt sans dire : « *Voilà du sang royal qui coule!* » « *Comment çà?* » dit quelqu'un qui affecte de ne pas comprendre. La réponse est toujours prête comme la révérence d'un emprunteur : « *Je suis le pauvre cousin du roi, monsieur.* »

LE PRINCE HENRI.

Oui-dà, ils veulent être nos parents, dussent-ils pour ça remonter jusqu'à Japhet. Mais la lettre?...

POINS, lisant.

« *Sir John Falstaff, chevalier, au fils du roi, le plus proche héritier de son père, Harry, prince de Galles, salut!*... Eh! mais c'est un certificat,

LE PRINCE HENRY.

Paix !

POINS.

« *Je veux imiter le noble Romain dans sa brièveté*... Sûrement il veut dire brièveté d'haleine, respiration courte... *Je me recommande à toi, je te recommande au ciel, et je prends congé de toi. Ne sois pas trop familier avec Poins, car il mésuse de tes faveurs jusqu'à jurer que tu dois épouser sa sœur Nelly. Fais pénitence à tes heures de loisir, comme tu pourras, et, sur ce, adieu.* »

« *A toi, oui et non (c'est-à-dire selon tes procédés).*
Jack Falstaff, avec mes familiers ; John, avec
mes frères et sœurs ; et sir John avec toute
l'Europe. »

Milord, je vais tremper cette lettre dans du Xérès, et la lui faire manger.

LE PRINCE HENRY.

Ce sera le forcer à manger vingt de ses mots... Mais

est-ce ainsi que vous me traitez, Ned? est-ce que je dois épouser votre sœur?

POINS.

Puisse la pauvre fille n'avoir pas un plus vilain sort! mais je n'ai jamais dit ça.

LE PRINCE HENRY.

Allons, nous jouons comme des fous avec le temps; et les âmes sages planent dans les nues, et se moquent de nous... Votre maître est-il ici, à Londres?

BARDOLPHE.

Oui, milord.

LE PRINCE HENRY.

Où soupe-t-il? Est-ce que le vieux sanglier mange toujours à sa vieille souille?

BARDOLPHE.

Au vieil endroit, milord, à East-Cheap.

LE PRINCE HENRY.

Quelle est sa compagnie?

LE PAGE.

Des Éphésiens, milord, de la vieille Église.

LE PRINCE HENRY.

A-t-il des femmes à souper?

LE PAGE.

Aucune, milord, si ce n'est la vieille mistress Quickly, et mistress Dorothée Troue-Drap.

LE PRINCE HENRY.

Qu'est-ce que cette païenne-là?

LE PAGE.

Une dame comme il faut, seigneur, une parente de mon maître.

LE PRINCE HENRY.

Parente, juste comme les génisses de la paroisse le sont du taureau du village... Si nous les surprenions à souper, Ned?

POINS.

Je suis votre ombre, milord; je vous suivrai.

LE PRINCE HENRY.

Ah çà! toi, page, et toi, Bardolphe, pas un mot à votre maître de mon retour en ville. Voilà pour votre silence.

Il leur donne de l'argent.

BARDOLPHE.

Je n'ai pas de langue, seigneur.

LE PAGE.

Et quant à la mienne, seigneur, je la maîtriserai.

LE PRINCE HENRY.

Adieu; partez.

Sortent le page et Bardolphe.

Cette Dorothée Troue-Drap doit être quelque chaussée publique.

POINS.

Je vous le garantis, aussi publique que la route de Saint-Albans à Londres.

LE PRINCE HENRY.

Comment pourrions-nous voir Falstaff s'exhiber cette nuit sous ses vraies couleurs, sans être vus nous-mêmes?

POINS.

Mettons des jaquettes et des tabliers de cuir, et servons-le à table, comme garçons.

LE PRINCE HENRY.

De dieu devenir taureau! Terrible dégringolade! ç'à été le cas de Jupiter. De prince devenir apprenti! Infime métamorphose! telle sera la mienne; car, en toute chose, le résultat compense l'extravagance. Suis-moi, Ned.

Ils sortent.

SCÈNE VI.

[Wackworth. Devant le château.]

Entrent NORTHUMBERLAND, LADY NORTHUMBERLAND et LADY PERCY.

NORTHUMBERLAND.

— Je t'en prie, femme aimée, et toi, ma gente fille, — laissez le libre champ à mes âpres desseins ; — ne prenez pas le visage des circonstances, — et ne soyez pas, comme elles, importunes à Percy.

LADY NORTHUMBERLAND.

— J'ai renoncé, je ne veux plus rien dire. — Faites ce que vous voudrez ; que votre sagesse soit votre guide.

NORTHUMBERLAND.

— Hélas, ma chère femme, mon honneur est engagé ; — et rien ne peut le racheter que mon départ.

LADY PERCY.

— Oh ! pourtant, au nom du ciel, n'allez pas à cette guerre ! — Il fut un temps, père, où vous manquâtes à votre parole, —quoique vous fussiez lié par elle bien plus chèrement qu'aujourd'hui. — Alors votre Percy, le Henry cher à mon cœur, — jeta bien des regards vers le nord, pour voir si son père — lui amenait des troupes ; mais c'est en vain qu'il soupira. — Qui donc alors vous décida à rester chez vous ? — Ce fut la ruine de deux gloires : la vôtre, et celle de votre fils. — La vôtre, puisse le ciel la raviver dans toute sa splendeur ! — Quant à la sienne, elle était attachée à lui comme le soleil — à la voûte grise des cieux ; et à sa lumière, — toute la chevalerie d'Angleterre marchait — sur la voie des hauts faits (62). Il était vraiment le miroir — auquel s'ajustait la noble jeunesse. — Tous les pas se mettaient à son allure ; — et le brusque langage, dont la nature avait fait son défaut,

— était devenu l'accent des vaillants ; — car ceux-là même qui avaient le parler bas et mesuré, — se corrigeaient de cette qualité comme d'une imperfection, — afin de lui ressembler. Si bien que, pour le langage, la démarche, — le régime, les goûts, les plaisirs, — les habitudes militaires, les caprices même de caractère, il était le modèle et le miroir, la copie et le livre, — qui guidaient tous les autres. Et c'est lui, ce prodige, — ce miracle de l'humanité, que vous avez abandonné ! — Lui, qui n'eut jamais de second, vous ne l'avez pas secondé ! — Vous l'avez laissé affronter l'horrible dieu de la guerre — avec tous les désavantages, et soutenir seul une lutte — où il n'avait d'autre arme que le bruit — du nom d'Hotspur ! C'est ainsi que vous l'avez abandonné ! — Oh! non, non, ne faites pas à son ombre l'injure — de tenir parole plus scrupuleusement — aux autres qu'à lui. Laissez-les seuls. — Le maréchal et l'archevêque sont forts. — Si mon bien-aimé Harry avait eu seulement la moitié de leurs troupes, — je pourrais aujourd'hui, pendue au cou de mon Hotspur, — parler du tombeau de Montmouth !

NORTHUMBERLAND.

Honni soit votre cœur, — ma gracieuse fille ! Vous m'ôtez mon courage, — en déplorant à nouveau d'anciennes fautes. — Mais il me faut partir et faire face au danger ; — ou il m'ira chercher ailleurs, — et me trouvera moins bien préparé.

LADY NORTHUMBERLAND.

Oh! fuyez en Écosse, — jusqu'à ce que les nobles et les communes en armes — aient fait une légère épreuve de leur puissance.

LADY PERCY.

— S'ils gagnent le terrain et s'ils prennent l'avantage sur le roi, — alors, adjoignez-vous à eux, comme une côte d'acier, — pour les rendre plus forts ; mais au nom de notre amour, — laissez-les s'essayer les premiers. Ainsi a fait votre fils ; — ainsi vous l'avez laissé faire ; ainsi je suis devenue veuve ; — et jamais je n'aurai assez de vie — pour arroser mon regret de mes larmes, — en sorte qu'il croisse et s'élève à la hauteur des cieux, — en souvenir de mon noble époux !

NORTHUMBERLAND.

— Allons, allons, venez avec moi. Il en est de mon âme, — comme de la marée qui, ayant atteint son sommet, — s'arrête immobile entre deux directions. — J'irais volontiers rejoindre l'archevêque ; — mais mille raisons me retiennent. — Je me résous à aller en Écosse ; et j'y reste, — jusqu'à ce que l'heure et l'occasion réclament mon retour.

Ils sortent.

SCÈNE VII.

[Londres. La taverne de la Hure, dans East-Cheap.]

Entrent deux Garçons de cabaret.

PREMIER GARÇON.

Que diable as-tu apporté là ? Des poires de messire-Jean ? Tu sais que messire Jean ne peut pas souffrir les messire-Jean.

DEUXIÈME GARÇON.

Par la messe, tu dis vrai. Une fois, le prince a mis un plat de messire-Jean devant lui, et lui a dit : *Voici cinq messire-Jean de plus* ; et, ôtant son chapeau, il a ajouté : *A présent je vais prendre congé de ces six chevaliers jaunes, ronds, vieux et ridés.* Ça l'a blessé au cœur, mais il l'a oublié.

PREMIER GARÇON.

Eh bien donc, couvre-les et sers-les. Et vois si tu ne

peux pas découvrir le vacarme de Sournois quelque part; mistress Troué-Drap voudrait entendre un peu de musique. Dépêche-toi. La pièce où ils ont soupé est trop chaude ; ils vont venir à l'instant.

DEUXIÈME GARÇON.

Ha ! le prince et maître Poins seront ici tout à l'heure ; et ils mettront deux de nos jaquettes et de nos tabliers ; et il ne faut pas que sir John le sache : Bardolphe est venu le dire.

PREMIER GARÇON.

Par la messe ! voilà une fameuse niche : ça va être une excellente farce.

DEUXIÈME GARÇON.

Je vais voir si je puis trouver Sournois.

Il sort.

Entrent l'Hotesse et Dorothée Troué-Drap.

L'HOTESSE.

Ma foi, cher cœur, il me semble que vous êtes dans une excellente tempéralité ; votre poulsation bat aussi extraordinairement que le cœur peut le désirer ; et votre teint, je vous assure, est aussi rouge qu'une rose, en bonne vérité, là ! Mais, ma foi, vous avez bu trop de Canarie ; c'est un vin merveilleusement pénétrant, et qui vous parfume le sang avant qu'on puisse dire : *Qu'est-ce donc ?* Comment vous trouvez-vous ?

DOROTHÉE.

Mieux que tout à l'heure... Hem !

L'HOTESSE.

Allons, à merveille ! Un bon cœur vaut de l'or... Tenez, voici sir John.

Entre Falstaff, chantant.

FALSTAFF.

Quand Arthur parut à la cour,
    Videz le pot de chambre.
C'était un digne roi.

Le garçon sort.

Comment va mistress Doll ?

SCÈNE VII.

L'HÔTESSE.

Elle ne se trouve pas bien... Vous savez, des nausées !

FALSTAFF.

Ainsi sont toutes ses pareilles ; dès que vous n'osez plus avec elles, elles se trouvent mal.

DOROTHÉE.

Fangeux misérable, voilà toute la consolation que tu me donnes !

FALSTAFF.

Vous les faites gras, vos misérables, mistress Dorothée.

DOROTHÉE.

Je les fais gras, moi ! C'est la gloutonnerie et la maladie qui les enflent ; ce n'est pas moi.

FALSTAFF.

Si le cuisinier aide à la gloutonnerie, vous, Doll, vous aidez à la maladie. Nous prenons tant de choses de vous, Doll, nous prenons tant de choses de vous ; conviens-en, ma pauvre vertu, conviens-en.

DOROTHÉE.

Oui, parbleu ! vous nous prenez nos chaînes et nos bijoux.

FALSTAFF, fredonant.

Vos broches, vos perles et vos chatons...

Pour servir en brave, vous savez, il faut avancer ferme, aller à la brèche avec sa pique bravement tendue, se fier bravement au chirurgien, s'aventurer bravement sur les pièces chargées....

DOROTHÉE.

Allez vous faire pendre, congre fangeux ; allez vous faire pendre.

L'HÔTESSE.

Quoi ! toujours la vieille habitude ! Vous deux, vous ne vous rencontrez jamais sans tomber en désaccord ; vous êtes, sur mon âme, aussi maussades que deux rôties sèches ; vous ne savez pas supporter vos conformités à l'un et à l'autre.

A Dorothée.

Vertubleu ! il faut qu'un des deux supporte l'autre, et ce doit être vous : vous êtes le vaisseau le plus faible, comme on dit, le plus vide.

DOROTHÉE.

Est-ce qu'un faible vaisseau vide peut supporter un énorme muids plein comme celui-là ? Il y a en lui toute un cargaison de Bordeaux ; vous n'avez jamais vu un bâtiment plus chargé à la cale ! Allons, soyons bons amis, Jack : tu vas partir pour la guerre, et, si je te reverrai ou non, c'est ce dont nul ne se soucie.

Rentre le GARÇON.

LE GARÇON, à Falstaff.

Monsieur, l'enseigne Pistolet est en bas et voudrait vous parler.

DOROTHÉE.

Au diable le misérable querelleur ! qu'il n'entre pas ici ! C'est le gredin le plus mal embouché d'Angleterre.

L'HOTESSE.

S'il querelle, qu'il n'entre pas ici ! Non, sur ma foi ! Il faut que je vive parmi mes voisins. Je ne veux pas de querelleurs. J'ai bon nom et bon renom auprès des gens les plus respectables... Fermez la porte ; il n'entre pas de querelleurs ici. Je n'ai pas vécu jusqu'ici pour avoir des querelles à présent : fermez la porte, je vous prie.

FALSTAFF.

Écoute donc, l'hôtesse.

L'HOTESSE.

Je vous en prie, pacifiez-vous, sir John ; il n'entre pas de querelleurs ici.

FALSTAFF.

Écoute donc, c'est mon enseigne.

L'HOTESSE.

Tarare, sir John ! ne m'en parlez pas. Votre querelleur d'enseigne n'entrera pas par ma porte. J'étais, l'autre jour, en présence de maître Étique, le député ; et comme il me disait (c'était pas plus tard que mercredi dernier) : *Voisine Quickly*, me dit-il... Maître Muet, notre prédicateur, était là... *Voisine Quickly*, me dit-il, *recevez ceux qui sont civils* ; *car*, me dit-il, *vous avez mauvaise réputation...* Il me disait ça, je sais bien à propos de quoi... *Car*, me dit-il, *vous êtes une honnête femme, et bien estimée; conséquemment, prenez garde aux hôtes que vous recevez; ne recevez pas de compagnons querelleurs,* me dit-il... Il n'en entre pas ici ; vous auriez été aux anges d'entendre ce qu'il disait... Non, je ne veux pas de querelleurs.

FALSTAFF.

Ce n'est pas un querelleur, l'hôtesse, c'est un escroc fort inoffensif, lui ; vous pouvez le caresser aussi tranquillement qu'un petit levrier ; il ne se querellerait pas avec une poule de Barbarie, pour peu qu'elle hérissât ses plumes en signe de résistance. Appelle-le, garçon.

Le garçon sort.

L'HOTESSE.

Un escroc, dites-vous ! je ne veux pas fermer ma maison à un honnête homme, ni à un escroc ; mais je n'aime pas les querelles. Sur ma parole, je me trouve mal quand on parle de querelleur ; sentez, mes maîtres, comme je tremble ; tenez, je vous le garantis.

DOROTHÉE.

C'est vrai, l'hôtesse.

L'HOTESSE.

Pas vrai? Oh ! ma parole, je frissonne comme une feuille de tremble : je ne peux pas souffrir les querelleurs.

Entrent Pistolet, Bardolphe et le Page.

PISTOLET.

Dieu vous garde, sir John !

FALSTAFF.

Soyez le bienvenu, enseigne Pistolet. Tenez, Pistolet, je vous charge avec une coupe de Xérès : déchargez-vous sur notre hôtesse.

PISTOLET.

Sir John, je déchargerai un double coup sur elle.

FALSTAFF.

Elle est à l'épreuve du pistolet, seigneur, vous pouvez à peine l'entamer.

L'HOTESSE.

Allez, je n'avalerai ni vos épreuves, ni vos coups. Je ne boirai que ce qui me sera agréable ; je n'y mettrai de complaisance pour aucun homme, moi !

PISTOLET.

A vous donc, mistress Dorothée ; je vais vous attaquer.

DOROTHÉE.

M'attaquer ! je vous méprise, immonde drôle ! Quoi ! vous, pauvre hère, vil coquin, escroc sans linge ! Arrière, gueux rance ! C'est pour votre maître que je suis faite.

PISTOLET.

Je vous connais, mistress Dorothée.

DOROTHÉE.

Arrière, misérable coupe-bourse ! salle bonde, arrière ! Par ce vin, je vais vous flanquer mon couteau dans votre mâchoire rance, si vous tranchez de l'insolent avec moi. Arrière, misérable bouteille de bière ! méchant joueur de coupe-chou ! Depuis quand, je vous prie, messire ? Quoi ! pour deux aiguillettes que vous avez sur l'épaule ! voilà grand'chose !

SCÈNE VII.

PISTOLET.

Je vais massacrer votre fraise pour ceci.

FALSTAFF.

Assez, Pistolet; je ne veux pas que vous éclatiez ici! déchargez-vous hors de notre compagnie, Pistolet (63).

L'HOTESSE.

Non, mon bon capitaine Pistolet; pas ici, cher capitaine.

DOROTHÉE.

Capitaine, toi! abominable et maudit escroc! As-tu pas honte de te laisser appeler capitaine! Si les capitaines pensaient comme moi, ils vous bâtonneraient pour prendre ainsi leur titre avant de l'avoir gagné! Vous, capitaine, vous, manant! Et pourquoi? Pour avoir déchiré la fraise d'une pauvre putain dans un mauvais lieu!... Lui, capitaine! à la potence, le coquin!.. Il vit de pruneaux moisis et de gâteaux desséchés! Un capitaine! Jour de Dieu! ces drôles-là rendront le mot *capitaine* aussi odieux que le mot *posséder*, qui était un mot parfaitement vertueux avant d'être mal appliqué. Aussi les capitaines feront bien d'y prendre garde!

BARDOLPHE.

Je t'en prie, descends, cher enseigne.

FALSTAFF.

Écoutez ici, mistress Dorothée.

PISTOLET.

Que je descende, non! je te le déclare, caporal Bardolphe, je suis capable de la mettre en pièces; je me vengerai d'elle!

LE PAGE.

Je t'en prie, descends.

PISTOLET.

Je la verrai d'abord damnée, je le jure, dans le lac damné de Pluto, dans l'abîme infernal, en proie à l'Érèbe et aux plus vils supplices... Retirez hameçon et lignes, vous dis-je! A bas, chiens! A bas, traîtres! Est-ce que nous n'avons pas Irène ici (60)?

L'HOTESSE.

Mon bon capitaine Pislet, calmez-vous; il est très-tard, sur ma parole; je vous en supplique, aggravez votre colère.

PISTOLET, d'une voix avinée.

— Voilà vraiment de bonnes plaisanteries! Des bêtes de somme, — des rosses d'Asie poussives et creuses, — qui ne sauraient faire trente milles par jour, — se comparer aux Césars et aux Cannibals, — et aux Troyens grecs! Non, qu'ils soient plutôt damnés — avec le roi Cerbère, et qu'ils fassent rugir le firmament!... — Allons-nous nous quereller pour des billevesées (65)?

L'HOTESSE.

Sur mon âme, capitaine, voilà des paroles bien amères!

BARDOLPHE.

Partez, cher enseigne : il va y avoir du vacarme tout à l'heure.

PISTOLET, complétement ivre.

Que les hommes meurent comme des chiens! que les couronnes se donnent comme des épingles!... Est-ce que nous n'avons pas Irène ici?

L'HOTESSE.

Sur ma parole, capitaine, nous n'avons rien de pareil ici. Vertubleu! croyez-vous que je le dissimulerais? Au nom du ciel, calmez-vous.

PISTOLET.

— Alors mange et engraisse, ma belle Callipolis!... — Allons, donnez-moi du vin... — *Si fortuna me tormenta, sperato me contenta*... — Des bordées nous feraient-elles peur? non, que le démon fasse feu!... —

SCÈNE VII.

Donnez-moi du vin ; et toi, mon amante, couche-toi là.
Il pose à terre son épée.
— Faut-il que nous mettions un point ici? et que nous supprimions les *et cætera?* —

FALSTAFF.

Pistolet, à votre place, je serais tranquille.

PISTOLET.

Doux chevalier, je te baise le poing... Bah! nous avons vu les sept planètes.

DOROTHÉE.

Au nom du ciel, jetez-le en bas de l'escalier. Je ne puis endurer le galimatias de ce drôle.

PISTOLET.

Me jeter en bas de l'escalier! Est-ce que nous ne connaissons pas les rosses?

FALSTAFF.

Bardolphe, lance-le en bas comme un palet. Ah! s'il ne fait rien que dire des riens, nous le réduirons à rien ici!

BARDOLPHE, à Pistolet.

Allons, descendez.

PISTOLET, ramassant son épée.

— Quoi! allons-nous en venir aux incisions? allons-nous en découdre?... — Alors, que la mort me berce et abrége mes tristes jours! — Alors, que des blessures fatales, funèbres, béantes — dévident l'écheveau des trois Parques! Viens, te dis-je, Atropos!
Il dégaine.

L'HOTESSE.

Voilà une belle bagarre!

FALSTAFF.

Donne-moi ma rapière, page.

DOROTHÉE.

Je t'en prie, Jack, je t'en prie, ne dégaine pas!

FALSTAFF, dégainant, à Pistolet.

Descendez-moi l'escalier!

L'HOTESSE.

Voilà un beau tumulte!... Ah! je renoncerai à tenir maison plutôt que d'être encore dans ces terreurs et ces frayeurs-là. C'est-ça! un meurtre, j'en suis sûre!... Miséricorde! miséricorde! rengainez vos épées nues, rengainez vos épées nues!

Sortent Pistolet et Bardolphe.

DOROTHÉE.

Je t'en prie, Jack, du calme! le drôle est parti! Ah! vaillant petit coquin de putassier que vous êtes!

L'HOTESSE.

Seriez-vous pas blessé à l'aine? Il m'a semblé qu'il vous portait une traîtresse botte dans le ventre.

Rentre BARDOLPHE.

FALSTAFF, à Bardolphe.

L'avez-vous mis à la porte?

BARDOLPHE.

Oui, messire. Le drôle est ivre! Vous l'avez blessé, messire, à l'épaule.

FALSTAFF.

Un drôle comme lui! me braver!

DOROTHÉE.

Ah! cher petit coquin que vous êtes! miséricorde! pauvre singe, comme tu sues! Allons, laisse-moi essuyer ta face... Avancez maintenant, gaillard! Ah! coquin! c'est que je t'aime, ma foi. Tu es aussi valeureux qu'Hector de Troie; tu vaux cinq Agamemnon, et dix fois mieux que les neuf Preux. Ah! vilain!

FALSTAFF.

Un mauvais gueux! je le bernerai, le gredin, dans une couverture.

SCÈNE VII.

DOROTHÉE.

Fais-le, si tu en as le cœur; si tu le fais, je te câlinerai entre deux draps.

Entrent des musiciens.

LE PAGE.

La musique est arrivée, messire.

FALSTAFF.

Qu'elle joue!... Jouez, mes maîtres... Assieds-toi sur mon genou, Dorothée. Un misérable gredin de fanfaron! Le drôle m'a échappé comme du vif-argent.

DOROTHÉE.

Oui, ma foi, et tu le poursuivais comme un clocher. Ah! mon petit putassier, mon cochon mignon de la foire, quand cesseras-tu de te battre le jour et de t'escrimer la nuit, et quand commenceras-tu à emballer ta vieille personne pour le ciel?

Entrent au fond de la scène le PRINCE HENRY et POINS, déguisés en garçons de taverne.

FALSTAFF.

Paix, bonne Doll! ne parle pas comme une tête de mort; ne me fais pas ressouvenir de ma fin.

DOROTHÉE.

Çà, dis-moi, de quelle nature est le prince?

FALSTAFF.

C'est un bon jeune homme bien nul : il aurait fait un bon pannetier, il aurait coupé le pain congrûment.

DOROTHÉE.

On dit que Poins a beaucoup d'esprit.

FALSTAFF.

Lui, beaucoup d'esprit! La peste du babouin! il a l'esprit aussi épais que de la moutarde de Tewksbury; il n'y a pas plus de finesse en lui que dans un maillet.

DOROTHÉE.

Pourquoi le prince l'aime-t-il tant, alors?

FALSTAFF.

Parce que leurs jambes à tous deux sont de même dimension ; parce qu'il joue fort bien au palet, mange du congre avec du fenouil, avale des bouts de chandelles comme des fruits à l'eau-de-vie, joue à la bascule avec les garçons, saute par-dessus les tabourets, jure de bonne grâce, se chausse juste, comme une jambe d'enseigne, évite de provoquer des querelles en racontant des histoires secrètes ; enfin, parce qu'il a une foule de facultés folâtres qui attestent un esprit mince et un corps souple ! Voilà pourquoi le prince l'admet auprès de lui. Car le prince lui-même est juste comme Poins ; à les peser l'un et l'autre, le poids d'un cheveu ferait pencher la balance.

LE PRINCE HENRY.

Si ce moyeu de roue n'a pas envie qu'on lui coupe les oreilles !

POINS.

Battons-le sous les yeux de sa putain.

LE PRINCE.

Vois donc le vieux flétri qui se fait gratter la nuque comme un perroquet (66).

POINS.

N'est-il pas étrange que le désir survive tant d'années à la puissance ?

FALSTAFF.

Baise-moi, Doll.

LE PRINCE HENRY.

Saturne et Vénus en conjonction cette année ! que dit de ça l'almanach ?

POINS, montrant Bardolphe et l'hôtesse.

Et voyez ce prisme de feu, son écuyer, qui caresse les vieilles archives de son maître, son calepin, son secrétaire !

SCÈNE VII.

FASTAFF, à Dorothée.

Tu me donnes des baisers flatteurs.

DOROTHÉE.

Non, vraiment; c'est de bien bon cœur que je te baise.

FALSTAFF.

Je suis vieux, je suis vieux.

DOROTHÉE.

Je t'aime mieux que le plus jeune de ces polissons-là !

FALSTAFF.

De quelle étoffe veux-tu avoir un surcot ? Je recevrai de l'argent jeudi : tu auras un bonnet demain... Allons, une chanson joyeuse ! il se fait tard; nous allons nous coucher !... Tu m'oublieras quand je serai parti.

DOROTHÉE.

Sur mon âme, tu vas me faire pleurer si tu dis ça. On verra seulement si je me fais belle une fois avant ton retour... Allons, écoute la fin de la chanson.

FALSTAFF.

Du Xérès, Francis.

LE PRINCE HENRY ET POINS, s'avançant.

Voilà, voilà, monsieur !

FALSTAFF, les considérant l'un après l'autre.

Hé ! un bâtard du roi !... Et toi, serais-tu pas un frère à Poins ?

LE PRINCE HENRY.

Çà, globe d'impurs continents, quelle vie mènes-tu donc ?

FALSTAFF.

Une meilleure que toi ; je suis un gentilhomme ; toi, tu n'es qu'un tireur de vin.

LE PRINCE HENRY.

Messire, ce sont vos oreilles que je viens tirer.

L'HOTESSE.

Oh ! que le seigneur préserve ta chère Altesse ! sur

mon âme, tu es le bienvenu à Londres ! Que le Seigneur bénisse ta bien-aimée figure ! Doux Jésus ! Vous voilà donc revenu du pays de Galles !

FALSTAFF.

Ah ! folle et auguste engeance de putain, par cette frêle chair et ce sang corrompu (mettant la main sur Dorothée), tu es la bienvenue.

DOROTHÉE.

Qu'est-ce à dire ! gros niais, je vous méprise.

POINS, au prince.

Milord, il vous fera renoncer à votre vengeance et tournera tout en plaisanterie, si vous ne battez pas le fer tandis qu'il est chaud.

LE PRINCE HENRY.

Immonde mine à suif, quel ignoble langage vous venez de tenir sur moi en présence de cette honnête, vertueuse et civile demoiselle !

L'HOTESSE.

Béni soit votre bon cœur ! Elle est bien tout ça, sur mon âme !

FALSTAFF, au prince.

Écoute !

LE PRINCE.

Oui, sans doute ; vous m'aviez reconnu, comme le jour où vous vous êtes si bien sauvé du côté de Gadshill ; vous saviez que j'étais derrière vous ; et vous avez dit ça tout exprès pour éprouver ma patience.

FALSTAFF.

Non, non, non ; non pas ! je ne croyais pas que tu fusses à portée de m'entendre.

LE PRINCE HENRY.

Je vais donc vous réduire à confesser vos insultes préméditées ; et alors je saurai comment vous traiter.

FALSTAFF.

Il n'y a eu aucune insulte, Hal, sur mon honneur; aucune insulte.

LE PRINCE HENRY.

Aucune insulte! Me dénigrer! m'appeler pannetier, coupeur de pain, et je ne sais quoi!

FALSTAFF.

Aucune insulte, Hal.

POINS.

Aucune insulte!

FALSTAFF.

Aucune insulte, Ned, vraiment; honnête Ned, aucune insulte. Je l'ai dénigré devant les méchants, afin que les méchants ne se prennent point d'amour pour lui; ce que faisant, j'ai fait acte d'ami dévoué et de loyal sujet, et ton père me doit des remercîments pour ça. Aucune insulte, Hal; aucune, Ned, aucune; non, enfants, aucune.

LE PRINCE HENRY.

Vois donc si, par peur et couardise pure, tu n'outrages pas cette vertueuse damoiselle pour faire ta paix avec nous. Est-elle du nombre des méchants?... Ton hôtesse que voici est-elle du nombre de méchants? Ton page est-il du nombre des méchants? Enfin l'honnête Bardolphe, dont le nez brûle de zèle, est-il du nombre des méchants?

POINS.

Réponds, orme mort, réponds.

FALSTAFF.

Le démon a voué Bardolphe à une irrémédiable damnation; et sa face est la cuisine spéciale de Lucifer qui ne fait qu'y rôtir des godailleurs. Quant au page, il a un bon ange près de lui; mais le diable le domine également.

LE PRINCE HENRY.

Quant aux femmes...

FALSTAFF.

L'une d'elles est déjà en enfer, et elle brûle, la pauvre âme! Quant à l'autre, je lui dois de l'argent; est-elle damnée pour ça, je n'en sais rien.

L'HOTESSE.

Non, je vous le garantis.

FALSTAFF.

Non, je ne crois pas que tu le sois; je crois que tu en es quitte sur ce chef. Mais il y a un autre grief contre toi: tu souffres qu'on consomme de la chair dans ta maison, contrairement à la loi; et pour ce fait, je crois que tu hurleras.

L'HOTESSE.

Tous les aubergistes en font autant. Qu'est-ce qu'une cuisse de veau ou deux dans tout un carême?

LE PRINCE HENRY, à Dorothée.

Vous, gentille femme...

DOROTHÉE.

Que dit Votre Grâce?

FALSTAFF.

Sa Grâce dit une chose contre laquelle sa chair se révolte.

On frappe.

L'HOTESSE.

Qui est-ce qui frappe si fort! Va voir à la porte, Francis.

Entre PETO.

LE PRINCE HENRY.

Peto! Eh bien! quelles nouvelles?

PETO.

— Le roi votre père est à Westminster; — il y a vingt courriers épuisés de fatigue, — qui arrivent du nord; et, comme je venais ici, — j'ai rencontré et dépassé une douzaine de capitaines, — tête nue, en sueur, qui frappaient à toutes les tavernes, — demandant partout sir John Falstaff.

LE PRINCE HENRY.

— Par le ciel, Poins, je me trouve bien blâmable — de profaner ainsi en folies un temps précieux ; — alors que l'orage du désordre, comme un vent de sud — porté sur de noires vapeurs, commence à fondre — en averse sur nos têtes nues et désarmées... — Donnez-moi mon épée et mon manteau... Bonne nuit, Falstaff.

Sortent le prince Henry, Poins, Peto et Bardolphe.

FALSTAFF.

Voici qu'arrivait le morceau le plus friand de la nuit ; et il nous faut partir sans y toucher !

On frappe.

On frappe encore à la porte !

Rentre BARDOLPHE.

Eh bien ! qu'y a-t-il ?

BARDOLPHE.

Il faut que vous partiez pour la cour, messire, immédiatement ; une douzaine de capitaines vous attendent à la porte.

FALSTAFF, au page.

Paie les musiciens, maraud... Adieu, l'hôtesse... Adieu, Doll. Vous voyez, mes bonnes filles, comme les hommes de mérite sont recherchés. L'incapable peut dormir, quand l'homme d'action est réclamé. Adieu, mes bonnes filles. Si je ne suis pas expédié en toute hâte, je vous reverrai avant de partir.

DOROTHÉE.

Je ne puis parler... Si mon cœur n'est pas prêt à éclater !... Allons, mon Jack chéri, aie grand soin de toi.

FALSTAFF.

Adieu, adieu.

Sortent Falstaff et Bardolphe.

L'HOTESSE.

Allons, adieu. Il y a vingt-neuf ans, viennent les pois verts, que je te connais ; pour un homme plus honnête et de cœur plus sincère !... Allons, adieu.

BARDOLPHE, *appelant, de l'intérieur.*

Mistress Troue-Drap !

L'HOTESSE.

Qu'y a-t-il ?

BARDOLPHE, *de l'intérieur.*

Dites à mistress Troue-Drap de venir trouver mon maître.

L'HOTESSE.

Oh ! cours, Doll, cours, bonne Doll.

Elles sortent.

SCÈNE VIII.

[Le palais du roi à Londres.]

Entre le Roi HENRY, *en robe de chambre, accompagné d'un* PAGE.

LE ROI.

— Va appeler les comtes de Surrey et de Warwick ; — mais, avant qu'ils viennent, dis-leur de lire ces lettres, — et de bien les examiner. Dépêche-toi.

Le page sort.

— Combien de milliers de mes plus pauvres sujets — sont à cette heure endormis ! O sommeil, ô doux sommeil, — tendre infirmier de la nature, quel effroi t'ai-je causé, — que tu ne veux plus fermer mes paupières — et plonger mes sens dans l'oubli ! — Pourquoi, sommeil, te plais-tu dans les huttes enfumées, — étendu sur d'incommodes grabats, — où tu t'assoupis au bourdonnement des mouches nocturnes, — plutôt que dans les chambres parfumées des grands, — sous les dais de la pompe somptueuse, — caressé par les sons de la plus suave mélodie ? — O dieu stupide ! pourquoi reposes-tu avec le misérable — sur des lits infects, et abandonnes-tu la couche royale, — comme la guérite du veilleur, comme le beffroi de la cloche d'alarme ? — Quoi ! tu vas au haut des mâts vertigineux — fermer les yeux du mousse et bercer sa tête — dans le rude berceau de la vague impérieuse, — sous le souffle des vents — qui prennent par la crête les lames furieuses, — frisent leur monstrueuses chevelures et les suspendent — aux nuées fugitives avec des clameurs assourdissantes — dont le vacarme réveille la mort elle-même ! — Peux-tu donc, ô partial sommeil, accorder le repos, — dans une heure si rude, au pauvre mousse mouillé, — et, par la nuit la plus calme et la plus tranquille, — en dépit de toutes les sollicitations et de toutes les ressources du luxe, — le refuser à un roi ! Repose donc, heureux d'en bas ! — Inquiète est la tête qui porte une couronne !

Entrent WARWICK, SURREY et sir JOHN BLUNT.

WARWICK.
— Mille bons jours à Votre Majesté !

LE ROI.
— Quoi ! bonjour déjà, milord ?

WARWICK.
Il est plus d'une heure du matin.

LE ROI HENRY.
— Eh bien donc, bonjour à vous tous, milords. — Avez-vous lu les lettres que je vous ai envoyées ?

WARWICK.
Oui, mon suzerain.

LE ROI.

— Vous voyez donc dans quel triste état — est le corps de notre royaume ; de quelle maladie violente — et dangereuse il est atteint près du cœur.

WARWICK.

— Ce n'est encore qu'une constitution troublée, — à laquelle on peut restituer toute son énergie — avec de bons avis et une médecine légère. — Milord Northumberland sera bientôt refroidi.

LE ROI.

— Mon Dieu ! que ne peut-on lire le livre du destin, — et voir, grace aux révolutions des temps, — les montagnes s'aplanir, et le continent, — las de sa solide fermeté, se fondre dans la mer, ou, à d'autres époques, — la ceinture de plages de l'Océan — devenir trop large pour les flancs de Neptune ! Que ne peut-on voir toutes les dérisions du sort — et de combien de liqueurs diverses la fortune — remplit la coupe des vicissitudes (67) ! Oh ! si tout cela pouvait se voir, — le plus heureux jeune homme, à l'aspect de la route à parcourir, — des périls passés, des traverses futures, — voudrait fermer le livre et s'asseoir et mourir !...
— Il n'y a pas dix ans — que Richard et Northumberland, grands amis, — banquetaient ensemble ; et, deux années plus tard, — ils étaient en guerre !... Il y a huit ans à peine, — ce Percy était l'homme le plus proche de mon cœur ; — il travaillait, comme un frère, à mes succès, — et mettait à mes pieds son amour et sa vie ; — il allait pour moi, à la face même de Richard, — lui jeter un défi. Mais qui de vous était là ?

A Warwick.

— Vous, cousin Névil, si j'ai bonne mémoire, — vous étiez là, quand Richard, les yeux inondés de larmes, — rebuté et honni par Northumberland, — prononça ces paroles devenues aujourd'hui prophétiques — : *O Northum-*

berland, *qui as servi d'échelle* — *à mon cousin Bolingbroke pour monter sur le trône...* — (Dieu sait pourtant que telle n'était pas d'abord mon intention ; — mais la nécessité fit pencher l'État si bas — que la couronne et ma tête durent se toucher)... *Un temps viendra,* poursuivit-il, — *un temps viendra où ce crime hideux, formant un abcès,* — *éclatera en corruption !* Et il continua, — prédisant les événements de notre époque — et la rupture de notre amitié.

WARWICK.

Il y a dans toutes les vies humaines des faits — qui représentent l'état des temps évanouis ; — en les observant, un homme peut prédire, — presque à coup sûr, le développement essentiel des choses — encore à naître, qui sont recelées — en germe dans leurs faibles prodromes, — et que l'avenir doit couver et faire éclore. — Aussi, d'après cette formation nécessaire, — le roi Richard a pu parfaitement deviner — que la trahison, commise envers lui par le grand Northumberland, — serait le germe d'une trahison plus grande — qui, pour s'enraciner, ne trouverait de terrain — qu'à votre détriment.

LE ROI.

Ces choses sont-elles des nécessités ? — Alors, recevons-les comme des nécessités. — Et c'est encore la nécessité qui nous presse en ce moment. — On dit que l'évêque et Northumberland — sont forts de cinquante mille hommes.

WARWICK.

Cela ne peut être, milord. — La rumeur, pareille à la voix de l'écho, double — le nombre de ceux qu'on redoute. Que Votre Grâce veuille bien — se mettre au lit ; sur mon âme, milord, — les forces que vous avez déjà envoyées — remporteront bien aisément cette victoire. — Pour vous tranquilliser mieux encore, j'ai reçu — la nouvelle certaine que Glendower est mort. — Votre Majesté n'est pas bien depuis quinze jours; — et en se désheurant ainsi elle ne peut qu'accroître — son mal.

LE ROI.

Je vais suivre votre conseil. — Ah! si nous n'avions pas sur les bras ces guerres intestines, — nous partirions, chers lords, pour la Terre-Sainte.

Il sortent.

SCÈNE IX.

[Le Glocestershire. Une cour devant la maison du juge Shallow.]

Entrent de différents côtés SHALLOW et SILENCE, puis MOISI, OMBRE, VERRUE, FAIBLE, VEAU et des domestiques, qui se tiennent au fond de la scène.

SHALLOW.

Avancez, avancez, avancez. Donnez-moi la main, monsieur, donnez-moi la main, monsieur : un homme bien matinal, par la sainte croix ! Et comment va mon bon cousin Silence?

SILENCE.

Bonjour, bon cousin Shallow.

SHALLOW.

Et comment va ma cousine, votre compagne de lit? et votre brillante fille, ma filleule, Hélène?

SILENCE.

Hélas! ce n'est pas un merle blanc, cousin Shallow.

SHALLOW.

Par oui et par non, monsieur, j'ose dire que mon cousin William est devenu un bon étudiant. Il est toujours à Oxford, n'est-ce pas?

SILENCE.

Vraiment, oui, monsieur, à mes frais.

SHALLOW.

Il va donc bientôt aller aux écoles de droit. J'ai été

dans le temps à celle de Saint-Clément, où je pense qu'on parle encore de ce fou de Shallow.

SILENCE.

On vous appelait ce gaillard de Shallow alors, cousin.

SHALLOW.

Par la messe, on m'appelait n'importe quoi; car effecvement j'aurais fait n'importe quoi, et rondement encore. Il y avait moi, et le petit John Doit de Staffordshire, et le noir George Nu, et Francis Rongeos, et Will Squele (68), un garçon de Cotswold; vous n'auriez pas trouvé quatre bretailleurs comme nous; et je puis dire que nous savions où étaient les bons cotillons; et nous avions le meilleur d'eux tous à commandement. Jack Falstaff, aujourd'hui sir John, était alors enfant, et page de Thomas Mowbray, duc de Norfolk (69).

SILENCE.

Ce sir John, cousin, qui va venir ici pour des soldats?

SHALLOW.

Le même sir John, précisément le même. Je lui ai vu fendre la tête de Skogan à la porte du collège (70), quand il n'était encore qu'un galopin; pas plus haut que ça. Et le même jour je me suis battu avec un Samson Stockfiche, un fruitier, derrière Gray's-Inn. Oh! les folles journées que j'ai passées! et de voir combien de mes vieilles connaissances sont mortes!

SILENCE.

Nous suivrons tous, cousin.

SHALLOW.

Certainement, certainement; bien sûr, bien sûr. La mort, comme dit le Psalmiste, est certaine pour tous; tous mourront. Combien un bon couple de bœufs à la foire de Stamfort?

SILENCE.

Ma foi, cousin, je n'y ai pas été.

SHALLOW.

La mort est certaine... Est-ce que le vieux Double de votre ville vit encore?

SILENCE.

Il est mort, monsieur.

SHALLOW.

Jésus! Jésus! (71) Mort!... Il tirait si bien de l'arc... Mort! Il avait un si beau coup!... Jean de Gand l'aimait fort, et pariait gros sur sa tête... Mort! Il aurait frappé dans le blanc à deux cent quarante pas, et il vous lançait une flèche à deux cent quatre-vingts, et même quatre-vingt-dix pas, que ça vous aurait réjoui le cœur de le voir... Combien la vingtaine de brebis à présent?

SILENCE.

C'est selon : une vingtaine de bonnes brebis peut valoir dix livres.

SHALLOW.

Et le vieux Double est mort!

Entrent Bardolphe et un de ses camarades.

SILENCE.

Voici venir deux des gens de sir John Falstaff, à ce que je crois.

BARDOLPHE.

Bonjour, honnêtes gentlemen! Qui de vous, je vous prie, est le juge Shallow?

SHALLOW.

Je suis Robert Shallow, monsieur; un pauvre écuyer de ce comté, et l'un des juges de paix du roi. Que désirez-vous de moi?

BARDOLPHE.

Monsieur, mon capitaine se recommande à vous : mon capitaine, sir John Falstaff; un gentilhomme de belle mine, par le ciel, et un fort vaillant officier.

SHALLOW.

Il m'honore grandement, monsieur; je l'ai connu excellent homme d'épée. Comment va le bon chevalier? puis-je demander comment va madame son épouse?

BARDOLPHE.

Monsieur, pardon; un soldat est mieux accommodé quand il n'a pas d'épouse.

SHALLOW.

Ma foi, monsieur, voilà qui est bien dit; et voilà qui est vraiment bien dit. Mieux accommodé! c'est excellent; oui, vraiment: les bonnes phrases sont certainement et ont toujours été fort recommandables. Accommodé! Cela vient d'*accommodo*: très-bon; bonne phrase!

BARDOLPHE.

Pardon, monsieur; j'ai ouï dire ce mot-là. Vous appelez ça une phrase! Jour de Dieu! je ne connais pas la phrase; mais je soutiendrai, l'épée à la main, que le mot est un mot soldatesque, et un mot d'excellente autorité. Accommodé! c'est-à-dire quand un homme est ce qu'on appelle... accommodé, ou quand il est... dans un état... où il peut être considéré comme accommodé; ce qui est une excellente chose.

Entre FALSTAFF.

SHALLOW.

C'est fort juste... Tenez, voici ce bon sir John! Donnez-moi votre bonne main, donnez-moi la bonne main de votre seigneurie. Sur ma parole, vous avez bonne mine, et vous portez fort bien vos années. Soyez le bienvenu, bon sir John.

FALSTAFF.

Je suis bien aise de vous voir bien portant, mon bon maître Robert Shallow... Maître Surecarte, je crois?

SHALLOW.

Non, sir John ; c'est mon cousin Silence, mon assesseur.

FALSTAFF.

Cher maître Silence, il vous sied fort d'être pour la paix.

SILENCE.

Votre seigneurie est la bienvenue.

FALSTAFF.

Ouf ! voilà un temps bien chaud... Messieurs, m'avez-vous trouvé une demi-douzaine d'hommes propres au service ?

SHALLOW.

Ma foi, oui, monsieur. Voulez-vous vous asseoir ?

FALSTAFF.

Voyons-les, je vous prie.

SHALLOW.

Où est le rôle ? où est le rôle ? où est le rôle ?.. Voyons, voyons... C'est ça, c'est ça, c'est ça... Parbleu, voici, monsieur... Ralph Moisi !... Qu'ils paraissent tous à l'appel ! qu'ils n'y manquent pas ! qu'ils n'y manquent pas !... Voyons, où est Moisi ?

MOISI.

Ici, s'il vous plaît.

SHALLOW.

Qu'en pensez-vous, sir John ? Un gaillard bien bâti, jeune, fort et de bonne famille.

FALSTAFF.

Tu t'appelles Moisi.

MOISI.

Oui, s'il vous plaît.

FALSTAFF.

Il est grand temps qu'on t'emploie.

SCÈNE IX.

SHALLOW, éclatant de rire.

Ha! ha! ha! excellent, ma foi! Ce qui est moisi veut être employé au plus vite... Voilà qui est singulièrement bon... Ma foi, bien dit, sir John; très-bien dit.

FALSTAFF, à Shallow.

Marquez-le d'une croix.

MOISI.

Une croix! J'en portais déjà une! vous auriez pu me laisser tranquille! Ma vieille dame va perdre la tête à présent, faute de quelqu'un pour faire son ménage et sa grosse besogne. Vous n'aviez pas besoin de me marquer; il y a d'autres hommes plus en état que moi de partir.

FALSTAFF.

Allons! silence, Moisi! vous partirez. Moisi, il est temps qu'on vous utilise.

MOISI.

Qu'on m'utilise!

SHALLOW.

Paix, drôle, paix! rangez-vous! Savez-vous où vous êtes?.. Au suivant, sir John!.. Voyons.. Simon Ombre!

FALSTAFF.

Ah! morbleu, donnez-moi celui-là pour m'asseoir dessous: ce doit être un soldat bien frais.

SHALLOW.

Où est Ombre?

OMBRE.

Ici, monsieur.

FALSTAFF.

Ombre, de qui es-tu fils?

OMBRE.

Le fils de ma mère, monsieur.

FALSTAFF.

Le fils de ta mère! c'est assez probable. Et l'ombre de

ton père ! Ainsi l'enfant de la femelle est l'ombre du mâle ; c'est souvent le cas, en vérité ; le père y met si peu du sien !

SHALLOW.

Vous convient-il, sir John ?

FALSTAFF.

L'Ombre servira pour l'été ; marquez-le ; aussi bien nous avons nombre d'ombres pour remplir les cadres.

SHALLOW.

Thomas Poireau !

FALSTAFF.

Où est-il ?

POIREAU.

Voici, monsieur.

FALSTAFF.

Ton nom est Poireau ?

POIREAU.

Ouais, monsieur.

FALSTAFF.

Tu es un poireau bien hétéroclite.

SHALLOW.

Le pointerai-je, sir John ?

FALSTAFF.

Ce serait chose superflue ; car son équipement est étayé sur son dos, et tout son édifice porte sur deux pointes : ne le pointez pas davantage.

[SHALLOW, éclatant de rire.

Ha ! ha ! ha !... A votre aise, monsieur, à votre aise ! je vous fais mon compliment... Francis Faible !

FAIBLE.

Voici, monsieur.

FALSTAFF.

Quel est ton métier, Faible ?

FAIBLE.

Tailleur pour femmes, monsieur.

SCÈNE IX.

SHALLOW.

Le pointerai-je, monsieur?

FALSTAFF.

Vous le pouvez, mais, s'il avait été tailleur pour hommes, c'est lui qui vous aurait fait des points!... Feras-tu autant de trous dans les rangs ennemis que tu en as fait dans les jupes de femmes?

FAIBLE.

Je ferai de mon mieux, monsieur; vous ne pouvez demander davantage.

FALSTAFF.

Bien dit, digne tailleur pour femmes! bien dit, courageux Faible! Tu seras aussi vaillant que la colombe en courroux ou que la plus magnanime souris... Pointez bien le tailleur pour femmes, maître Shallow; appuyez bien, maître Shallow.

FAIBLE.

Je voudrais que Poireau pût partir, monsieur.

FALSTAFF.

Je voudrais que tu fusses tailleur pour hommes; tu pourrais le raccommoder et le mettre en état de partir. Je ne puis faire un simple soldat d'un gaillard qui a derrière lui un si gros bataillon. Que cela te suffise, impétueux Faible.

FAIBLE.

Il suffit, monsieur.

FALSTAFF.

Je te suis bien obligé, révérend Faible... Qui vient après?

SHALLOW.

Pierre Veau du pré.

FALSTAFF.

Oui, morbleu, voyons ce Veau.

VEAU.

Voici, monsieur.

FALSTAFF.

Pardieu, voilà un gaillard bien tourné! Allons, pointez-moi ce Veau-là jusqu'à ce qu'il beugle.

VEAU.

Ah! seigneur! mon bon seigneur le capitaine!

FALSTAFF.

Comment! tu beugles avant qu'on te pointe!

VEAU.

Oh! seigneur! monsieur! je suis malade.

FALSTAFF.

Quelle maladie as-tu?

VEAU.

Un putassier de rhume; une toux, monsieur, que j'ai attrapée à force de sonner pour les affaires du roi, le jour de son couronnement, monsieur.

FALSTAFF.

Allons, tu iras à la guerre en robe de chambre; nous te débarrasserons de ton rhume; et je ferai en sorte que tes parents sonnent les cloches pour toi. Est-ce là tout?

SHALLOW.

On en a appelé deux de plus que le nombre qui vous est nécessaire. Vous n'en avez que quatre à prendre ici, monsieur. Et sur ce, je vous prie de venir dîner avec moi.

FALSTAFF.

Allons, je veux bien boire avec vous, mais je ne puis rester à dîner. D'honneur, je suis charmé de vous voir, maître Shallow.

SHALLOW.

Ah! sir John, vous rappelez-vous la nuit que nous avons passée tout entière dans le moulin à vent des prés Saint-Georges?

FALSTAFF.

Ne parlons plus de ça, cher maître Shallow, ne parlons plus de ça.

SHALLOW.

Ah! ce fut une joyeuse nuit. Et Jane Besogne-de-Nuit vit-elle toujours?

FALSTAFF.

Elle vit, maître Shallow.

SHALLOW.

Elle ne pouvait pas se défaire de moi.

FALSTAFF.

Jamais, jamais; elle disait toujours qu'elle ne pouvait supporter maître Shallow.

SHALLOW.

Par la messe! je savais la mettre en fureur. C'était alors un aimable cotillon. Se soutient-elle toujours bien?

FALSTAFF.

Elle est vieille, vieille, maître Shallow.

SHALLOW.

Oui-dà, elle doit être vieille; elle ne peut qu'être vieille; certainement, elle est vieille : elle avait eu Robin Besogne-de-Nuit, du vieux Besogne-de-Nuit, avant que j'allasse à Clément's-Inn.

SILENCE.

Il y a cinquante-cinq ans.

SHALLOW.

Ha! cousin Silence, si vous aviez vu ce que ce chevalier et moi nous avons vu!... Hein, sir John, n'est-ce pas?

FALSTAFF.

Nous avons entendu les carillons de minuit, maître Shallow.

SHALLOW.

Pour ça, oui; pour ça, oui ; pour ça, oui ; ah! vraiment, sir John, pour ça, oui. Notre mot d'ordre était : Hem! enfants!... Allons, venons dîner; allons, venons dîner... Oh! les journées que nous avons vues!... Allons, allons.

Sortent Falstaff, Shallow et Silence.

VEAU.

Mon bon monsieur le caporal Bardolphe, soyez mon ami, et voici pour vous quatre Henrys de dix shillings en écus de France. En bonne vérité, monsieur, j'aimerais autant être pendu, monsieur, que de partir ; ce n'est pas que, pour ma part, monsieur, je m'en soucie grandement, mais c'est que je n'en ai nulle envie, et que, pour moi personnellement, je désire rester avec mes parents ; sans quoi, monsieur, pour moi personnellement, je ne m'en soucierais guère.

BARDOLPHE.

Allons, mettez-vous de côté.

MOISI.

Moi aussi, je vous en prie, monsieur le caporal capitaine, pour l'amour de ma vieille dame, soyez mon ami ; elle n'a personne pour lui faire son service, quand je serai parti ; elle est vieille, et ne peut pas s'aider elle-même : vous aurez quarante shillings, monsieur.

BARDOLPHE.

Allons, mettez-vous de côté.

FAIBLE.

D'honneur, ça m'est égal... Un homme ne peut mourir qu'une fois. Nous devons une mort à Dieu... Je n'aurai jamais l'âme basse. Si c'est ma destinée, soit ; sinon, soit encore! Nul n'est trop bon pour servir son prince ; et, advienne que pourra, celui qui meurt cette année est quitte pour l'année prochaine.

BARDOLPHE.

Bien dit ; tu es un brave garçon.

FAIBLE.

Ma foi, je n'aurai jamais l'âme basse.

Rentrent FALSTAFF, SHALLOW et SILENCE.

FALSTAFF.

Allons, monsieur, quels hommes prendrai-je?

SHALLOW.

Les quatre qui vous plairont.

BARDOLPHE, bas, à Falstaff.

Monsieur, un mot... J'ai trois livres pour libérer Moisi et Veau.

FALSTAFF, bas, à Bardolphe.

Va, c'est bien.

SHALLOW.

Allons, sir John, quels sont les quatre que vous voulez?

FALSTAFF.

Choisissez pour moi.

SHALLOW.

Eh bien donc, Moisi, Veau, Faible et Ombre.

FALSTAFF.

Moisi et Veau... Vous, Moisi, restez chez vous jusqu'à ce que vous soyez tout à fait impropre au service; et vous, Veau, jusqu'à ce que vous y soyez propre. Je ne veux pas de vous.

SHALLOW.

Sir John, sir John, ne vous faites pas tort à vous-même ; ce sont vos plus beaux hommes, et je voudrais voir à votre service ce qu'il y de mieux.

FALSTAFF.

Allez-vous m'apprendre, maître Shallow, à choisir un homme? Est-ce que je me soucie, moi, des membres, de la vigueur, de la stature, de la grandeur et de la corpulence extérieure d'un homme! Donnez-moi le cœur, maître Shallow. Voilà Poireau; vous voyez quelle apparence hétéroclite il a ! Eh bien, il va vous charger et vous décharger son arme aussi vite que le marteau d'un étameur; vous le verrez aller et venir aussi lestement qu'un brasseur remplissant ses seaux. Et ce gaillard tout en profil, Ombre, donnez-moi cet homme-là : il ne présente pas de point de mire à l'ennemi; autant vaudrait pour un adversaire ajuster le tranchant d'un canif. Et, dans une retraite, avec quelle prestesse courrait ce Faible, le tailleur pour femmes! Oh! donnez-moi les hommes de réforme; et mettez-moi à la réforme les beaux hommes!... Place-moi une arquebuse dans les mains de Poireau, Bardolphe.

BARDOLPHE.

Tiens, Poireau, en jouc! ainsi, ainsi, ainsi.

FALSTAFF.

Allons, maniez-moi votre arquebuse. C'est ça! très-bien!... allons!... très-bien! excessivement bien!... Oh! donnez-moi un tireur petit, décharné, vieux, noué, pelé!... A merveille, Poireau. Tu es un bon drille!... Tiens, voici un teston pour toi.

SHALLOW.

Il n'est point passé maître en son art; il ne manœuvre pas bien. Je me rappelle que sur le pré de Mil-End, à l'époque où j'étais à Clément's-Inn (je jouais alors sir Dagonet (72) dans la pantomime d'Arthur), il y avait un petit luron qui vous maniait son arme comme ceci; et il se démenait, et il se démenait, et il vous marchait en avant, et il vous marchait en avant : *ra ta ta*, faisait-il; *pan*, faisait-il; et il partait encore, et il revenait encore. Je ne reverrai jamais un pareil gaillard.

FALSTAFF.

Ces gaillards-là feront mon affaire, maître Shallow... Dieu vous garde, maître Silence! je n'userai pas beaucoup de paroles avec vous. Portez-vous bien tous deux, messieurs; je vous remercie : j'ai une douzaine de milles à faire ce soir. Bardolphe, donnez des habits aux soldats.

SHALLOW.

Sir John, que le Seigneur vous bénisse et fasse prospérer vos affaires! que Dieu nous envoie la paix! A votre retour, faites-moi visite; nous renouvellerons notre an-

cienne accointance : peut-être irai-je avec vous à la cour.
                    FALSTAFF.
Je le désirerais beaucoup, maître Shallow.
                    SHALLOW.
Allons ; j'ai tout dit. Portez-vous bien.
                    FALSTAFF.
Portez-vous bien, gentils gentlemen.
              Sortent Shallow et Silence.
En avant, Bardolphe ; emmène les hommes.
              Bardolphe sort avec les recrues.
                FALSTAFF, seul.

A mon retour je tâterai ces magistrats : je vois le fond du juge Shallow. Seigneur ! Seigneur ! Combien, nous autres vieux hommes, nous sommes sujets à ce vice de mensonge ! Ce juge étique n'a fait que me braver sur les extravagances de sa jeunesse et sur ses exploits dans Turnbull-Street (73) ; et sur trois mots, il y avait un mensonge, tribut plus exactement payé à l'auditeur que le tribut du grand Turc. Je me le rappelle à Clément's-Inn, comme un de ces bonshommes qu'on fait, après souper, d'une rognure de fromage. Quand il était nu, il faisait à tout le monde l'effet d'un radis fourchu, surmonté d'une tête fantasquement taillée au couteau. Il était si chétif que, pour une vue un peu trouble, ses dimensions étaient tout à fait invisibles. Il était le génie même de la famine ; pourtant paillard comme un singe ; les putains l'appelaient *Mandragore*. Il arrivait toujours à l'arrière-garde de la mode ; et il chantait à ses femelles avachies les chansons qu'il entendait siffler à des charretiers, et il jurait que c'était des *fantaisies* ou des *nocturnes* de lui. Et maintenant voilà ce sabre de bois du Vice devenu écuyer ! Et il parle de Jean de Gand aussi familièrement que s'il avait été son frère d'armes ; et je jurerais qu'il ne l'a jamais vu qu'une fois, dans la cour du Carrousel, et alors qu'il eut la tête fendue pour s'être faufilé parmi les gens du maréchal. Je le vis, et je dis à Jean de Gand qu'il était plus mince qu'un gant ; car vous l'auriez aisément fourré, lui, et tout son costume, dans une peau d'anguille. L'étui d'un haut-bois eût été pour lui un palais, une cour ; et maintenant il a des terres et des bœufs. Allons ! je me lierai avec lui, si je reviens ; et je jouerai de malheur, si je n'en fais pas une pierre philosophale à mon usage. Si le jeune goujon est une amorce pour le vieux brochet, je ne vois point pourquoi, selon la loi de nature, je ne le happerais pas. Vienne l'occasion, et c'est dit.

Il sort.

SCÈNE X.

[Une forêt dans l'Yorkshire.]

Entrent L'ARCHEVÊQUE D'YORK, MOWBRAY, HASTINGS et autres.

L'ARCHEVÊQUE.

Comment s'appelle cette forêt.

HASTINGS.

— C'est la forêt de Gaultree, n'en déplaise à Votre Grâce.

L'ARCHEVÊQUE.

— Arrêtons-nous ici milords ; et envoyez des éclaireurs en avant — pour reconnaître le nombre de nos ennemis.

HASTINGS.

— Nous en avons déjà envoyé.

L'ARCHEVÊQUE.

C'est fort bien. — Mes amis, mes frères dans cette grande entreprise, — je dois vous apprendre que j'ai reçu — de Northumberland une lettre de fraîche date. — C'est une froide missive dont voici la teneur et la substance : — il aurait désiré être ici de sa personne avec des forces — qui fussent en rapport avec son rang ; — mais il n'a pu les lever ; sur quoi, — pour laisser mûrir sa fortune croissante, il s'est retiré — en Écosse ; et il conclut en priant de tout cœur — pour que vos efforts dominent l'événement — et la redoutable opposition de leurs adversaires.

MOWBRAY.

— Ainsi les espérances que nous fondions sur lui échouent — et se brisent !

Entre un MESSAGER.

HASTINGS.

Eh bien, quelles nouvelles ?

LE MESSAGER.

— A l'ouest de cette forêt, à un mille d'ici tout au plus, — les ennemis arrivent en bon ordre, — et, par l'espace qu'ils couvrent, j'estime que leur nombre — s'élève à peu près à trente mille.

MOWBRAY.

— Juste le chiffre que nous leur supposions. — Portons-nous en avant, et affrontons-les dans la plaine.

L'ARCHEVÊQUE.

— Quel est le chef armé de toutes pièces qui nous aborde ici ?

MOWBRAY.

— Je crois que c'est milord de Westmoreland.

Entre WESTMORELAND.

WESTMORELAND.

— A vous le salut et le cordial compliment de notre général, — le prince lord John, duc de Lancastre !

L'ARCHEVÊQUE.

— Parlez, milord de Westmoreland, en toute sécurité. — Que signifie votre venue ?

WESTMORELAND.

Eh bien, milord, — c'est à Votre Grâce que s'adresse principalement — la substance de mon message. Si cette rébellion — s'avançait, comme il lui sied, en bandes ignobles et abjectes, — guidée par une jeunesse sanguinaire, couverte de haillons, — et escortée de marmousets et de canailles; — si, dis-je, l'émeute maudite apparaissait — sous sa forme véritable, naturelle et propre, — vous, mon révérend père, et ces nobles lords, — vous ne seriez pas ici pour habiller — de vos éclatantes dignités la hideuse nudité — d'une vile et sanguinaire insurrection. Vous, lord archevêque, — dont le siége est appuyé sur la paix civique, — dont la barbe a été touchée par la main d'argent de la paix, — vous que la paix a initié à la science et aux belles-lettres, — vous dont les blancs vêtements figurent l'innocence, — colombe et esprit saint de la paix, — pourquoi, dans votre coupable égarement, traduisez-vous ainsi — la parole de paix qui recèle une telle grâce, — par le langage rauque et furibond de la guerre, — faisant de vos livres des tombes, de votre encre du sang, — de vos plumes des lances et de votre langue divine — le bruyant clairon, la fanfare de la guerre?

L'ARCHEVÊQUE.

— Pourquoi j'agis ainsi (74)? telle est votre question. — Voici brièvement dans quel but. Nous sommes tous malades; — nos excès et notre extravagant régime — nous ont donné une fièvre brûlante — qui nous rend nécessaire une saignée. C'est de cette maladie — que notre feu roi Richard, étant atteint, mourut. — Mais mon très-noble lord Westmoreland, — je ne suis pas venu ici comme médecin; — et ce n'est pas comme ennemi de la paix — que je campe dans les rangs des hommes d'armes; — je me borne à déployer un moment l'effrayant appareil de la guerre, — pour traiter les esprits malades, écœurés de bonheur, — et pour purger les obstructions qui commencent à embarrasser — en nous les veines essentielles de la vie. Pour parler plus nettement, — j'ai scrupuleusement pesé dans une juste balance — les maux que peuvent causer nos armes et les maux que nous subissons, — et je trouve nos souffrances moins légères que nos offenses. — Nous voyons quelle direction suit le cours des choses, — et nous sommes arrachés à notre paisible retraite — par le brusque torrent des circonstances. — Nous avons le sommaire de tous nos griefs, — que nous produirons en détail au moment favorable. — Nous l'aurions depuis longtemps présenté au roi, — mais toutes nos démarches n'ont pu nous obtenir audience. — Quand nous sommes lésés et que nous voulons expliquer nos griefs, — l'accès de sa personne nous est refusé — par les hommes même qui nous ont le plus lésés. — Les dangers d'une époque toute récente, — dont le souvenir est écrit sur la terre — en lettres de sang encore visibles, et les exemples — multipliés par chaque minute qui s'écoule — nous ont réduits à revêtir ces armes malséantes, — non pour rompre la paix ni aucun de ses rameaux, — mais pour établir ici une paix réelle — qui existe à la fois de nom et de fait.

WESTMORELAND.

— Quand a-t-on jamais repoussé vos réclamations ? — En quoi avez-vous été froissés par le roi? — Quel pair a-t-on suborné pour vous blesser? — Pour quel motif scellez-vous d'un sceau divin — le livre sanglant et illicite d'une rébellion menteuse, — et consacrez-vous la lame acérée de l'émeute ?

L'ARCHEVÊQUE.

— Des griefs de l'État, notre frère commun, — comme

de la cruauté exercée, dans ma famille, sur mon frère de naissance, — je fais ma querelle personnelle.

WESTMORELAND.

— Il n'y a pas là de redressement à faire ; — ou, s'il en est, cette tâche ne vous appartient pas.

MOWBRAY.

— Et pourquoi ne lui appartiendrait-elle pas, en partie, ainsi qu'à nous tous, — qui sentons encore les meurtrissures du passé — et qui voyons le temps present — appesantir une main oppressive et inique — sur nos honneurs !

WESTMORELAND.

O mon bon lord Mowbray (75), — jugez le temps d'après ses nécessités, — et vous direz alors vraiment que c'est le temps, — et non le roi, qui cause vos maux. — Quant à vous, pourtant, il me semble — que ni le roi ni le temps présent — ne vous ont donné lieu — de bâtir le moindre grief. N'avez-vous pas été réintégré — dans toutes les seigneuries du duc de Norfolk, — votre noble père de digne mémoire?

MOWBRAY.

— Qu'avait donc perdu mon père dans son honneur, — qui eût besoin de revivre et d'être ranimé en moi ? — Le roi qui l'aimait, par une raison d'État — fut forcé, impérieusement forcé de le bannir. — Et c'était le moment où Henry Bolingbroke et lui, — tous deux en selle, dressés sur leurs arçons, — leurs coursiers hennissant comme pour agacer l'éperon, — leurs lances en arrêt, leurs visières baissées, — leurs yeux de flamme étincelant à travers les jours de l'acier, — allaient s'entre-choquer dans une éclatante fanfare ! — A ce moment, au moment même où rien ne pouvait protéger — contre l'élan de mon père la poitrine de Bolingbroke, — oh ! à ce moment le roi précipita contre terre son bâton ; — et en même temps il se précipita lui-même, ainsi que tous ceux — qui, soit par jugement, soit à coups d'épée, — ont depuis succombé sous Bolingbroke.

####### WESTMORELAND.

— Vous affirmez là, lord Mowbray, ce que vous ne savez pas. — Le comte de Herefort était alors réputé — le plus vaillant gentilhomme d'Angleterre. — Qui sait auquel des deux la fortune eût alors souri? — Mais, quand même votre père eût obtenu là la victoire, — il ne serait pas sorti triomphant de Conventry; — car le pays entier, d'une voix unanime, — criait anathème sur lui, et concentrait toutes ses prières, — tout son amour sur Hereford qu'il adorait, — et bénissait, et révérait plus que le roi. — Mais ceci n'est qu'une digression hors de mon sujet. — Je viens ici de la part du prince, notre général, — pour connaître nos griefs, pour vous dire de la part de Sa Grâce — qu'elle est prête à vous donner audience. — Toutes celles de vos demandes qui paraîtront justes, — vous les obtiendrez; et l'on mettra à néant — jusqu'à la supposition de votre inimitié.

####### MOWBRAY.

— Mais cette offre, il nous a forcés à la lui imposer; — et elle procède de la politique, non de la sympathie.

####### WESTMORELAND.

— Mowbray, vous êtes par trop présomptueux de le prendre ainsi. — Cette offre émane de la clémence, non de la peur. — Car, tenez! voici notre armée en vue; — et, sur mon honneur, elle est trop confiante — pour donner accès à une pensée de crainte. — Nos lignes comptent plus de noms illustres que les vôtres; — nos hommes sont plus habiles au maniement des armes; — nos armures sont tout aussi fortes, et notre cause est la meilleure. — Ainsi, la raison veut que nos cœurs soient aussi braves. — Ne dites donc pas que notre offre est forcée.

MOWBRAY.

— Eh bien, si l'on m'en croit, nous n'admettrons pas de pourparlers.

WESTMORELAND.

— Cela prouve uniquement la confusion que vous cause votre offense. — Un cas véreux ne veut pas même être effleuré.

HASTINGS.

— Le prince John a-t-il des pleins pouvoirs, — aussi vastes que l'autorité même de son père, — pour nous entendre et déterminer absolument — les conditions qui nous seront faites?

WESTMORELAND.

— Cela est sous-entendu dans le titre de général. — Je suis surpris que vous fassiez une frivole question.

L'ARCHEVÊQUE.

— Eh bien, milord Westmoreland, prenez cette cédule; — car elle contient nos doléances générales. — Que chacun de ces articles obtienne un redressement; — que tous les membres de notre cause qui, ici et ailleurs, — sont engagés dans cette affaire, — soient amnistiés en bonne et substantielle forme; — que l'exécution immédiate de nos volontés — nous soit garantie, en tout ce qui nous touche; — et nous rentrons dans les bornes de la sujétion, — et nous restituons nos forces au bras de la paix.

WESTMORELAND, prenant la cédule.

— Je vais montrer ceci au général. Si vous voulez, milords, — nous nous rejoindrons en vue de nos deux armées : — et alors, s'il plaît à Dieu, nous en finirons pacifiquement, — ou, sur le terrain même de notre différend, nous en appellerons aux armes — qui doivent le décider.

L'ARCHEVÊQUE.

Milord, nous le voulons bien.

Sort Westmoreland.

MOWBRAY.

— Il y a quelque chose dans mon cœur qui me dit — que les conditions de notre paix ne peuvent être stables.

HASTINGS.

— Ne craignez pas cela : si nous pouvons faire notre paix — dans les termes larges et absolus — qui servent de base à nos conditions, — notre paix sera aussi solide que le roc.

MOWBRAY.

— Oui, mais nous serons considérés de telle sorte — que le prétexte le plus léger et le plus fallacieux, — le motif le plus vain, le plus trivial, le plus futile, — rappellera au roi notre révolte. — Fussions-nous, dans notre affection pour lui, les martyrs de notre dévotion royale, — nous serons vannés avec une telle rudesse — que notre froment même sera aussi léger que la paille, — et que le bon grain ne sera pas séparé du mauvais.

L'ARCHEVÊQUE.

— Non, non, milord. Notez ceci : le roi est las — de tant de récriminations maussades et insignifiantes ; — car il a reconnu qu'éteindre un soupçon par une mort, — c'est en faire revivre deux plus graves dans les héritiers survivants. — Et, conséquemment, il veut tout effacer sur ses tablettes, — et ne conserver aucune trace — de ce qui peut rappeler son malheur — et le remettre en mémoire. Car il sait fort bien — qu'il ne peut absolument extirper de cette terre — tout ce qui porte ombrage à son inquiétude. — Ses adversaires sont enracinés de telle sorte avec ses amis — qu'en s'efforçant d'enlever un ennemi, — il détacherait et ébranlerait un ami. — Cette terre est comme une femme insolente — qui a exaspéré son mari jusqu'à se faire menacer de coups, — et qui, comme il va frapper, lui présente son enfant — et tient l'imminente correction suspendue au bras — levé pour l'exécution.

HASTINGS.

— En outre, le roi a si bien usé ses verges — sur les derniers offenseurs, que les instruments même — du châtiment lui font défaut. — Son pouvoir, pareil à un lion sans griffes, — peut menacer, mais non saisir.

L'ARCHEVÊQUE.

C'est très-vrai. — Aussi soyez assuré, mon cher lord maréchal, — que, si aujourd'hui nous opérons bien notre réconciliation, — notre paix, pareille à un membre rompu et remis, — ne sera que plus solide après sa rupture.

MOWBRAY.

Soit. — Voici milord de Westmoreland qui revient.

Rentre WESTMORELAND.

WESTMORELAND.

— Le prince est tout près d'ici. Votre Seigneurie veut-elle — rencontrer Sa Grâce à une distance égale entre nos deux armées ?

MOWBRAY, à l'Archevêque.

— Que Votre Grâce d'York marche en avant, au nom du ciel.

L'ARCHEVÊQUE, à Mowbray.

— Prenez les devants, vous, pour saluer le prince... Milord, nous vous suivons.

Ils sortent.

SCÈNE XI.

[Une autre partie de la forêt.]

Entrent, d'un côté, Mowbray, l'Archevêque d'York, Hastings et autres révoltés ; de l'autre, le prince John de Lancastre, Westmoreland, des officiers et des gens de la suite.

LANCASTRE.

— Vous êtes le bienvenu ici, mon cousin Mowbray. — Le bonjour à vous, gentil lord archevêque, — et à vous aussi, lord Hastings, et à tous ! — Milord d'York, vous aviez meilleure grâce, — au temps où votre troupeau, assemblé par la cloche, — faisait cercle autour de vous pour écouter avec révérence — vos commentaires sur le texte sacré, — qu'en ce jour où vous vous montrez à nous comme un homme de fer, — animant un ramas de rebelles avec votre tambour, — remplaçant la parole par l'épée et la vie par la mort. — L'homme qui trône dans le cœur d'un monarque — et qui fleurit au soleil de sa faveur, — pour peu qu'il abuse de la confiance du roi, — que de maux, hélas ! ne causera-t-il pas, — à l'ombre d'une telle grandeur ! Il en est de même de vous, — lord évêque. Qui n'a ouï dire — combien vous étiez haut placé dans le livre de Dieu ? — Pour nous, vous étiez l'orateur de son parlement, — la voix idéale de Dieu lui-même, — le véritable négociateur, l'intermédiaire — entre la grâce, la sainteté du ciel, — et nos grossières pensées. Oh ! qui ne croira — que vous mésusez de la majesté de vos fonctions, — quand vous employez la confiance et la grâce du ciel, — comme un perfide favori le nom de son prince, — à des actes déshonorants ? Vous avez soulevé, — avec la prétendue consécration de Dieu, — les sujets de mon père, son lieutenant ; — et c'est à la fois contre la paix du ciel et contre lui — que vous les avez ameutés ici.

L'ARCHEVÊQUE.

Mon bon lord de Lancastre, — je n'en veux pas ici à la paix de votre père ; — mais, comme je l'ai dit à milord de Westmoreland, — c'est ce temps de désordres qui, dans un sentiment instinctif, — nous réunit et nous groupe en masse monstrueuse — pour assurer notre salut. J'ai envoyé à Votre Grâce — l'exposé détaillé de nos doléances ; — la cour l'a rejeté avec dédain, — et c'est ce qui a fait naître cette hydre de guerre. — Mais son regard terrible peut être assoupi magiquement — par la concession de nos justes et légitimes demandes ; — et aussitôt notre loyale obédience, guérie de sa fureur, — se prosterne humblement aux pieds de la majesté.

MOWBRAY.

— Sinon, nous sommes prêts à tenter la fortune, — tous jusqu'au dernier.

HASTINGS.

Et quand nous succomberions ici, — nous avons des remplaçants pour renouveler notre tentative ; — s'ils échouent, ils en trouveront à leur tour ; — et ainsi naîtra une succession de révoltes ; — et cette querelle se transmettra d'héritiers en héritiers, — tant que l'Angleterre aura des générations.

LANCASTRE.

— Vous êtes trop superficiel, Hastings, beaucoup trop superficiel — pour sonder les profondeurs des temps futurs.

WESTMORELAND, au prince.

— Votre Grâce daignera-t-elle leur répondre directement — dans quelle mesure elle agrée leurs propositions ?

LANCASTRE.

— Je les agrée toutes, et les approuve ; — et je jure ici, par l'honneur de mon sang, — que les intentions de mon père ont été mal comprises, — et que plusieurs de ceux qui l'entourent ont, avec trop de licence, — faussé sa volonté et son autorité. — Milord, ces griefs seront redressés promptement ; — sur mon âme, ils le seront. Si vous le trouvez bon, — renvoyez vos troupes dans leurs différents comtés, — comme nous, les nôtres ; puis ici même, entre les armées, buvons ensemble amicalement, et embrassons-nous, — que tous les yeux puissent remporter le témoignage — de notre affectueuse réconciliation.

L'ARCHEVÊQUE.

— J'ai votre parole princière pour tous ces redressements ?

LANCASTRE.

— Je vous la donne, et je tiendrai ma parole ; — et sur ce, je bois à Votre Grâce.

HASTINGS, à un officier.

— Capitaine, va annoncer à nos troupes — cette nouvelle de paix ; qu'elles soient payées et licenciées ; — je sais que cela leur plaira. Hâte-toi, capitaine.

Un officier sort.

L'ARCHEVÊQUE, prenant un hanap.

— A vous, mon noble lord de Westmoreland !

WESTMORELAND.

— Je fais raison à Votre Grâce. Et, si vous saviez que de peines — j'ai prises pour amener cette paix, — vous boiriez de tout cœur ; mais ma sympathie pour vous — se manifestera bientôt plus ouvertement.

L'ARCHEVÊQUE.

— Je ne doute pas de vous.

WESTMORELAND.

J'en suis heureux. — A votre santé, mon cher lord et gentil cousin Mowbray.

MOWBRAY.

— Vous me souhaitez la santé au bon moment ; — car j'ai été pris soudain de je ne sais quel malaise.

L'ARCHEVÊQUE.

— A l'approche d'un malheur on est toujours joyeux ; — mais la tristesse est avant-courrière d'heureux événements.

WESTMORELAND.

— Réjouissez-vouc donc, cher cousin, puisqu'une soudaine douleur — vous permet de dire que demain il vous arrivera bonheur.

L'ARCHEVÊQUE.

— Croyez-moi, je suis d'une humeur plus qu'allègre.

MOWBRAY.

— Tant pis, si votre propre maxime est vraie.

Acclamations au loin

LANCASTRE.

— La parole de paix est rendue publique. Écoutez ces acclamations !

MOWBRAY.

— Ceci eût été réjouissant après une victoire.

L'ARCHEVÊQUE.

— C'est un triomphe aussi que la paix. — Car alors les deux partis sont noblement soumis, — sans qu'aucun soit sacrifié.

LANCASTRE, à Westmoreland.

Allez, milord, — et faites licencier également notre armée.

Westmoreland sort.

A l'Archevêque.

— Et, si vous le permettez, mon lord, vos gens — défileront devant nous, pour que nous voyions de nos yeux à quels hommes — nous aurions eu affaire.

SCÈNE XI.

L'ARCHEVÊQUE.

Allez, bon lord Hastings, — et, avant de se débander, que tous défilent devant nous.

Hastings sort.

LANCASTRE.

— J'espère, milord, que nous reposerons ensemble cette nuit.

Rentre WESTMORELAND.

— Eh bien, cousin, pourquoi notre armée reste-t-elle immobile ?

WESTMORELAND.

— Les chefs, ayant reçu de vous l'ordre de rester, — ne veulent pas partir, qu'ils ne vous aient entendu vous-même.

LANCASTRE.

Ils connaissent leurs devoirs.

Rentre HASTINGS.

HASTINGS.

— Milord, notre armée est déjà dispersée. — Comme de jeunes taureaux délivrés du joug, ils prennent leur course — à l'est, à l'ouest, au nord, au sud : comme après la fermeture de l'école, — chacun court à son logis ou à la récréation.

WESTMORELAND.

— Bonne nouvelle, milord Hastings, pour laquelle — je t'arrête comme coupable de haute trahison ; — et vous, lord archevêque, et vous, lord Mowbray, — je vous appréhende tous deux pour crime de trahison capitale.

MOWBRAY.

— Est-ce là un procédé juste et honorable ?

WESTMORELAND.

— Et votre rassemblement l'est-il ?

L'ARCHEVÊQUE.

— Voulez-vous rompre ainsi votre serment ?

LANCASTRE.

Je ne t'en ai fait aucun. — J'ai promis de redresser les abus — dont vous vous êtes plaints ; et sur mon honneur, — j'exécuterai ma promesse avec le scrupule le plus chrétien. — Mais, pour vous, rebelles, attendez-vous à goûter la récompense — due à la rébellion et à des actes comme les vôtres. — Ces troupes, vous les avez levées imprudemment, — amenées ici étourdiment, et renvoyées d'ici follement. — Qu'on batte le tambour et qu'on poursuive les bandes dispersées : — c'est par Dieu, et non par nous, qu'a été assuré le succès de cette journée. — Qu'une escorte mène ces traîtres à l'échafaud, — le légitime lit de mort où la trahison doit rendre le dernier soupir.

Tous sortent (76).

SCÈNE XII.

[Une autre partie de la forêt.]

Fanfares. Mouvements de troupes. FALSTAFF *et* COLEVILLE *se croisent.*

FALSTAFF.

Quel est votre nom, monsieur, votre qualité? et de quel endroit êtes-vous, je vous prie ?

COLEVILLE.

Je suis chevalier, monsieur, et je me nomme Coleville du Val.

FALSTAFF.

Eh bien donc, Coleville est votre nom ; chevalier, votre titre; et votre résidence est le Val. A jamais Coleville sera votre nom ; traître, votre titre ; le cachot, votre résidence, résidence suffisamment profonde ; en sorte que vous serez toujours Coleville du Val.

COLEVILLE.

N'êtes-vous pas sir John Falstaff ?

FALSTAFF.

Je suis un homme qui le vaut bien, messire, quoi que je sois. Vous rendez-vous, messire ? ou faudra-t-il que je sue pour vous ? S'il en est ainsi, toutes les gouttes que je suerai seront autant de larmes pour vos amis qui pleureront votre mort. Éveillez donc vos craintes et vos alarmes, et soumettez-vous à ma merci.

COLEVILLE.

Je crois que vous êtes sir John Falstaff, et, dans cette croyance, je me rends.

FALSTAFF.

J'ai dans mon ventre comme une école entière de langues qui toutes ne font que proclamer mon nom. Si je n'avais qu'un ventre ordinaire, je serais simplement le plus actif gaillard de l'Europe. Mais ma bedaine, ma bedaine, ma bedaine me trahit... Voici venir notre général.

Entrent le PRINCE JOHN, WESTMORELAND *et d'autres.*

LE PRINCE JOHN.

— La furie est passée : ne poursuivons pas plus loin.
— Rappelez les troupes, mon bon cousin Westmoreland.

Westmoreland sort.

— Eh bien, Falstaff, où avez-vous été tout ce temps ?
— Quand tout est fini, alors vous arrivez. — Sur ma vie, ces tours de traînard — briseront un jour ou l'autre quelque dos de potence sous votre poids. —

FALSTAFF.

Je serais fâché, milord, qu'il n'en fût pas ainsi. J'ai toujours reconnu que les reproches et les réprimandes étaient la récompense de la valeur. Me prenez-vous pour une hirondelle, une flèche, ou un boulet de canon? Puis-je avoir, dans ma pauvre et vieille mobilité, la rapidité de la pensée? Je suis accouru ici avec toute la promptitude possible ; j'ai crevé plus de cent quatre-vingts chevaux de poste ; et ici même, encore tout crotté de ma course, j'ai, dans ma pure et immaculée vaillance, fait prisonnier sir John Coleville du Val, un chevalier des plus furieux, un valeureux ennemi. Mais qu'est-ce que c'est que ça! Il m'a vu, et il s'est rendu; si bien que je puis dire justement avec le Romain au nez crochu : « Je vins, je vis, je vainquis ! »

LANCASTRE.

Grâce à sa courtoisie plus qu'à votre mérite.

FALSTAFF.

Je ne sais; mais le voici, et je vous le remets, et je conjure Votre Grâce de faire consigner cet acte avec le reste, parmi les exploits de cette journée. Sinon, par le ciel, je le ferai relater dans une ballade spéciale, en tête de laquelle je serai représenté, Coleville me baisant les pieds. Pour peu que je sois forcé à cet expédient, si vous ne paraissez pas tous près de moi comme des pièces de quatre sous dorées, et si, dans le ciel pur de la gloire, je ne vous éclipse pas comme la pleine lune éclipse ces étincelles du firmament qui, près d'elle, font l'effet de têtes d'épingles, ne croyez plus à la parole du noble ! Ainsi rendez-moi justice, et faites monter le mérite.

LE PRINCE JOHN.

Le tien est trop lourd pour pouvoir monter.

FALSTAFF.

Eh bien, faites-le briller.

LE PRINCE JOHN.

Il est trop épais pour briller.

FALSTAFF.

N'importe, mon bon lord; faites pour lui quelque chose qui me fasse du bien, et appelez ça comme vous voudrez.

LE PRINCE JOHN, au prisonnier.

— Ton nom est Coleville ?

COLEVILLE.

Oui, milord.

LE PRINCE JOHN.

Tu es un fameux rebelle, Coleville.

FALSTAFF.

— Et c'est un sujet fameusement fidèle qui l'a pris.

COLEVILLE.

— Je ne suis, milord, que ce que sont mes supérieurs, — qui m'ont conduit ici. S'ils s'étaient laissé guider par moi, — ils vous eussent vendu plus cher leur existence. —

FALSTAFF.

Je ne sais pas combien ils l'ont vendue; mais toi, tu as donné la tienne gratis, comme un bon garçon, et je t'en remercie.

Rentre WESTMORELAND.

LE PRINCE JOHN.

— Eh bien, avez-vous arrêté la poursuite?

WESTMORELAND.

— On a fait retraite et suspendu le carnage.

LE PRINCE JOHN.

— Envoyez Coleville, ainsi que ses confédérés, — à York, pour y être exécutés sur-le-champ. — Blunt, emmenez-le, et tenez-le sous bonne garde.

On emmène Coleville.

— Et maintenant dépêchons-nous de partir pour la cour, milord. — J'apprends que le roi mon père est gravement malade. — La nouvelle de nos succès nous précédera auprès de Sa Majesté — et lui fera du bien : vous, cousin, vous la porterez, — et nous vous suivrons avec une sobre célérité. —

FALSTAFF.

Milord, permettez-moi, je vous en conjure, de passer par le Glocestershire, et quand vous arriverez à la cour, je vous en prie, soyez bon prince pour moi dans votre bon rapport.

LE PRINCE JOHN.

— Adieu, Falstaff ; en ma qualité suprême, — je parlerai de vous mieux que vous ne le méritez. —

Il sort.

FALSTAFF, seul.

Je voudrais seulement que vous eussiez de l'esprit ; cela vaudrait mieux que votre duché... Sur mon âme, ce jeune gars à sang-froid ne m'aime pas (77) ; et personne ne peut le faire rire ; mais ça n'est pas étonnant, il ne boit pas de vin ! Ces garçons rigides ne viennent jamais à bien ; car leur boisson maigre, jointe à leur nombreux repas de poisson, leur refroidit tellement le sang qu'ils sont atteints d'une espèce de chlorose masculine ; et alors, quand ils se marient, ils font des femmelettes ; ils sont généralement niais et couards ; comme le seraient plusieurs d'entre nous, sans quelque stimulant. Un bon vin de Xérès a un double effet. Il vous monte au cerveau, y dessèche toutes les sottes, stupides et âcres vapeurs qui l'environnent, le rend sagace, vif, inventif, et le remplit de conceptions légères, ardentes et délectables, lesquelles, transmises à la voix, à la langue qui leur donne naissance, deviennent d'excellentes saillies. La seconde propriété de votre excellent Xérès est de réchauffer le sang qui, auparavant froid et rassis, laissait le foie blanc et pâle, ce qui est l'insigne de la pusillanimité et de la couardise; mais le Xérès le réchauffe, et le fait courir de l'intérieur aux extrémités. Il illumine la face qui, comme un fanal, donne à toutes les forces de ce petit royaume, l'homme, le signal de s'armer; et alors toute la milice vitale, tous les petits esprits internes se rallient en masse autour de leur capitaine, le cœur, qui, dilaté et fier de ce cortége, ose toute espèce d'exploit; et toute cette valeur vient du Xérès ! En sorte que la science des armes n'est rien sans le vin; car c'est lui qui la met en action. L'instruction n'est qu'une mine d'or gardée par un diable, jusqu'à ce que le vin l'exploite et la mette en œuvre et en valeur. De là vient que le prince Harry est vaillant; car le sang-froid qu'il a naturellement hérité de son père, il l'a, comme un terrain maigre, stérile et nu, fumé, aménagé et fécondé par l'excellente habitude de bien boire, par de bonnes libations d'un généreux Xérès; si bien qu'il est devenu fort ardent et fort vaillant. Si j'avais mille fils, le premier principe humain que je leur enseignerais serait d'abjurer toute boisson légère et de s'adonner au bon vin.

Entre BARDOLPHE.

Eh bien, Bardolphe?
BARDOLPHE.
Toute l'armée est licenciée et partie.
FALSTAFF.
Qu'elle parte. Moi, je vais passer par le Glocestershire, et là faire visite à maître Robert Shallow, écuyer. Je l'ai déjà pétri entre mon index et mon pouce, et bientôt je le revêtirai de mon sceau. Partons.

Ils sortent.

SCÈNE XIII.

[Westminster. L'appartement du roi dans le palais.]

Entrent le Roi Henry, Clarence, le Prince Humphrey, Warwick et d'autres.

LE ROI.

— Maintenant, milord, si le ciel donne une heureuse issue — à ce débat qui saigne à nos portes, — nous conduirons notre jeunesse à de plus grands champs de bataille, — et nous ne brandirons plus que des glaives sanctifiés. — Notre flotte est prête, notre armée réunie, — nos lieutenants durant notre absence dûment investis, — et tout marche d'accord avec notre désir ; — il ne nous manque qu'un peu de force personnelle, — et nous attendons que ces rebelles, maintenant sur pied, — soient rentrés sous le joug du gouvernement.

WARWICK.

— Nous ne doutons pas que Votre Majesté n'ait bientôt — cette double satisfaction.

LE ROI.

Humphrey de Glocester, mon fils, — où est le prince votre frère ?

HUMPHREY.

— Je crois, milord, qu'il est allé chasser à Windsor.

LE ROI.

— En quelle compagnie ?

HUMPHREY.

Je ne sais pas, milord.

LE ROI.

— Est-ce que son frère, Thomas Clarence, n'est pas avec lui ?

SCÈNE XIII.

HUMPHREY.

— Non, mon bon seigneur; il est ici en présence du roi.

CLARENCE, s'avançant.

— Que me veut mon seigneur et père?

LE ROI.

— Il ne te veut que du bien, Thomas de Clarence. — Comment se fait-il que tu ne sois pas avec le prince ton frère? — Il t'aime et tu le négliges, Thomas. — Tu as dans son affection une plus large place — que tous tes frères : conserve-la bien, mon enfant; — et tu pourras, après ma mort, — remplir le noble office de médiateur — entre sa majesté et tes autres frères. — Ainsi, ne le délaisse pas; n'émousse pas son amour; — et ne va pas perdre l'avantage de ses bonnes grâces, — par une froideur ou une insouciance apparente. — Car il est bienveillant à qui le cultive; — il a des larmes pour la pitié, et la main — généreuse, comme la lumière, dans l'effusion de la charité. — Et cependant, une fois irrité, il est de pierre; — aussi sombre que l'hiver, aussi brusque — que les bourrasques déchaînées par une journée printanière. — Il faut donc bien observer sa nature; — gronde-le pour ses fautes, mais respectueusement, — quand tu t'apercevras qu'il est disposé à l'enjouement; — mais, s'il est de mauvaise humeur, donne-lui carrière — jusqu'à ce que ses passions, comme une baleine à terre, — se soient consumées en efforts. Retiens cela, Thomas, — et tu seras une égide pour tes amis; — tu seras le cercle d'or rattachant tes frères; — si bien que le vase, où leur sang se confond, — sera inattaquable au poison des suggestions — que l'âge y versera forcément, — quand ce poison serait aussi violent — que l'aconit, aussi impétueux que la poudre!

CLARENCE.

— Je le cultiverai avec toute ma sollicitude et toute ma tendresse.

LE ROI.

— Pourquoi n'es-tu pas à Windsor avec lui, Thomas?

CLARENCE.

— Il n'est pas là aujourd'hui; il dîne à Londres.

LE ROI.

— Et en quelle compagnie? peux-tu le dire?

CLARENCE.

— Avec Poins et ses autres camarades habituels.

LE ROI.

— Le sol le plus riche est le plus sujet aux mauvaises herbes; — et lui, la noble image de ma jeunesse, — il en est obstrué. Voilà pourquoi mon anxiété — s'étend par delà l'heure de la mort. — Mon cœur pleure des larmes de sang, quand je me représente — en traits imaginaires les jours d'égarement, — les temps de corruption que vous verrez, — quand je dormirai avec mes ancêtres. — Car, lorsque son dévergondage obstiné n'aura plus de frein, — lorsque la rage et l'ardeur du sang le conseilleront seules, — quand le pouvoir se combinera avec la prodigalité, — oh! avec quelles ailes ses passions l'emporteront, — au milieu de périls menaçants, vers la fatale catastrophe!

WARWICK.

— Mon gracieux lord, vous allez beaucoup trop loin. — Le prince ne fait qu'étudier ses compagnons, — comme une langue étrangère. Pour posséder un idiome, — il est nécessaire d'avoir vu et appris — les mots les plus immodestes; dès qu'on y est parvenu, — Votre Altesse le sait, on ne les connaît plus — que pour les éviter. De même, — quand il sera éclairé par le temps, le prince rejettera ses compagnons, — ainsi que des termes grossiers ; et leur souvenir — sera comme un échantillon, comme une mesure vivante, — dont Sa Grâce se servira pour estimer la conduite des autres, — mettant ainsi à profit les fautes passées !

LE ROI.

— Il est rare que l'abeille abandonne le rayon — qu'elle a déposé dans une charogne... Qui vient là ? Westmoreland.

Entre WESTMORELAND.

WESTMORELAND.

— Salut à mon souverain ! et que de nouveaux bonheurs — s'ajoutent pour lui à celui que je viens annoncer ! — Le prince John, votre fils, baise la main de Votre Grâce. — Mowbray, l'évêque Scroop, Hastings, tous — ont subi les rigueurs de votre loi. — Il n'y a plus une épée rebelle hors du fourreau, — mais la paix porte partout son olive. — Comment ce succès a été obtenu, — Votre Altesse pourra le lire plus à loisir, — dans le rapport complet et détaillé que voici.

Il lui remet un papier.

LE ROI.

— O Westmoreland, tu es l'oiseau printanier — qui toujours sur la hanche de l'hiver chante — le lever du jour. Tiens, voici d'autres nouvelles.

Entre HARCOURT.

HARCOURT.

— Que le ciel préserve d'ennemis Votre Majesté ! — Et quand il s'en élèvera contre vous, puissent-ils succomber — comme ceux dont je viens vous parler ! — Le comte de Northumberland, et lord Bardolphe, — à la tête d'un corps nombreux d'Anglais et d'Écossais, — ont été mis en déroute par le shériff d'Yorkshire. — Les détails et les péripéties du combat — sont, ne vous déplaise, exposés tout au long dans ces dépêches (78).

Il lui remet des papiers.

LE ROI.

— Et pourquoi faut-il que ces bonnes nouvelles me fassent mal? — La fortune n'arrivera-t-elle jamais les deux mains pleines? — Écrira-t-elle toujours ses plus belles paroles en sombres caractères? — Tantôt elle donne l'appétit, mais pas d'aliment : — tel est le pauvre en santé; tantôt elle donne le festin — et retire l'appétit : tel est le riche — qui a l'abondance et n'en jouit pas. — Je devrais me réjouir maintenant de ces heureuses nouvelles, — et maintenant ma vue se trouble, et la tête me tourne. — Oh! venez près de moi, je me sens bien mal.

Il s'évanouit.

HUMPHREY.

— Du courage, Majesté !

CLARENCE.

O mon royal père!

WESTMORELAND.

— Mon souverain lord, revenez à vous, levez les yeux.

WARWICK.

— Patience, princes !... vous savez que ces attaques — sont ordinaires à Son Altesse. — Éloignez-vous de lui, donnez-lui de l'air; il sera bientôt rétabli.

CLARENCE.

— Non, non; il ne peut longtemps supporter ces angoisses. — Les soucis incessants et les labeurs de son esprit — ont tellement usé la cloison destinée à le retenir — que la vie la perce à jour et va s'échapper.

HUMPHREY.

— Les populations m'alarment : elles ont observé — des créatures sans père, des naissances contre nature. — Les saisons ont changé de caractère, comme si l'année — avait trouvé plusieurs mois endormis et les avait passés d'un bond.

CLARENCE.

— La rivière a éprouvé trois flux, sans reflux intermédiaire. — Et les vieilles gens, chroniques radoteuses du passé, — disent que même chose advint peu de temps avant — que notre arrière-grand-père Édouard tombât malade et mourût.

WARWICK.

— Princes, parlez plus bas, car le roi recouvre ses sens.

HUMPHREY.

— Cette apoplexie sera certainement sa fin.

LE ROI, revenant à lui.

— Soulevez-moi, je vous prie, et emmenez-moi — dans une autre pièce : doucement, je vous prie.

Ils transportent le roi dans un retrait, au fond de la scène, et le placent sur un lit.

— Qu'on ne fasse plus de bruit, mes chers amis ; — je veux bien pourtant qu'une main douce et secourable — murmure une mélodie à mon esprit fatigué.

WARWICK.

— Faites venir la musique dans la chambre voisine.

LE ROI.

— Mettez-moi la couronne sur mon oreiller, ici.

CLARENCE.

— Ses yeux se creusent, et il change beaucoup.

WARWICK.

— Moins de bruit, moins de bruit.

Entre le PRINCE HENRY.

LE PRINCE HENRY.

Qui a vu le duc de Clarence ?

CLARENCE, les larmes aux yeux.

— Me voici, frère, accablé.

LE PRINCE HENRY.

— Comment! de la pluie sous notre toit, et pas dehors! Comment va le roi?

HUMPHREY.

Excessivement mal.

LE PRINCE HENRY.

A-t-il appris les bonnes nouvelles? — Dites-les-lui.

HUMPHREY.

— C'est en les apprenant qu'il a changé si fort.

HENRY.

S'il est malade de joie, — il se rétablira sans médecine.

WARWICK.

— Pas tant de bruit, milords.... Cher prince, parlez bas. — Le roi votre père est disposé à s'endormir.

CLARENCE.

— Retirons-nous dans l'autre pièce.

WARWICK, au prince Henry.

— Votre Grâce daignera-t-elle venir avec nous?

LE PRINCE HENRY.

— Non; je vais m'asseoir ici et veiller près du roi.

Tous sortent, excepté le prince Henry.

— Pourquoi la couronne est-elle là, sur son oreiller, — elle, l'importune compagne de lit? — O splendide perturbation! anxiété d'or, — qui tiens les portes du sommeil toutes grandes ouvertes — à tant de nuits inquiètes!... Sire, vous dormez avec elle à présent, — mais pas aussi profondément, certes, ni aussi doucement — que celui qui, le front ceint d'un humble béguin, — ronfle toute la nuit. O Majesté! — tu étreins celui qui te porte, — comme une riche armure, portée dans la chaleur du jour, — qui brûle en protégeant!... Aux portes de son haleine — voici une plume qui ne bouge pas: — s'il respirait, ce duvet léger et impondérable — remuerait forcément... Mon gracieux lord! mon père!... — Ce sommeil est profond, en vérité ; c'est le sommeil — qui a fait divorcer tant de rois anglais — avec ce nimbe d'or. Ce que je te dois, moi, — ce sont des larmes, ce sont les accablantes afflictions du sang ; — la nature, l'amour, la tendresse filiale, — ô cher père, te paieront largement cette dette. — Ce que tu me dois, toi, c'est cette impériale couronne — qui m'échoit d'elle-même, comme à l'héritier immédiat — de ton titre et de ton sang.

Il met la couronne sur sa tête.

— La voilà mise : — que Dieu la garde! Quand toutes les forces de l'univers seraient concentrées — en un bras géant, elles ne m'arracheraient pas — cet insigne héréditaire. Cette couronne reçue de toi, — je la laisserai aux miens, comme tu me l'as laissée.

Il sort avec la couronne.

LE ROI, s'éveillant.

— Warwick! Glocester! Clarence!

Rentrent WARWICK et les autres.

CLARENCE.

Le roi appelle ?

WARWICK.

— Que voudrait Votre Majesté? Comment se trouve Votre Grâce ?

LE ROI.

— Pourquoi m'avez-vous laissé seul ici, milords?

CLARENCE.

— Mon suzerain, nous avons laissé ici le prince, mon frère, — qui a désiré s'asseoir et veiller près de vous.

LE ROI.

— Le prince de Galles ! où est-il ? que je le voie ! — Il n'est pas ici.

WARWICK.

— Cette porte est ouverte ; il est parti de ce côté.

HUMPHREY.

— Il n'a point passé par la chambre où nous nous tenions.

LE ROI.

— Où est la couronne ? Qui l'a ôtée de mon chevet ?

WARWICK.

— Quand nous nous somme retirés, mon suzerain, nous l'avons laissée ici.

LE ROI.

— Le prince l'aura prise. Allez à sa recherche. — Est-il donc si pressé qu'il prend — mon sommeil pour ma mort ? — Trouvez-le, milord de Warwick ; ramenez-le vivement.

Warwick sort.

— Ce procédé de sa part se joint à mon mal — pour hâter ma fin... Voyez, enfants, ce que vous êtes ! — Comme la nature se met vite en révolte, — dès que l'or la tente ! — Voilà donc pourquoi les pères follement vigilants — ont rompu leur sommeil par des préoccupations, leur cervelle par des soucis, — leurs os par le labour ! — Voilà donc pourquoi ils ont thésaurisé et empilé — d'impurs monceaux d'or étrangement acquis ! — Voilà pourquoi ils ont pris soin d'élever — leurs fils dans les arts et dans les exercices guerriers ! — Comme les abeilles enlevant à chaque fleur — son suc généreux, — les cuisses chargées de cire et la bouche de miel, — nous rapportons notre butin à la ruche ; et, comme les abeilles, — nous sommes frappés à mort pour notre peine. Voilà l'amer déboire — que sa prévoyance vaut au père expirant.

SCÈNE XIII.

Rentre Warwick.

— Et bien, où est-il, ce fils qui ne veut pas attendre — que la maladie, son alliée, en ait fini avec moi ?

WARWICK.

— Milord, j'ai trouvé le prince dans la chambre voisine, — son doux visage inondé de larmes sympathiques, — dans une attitude de si profonde douleur — que la tyrannie, qui ne s'abreuve que de sang, — aurait, en le voyant, lavé son glaive — avec des larmes de compassion. Il vient ici,

LE ROI.

— Mais pourquoi a-t-il pris la couronne ?

Rentre le Prince Henry.

— Ah ! le voici. Approche, Harry. — Vous, quittez la chambre : laissez-nous seuls.

Sortent tous les princes et tous les seigneurs, excepté le prince Henry.

LE PRINCE HENRY.

— Je ne croyais pas devoir vous entendre encore.

LE ROI.

— Ton désir, Harry, était le père de ta croyance. — Je tarde trop longtemps près de toi, je te fatigue. — Es-tu donc affamé de mon trône vide, — au point de vouloir à toute force revêtir mes insignes, — avant que ton heure soit mûre ? O jeunesse folle ! — Tu aspires à la grandeur qui doit t'écraser. — Attends un peu : le nuage de mon pouvoir, — à peine soutenu par une faible brise, — sera bien vite abattu : mon jour s'assombrit. — Tu as volé ce qui, dans quelques heures, — était à toi sans crime ; et au moment de ma mort, — tu as mis le sceau à mes prévisions. — Ta vie m'a prouvé que tu ne m'aimais pas, — et tu as voulu que, mourant, j'en eusse la certitude.

— Tu recélais dans ta pensée mille poignards — que tu as aiguisés sur ton cœur de pierre — pour en frapper la dernière demi-heure de ma vie. — Eh quoi ! tu ne peux pas me tolérer une demi-heure ! — Pars donc, et va toi-même creuser ma tombe ! — Commande aux cloches joyeuses de sonner à ton oreille, — non pour ma mort, mais pour ton couronnement ! — Que toutes les larmes qui devaient arroser mon cercueil — jaillissent en onction sainte sur ta tête ! — Confonds-moi sur-le-champ avec la poussière de l'oubli, et donne aux vers ce qui t'a donné l'être. — Chasse mes officiers, casse mes décrets ; — car maintenant le moment est venu de rire de l'ordre. — Henry V est couronné. Debout, la folie ! — A bas la grandeur royale ! Vous tous, sages conseillers, arrière ! — Et maintenant affluez à la cour d'Angleterre, — singes de fainéantise, accourus de tous les pays ! — Maintenant, pays voisins, purgez-vous de votre écume. — Avez-vous quelque ruffian qui jure, boive, danse, — fasse ripaille la nuit, vole, assassine et commette — les plus vieux forfaits de la façon la plus neuve ? — Soyez heureux, il ne vous troublera plus. — L'Angleterre va d'une double dorure couvrir sa triple ordure ! — L'Angleterre va lui donner mandat, honneurs, puissance ! — Car le cinquième Henry arrache à la licence domptée — la muselière de la répression, et la chienne sauvage — va plonger sa dent dans la chair de l'innocent. — O mon pauvre royaume, malade des déchirements civils ! — Si mon gouvernement n'a pu te préserver du désordre, — que deviendras-tu, quand le désordre sera ton gouvernement ! — Oh ! tu redeviendras un désert, — peuplé par les loups, tes anciens habitants !

LE PRINCE HENRY, s'agenouillant.

— Oh ! pardonnez-moi, mon suzerain ! si les pleurs — n'avaient opposé à ma parole leur humide obstacle, —

j'aurais prévenu ces reproches amers et pénétrants, — avant que votre douleur eût parlé, avant qu'elle se fût ainsi emportée devant moi... Voici votre couronne ; — et puisse Celui qui porte la couronne éternelle — vous conserver longtemps celle-ci ! Si je l'aime — autrement que comme l'emblème de votre honneur et de votre renom, — puissé-je ne jamais me relever de cette humble posture — que mon âme intimement loyale et respectueuse — me commande comme l'hommage extérieur de sa soumission ! — Dieu sait, quand je suis entré ici — et que j'ai trouvé Votre Majesté sans souffle apparent, — quel froid mortel a saisi mon cœur ! Si je dissimule, — oh ! puissé-je mourir dans mon égarement actuel, — sans avoir le temps de montrer au monde incrédule — le noble changement que je méditais ! — M'étant approché pour vous regarder, vous croyant mort, — presque mort moi-même, sire, de l'idée que vous l'étiez, — je me suis adressé à la couronne, comme si elle pouvait comprendre, — et je l'ai ainsi apostrophée : *Les soucis, à toi attachés, — ont épuisé la personne de mon père. — Aussi, tu as beau être du meilleur or ; tu es de l'or le plus mauvais. — Quoique d'un moindre carat, bien plus précieux est l'or — qui, devenu une médecine potable, préserve la vie ! — Car toi, toute splendide, tout honorée, toute renommée que tu es, — tu dévores qui te prend !* C'est ainsi, mon très-royal suzerain, — qu'en accusant la couronne, je l'ai mise sur ma tête, — pour m'essayer avec elle, comme avec un ennemi — qui aurait sous mes yeux assassiné mon père : — querelle de loyal héritier. — Mais si son contact a empoisonné mon cœur de joie, — ou enflé mon âme d'un excès d'orgueil, — si un esprit de rébellion ou de vanité — m'a fait accueillir la puissante couronne — avec un ambitieux empressement, — que Dieu l'éloigne à jamais de ma tête — et fasse de moi le plus misérable des vassaux — qui s'agenouillent devant elle avec une respectueuse terreur !

LE ROI

O mon fils, — c'est le ciel qui t'a inspiré l'idée de la prendre, — pour que tu pusses mieux gagner l'affection de ton père, — en t'excusant avec tant de sagesse (79) ! — Approche, Harry, assieds-toi près de mon lit, — et écoute mes conseils, les derniers, je crois, — que jamais je murmurerai. Dieu sait, mon fils, — par quels sentiers, par quelles voies indirectes et tortueuses — j'ai atteint cette couronne ; et je sais bien moi-même — avec quelle peine elle s'est fixée sur ma tête ; — sur la tienne elle descendra plus paisible, — plus respectée, plus affermie ; — car le stigmate de son acquisition va disparaître — avec moi dans la terre. Elle n'apparaissait sur moi — que comme un insigne arraché d'une main violente ; — et j'étais entouré de vivants qui me rappelaient hautement — que je la devais à leur concours. — De là des querelles quotidiennes, et les sanglants — déchirements d'une paix illusoire ! Toutes ces menaces insolentes, — tu as vu avec quel risque je les ai bravées ; — car mon règne n'a été que la mise en scène — de ce débat. Mais maintenant ma mort — change la situation. Ce qui en moi était une acquisition équivoque — te revient par une voie plus droite : — car tu obtiens le diadème par succession. — Pourtant, bien que tu sois plus solidement établi que je ne pouvais l'être, — tu n'es pas encore assez affermi en présence de tant de griefs encore vivaces. — Tous mes amis, dont tu dois faire tes amis, — n'ont perdu que depuis peu leurs griffes et leurs dents. — Élevé primitivement par leur terrible assistance, — j'ai dû craindre d'être renversé — par leur pouvoir ; pour prévenir ce danger, — j'ai anéanti les uns, et j'avais le projet — de mener les autres à la Terre-Sainte, — de peur que le repos et l'inaction ne leur permissent d'examiner — de trop près mon autorité. Aussi, mon Harry, — aie pour politique d'occuper ces esprits remuants — dans des guerres étrangères, en sorte que leur activité, exercée loin d'ici, — puisse effacer le souvenir de ces premiers jours. — Je voudrais t'en dire davantage; mais ma poitrine est tellement épuisée — que je n'ai plus la force de parler. — Oh ! puisse Dieu me pardonner la manière dont j'ai acquis la couronne, — et permettre que tu la possèdes en paix !

LE PRINCE HENRY.

Mon gracieux seigneur, — vous l'avez gagnée, portée, gardée, et vous me la donnez ; — elle est donc bien légitimement en ma possession ; — et c'est avec une rare énergie que je — la défendrai contre l'univers entier (80).

Entrent le PRINCE JOHN DE LANCASTRE, WARWICK et d'autres lords.

LE ROI.

— Voyez, voyez, voici mon fils John de Lancastre.

LE PRINCE JOHN.

— Santé, paix et bonheur à mon royal père !

LE ROI.

— Tu m'apportes le bonheur et la paix, mon fils John; — mais la santé, hélas ! s'est envolée sur ses jeunes ailes — de ce tronc desséché et flétri ; tu le vois, — ma tâche mortelle touche à sa fin. — Où est milord de Warwick ?

LE PRINCE HENRY.

Milord de Warwick !

LE ROI.

— L'appartement où je me suis évanoui pour la première fois — a-t-il un nom particulier?

WARWICK.

— On l'appelle Jérusalem, mon noble lord.

LE ROI.

— Dieu soit loué ! c'est là que ma vie doit finir. — On m'a prédit, il y a bien des années, — que je ne mourrais qu'à Jérusalem ; — je crus par erreur que ce serait dans la Terre-Sainte. — Mais portez-moi dans cette chambre ; je veux y reposer. — Voilà la Jérusalem où mourra Henry !

Ils sortent (**81**)

SCÈNE XIV.

[La maison de Shallow dans le Glocestershire.]

Entrent Shallow, Falstaff, Bardolphe *et le* Page.

SHALLOW.

Palsembleu, messire, vous ne vous en irez pas ce soir.
Appelant.
Holà, Davy !... viendras-tu ?

FALSTAFF.

Il faut que vous m'excusiez, maître Robert Shallow.

SHALLOW.

Je ne vous excuserai point ; vous ne serez point excusé ; les excuses ne seront point admises ; il n'y a point d'excuse qui tienne ; vous ne serez point excusé... Eh bien ! Davy !

Entre Davy.

DAVY.

Voilà, monsieur.

SHALLOW.

Davy, Davy, Davy... voyons, Davy, voyons, Davy, voyons... Oui, c'est ça ! William, le cuisinier ! dis-lui de venir ici... Sir John, vous ne serez point excusé.

DAVY.

Ah ! monsieur, que je vous dise : ces mandats-là ne

peuvent pas être exécutés ; et encore une chose, monsieur ! sèmerons-nous le grand courtil en froment?

SHALLOW.

En froment rouge, Davy... Mais quant à William, le cuisinier... Est-ce qu'il n'y a pas de pigeonneaux?

DAVY.

Oui, monsieur... Maintenant voici la note du forgeron, pour ferrement de chevaux et socs de charrue.

SHALLOW.

Qu'elle soit examinée et payée... Sir John, vous ne serez point excusé.

DAVY.

Monsieur, il faut absolument un cercle neuf au baquet... Et puis, monsieur, avez-vous l'intention de retenir quelque chose sur les gages de Guillaume pour le sac qu'il a perdu l'autre jour à la foire de Hinckley?

SHALLOW.

Il en répondra... Des pigeons, Davy, une couple de poulardes à courte patte, une pièce de mouton, et quelques gentils petits rogatons mignons. Dis ça à William, le cuisinier.

DAVY.

Est-ce que l'homme de guerre restera ici toute la nuit, monsieur ?

SHALLOW.

Oui, Davy. Je veux le bien traiter. Un ami à la cour vaut mieux qu'un penny dans la bourse. Traite bien ses gens, Davy ; car ce sont des chenapans fieffés, et qui pourraient mordre.

DAVY.

Pas plus cependant qu'ils ne sont mordus eux-mêmes ; car ils ont du linge prodigieusement sale.

SHALLOW.

Bien trouvé, Davy. A ton affaire, Davy.

DAVY.

Je vous prierai, monsieur, d'appuyer William Visor de Wincot contre Clément Perkes du coteau.

SHALLOW.

Il y a bien des plaintes, Davy, contre ce Visor; ce Visor est un fieffé coquin, à ma connaissance.

DAVY.

J'accorde à Votre Honneur que c'est un coquin, monsieur; mais cependant, à Dieu ne plaise, monsieur, qu'un coquin ne puisse trouver appui, à la requête d'un ami. Un honnête homme, monsieur, est en état de se défendre; un coquin, non. J'ai fidèlement servi Votre Honneur, monsieur, depuis huit ans; et, si je ne puis, une fois ou deux par quartier, faire prévaloir un coquin sur un honnête homme, je n'ai qu'un bien faible crédit auprès de Votre Seigneurie. Ce coquin est mon honnête ami, monsieur; aussi, je supplie Votre Seigneurie de le favoriser.

SHALLOW.

Allons, c'est bon; il ne lui arrivera pas de mal... A ta besogne, Davy.

Davy sort.

Où êtes-vous, sir John? Allons, allons, allons, débottez-vous... Donnez-moi la main, maître Bardolphe.

BARDOLPHE.

Je suis heureux de voir Votre Honneur.

SHALLOW.

Je te remercie de tout mon cœur, aimable maître Bardolphe.

Au page.

Et toi aussi, sois le bienvenu, mon grand gaillard... Venez, sir John.

FALSTAFF.

Je vous suis, mon bon maître Robert Shallow.

Shallow sort.

Bardolphe, veille à nos chevaux.

Bardolphe et le page sortent.

Si j'étais scié en quantité de morceaux, je ferais quatre douzaines de batons d'ermite barbu comme maître Shallow. C'est une chose merveilleuse de voir la parfaite cohésion qui existe entre l'esprit de ses gens et le sien. Eux, à force de l'observer, ont pris des allures de juge benêt ; lui, à force de converser avec eux, a pris la tournure d'un valet de juge. Leurs esprits sont si étroitement mariés par une mutuelle association qu'ils marchent tous de concert, comme autant d'oies sauvages. Si je voulais obtenir quelque chose de maître Shallow, je flatterais ses gens, avec la conviction qu'ils ne font qu'un avec leur maître ; si je voulais obtenir quelque chose de ses gens, je caresserais maître Shallow, avec l'idée que nul homme n'a plus d'empire sur ses serviteurs. Il est certain que l'esprit et l'ineptie sont contagieux et s'attrapent comme des maladies ; par conséquent, que les gens prennent garde à la compagnie qu'ils fréquentent. En prenant ce Shallow pour thème, j'ai de quoi faire rire continuellement le prince Henry pendant la durée de six modes, c'est-à-dire pendant le cours de quatre sessions ou de deux actions pour dettes, et il rira sans vacations. Oh ! c'est énorme, l'effet que produit un mensonge, renforcé d'un léger jurement, ou une plaisanterie, dite d'un air grave, sur un gaillard qui n'a jamais eu de douleurs dans les épaules ! Oh ! vous le verrez rire jusqu'à ce que sa figure soit comme un manteau mouillé, mis de travers.

SHALLOW, *appelant de l'intérieur.*

Sir John !

FALSTAFF.

Je viens, maître Shallow ; je viens, maître Shallow.

Il sort.

SCÈNE XV.

[Le palais de Westminster.]

Entrent WARWICK et le lord GRAND JUGE.

WARWICK.
— Eh bien, milord grand juge, où allez-vous?

LE GRAND JUGE.
— Comment est le roi?

WARWICK.
— Excessivement bien; toutes ses anxiétés sont finies.

LE GRAND JUGE.
— Il n'est pas mort, j'espère!

WARWICK.
Il a parcouru le chemin de la nature, — et pour nous il ne vit plus.

LE GRAND JUGE.
— Je voudrais que Sa Majesté m'eût emmené avec elle. — Les services que je lui ai loyalement rendus de son vivant — me laissent exposé à toutes les persécutions.

WARWICK.
— En effet, je crois que le jeune roi ne vous aime pas.

LE GRAND JUGE.
— Je le sais : aussi suis-je armé déjà — pour faire face aux conditions du moment, — qui ne peuvent être plus terribles pour moi — que mon imagination ne se les représente.

Entrent le PRINCE JOHN, le PRINCE HUMPHREY, CLARENCE, WESTMORELAND et autres.

WARWICK.
— Voici venir les enfants accablés du défunt Henry. —

Oh! si le Henry vivant avait seulement les qualités — du moins vertueux de ces trois gentilshommes! — Combien de nobles alors conserveraient leurs places, — qui doivent baisser pavillon devant des caractères de la plus vile espèce!

LE GRAND JUGE.

— Hélas! je crains que tout ne soit bouleversé.

LE PRINCE JOHN.

— Bonjour, cousin Warwick, bonjour.

LE PRINCE HUMPHREY ET CLARENCE.

Bonjour, cousin.

LE PRINCE JOHN.

— Nous nous abordons comme des gens qui ont oublié la parole.

WARWICK.

— Nous nous en souvenons; mais notre thème — est trop triste pour admettre de longs discours.

LE PRINCE JOHN.

— Allons, que la paix soit avec celui qui nous a faits tristes!

LE GRAND JUGE.

— Que la paix soit avec nous et nous préserve d'être plus tristes encore!

LE PRINCE HUMPHREY.

— Oh! mon cher lord, vous avez vraiment perdu un ami; — et j'oserais jurer que cette figure de désespoir — n'est pas empruntée : c'est bien sûrement la vôtre.

LE PRINCE JOHN.

— Bien que nul ne soit sûr des grâces qui lui sont réservées, — c'est vous qui avez à attendre le plus froid accueil. — Cela ajoute à mon chagrin; plût à Dieu qu'il en fût autrement!

CLARENCE.

— Il vous faudra maintenant bien traiter sir John Fals-

taff, — et nager ainsi contre le courant de votre caractère.
>LE GRAND JUGE.

— Chers princes, ce que j'ai fait, je l'ai fait en tout honneur, — guidé par l'impartiale direction de ma conscience ; — et vous ne me verrez jamais mendier — une rémission par de misérables avances ; — si la loyauté et la plus droite innocence ne me protégent pas, — j'irai retrouver mon maître, le roi mort, — et je lui dirai qui m'a envoyé le rejoindre.

>WARWICK.

Voici venir le prince.

Entre le Roi HENRY V.

>LE GRAND JUGE.

— Bonjour ! et que Dieu garde Votre Majesté !

>LE ROI.

— Cette parure neuve et splendide, la majesté, — ne m'est pas aussi commode que vous le croyez. — Frères, vous mêlez quelque crainte à votre tristesse ; — c'est ici la cour d'Angleterre, et non de Turquie ; — ce n'est pas un Amurat qui succède à un Amurat ; — c'est Henry qui succède à Henry. Pourtant, soyez tristes, mes bons frères ; — car, à vrai dire, cela vous sied bien ; — vous portez si royalement le deuil — que je prétends en consacrer profondément la mode, — et le porter dans mon cœur. Soyez donc tristes ; — mais n'admettez cette tristesse, chers frères, — que comme un fardeau pesant également sur nous tous. — Quant à moi, par le ciel, je vous assure — que je serai à la fois votre père et votre frère. — Entourez-moi seulement de votre amour, je vous entourerai de ma sollicitude. — Oui, pleurez le Henry mort, et je le pleurerai aussi ; — mais il est un Henry vivant qui convertira ces larmes — en autant d'heures d'allégresse.

LES TROIS PRINCES.
— Nous n'èspérons pas moins de Votre Majesté.
LE ROI.
— Vous me regardez tous étrangement.
Au grand juge.

Et vous surtout. — Vous êtes, je crois, convaincu que je ne vous aime pas.
LE GRAND JUGE.
— Je suis convaincu, si justice m'est rendue, — que Votre Majeté n'a aucun motif légitime de me haïr.
LE ROI.
Non ? — Comment un prince, appelé à de si hautes destinées, oublierait-il — les hautes indignités que vous m'avez fait subir ? — Quoi ! réprimander, censurer, et envoyer brusquement en prison — l'héritier présomptif de l'Angleterre ! Était-ce tout simple ? — Cela peut-il être lavé dans le Léthé, et oublié ?
LE GRAND JUGE.
— Je remplaçais alors la personne de votre père ; — l'image de son pouvoir résidait en moi. — Alors que, dans l'administration de sa justice, — j'étais chargé de l'intérêt public, — il a plu à Votre Altesse d'oublier ma dignité, — la majesté de la loi, l'empire de la justice, — l'image du roi que je représentais, — et vous m'avez frappé sur mon siége même de juge. — Devant cette offense commise envers votre père, — j'ai fait hardiment usage de mon autorité, — et je vous ai mis aux arrêts. Si l'acte était blâmable, — résignez-vous, maintenant que vous portez le diadème, — à voir un fils mettre vos décrets à néant, — arracher la justice de votre auguste tribunal, — donner le croc-en-jambe à la loi, et émousser le glaive — qui garde la paix et la sûreté de votre personne, — que dis-je ! conspuer votre royale image, — et bafouer vos actes dans un second vous-même. — Interrogez votre

royale pensée, mettez-vous dans cette situation ; — soyez le père et supposez-vous ce fils ; — écoutez l'outrage fait à votre propre dignité ; — voyez vos plus redoutables lois bravées avec une telle outrecuidance ; — figurez-vous vous-même ainsi dédaigné par votre fils ; — et imaginez-moi alors, moi juge, prenant votre parti — et, de par votre autorité, réduisant dignement votre fils au silence. — Après ce froid examen, jugez-moi, — et, comme vous êtes roi, déclarez, à ce titre, — ce que j'ai fait qui ne convînt pas à ma dignité, — à ma personne et à la souveraineté de mon prince.

LE ROI.

— Vous avez raison, juge, et vous pesez fort bien les choses. — Donc continuez toujours de tenir la balance et le glaive ; et je souhaite que, sans cesse comblé de nouveaux honneurs, — vous viviez assez pour voir un fils de moi — vous offenser et vous obéir comme je l'ai fait. — Puissé-je vivre ainsi pour répéter les paroles de mon père : — *Bienheureux suis-je d'avoir un serviteur assez hardi — pour oser exercer la justice sur mon propre fils ; — et bienheureux suis-je également d'avoir un fils — qui livre ainsi sa grandeur — au bras de la justice !..,* Vous m'avez mis aux arrêts ; — c'est pourquoi je mets à votre main — le glaive sans tache que vous êtes habitué à porter, — en vous recommandant d'en user — avec la même justice intrépide et impartiale — dont vous avez fait preuve à mon égard. Voici ma main ; — vous serez comme le père de ma jeunesse ; — ma voix proférera ce que vous soufflerez à mon oreille ; — et je plierai humblement mes volontés — aux sages directions de votre expérience. — Et vous tous, princes, croyez-moi, je vous en conjure. — Mon père a emporté mes folies dans sa tombe, — car c'est dans sa fosse que sont ensevelies mes affections premières ; — et moi, je survis gravement avec son esprit, — pour bafouer les calculs de l'univers, — pour frustrer toutes les prédictions, et pour raturer — la sentence vermoulue qui m'a stigmatisé — sur des apparences ! Chez moi le flot du sang — a jusqu'ici vainement coulé en extravagance ; — maintenant il se détourne et reflue vers la mer, — où il va se confondre avec l'empire des ondes — et couler désormais dans le calme de la majesté. — Convoquons maintenant notre haute cour du parlement ; — et choisissons si bien les membres de notre conseil — que le grand corps de notre État puisse marcher — de pair avec la nation la mieux gouvernée, — et que la paix ou la guerre, ou toutes deux à la fois, — soient pour nous comme des connaissances familières.

Au grand juge.

— Et en tout cela, mon père, vous me prêterez votre concours suprême. — Après notre couronnement, nous réunirons, — comme je l'ai déjà déclaré, tous nos États ; — et, si Dieu souscrit à mes bonnes intentions, — nul prince, nul pair n'aura sujet de souhaiter — que le ciel abrége d'un seul jour la vie fortunée de Harry !

Ils sortent.

SCÈNE XVI.

[Le Glocestershire. Le jardin de Shallow au crépuscule.]

Entrent FALSTAFF, SHALLOW, SILENCE, BARDOLPHE, le PAGE et DAVY.

SHALLOW.

Allons, vous verrez mon verger ; et sous une tonnelle nous mangerons une reinette de l'an dernier, que j'ai greffée moi-même, avec un plat d'anis et n'importe quoi... Venez, cousin Silence ; et ensuite au lit !

FALSTAFF.

Pardieu, vous avez là une belle et riche habitation.

SHALLOW.

Misérable, misérable, misérable. Tous gueux ! tous gueux, sir John !... Dame, l'air est bon !... Sers, Davy ; sers Davy ; bien Davy.

FALSTAFF.

Ce Davy vous sert à bien des usages ; il est votre domestique et votre fermier.

SHALLOW.

C'est un bon varlet, un bon varlet, un fort bon varlet, sir John... Par la messe, j'ai bu trop de Xérès à souper... Un bon varlet ! Maintenant asseyez-vous, maintenant asseyez-vous... Venez, cousin.

Falstaff, Shallow et Silence s'attablent.

SILENCE.

Ah ! ma foi ! nous ne ferons, comme on dit.....

Il chante.

... Que manger et faire bonne chère,
Et remercier le ciel de la joyeuse année ;
Quand la chair est pour rien et la femelle chère,
Et que les libertins rôdent par-ci par-là.
Gai, gai !
Et pour toujours, gai ! gai !

FALSTAFF.

Voilà un joyeux caractère ! Cher maître Shallow, je vais porter votre santé pour ça.

SHALLOW.

Donne du vin à maître Bardolphe, Davy.

DAVY, à Bardolphe.

Suave monsieur, asseyez-vous.

Il fait asseoir Bardolphe et le page à une autre table.

Je suis à vous tout à l'heure ; très-suave, monsieur, asseyez-vous... Maître page, bon maître page, asseyez-vous : grand bien vous fasse ! Ce qui vous manque en manger, nous l'aurons en boire. Il faut nous excuser. Le cœur est tout.

SHALLOW.

Soyez gai, maître Bardolphe; et vous, là, mon petit soldat, soyez gai.

SILENCE, chantant.

Soyons gais, soyons gais! ma femme est comme une autre ;
Les femmes sont des coquines, toutes, petites et grandes.
La salle est en gaîté, quand toutes les barbes sont en branle.
Et bienvenus soient les joyeux jours gras!
Soyons gais, soyons gais! etc.

FALSTAFF.

Je n'aurais pas cru que maître Shallow fût un homme de telle humeur.

SILENCE.

Qui? moi! j'ai été en goguettes plus d'une fois déjà.

Rentre DAVY.

DAVY, mettant un plat devant Bardolphe.

Voici un plat de rambour pour vous!

SHALLOW.

Davy!

DAVY.

Votre Honneur?
A Bardolphe.
Je suis à vous tout à l'heure.
A Shallow.
Une coupe de vin, monsieur?

SILENCE, chantant.

Une coupe de vin, pétillant et fin,
Et je bois à mon amante.
Un cœur joyeux vit longtemps, hé!

FALSTAFF.

Bien dit, maître Silence.

SILENCE, fredonnant.

Et soyons gais ! Voici venir
Le doux moment de la nuit.

FALSTAFF, buvant.

Santé et longévité à vous, maître Silence !

SILENCE, chantant.

Remplissez la coupe, et passez-la-moi !
Je vous fais raison à un mille de profondeur.

SHALLOW.

Honnête Bardolphe, tu es le bienvenu. Si tu as besoin de quelque chose et que tu ne le demandes pas, honni sois-tu !

Au page.

Bienvenu, mon petit fripon mignon ; bienvenu, toi aussi, ma foi... Je bois à maître Bardolphe et à tous les cavalleros de Londres.

DAVY.

J'espère voir Londres une fois avant de mourir.

BARDOLPHE.

Si je puis vous voir là, Davy...

SHALLOW.

Par la messe, vous boirez chope ensemble... Hein ! n'est-ce pas, maître Bardolphe ?

BARDOLPHE.

Oui, monsieur, dans un pot de quatre pintes.

SHALLOW.

Merci !... le maraud se collera à toi, je puis te l'assurer : il tiendra ferme ; il est de bonne race.

BARDOLPHE.

Et moi, je me collerai à lui, monsieur.

SHALLOW.

Eh ! voilà parler comme un roi. Ne vous privez de rien, soyez gais.

On frappe.

SCÈNE XVI.

Vois qui est à la porte, là... Holà ! qui frappe ?

Davy sort.

FALSTAFF, à Silence qui avale une rasade.

Ouï-dà, vous m'avez fait raison.

SILENCE, chantant.

Fais-moi raison,
Et arme-moi chevalier.
Samingo !

N'est-ce pas ça ?

FALSTAFF.

C'est ça.

SILENCE.

C'est ça ? Avouez donc qu'un vieux homme est encore bon à quelque chose.

Rentre Davy.

DAVY.

N'en déplaise à Votre Honneur, c'est un Pistolet qui arrive de la cour avec des nouvelles.

FALSTAFF.

De la cour ? qu'il entre !

Entre Pistolet.

Eh bien, Pistolet ?

PISTOLET.

Dieu vous garde, sir John !

FALSTAFF.

Quel vent vous a soufflé ici, Pistolet ?

PISTOLET.

Ce n'est pas ce mauvais vent qui ne souffle rien de bon à personne... Suave chevalier, tu es maintenant un des plus grands personnages du royaume.

SILENCE.

Par Notre-Dame, je le crois ; après le bonhomme Pouf de Barson cependant !

PISTOLET.

Pouf ! — Au diable ton Pouf, lâche et vil mécréant ! — Sir John, je suis ton Pistolet et ton ami ; — j'ai galopé jusqu'ici à bride abattue ; — et je t'apporte les informations les plus fortunées et les plus joyeuses, — des événements d'or, des nouvelles du plus grand prix ! —

FALSTAFF.

Je t'en prie, énonce-les comme un être de ce monde.

PISTOLET.

— Foutra pour ce monde et ses vils mondains ! — Je parle de l'Afrique et des joies de l'âge d'or.

FALSTAFF, déclamant.

O vil chevalier assyrien, quelles sont tes nouvelles ?
Que le roi Cophétua sache la vérité.

SILENCE, chantant.

Et Robin Hood, Écarlate, et Jehan.

PISTOLET.

— Est-ce à des chiens de basse-cour de répliquer aux enfants de l'Hélicon ? — Se moquera-t-on ainsi de la bonne nouvelle ? — Alors, Pistolet, fourre ta tête dans le giron des Furies ! —

SHALLOW.

Honnête gentilhomme, je ne comprends rien à vos manières.

PISTOLET.

Eh bien, déplore-le.

SHALLOW.

Pardon, monsieur. Si vous arrivez, monsieur, avec des nouvelles de la cour, je crois qu'il n'y a que deux partis à prendre : ou les énoncer ou les taire. Monsieur, j'exerce, de par le roi, quelque autorité.

PISTOLET.

— De par quel roi, besoigneux ? Parle ou meurs.

SCÈNE XVI.

SHALLOW.

— De par le roi Henry.

PISTOLET.

Henry Quatre ? ou Cinq ?

SHALLOW.

— Henry Quatre.

PISTOLET.

Foutra pour ton office ! — Sir John, ton tendre agnelet est maintenant roi ; — Henry Cinq est l'homme. Je dis la vérité. — Si Pistolet ment, fais-moi la figue, — comme à un vantard espagnol.

FALSTAFF.

Quoi ! le vieux roi est mort !

PISTOLET.

— Comme un clou dans une porte. Les choses que je dis sont exactes. —

FALSTAFF.

En route, Bardolphe ! selle mon cheval. Maître Robert Shallow, choisis l'office que tu voudras dans le pays, il est à toi. Pistolet, je veux que tu aies double charge de dignités.

BARDOLPHE.

O joyeux jour ! je ne donnerais pas ma fortune pour un brevet de chevalier.

PISTOLET.

Hein ? J'apporte de bonnes nouvelles ?

FALSTAFF.

Portez maître Silence au lit !... Maître Shallow, milord Shallow, sois ce que tu voudras, moi, je suis l'intendant de la fortune. Mets tes bottes ; nous chevaucherons toute la nuit... O suave Pistolet !... En route, Bardolphe.

Sort Bardolphe.

Viens, Pistolet, dis-m'en davantage ; et en outre, imagine ce qui peut te convenir... Bottez-vous, bottez-vous, maître Shallow ; je sais que le jeune roi languit après moi. Prenons les chevaux du premier venu ; les lois d'Angleterre sont à mon commandement. Heureux ceux qui ont été mes amis, et malheur aux lord grand juge !

PISTOLET.

— Et que de vils vautours lui dévorent les poumons !
— *Où est la vie, dit-on, que je menais naguère?* — Eh bien, la voici. Bienvenus ces beaux jours !

Ils sortent.

SCÈNE XVII.

[Londres. Une rue.]

Entrent des SERGENTS, traînant l'hôtesse QUICKLY et DOROTHÉE TROQUE-DRAP (82).

L'HOTESSE.

Non, coquin fieffé ! Quand je devrais mourir, je voudrais te voir pendu. Tu m'as disloqué l'épaule.

PREMIER SERGENT.

Les constables me l'ont remise ; et elle goûtera du fouet, je le lui garantis. Il y a eu dernièrement un ou deux hommes tués à cause d'elle.

DOROTHÉE.

Vous mentez, hallebardier escroc ! Allons donc ! je vais te dire, maudit chenapan à visage de tripe, si l'enfant que je porte à présent vient avant terme, tu aurais mieux fait de frapper ta mère, manant à face de papier.

L'HOTESSE.

Ah ! Seigneur ! si sir John était ici ! il aurait fait de ceci une affaire sanglante pour quelqu'un ! Mais je prie Dieu que le fruit de ses entrailles vienne avant terme !

SCÈNE XVII.

PREMIER SERGENT.

Si ça arrive, vous lui remettrez une douzaine de coussins ; elle n'en a que onze maintenant. Allons, je vous somme toutes deux de venir avec moi ; car l'homme que vous avez battu, Pistolet et vous, est mort.

DOROTHÉE.

Je vais te dire, l'homme maigre à figure de bassinoire ! Je vous ferai fustiger solidement pour votre peine, ignoble mouche bleue, sale tourmenteur étique ! Si je ne vous fais pas fustiger, j'abjure le cotillon court.

PREMIER SERGENT.

Allons, allons, chevalier errant femelle, en marche.

L'HOTESSE.

Oh ! que le droit écrase ainsi la force !... Voilà ! Après la souffrance le bien-être !

DOROTHÉE.

Allons, chenapan, allons ; menez-moi au juge.

L'HOTESSE.

Oui, venez, limier affamé.

DOROTHÉE.

Bonhomme spectre ! bonhomme ossement !

L'HOTESSE.

Squelette !

DOROTHÉE.

Va donc, être maigre ; va donc, efflanqué !

PREMIER SERGENT.

Fort bien.

Ils sortent.

SCÈNE XVIII.

[Une place près de l'abbaye de Westminster.]

Deux Grooms entrent et couvrent le pavé de nattes.

PREMIER GROOM.

Encore des nattes ! encore des nattes !

DEUXIÈME GROOM.

Les trompettes ont sonné deux fois.

PREMIER GROOM.

Il sera deux heures avant qu'on revienne du couronnement... Dépêchons, dépêchons !

Les grooms sortent.

Entrent FALSTAFF, SHALLOW, PISTOLET, BARDOLPHE et le PAGE.

FALSTAFF.

Tenez-vous ici, près de moi, maître Robert Shallow ; je vais vous faire distinguer par le roi. Je le regarderai du coin de l'œil, quand il passera ; et vous verrez la mine qu'il me fera.

PISTOLET

Dieu bénisse tes poumons, bon chevalier !

FALSTAFF.

Viens ici, Pistolet ; tiens-toi derrière moi.

A Shallow.

Oh ! si j'avais eu le temps de faire faire des livrées neuves, j'y aurais dépensé les mille livres que je vous ai empruntées. Mais n'importe ; ce pauvre appareil vaut mieux ; il prouve le zèle que j'ai mis à le voir.

SHALLOW.

En effet.

SCÈNE XVIII.

FALSTAFF.

Il montre la ferveur de mon affection.

SHALLOW.

En effet.

FALSTAFF.

Ma dévotion.

SHALLOW.

En effet, en effet, en effet.

FALSTAFF.

J'ai l'air d'avoir chevauché nuit et jour, sans délibérer, sans réfléchir, sans avoir pris le temps de me changer.

SHALLOW.

C'est bien certain.

FALSTAFF.

Et me voici, souillé par le voyage, tout suant du désir de le voir ; ne songeant qu'à cela, mettant en oubli toute autre considération, comme si je n'avais au monde qu'une chose à faire, le voir !

PISTOLET.

Semper idem ; absque hoc nihil est ! C'est parfait.

SHALLOW.

Oui, vraiment.

PISTOLET.

— Mon chevalier, je vais enflammer ton noble foie, — et te mettre en rage. — Ta Dorothée, l'Hélène de tes nobles pensées, — est dans un vil cachot, dans une infecte prison, — où elle a été traînée par les mains les plus roturières et les plus sales. — Évoque de son antre d'ébène le serpent vengeur de la farouche Alecto ; — car Dorothée est coffrée ! Pistolet ne dit que la vérité.

FALSTAFF.

Je la délivrerai.

Acclamations et fanfares.

PISTOLET.

— Voilà les rugissements de la mer et les sons éclatants de la trompette. —

Entrent LE ROI et son cortége dans lequel on distingue le GRAND JUGE.

FALSTAFF.

Dieu protége Ta Grâce, roi Hal ! mon auguste Hal !

PISTOLET.

Les cieux te gardent et te préservent, très-royal rejeton de la gloire !

FALSTAFF.

Dieu te protége, mon doux enfant !

LE ROI, désignant Falstaff.

— Milord grand juge, parlez à cet insolent.

LE GRAND JUGE, à Falstaff.

— Avez-vous votre raison ? Savez-vous ce que vous dites ?

FALSTAFF,

— Mon roi ! mon Jupiter ! c'est à toi que je parle, mon cœur !

LE ROI.

— Je ne te connais pas, vieux homme. Mets-toi à tes prières ! — Que les cheveux blancs vont mal à un fou et à un bouffon ! — j'ai longtemps vu en rêve un homme de cette espèce, — aussi gonflé d'orgie, aussi vieux et aussi profane. — Mais, étant réveillé, je méprise mon rêve. — Tâche désormais d'avoir moins de ventre et plus de vertu ; — renonce à la gourmandise ; sache que la tombe s'ouvre — pour toi trois fois plus large que pour les autres hommes. — Ne me réplique pas par une plaisanterie de bouffon. — Ne t'imagine pas que je sois ce que j'étais. — Car, Dieu le sait et le monde s'en apercevra, — j'ai rejeté de moi l'ancien homme, — et je rejetterai ainsi ceux qui furent mes compagnons. — Quand tu entendras dire que je suis encore ce que j'ai été, — rejoins-moi, et tu seras ce que tu étais, — le tuteur et le pourvoyeur de mes déréglements. — Jusque-là, je te bannis sous peine de mort, — comme j'ai banni le reste de mes corrupteurs, — et je te défends de résider à moins de dix milles de notre personne. — Quant aux moyens d'existence, je les fournirai, — afin que le manque de ressources ne vous force pas au mal ; — et si nous apprenons que vous vous êtes réformés, — alors, dans la mesure de votre capacité et de votre mérite, — nous vous donnerons de l'emploi.

    Au grand juge.

Chargez-vous, milord, — de faire exécuter ponctuellement nos ordres. — En avant !

                  Sortent le Roi et son cortége.

FALSTAFF.

Maître Shallow, je vous dois mille livres.

SHALLOW.

Oui, diantre, sir John ; et je vous supplie de me les laisser remporter chez moi.

FALSTAFF.

Ça ne se peut guère, maître Shallow. Ne vous chagrinez point de ceci ; il m'enverra chercher en particulier ; voyez-vous, il doit feindre ainsi en public. N'ayez pas d'inquiétude sur votre avancement ; je suis toujours homme à faire de vous un gros personnage.

SHALLOW.

Je ne vois pas comment, à moins que vous ne me donniez votre pourpoint et que vous ne me rembourriez de paille. Je vous en conjure, bon sir John, sur les mille, rendez-m'en cinq cents !

FALSTAFF.

Monsieur, je tiendrai ma parole : ce que vous avez vu n'est qu'une couleur.

SHALLOW.

Une couleur, sir John, avec laquelle, j'en ai peur, vous serez éteint et teint.

FALSTAFF.

Ne vous inquiétez pas des couleurs ; venez dîner avec moi. Allons, lieutenant Pistolet ; allons, Bardolphe. Je serai mandé ce soir de bonne heure.

Rentrent LE PRINCE JOHN, LE GRAND JUGE, des officiers de justice.

LE GRAND JUGE.

— Allez, conduisez sir John Falstaff à la prison de Fleet-Street. — Emmenez tous ses compagnons avec lui.

FALSTAFF.

Milord, milord...

LE GRAND JUGE.

— Je ne puis vous parler en ce moment ; je vous entendrai bientôt. — Emmenez-les.

PISTOLET.

Si fortuna me tormenta, la speranza me contenta.

Sortent Falstaff, Shallow, Pistolet, Bardolphe, le Page et les officiers de justice.

LE PRINCE JOHN.

— J'aime cette noble conduite du roi ; — il entend que ses anciens compagnons — soient tous convenablement pourvus ; — mais tous sont bannis jusqu'à ce que leurs mœurs — paraissent au monde plus sages et plus décentes.

LE GRAND JUGE.

C'est vrai.

LE PRINCE JOHN.

— Le roi a convoqué son parlement, milord.

LE GRAND JUGE.

— En effet.

LE PRINCE JOHN.

Je parierais qu'avant l'expiration de cette année, —

nous porterons nos armes concitoyennes et notre ardeur nationale — jusqu'en France. J'ai entendu un oiseau chanter cela, — et il m'a semblé que sa musique plaisait au roi. — Allons, venez-vous ?

Tous sortent. (83)

ÉPILOGUE

DIT PAR UN DANSEUR.

D'abord, ma crainte ; puis, ma révérence ; enfin, ma harangue. Ma crainte est votre déplaisir ; ma révérence est mon hommage ; et ma harangue est pour vous demander pardon. Si maintenant vous vous attendez à un beau discours, je suis perdu ; car ce que j'ai à dire est de ma propre composition ; et ce que je dois dire, en vérité, sera, je le crains, tout à mon détriment. Mais au fait, et à l'aventure !... Sachez donc (comme vous le savez fort bien) que j'ai paru récemment ici, à la fin d'une pièce malencontreuse, pour implorer votre indulgence à son égard et vous en promettre une meilleure. Je comptais effectivement m'acquitter envers vous avec celle-ci. Si, comme une mauvaise spéculation, elle reste sans succès, je fais faillite, et vous, mes chers créanciers, vous voilà en perte. J'ai promis de me trouver ici, et ici même j'abandonne ma personne à votre merci. Réduisez votre créance, je vous en paie une partie, et, comme nombre de débiteurs, je vous promets des trésors infinis.

Si mon langage ne peut vous induire à me donner quittance, voulez-vous que j'use de mes jambes ?... Mais non, ce serait vous payer en monnaie bien légère que de me tirer de ma dette par une gambade. Pourtant une conscience honnête doit offrir toute satisfaction possible, et c'est ce que je veux faire. Toutes les gentilles femmes ici m'ont pardonné ; si les gentilshommes n'en font pas autant, alors les gentilshommes ne sont pas d'ac-

cord avec les gentilles femmes, ce qui ne s'est jamais vu en pareille assemblée.

Encore un mot, je vous en conjure. Si vous n'êtes pas trop écœurés de viande grasse, notre humble auteur continuera cette histoire, où doit encore figurer sir John, et vous fera rire avec la belle Catherine de France. Là, autant que je puis le savoir, Falstaff mourra d'une sueur rentrée, à moins que vous ne l'ayez immolé déjà à une cruelle méprise ; car Oldcastle est mort martyr, et celui-ci n'est point le même homme. Ma langue est fatiguée ; quand mes jambes le seront aussi, je vous souhaiterai le bonsoir ; et sur ce, je plie le genou devant vous, mais c'est afin de prier pour la reine.

FIN DE HENRY IV.

NOTES

sur

RICHARD II ET HENRY IV.

(1) Ce surnom de *Bolingbroke* fut donné à Henry IV en souvenir du lieu de sa naissance, *Bolingbroke Castle*, dans le comté de Lincoln. Les derniers restes de ce vieil édifice seigneurial s'écroulèrent en mai 1815.

(2) Le lion figure dans l'écusson royal d'Angleterre, le léopard, dans le blason de Norfolk.

(3) L'hôtel de Savoie, ancienne demeure des ducs et comtes de Lancastre, était situé sur la rive gauche de la Tamise, tout près de l'emplacement où aboutit aujourd'hui le pont de Waterloo. Ce château avait appartenu, au XIIIe siècle, à Pierre, comte de Savoie, oncle d'Éléonore, femme de Henry III. La reine, en ayant hérité à la mort du comte, le légua à son second fils, Edmond, comte de Lancastre, qui le transmit à ses successeurs.

(4) Les sept fils d'Édouard étaient : 1° Edward de Woodstock, surnommé le *prince Noir*, père de Richard II ; 2° William de Hatfield ; 3° Lionel, duc de Clarence ; 4° Jean de Gand, père de Henry IV ; 5° Edmond de Langley, duc d'York ; 6° William de Windsor ; 7° Thomas de Woodstock, duc de Glocester, le même qui fut assassiné en 1398 par ordre de Richard II.

(5) Toute cette scène est fondée sur le récit du chroniqueur Holinshed. J'extrais de cette narration la pittoresque description des préparatifs du combat judiciaire, si brusquement interrompu par la sentence arbitraire du roi Richard :

« Le duc d'Aumerle, agissant en ce jour comme connétable d'Angleterre, et le duc de Surrey, comme maréchal, tous deux armés de toutes pièces, entrèrent les premiers dans la lice avec une grande compagnie d'hommes habillés d'une étoffe de soie, brodée d'argent richement et à merveille, chaque homme ayant un bâton ferré pour maintenir le champ en ordre. Vers l'heure de prime arriva aux barrières de la lice le duc de Hereford, monté sur un coursier blanc, bardé de velours vert et bleu brodé somptueusement de cygnes et d'antilopes, armé de pied en cap de travail d'orfévrerie.

» Le connétable et le maréchal vinrent aux barrières, lui demandant qui il était. Il répondit : « Je suis Henry de Lancastre, duc de
» Hereford, qui suis venu ici pour faire mon devoir contre Thomas
» Mowbray, duc de Norfolk, comme traître, infidèle à Dieu, au roi, à
» son royaume et à moi. » Alors, incontinent, il jura par les saints évangélistes que sa querelle était légitime et juste, et sur ce point il demanda à entrer dans la lice. Puis il rengaîna son épée, qu'auparavant il tenait nue dans sa main, et, abaissant sa visière, fit le signe de la croix sur son cheval, et, la lance à la main, entra dans la lice, et descendit de son cheval, et s'assit sur une chaise de velours vert à un bout de la lice, et là se reposa, attendant la venue de son adversaire.

» Bientôt après entra dans la plaine avec grand triomphe le roi Richard, accompagné de tous les pairs du royaume, et en sa compagnie était le comte de Saint-Pol, qui était venu de France en toute hâte pour voir exécuter ce cartel. Le roi avait plus de dix mille hommes armés, dans la crainte que quelque bagarre ou tumulte ne s'élevât entre ses nobles par suite de querelles ou de factions. Quand le roi fut assis sur son siége, lequel était richement tendu et orné, un roi d'armes fit une proclamation publique, défendant à tous, au nom du roi et du grand connétable et du grand maréchal, d'essayer ou de tenter de toucher aucune partie de la lice, sous peine de mort, ceux-là exceptés qui étaient chargés de maintenir l'ordre. La proclamation terminée, un autre héraut cria : « Regardez céans Henry de Lan-
» castre, duc de Hereford, appelant, qui est entré dans la lice royale
» pour faire son devoir contre Thomas Mowbray, duc de Norfolk,
» défendant, sous peine d'être reconnu félon et mécréant. »

» Le duc de Norfolk attendait à l'entrée de la lice, son cheval étant bardé d'un velours cramoisi, richement brodé de lions et de branches de mûriers d'argent; et, quand, par-devant le connétable et le maréchal, il eut fait le serment que sa querelle était légitime et juste, il entra dans le champ clos, s'écriant hardiment : « Dieu aide celui « qui a le droit. » Et alors il descendit de cheval, et s'assit sur sa chaise, qui était de velours cramoisi, avec courtine de damas blanc et rouge. Le lord maréchal examina les lances pour voir si elles étaient d'égale longueur, et remit lui-même une lance au duc de Hereford, et envoya l'autre au duc de Norfolk par un chevalier. Alors. le héraut cria que les traverses et les chaises des champions fussent écartées, leur commandant au nom du roi de monter à cheval et de s'adonner à la bataille et au combat.

» Le duc de Hereford fut vite en selle, et ferma sa visière, et mit sa lance en arrêt, et, dès que la trompette sonna, avança courageusement sur son ennemi de six à sept pas. Le duc de Norfolk ne s'était pas encore pleinement avancé, que le roi lança à terre son bâton de commandement et que les hérauts crièrent : Halte! halte! Alors le roi leur fit enlever leurs lances, et leur commanda de retourner à leurs chaises, où ils restèrent deux longues heures, tandis que le roi et son conseil délibéraient sur la décision à prendre en un cause si grave.

» Finalement, après qu'ils eurent réfléchi, et pleinement déterminé ce qu'il y avait à faire, les hérauts crièrent *Silence !* et sir John Bnshy, le secrétaire du roi, lut la sentence et détermination du roi et de son conseil, dans un long rôle, dont la teneur était que Henry, duc de Hereford, quitterait le royaume dans les quinze jours, et ne reviendrait pas avant l'expiration du terme de dix ans, à moins d'être rappelé par le roi, et cela sous peine de mort, et que Thomas Mowbray, duc de Norfolk, ayant semé la division dans le royaume par ses paroles, viderait également le royaume, et ne reviendrait jamais en Angleterre sous peine de mort. »

(6) Les deux répliques qui précèdent, comprenant vingt-six vers, ne se trouvent que dans les éditions in-4° publiées du vivant de Shakespeare. Elles ont été supprimées du texte de la grande édition posthume de 1623.

(7) « En cette 22e année du roi Richard, le bruit public courut que la roi avait affermé le royaume à sir William Scrope, comte de Wiltshire, et alors trésorier d'Angleterre, à sir John Bushex, sir John Bagot, et sir Henry Greene, chevaliers. » — *Chronique de Fabian.*

(8) Edward, duc d'*Aumerle* ou d'*Albemarle* (dérivation britannique d'*Aumale*), était le fils aîné du duc d'York. Il fut tué à Azincourt.

(9) « Il y avait certains navires frétés et préparés pour lui (le duc de Lancastre) à un lieu en basse Bretagne appelé *le Port-Blanc*, comme nous le trouvons dans les chroniques de Bretagne ; et quand toute sa provision fut prête, il prit la mer, ensemble avec ledit archevêque de Cantorbéry et son neveu Thomas Arundel, fils et héritier du feu comte d'Arundel, décapité à la Tour, comme vous l'avez ouï. Il y avait aussi avec lui Reginald lord Cobham, sir Thomas Erpingham, et sir Thomas Ramston, chevaliers, John Norburie, Robert Waterton et Fracis Coint, écuyers. Peu d'autres étaient là, car il n'avait pas plus de quinze lances, comme on les appelait en ces jours, c'est-à-dire des hommes d'armes équipés et armés suivant la coutume du temps. Pourtant d'autres écrivent que le duc de Bretagne lui remit trois mille hommes de guerre pour l'escorter, et qu'il avait huit gros vaisseaux bien garnis pour la guerre, là où Froissart ne parle que de trois... Le duc de Lancastre, après avoir longé la côte un certain temps, et s'être assuré par des intelligences comment les esprits de la population étaient disposés pour lui, débarqua vers le commencement de juillet en Yorkshire, à un lieu appelé autrefois *Ravenspur*, entre Hull et Bridlington, et avec lui pas plus de soixante personnes, écrit-on ; mais il fut si joyeusement reçu par les lords, chevaliers et gentilshommes de ces contrées, qu'il trouva moyen (par leur assistance) d'assembler immédiatement un grand nombre de gens qui désiraient prendre son parti. Les premiers qui vinrent à lui furent les lords du comté de Lincoln et autres pays environnants, comme les lords Willoughby, Ross, Darcie et Beaumont. » — *Holinshed*.

(10) Thomas Arundel, archevêque de Cantorbéry, frère du comte d'Arundel, un des principaux chefs du parti aristocratique et parlementaire, avait été déposé de son siège par le pape, à la requête de Richard II.

(11) « Il arriva que dans le même temps où le duc de Hereford ou de Lancastre, comme il vous plaira l'appeler, arriva ainsi en Angleterre, les mers étaient tellement troublées par des tempêtes, et les vents tellement contraires à toute traversée d'Angleterre en Irlande, où le roi résidait toujours, que, durant l'espace de six semaines, il ne reçut pas de nouvelles de ce côté-là. Pourtant à la fin, quand les

mers devinrent calmes et les vents un peu plus favorables, il arriva un navire par lequel le roi apprit les circonstances du débarquement du duc. Sur quoi il résolut immédiatement de retourner en Angleterre pour faire résistance au duc ; mais, par la persuasion du duc d'Aumerle (à ce qu'on croit), il resta jusqu'à ce qu'il eût tous ses navires et ses approvisionnements entièrement prêts pour le passage.

» Sur ces entrefaites il envoya le comte de Salisbury en Angleterre, pour y rassembler des troupes, par l'aide des amis du roi, dans le pays de Galles et le Cheshire, avec toute la rapidité possible, en sorte qu'elles fussent prêtes à l'assister contre le duc, dès son arrivée, car il comptait lui-même suivre le comte dans les six jours. Le comte, passant au pays de Galles, débarqua à Conway, et envoya des lettres aux amis du roi, et en Galles et en Cheshire, pour qu'ils levassent leurs gens et vinssent en toute hâte assister le roi : à laquelle requête tous se rendirent avec grand empressement et très-volontiers, espérant trouver le roi lui-même à Conway, si bien que, dans l'espace de quatre jours, ils étaient rassemblés au nombre de quarante mille hommes, prêts à marcher avec le roi contre ses ennemis, s'il avait été là en personne.

» Mais quand ils reconnurent l'absence du roi, le bruit se répandit parmi eux que le roi était sûrement mort : ce qui produisit une impression et une disposition si mauvaises dans les esprits des Gallois et autres que, malgré toutes les instances du comte de Salisbury, ils ne voulurent pas marcher avec lui, avant d'avoir vu le roi ; ils consentirent seulement à rester quinze jours pour voir s'il viendrait ou non ; mais, comme il n'arriva pas dans cet intervalle, ils refusèrent de demeurer plus longtemps, se dispersèrent et s'en allèrent ; au lieu que, si le roi était venu avant leur licenciement, ils auraient certainement forcé le duc de Hereford à l'aventure d'une campagne. C'est ainsi que les retards du roi firent arriver les choses selon le désir du duc et enlevèrent au roi toute occasion de recouvrer plus tard des forces suffisantes pour lui résister. » — *Holinshed.*

(12) « En cette année, presque par tout le royaume d'Angleterre, les vieux lauriers se flétrirent, et ensuite, contrairement à l'opinion de tous les hommes, ils reverdirent, — étrange spectacle qu'on supposa annoncer quelque événement inconnu. » — *Holinshed.*

(13) *Whilst we were wandering with the antipodes.*
Ce vers a été retranché de l'édition de 1623.

(14) L'if *doublement* fatal, c'est-à-dire fatal en raison de la nature vénéneuse de sa feuille et de la transformation de son bois en instrument de mort.

(15) *And do your follies fight against yourself.*
Ce vers est omis dans l'édition de 1623.

(16) Thomas Holland, duc de Surrey, était frère de mère du roi Richard III.

(17) Cette harangue légitimiste transporte d'aise le critique tory Johnson qui, dans la ferveur de son enthousiasme, n'hésite pas à attribuer à Shakespeare lui-même l'opinion de l'évêque de Carlisle : « Voici une autre preuve, écrit le célèbre docteur, que notre auteur n'a pas appris à la cour du roi Jacques ses notions si élevées sur le droit des rois. Je ne connais pas un courtisan des Stuarts qui ait exprimé cette doctrine en termes beaucoup plus énergiques. » Sans pitié pour l'illusion royaliste de Johnson, qui commet cette bizarre erreur de confondre la pensée d'un auteur avec la pensée de son personnage, Steevens réplique à cette remarque que « Shakespeare a représenté le caractère de l'évêque, tel qu'il l'a trouvé dans Holinshed, où ce discours fameux (qui contient, dans les termes les plus exprès, la doctrine de l'obéissance passive) est conservé. » En effet, Shakespeare, fidèle à la vérité historique, s'est astreint à développer en beaux vers une prosaïque harangue rapportée par Holinshed. — Voici le récit du chroniqueur :

« Le mercredi suivant, une requête fut faite par les communes à cet effet que, puisque le roi Richard avait abdiqué et était légalement déposé de sa dignité royale, un jugement fût rendu contre lui, qui le rendît incapable de troubler le royaume, et que les causes de sa déposition fussent publiées par tout le royaume pour édifier le peuple : laquelle demande fut accordée. Sur quoi *l'évêque de Carlisle*, homme à la fois sage et plein d'audace, remontra hardiment son opinion concernant cette demande ; affirmant qu'il n'y avait nul parmi eux qui fût digne ou capable de donner un jugement sur un noble prince comme Richard qu'ils avaient eu pour leur souverain lige et seigneur, durant l'espace de vingt-deux ans et plus :

» Et je vous assure (dit-il) qu'il n'existe pas un traître endurci, un voleur fieffé, un meurtrier cruel, appréhendé ou détenu en prison pour son crime, qui ne soit produit devant la justice pour ouïr son jugement ; et vous voulez procéder au jugement du roi, de l'oint du

Seigneur, sans entendre sa réponse ni son excuse! Je dis que le duc de Lancastre, que vous appelez roi, a plus de torts envers le roi Richard et son royaume que le roi Richard n'en a envers lui et nous : car il est manifeste et bien connu que le duc a été banni du royaume par le roi Richard et son conseil, et par le jugement de son propre père, pour l'espace de dix ans, pour la cause que vous savez; et pourtant, sans la permission du roi Richard, il est revenu dans le royaume, et (ce qui est pis) a usurpé le nom, le titre et la prééminence du roi. Et je dis conséquemment que vous commettez une offense manifeste en procédant en quoi que ce soit contre le roi Richard, sans l'appeler publiquement à se défendre. »

» Aussitôt que l'évêque eut fini son discours, il fut appréhendé par le comte-maréchal, et enfermé sous bonne garde à l'abbaye de Saint-Albans.

(18) A partir de ces mots : *Daignez, milords, accéder à la requête des communes,* l'édition de 1597, la seule qui ait été publiée sous le règne d'Élisabeth, omet 154 vers pour reprendre le dialogue à ces paroles que Bolingbroke prononce vers la fin de la scène : *A mercredi prochain nous fixons solennellement notre couronnement.* La conséquence de ce retranchement, évidemment imposé à l'éditeur par une raison politique, est que la déposition du roi Richard n'est pas accomplie effectivement, et que la proclamation du nouveau roi Henry IV a lieu sans transition, après la violente protestation de l'évêque de Carlisle. Le sens de la scène et du drame est complétement défiguré.

(19) Isabelle de France, fille aînée de Charles VII, avait épousé, à l'âge de huit ans, le 31 octobre 1396, le roi d'Angleterre Richard II. Séparée de son mari par la révolution de 1399, elle fut ramenée solennellement en France, en 1402, après la conclusion du traité de Leulingen, et épousa en secondes noces le fils aîné du duc d'Orléans. Sa sœur cadette Catherine, que nous verrons figurer bientôt sur la scène shakespearienne, lui succéda plus tard comme reine d'Angleterre en épousant Henry V.

(20) « Cette description est si vivante, et les paroles en sont si pathétiques, que je ne sais rien qui y soit comparable en aucune langue. » — *Dreyden.*

(21) Les duc d'Aumerle, de Surrey et d'Exeter furent dépouillés

de leurs duchés par un acte du premier parlement du roi Henry IV, tout en étant autorisés à garder leurs comtés de Rutland, de Kent et de Huntingdon. *Holinshed*, p. 513, 514.

(22) « Voici une très-habile introduction au futur personnage de Henry V, aux débauches de sa jeunesse et à la grandeur de sa virilité. » — *Jonhson.*

(23) Allusion à la célèbre ballade *Le Roi et la Mendiante.*

(24) Le beau-frère en question était John, duc d'Exeter et comte de Huntingdon, frère de Richard II, et mari de lady Élisabeth, propre sœur de Bolingbroke.

(25) Tout cet incident est historique. Voici le récit de Holinshed que Shakespeare a mis en scène :

« Le comte de Rutland, ayant quitté Westminster pour voir son père le duc d'York, comme il était assis à dîner, avait dans son sein sa cédule du traité de confédération. Le père, l'apercevant, voulut voir ce que c'était ; et quoique le fils refusât humblement de la montrer, le père, étant d'autant plus désireux de la voir, la prit de force hors de son sein ; et, en ayant reconnu le contenu, dans une grande rage, fit seller ses chevaux ; et, accusant de trahison son fils, pour qui il était devenu caution, il monta incontinent en selle, pour chevaucher jusqu'à Windsor et déclarer au roi la malicieuse intention de son fils et de ses complices. Le comte de Rutland, voyant en quel danger il se trouvait, prit son cheval et galopa par un autre chemin jusqu'à Windsor, si vite qu'il y arriva avant son père ; et, quand il fut descendu de cheval à la porte du château, il fit fermer les portes, disant qu'il devait en remettre les clefs au roi. Dès qu'il fut venu en présence du roi, il se mit à genoux, implorant sa merci et sa clémence, et lui déclarant toute l'affaire dans les moindres détails ; il obtint pardon ; et aussitôt arriva son père qui, étant introduit, remit au roi la cédule qu'il avait prise à son fils. Le roi, reconnaissant la vérité de ce que lui avait dit le comte de Rutland, changea sa détermination d'aller à Oxford, et dépêcha des messagers, pour signifier au comte de Northumberland, son grand connétable, et au comte de Westmoreland, son grand maréchal, le terrible danger auquel il venait d'échapper. »

(26) L'histoire nous a légué trois versions différentes de la mort

de Richard II. Selon le moine d'Evesham et les annalistes Otterbourne et Walsingham, Richard se laissa volontairement mourir de faim dans la prison de Pomfret. — A en croire le manifeste publié par les Percys, lors de leur insurrection contre leur ancien allié Henry IV, Richard aurait été affamé par une lente torture de quinze jours. Cette conjecture est confirmée par les chroniqueurs contemporains Harding et Polydore Virgile. — Enfin, suivant le récit de Fabyan, corroboré par Hall et consacré par Holinshed, Richard fut assassiné dans son cachot par sir Piers d'Exton et huit hommes armés, à l'instigation du roi Henry IV qui, un jour, étant à table, dit en soupirant devant ses courtisans : « N'ai-je pas un ami fidèle qui me délivrera de celui dont la vie sera ma mort et dont la mort sera la préservation de ma vie? » C'est cette version si tragique que Shakespeare a adoptée.

(27) La première partie de *Henry IV*, enregistrée au dépôt de la librairie anglaise (*Stationer's Hall*) en février 1597, fut imprimée pour la première fois, sous format in-quarto, en 1598. Elle fut réimprimée successivement en 1599, en 1604, en 1608, en 1613 et en 1622, avant de trouver sa place dans l'édition in-folio de 1623. Ces six réimpressions distinctes attestent la continuité du succès obtenu par cet illustre drame historique.

La seconde partie de *Henry IV* fut enregistrée en même temps que *Beaucoup de bruit pour rien*, le 23 août 1600. Elle fut publiée la même année par les éditeurs Andrew Wise et William Aspley. Mais cette première édition ayant été imprimée avec une grande négligence, la scène VIII notamment ayant été omise tout en entière, une seconde édition plus complète et plus correcte fut lancée presque immédiatement. La troisième édition, celle de 1623, contient un grand nombre de passages ajoutés par l'auteur au manuscrit primitif. Nous avons indiqué toutes ces additions dans les notes que le lecteur lira plus loin.

On ignore à quelle époque précise furent composées les deux parties de *Henri IV*. Mais il est certain qu'elles furent écrites l'une et l'autre avant l'année 1597. Ainsi que je l'ai dit à l'Introduction de ce livre, une des répliques de Falstaff dans la seconde scène de la seconde partie est restée inscrite, dans le texte de l'édition primitive, sous le nom d'*Oldcastle* : preuve évidente que le héros comique portait encore le nom du martyr protestant, quand cette seconde partie fut composée. D'un autre côté, nous savons que, dès février 1597, l'auteur avait substitué le nom de *Falstaff* au nom d'*Oldcastle*, par cette mention officielle que nous trouvons dans le registre du *Stationer's Hall*.

25 Février 1597.

Andrew Wise. Un ouvrage intitulé *l'Histoire de Henry Quatre, avec sa bataille de Srewsbury contre Henry Hotspur du Nord, avec les spirituelles bouffonneries de sir Joh Falstaff.*

La seconde partie de *Henry IV*, ayant été écrite avant la substitution du nom de *Falstaff* au nom d'*Oldcastle*, est donc antérieure an mois de février 1597, époque à laquelle eut lieu publiquement cette substitution.

Henry IV a provoqué dans presque toutes les langues de l'Europe un grand nombre d'imitations. De nos jours, Paul Meurice et Auguste Vacquerie ont condensé la partie bouffonne du drame en une comédie qui a été jouée au mois d'octobre 1842 sur la scène de l'Odéon avec un succès encore retentissant.

(28) « Ce Harry Percy fut surnommé, *parce qu'il piquait souvent des deux*, Henry *Hostpur* (*Éperon chaud*), comme un homme qui se reposait rarement s'il y avait quelque service à faire en campagne. » — Holinshed, *Histoire d'Écosse*, p. 240.

(29) L'accoutrement traditionnel de Falstaff nous est connu par une note manuscrite du célèbre architecte Inigo Jones, qui était surintendant des fêtes royales, au temps de Jacques Ier. Décrivant le costume d'une personne appelée à figurer dans une mascarade de la cour, Inigo écrit qu'elle doit être habillée « comme un sir John Falstaff, en manteau de laine brune tout à fait long, avec un gros ventre, comme un homme enflé, — longues moustaches, souliers courts laissant voir les doigts des pieds nus, guêtres montrant une grosse jambe enflée. » — Extrait d'un manuscrit appartenant au duc de Devonshire.

(30) Dans ce refus, Hotspur était justifié par la coutume de la guerre, — tout captif dont la rédemption n'excédait pas dix mille écus appartenant à celui qui l'avait pris. Cependant Mordake, comte de Fife, étant neveu de Robert III d'Écosse et par conséquent de race royale, pouvait être légalement réclamé par le roi.

Voici, du reste, comment Holinshed présente l'origine de la querelle entre les Percys et le roi Henry IV : « Henry, comte de Northumberland, ainsi que son frère Thomas, comte de Worcester, et son fils, le lord Henry Percy, surnommé *Hotspur*, qui étaient pour le roi Henri, au commencement de son règne, de fidèles amis et de sérieux alliés, commencèrent dès lors à envier sa fortune et sa félicité ; et ils étaient spécialement marris, parce que le roi demandait au comte et à son fils les prisonniers écossais saisis à Holmedon et à Nesbit ; car, de tous les captifs pris dans les deux conflits, Mordake, comte de Fife, fils du duc d'Albany, était le seul qui eût été remis au roi, malgré maintes réclamations du roi qui insistait avec grandes menaces pour que le reste lui fût livré. De quoi les Percys étaient gravement offensés, car ils revendiquaient les autres prisonniers, comme leurs prises spéciales : aussi, sur le conseil de lord Thomas Percy, comte de Worcester, dont l'unique soin était (selon quelques écrivains) de créer des ressentiments et de mettre les choses en brouille, ils vinrent trouver le roi à Windsor et là demandèrent que, soit par rançon, soit autrement, il délivrât de prison Edmond Mortimer, comte de March, leur cousin germain, qu'Owen Glendower (à ce qu'ils prétendaient) gardait dans une sale prison, chargé de fers, uniquement parce que Mortimer avait pris le parti du roi, et lui avait été fidèle et dévoué. Le roi, ayant réfléchi à ce sujet, répondit que le comte de March n'avait pas été fait prisonnier pour sa cause, ni à son service, mais s'était laissé prendre volontairement, ne pouvant résister aux efforts d'Owen Glendower et de ses complices, et que par conséquent il ne ferait rien pour le racheter ou le délivrer. Les Percys ne furent pas peu irrités de cette réponse et de cette frauduleuse excuse ; et Henry Hotspur dit ouvertement : « Voyez, l'héritier du royaume est dépouillé de ses droits, et celui qui le vole ne veut même pas le racheter ! » Sur ce, dans leur furie, les Percys se retirèrent, résolus à déposer le roi Henry de sa haute dignité royale et à installer à sa place Edmond, comte de March. Et non-seulement ils délivrèrent celui-ci de captivité, mais encore (au grand déplaisir du roi Henry) ils entrèrent en ligue avec le susdit Owen Glendower. »

(31) *Moorditch* était une portion du grand fossé, plein d'eau stagnante, qui entourait l'ancienne enceinte de Londres et qui avait été creusé au commencement du IIIe siècle. La tranchée de Moorditch s'étendait de la poterne appelée Moorgate jusqu'à la porte de Bishopsgate.

(32) « La sagesse crie dans les rues et personne ne l'écoute. » Cette sentence de l'Écriture fut retranchée de l'édition in-folio en vertu d'un acte du parlement (1605-6) qui défendait de prononcer le nom de Dieu ou le nom de la Trinité, et de citer le texte sacré « dans les pièces de théâtre, intermèdes, jeux de mai et parades. »

(33) Falstaff, *Bardolphe*, *Peto*, Gadshill. Le texte ici a été rectifié par Théobal, — les noms des deux acteurs, *Harvey* et *Rossil*, étant substitués par erreur aux noms de *Bardolphe* et de *Peto* dans l'édition originale. On a conclu de cette méprise que les deux comédiens étaient chargés, l'un, du rôle de Bardolphe, l'autre, du rôle de Peto.

(34) D'après le principe héréditaire de la monarchie, Edmond Mortimer avait en effet un droit supérieur à celui de Henry IV, ainsi que le démontre cette table généalogique :

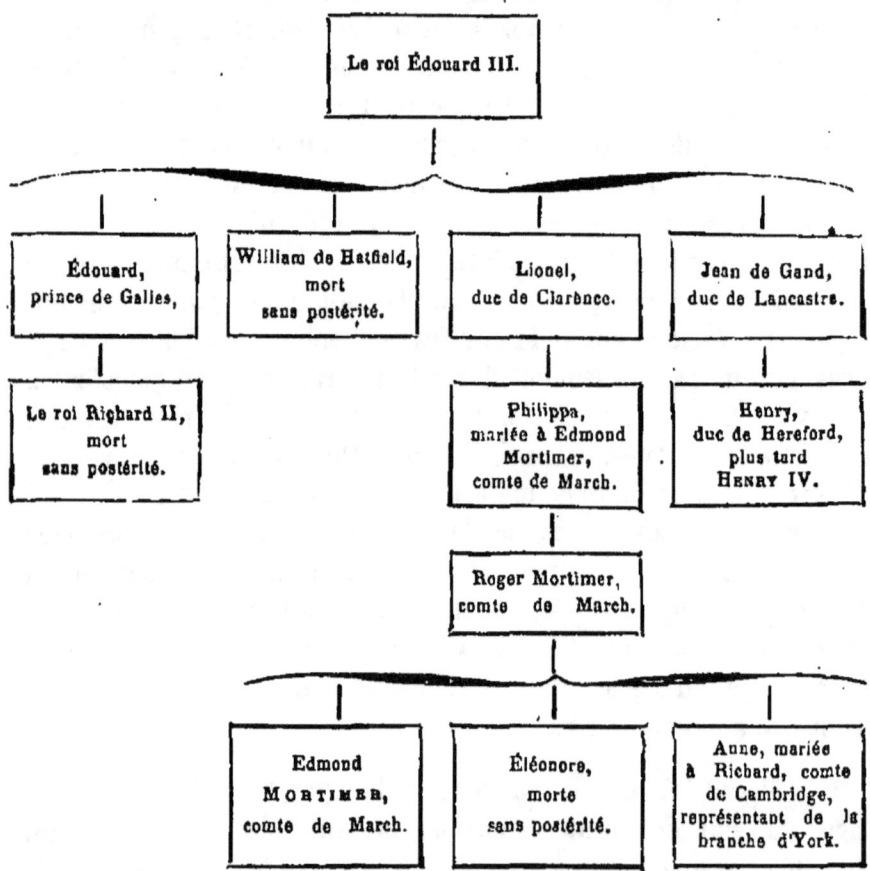

(35) « Nicholas (*Old Nick*), en argot anglais, désignait le diable. Les *clers de saint Nicholas* étaient les voleurs.

(36) Les anciens croyaient que la fougère ne donnait pas de graine : « Il y a deux espèces de fougère, dit Pline, qui ne produisent ni fleur ni graine. » La graine ou plutôt *le spore*, organe reproducteur de la fougère, est, en effet, si menue qu'elle est à peine perceptible, et c'est ce qui explique l'erreur des anciens. Nos pères du moyen âge, mieux renseignés que ceux de l'antiquité, reconnaissaient que la fougère avait une graine; mais ils prétendaient que cette graine n'était visible que grâce à certaines incantations magiques, dans la nuit de la Saint-Jean, au moment précis de la naissance du saint. Ils ajoutaient que celui qui parvenait à s'emparer alors de la mystérieuse semence devenait invisible.

(37) Extrait de la vieille pièce anonyme, *les Fameuses Victoires du Roi Henri V* :

Entrent le JEUNE PRINCE, NED et TOM.

HENRY V.

Avancez, Ned et Tom.

NED ET TOM.

Voici, milord.

HENRY V.

Avancez, mes enfants. Dites-moi, mes maîtres, combien d'or avez-vous pris ?

NED.

Ma foi, milord, j'ai pris cinq cents livres.

HENRY V.

Mais, dis-moi, Tom, qu'as-tu pris ?

TOM.

Ma foi, milord, quelque quatre cents livres.

HENRY V.

Quatre cents livres !... Bravo, enfants ! Mais, dites-moi, mes maîtres, croyez-vous pas que c'était un vilain rôle pour moi de voler les receveurs de mon père ?

NED.

Bah ! non, milord, ce n'a été qu'une espièglerie de jeunesse.

HENRY V.

Ma foi, Ned, tu dis vrai. Mais, dites-moi, mes maîtres, où sommes-nous ?

TOM.

Milord, nous sommes à environ un mille de Londres.

HENRY V.

Mais, mes maîtres, je m'étonne que sir John Oldcastle n'arrive pas. Tudieu ! le voici qui vient.

Entre SIR JOHN OLDCASTLE.

Eh bien? Jockey, quelles nouvelles apportes-tu?

SIR JOHN OLDCASTLE.

Ma foi, milord, la nouvelle de ce qui se passe. La ville de Detfort poursuit à cor et à cris votre homme qui nous a quittés la nuit dernière, et a attaqué, et détroussé un pauvre voiturier.

HENRY V.

Tudieu! le maraud qui avait coutume de nous signaler le butin!

SIR JOHN OLDCASTLE.

Oui, milord, lui-même.

HENRY V.

Ah! le vil coquin! voler un pauvre voiturier! Pourtant, n'importe! Je sauverai la vie du misérable drôle. Oui, je le puis. Mais, dis-moi, Jockey, où sont les receveurs?

SIR JOHN OLDCASTLE.

Ma foi, milord, ils sont tout près d'ici. Mais le meilleur de l'affaire, c'est que nous sommes à cheval et qu'ils sont à pied. Ainsi nous pouvons leur échapper.

HENRY V.

C'est bon. Si les drôles viennent, laissez-moi seul avec eux. Mais, dis-moi, Jockey, combien as-tu eu de ces coquins? Quant à moi, je suis sûr d'avoir quelque chose, car un de ces marauds m'a si bien étrillé les épaules, que je m'en ressentirai un mois durant.

SIR JOHN OLDCASTLE.

Ma foi, milord, j'ai une centaine de livres.

HENRY V.

Une centaine de livres! Bravo, Jockey! Mais, approchez, mes maîtres, et mettez tout votre argent devant moi... Ah! par le ciel, voilà une magnifique exhibition. Foi de gentilhomme, je veux que la moitié de ceci soit dépensé cette nuit; mais voici les receveurs, laissez-moi.

Entrent DEUX RECEVEURS.

PREMIER RECEVEUR.

Hélas! cher camarade, que ferons-nous? Jamais je n'oserai retourner à la cour, car je serais pendu. Mais voici le jeune prince! que faire?

HENRY V.

Ah çà, marauds, qui êtes-vous?

PREMIER RECEVEUR.

Parlez-lui, vous.

SECOND RECEVEUR.

Non, parlez-lui, vous, je vous en prie.

HENRY V.

Eh bien, coquins, pourquoi ne parlez-vous pas?

PREMIER RECEVEUR.

Au nom du ciel, je vous en prie, parlez-lui.

HENRY V.

Tudieu! coquins, parlez, ou je vous coupe la tête..

SECOND RECEVEUR.

Sur ma parole, vous pouvez dire l'histoire mieux que moi.

PREMIER RECEVEUR, au prince.

Sur ma parole, nous sommes les receveurs de votre père.

HENRY V.

Vous êtes les receveurs de mon père! alors j'espère que vous m'avez apporté de l'argent.

PREMIER RECEVEUR.

De l'argent! hélas! seigneur, nous avons été volés.

HENRY V.

Volés! combien donc y avait-il de voleurs?

PREMIER RECEVEUR.

Pardieu, seigneur, ils étaient quatre : un d'eux avait le genêt bai de sir John Oldcastle, et un autre, votre cheval noir.

HENRY V, à Oldcastle.

Sangdieu, comment trouves-tu ça, Jockey? les misérables drôles! voler mon père dans sa bourse et nous dans nos écuries!... Mais redites-moi donc combien ils étaient.

PREMIER RECEVEUR.

Ne vous en déplaise, ils étaient quatre. Et il y en avait un à peu près de votre taille; mais je suis sûr que je lui ai si bien étrillé les épaules, qu'il s'en ressentira un mois durant.

HENRY V.

Sangdieu, vous les étrillez congrûment. Ainsi ils ont emporté votre argent....

Aux voleurs, qui se sont tenus à l'écart.

Mais avancez, mes maîtres. Que ferons-nous de ces drôles.

LES DEUX RECEVEURS, tombant à genoux.

J'en supplie Votre Grâce, soyez bon pour nous.

NED.

Je vous en prie, milord, pardonnez-leur pour cette fois.

HENRY V.

C'est bon, relevez-vous et décampez; et veillez à ne pas dire un mot de tout ceci, car si vous le faites, tudieu! je vous fais pendre, vous et toute votre famille.

Les receveurs sortent.

Eh bien! mes maîtres, que dites-vous de ça? n'est-ce pas à merveille? A présent, les drôles n'oseront pas dire un mot de tout ceci, tant je les ai effrayés par mes paroles. Maintenant où irons-nous?

TOUS.

Eh bien, milord, vous connaissez notre vieille hôtesse de Feversham.

HENRY V.

Notre hôtesse de Feversham? tudieu! qu'irions-nous faire là? Nous avons sur nous un millier de livres, et nous irions à un méchant cabaret où l'on ne boit que de l'ale ! Non, non. Vous connaissez la vieille taverne d'East-Cheap : il y a du bon vin là ; en outre, il y a une jolie fille qui a la langue bien pendue, et chez les femmes j'aime autant la langue qu'autre chose.

TOUS.

Nous sommes prêts à suivre Votre Grâce.

HENRY V.

Sangdieu ! me suivre ! nous partirons tous ensemble ; je vous le déclare, mes maîtres, nous sommes tous camarades, et si le roi mon père était mort, nous serions tous rois. Sur ce, en route.

NED.

Sangdieu ! bien parlé, Harry.

Tous sortent.

(38) La taverne de *la Hure*, dans East-Cheap, que la tradition désigne comme le théâtre des exploits bachiques de Falstaff et de sa bande, fut détruite par le grand incendie de 1666. Il ne reste de cet édifice célèbre qu'une enseigne de pierre sculptée vers 1568 et représentant une tête de sanglier dans un cercle formé de deux défenses. Cette précieuse relique est conservée dans le musée de l'hôtel de ville de Londres.

(39) « Le *bâtard* était une espèce de vin doux. Le prince, voyant que le garçon est incapable de lui donner la réplique, le mystifie par un verbiage incohérent et le renvoie. » — *Jonhson*.

(40) *Rivo* était un cri de buveur, répondant à l'exclamation antique : *Évohé!*

(41) « Kendal, dans le Westmoreland, est un lieu fameux pour la fabrication et la teinture des draps. Le *kendal vert* était la livrée des gens de Robert, comte de Huntingdon, quand il menait la vie de bandit, sous le nom de Robin Hood. » — *Steevens*.

(42) C'était une superstition, fort répandue au moyen âge, que le lion, en sa qualité de roi des animaux, respectait toute personne de sang royal. « Palmerin, étant dans l'antre des lions, ferma la porte sur lui et, avec son épée tirée et son manteau roulé autour de son bras, s'avança pour voir comment les bêtes agiraient avec lui. Les lions, l'ayant entouré et ayant senti ses habits, ne voulurent pas le toucher, mais (reconnaissant en lui le sang royal) s'étendirent à ses pieds et les léchèrent. » — *Palmerin d'Oliva*, part. II, chap. v.

(43) Raillerie à l'adresse d'une vieille pièce intitulée : *Une lamentable tragédie, pleine de guîté plaisante, contenant la vie de Cambyse, roi de Perse,* par Thomas Preston [1570].

(44) « D'étranges prodiges arrivèrent à la naissance de cet homme (Glendower); car dans la même nuit où il naquit, tous les chevaux des écuries de son père furent trouvés baignés dans le sang jusqu'au poitrail. » — *Holinshed.*

Le Gallois Owen Glendower, qui prétendait descendre de l'ancienne dynastie bretonne, avait été élevé à Londres dès son enfance et avait même été attaché comme avocat au barreau de Middle Temple. Devenu écuyer de Richard II, il resta fidèle à la cause du roi déchu jusqu'à sa captivité. Après l'avénement de Henry IV, il souleva contre l'usurpateur son pays natal, et l'érigea en État indépendant. En 1402, il fut couronné prince de Galles et reconnu par Charles VI en cette qualité. Pendant douze années, il lutta contre les armées de Henry IV avec un succès qui fut attribué à la magie. Il mourut en 1415.

(45) « Ce partage (le partage de l'Angleterre entre Mortimer, Glendower et Percy) fut conclu, assure-t-on, en exécution d'une vaine prophétie d'après laquelle le roi Henry était *la taupe,* maudite de la propre bouche de Dieu, et ses trois alliés étaient *le dragon, le lion,* et *le loup,* qui devaient se partager le royaume. » — *Holinshed.*

(46) Finsbury, près de Moorgate, était au XVIe siècle la promenade favorite des bourgeois de Londres.

(47) *Dame Partlet* est le nom de la poule dans la traduction anglaise du vieux roman du *Renard.*

(48) La pucelle Marianne, qui figurait dans les farces populaires comme l'amante de Robin Hood, était généralement représentée par un homme.

(49) « On rapporte comme une vérité que, quand le roi avait condescendu à tout ce qu'on lui demandait de raisonnable et semblait s'être humilié plus qu'il ne convenait à sa dignité, le comte de Worcester, revenu près de son neveu, lui fit un récit tout à fait contraire à ce que le roi avait dit. » — *Holinshed.*

(50) *Le Turc Grégoire,* c'est-à-dire le pape Grégoire VII.

« Fox, dans son histoire, avait rendu Grégoire si odieux que les bons protestants de cette époque devaient être charmés, je n'en doute pas, de l'entendre ainsi qualifier, comme unissant les attributs de leurs deux grands ennemis, le Turc et le pape. » — *Warburton.*

(51) « Le prince de Galles, en cette journée, aida son père comme un jeune et vaillant gentilhomme ; car, bien qu'il eût été blessé au visage par une flèche, à ce point que divers nobles qui l'entouraient voulaient l'emmener hors du champ de bataille, pourtant il ne voulut pas les laisser faire, de peur que son départ ne frappât de frayeur les cœurs de ses hommes ; et ainsi, sans souci de sa blessure, il demeura avec ses hommes, et ne cessa de combattre au plus chaud de la mêlée, ni d'encourager ses hommes au moment le plus urgent. Cette bataille dura trois longues heures, sans que la fortune penchât d'aucun côté. Enfin le roi, criant : Saint Georges ! victoire ! brisa la ligne de ses ennemis et s'aventura si loin que (selon quelques écrivains) le comte Douglas le renversa et, au même instant, tua sir Walter Blunt et trois autres, habillés et armés comme le roi, disant : « Je m'étonne de voir tant de rois se succéder si soudainement. » Le roi fut relevé effectivement et accomplit ce jour-là maints nobles faits d'armes, car il est écrit qu'il tua de sa propre main trente-six de ses ennemis. » — *Holinshed.*

(52) « Les quatorze vers qui précèdent ne se trouvent que dans l'édition in-folio de 1623. Un grand nombre d'autres vers de cette pièce ont été insérés de même après la première édition, mais l'inspiration en est généralement si magistrale qu'ils ont été évidemment ajoutés par Shakespeare lui-même. » — *Pope.*

(53) « Les vingt-un vers qui suivent ne se trouvent pas dans l'in-4° de 1600, soit que le transcripteur ou le compositeur ait commis une inadvertance, soit que l'imprimeur n'ait pu se procurer une copie parfaite. Ils ont paru pour la première fois dans l'in-folio de 1623 ; mais il est manifeste qu'ils ont été écrits en même temps que le reste de la pièce, puisque la réponse subséquente de Northumberland leur est appliquée. » — *Malone.*

(54) La nef de la cathédrale de Saint-Paul était alors la promenade favorite des flâneurs de Londres.

(55) Ce magistrat n'est autre que sir William Gascoygne, lord grand

juge du banc du roi qui, selon la tradition, aurait été souffleté par le prince de Galles sur le siége même du tribunal. « Un jour, dit Holinshed, le prince frappa le grand juge au visage avec son poing, parce que celui-ci avait emprisonné un de ses compagnons; et pour ce fait, non-seulement il fut envoyé immédiatement en prison par ledit grand juge, mais il fut renvoyé par son père du conseil privé et banni de la cour. » Cet incident légendaire forme le principal coup de théâtre de la vieille pièce anonyme intitulée : *Les fameuses victoires de Henry V.* Voici la scène à laquelle il donne lieu :

LE LORD GRAND JUGE siége sur son tribunal. Le voleur CUTBERT GURTER est amené à la barre pour être interrogé.

Entre le JEUNE PRINCE avec NED et TOM.

HENRY V.
Avancez, mes enfants. (Au voleur.) Tudieu! coquin, que faites-vous ici? Il faut que j'aille à la besogne moi-même, tandis que vous êtes ici à flâner.

LE VOLEUR.
Mais, milord, ils m'ont garrotté et ne veulent pas me lâcher.

HENRY V.
Ils t'ont garrotté, coquin! (Au grand juge.) Eh bien, comment va, milord?

LE JUGE.
Je suis aise de voir Votre Grâce en bonne santé.

HENRY V.
Eh bien, milord, cet homme est à moi. Je m'étonne que vous ne l'ayez pas connu longtemps auparavant. Je puis vous assurer que cet homme-là sait se servir de ses mains.

LE VOLEUR.
Jarnidieu, oui. Me mette à l'épreuve qui l'ose.

LE JUGE.
Votre Grâce se fera peu d'honneur en reconnaissant cet homme comme étant à elle.

HENRY V.
Bah! milord, qu'a-t-il donc fait?

LE JUGE.
Sous le bon plaisir de Votre Majesté, il a volé un pauvre voiturier.

HENRY V.
Sur ma parole, milord, il ne l'a fait que pour rire.

LE JUGE.
Vraiment, seigneur, est-ce l'état de votre homme de voler les gens pour rire? Sur ma parole, il sera pendu tout de bon.

HENRY V.
Eh bien, milord, que prétendez-vous faire de mon homme ?

LE JUGE.
N'en déplaise à Votre Grâce, la loi doit lui être appliquée, conformément à la justice : il faut qu'il soit exécuté.

HENRY V.
Encore une fois, milord, que prétendez-vous faire de lui ?

LE JUGE.
N'en déplaise à Votre Grâce, conformément à la loi et à la justice, il faut qu'il soit pendu.

HENRY V.
Ainsi il paraît que vous prétendez pendre mon homme.

LE JUGE.
Je suis fâché que telle doive être la conclusion.

HENRY V.
Çà, milord, qui suis-je, je vous prie ?

LE JUGE.
Sous le bon plaisir de Votre Grâce, vous êtes milord le jeune prince destiné à être roi après le décès de notre souverain seigneur, le roi Henry quatrième, que Dieu fasse longtemps régner !

HENRY V.
Vous dites vrai, milord, et vous voulez pendre mon homme ?

LE JUGE.
N'en déplaise à Votre Grâce, je dois faire justice.

HENRY V.
Dites-moi, milord, me laisserez-vous reprendre mon homme ?

LE JUGE.
Je ne puis, milord.

HENRY V.
Vous ne voulez pas le laisser aller ?

LE JUGE.
Je suis fâché que son cas soit si grave.

HENRY V.
Bah ! ne me casez pas de cas ! Me laisserez-vous le reprendre ?

LE JUGE.
Je ne le puis ni ne le dois, milord.

HENRY V.
Dites oui, et votre réponse me ferme la bouche,

LE JUGE.
Non.

HENRY V.
Non ! eh bien, je veux le ravoir.

Il donne un soufflet au juge.

NED.
Corne et tonnerre ! milord, lui ferai-je sauter la tête ?

HENRY V.

Non; je vous défends de tirer l'épée. Décampez, et procurez-vous un orchestre de musiciens. En route, partez !

Les voleurs, Tom et Ned sortent.

LE JUGE.

Soit, milord ! je me résigne à accepter cela de vous !

HENRY V.

Si vous n'êtes pas satisfait, vous en aurez davantage.

LE JUGE.

Çà, je vous prie, milord, qui suis-je ?

HENRY V.

Vous ! qui ne vous connaît pas ? Eh ! l'ami, vous êtes le lord grand juge d'Angleterre.

LE JUGE.

Votre Grâce dit vrai ; ainsi, en me frappant à cette place, vous m'avez outragé grandement, et non-seulement moi, mais aussi votre père, dont je représente à cette place la personne vivante. Et conséquemment, pour vous apprendre ce que signifie la prérogative, je vous mets aux arrêts à la prison de Fleet-street, jusqu'à ce que nous ayons conféré avec votre père.

HENRY V.

Ainsi, vous voulez vraiment m'envoyer en prison.

LE JUGE.

Oui, effectivement... Et conséquemment emmenez-le.

Henry sort emmené par des gardes.

LE JUGE, montrant le prisonnier resté à la barre.

Geôlier, remmenez le prisonnier à Newgate, jusqu'aux prochaines assises.

LE GEOLIER.

Vos ordres seront exécutés, milord.

(56) L'*ange* ou *angelot* était une monnaie d'or portant l'effigie de saint Michel, et qui était usitée au moyen âge en France et en Angleterre. Le jeu de mots que fait Falstaff resterait obscur pour qui ne se rappellerait ce détail de numismatique.

(57) *Je ne puis pas durer toujours.* — Ici s'arrête la réplique de Falstaff dans l'édition de 1623.

(58) « Cette belle apostrophe de l'archevêque d'York est un des passages ajoutés par Shakespeare après la première édition. » — POPE.

(59) L'entrée en scène du prince de Galles est ainsi indiquée dans l'édition originale : « *Entrent le prince, Poins, sir John Russel, avec d'autres.* »

(60) *Et Dieu sait*, etc. La fin de la réplique, à partir de ces mots, a été raturée dans le texte de l'édition de 1623.

(61) Le page confond le tison auquel était attachée la vie de Méléagre, fils d'Althée, avec la torche imaginaire qu'Hécube, grosse de Pâris, crut enfanter en rêve.

(62) La fin de la réplique de lady Percy, à partir de ces mots : *il était vraiment le miroir,* est une addition au texte primitif.

(63) *Assez ; Pistolet. Je ne veux pas,* etc. Cette interruption de Falstaff est retranchée du texte de l'édition de 1623.

(64) Selon la conjecture du commentateur Douce, *Hirène* était probablement le nom que Pistolet donnait à son épée.

(65) Presque toutes les paroles prononcées par Pistolet dans son ivresse parodient, en les tronquant, des phrases extraites d'ouvrages composés par les contemporains de Shakespeare. Pistolet répète ici, en les défigurant, les deux vers qui commencent le *Tamerlan* de Marlowe :

> Holà ! poussives rosses d'Asie !
> Vous ne pouvez donc faire que vingt milles par jour !

(66) Falstaff est en train de se faire gratter la tête suivant l'usage seigneurial : « Le seigneur doit avoir sa petite charrette, là où il sera dedans, avec sa fillette, et âgée de seize à dix-sept ans, laquelle luy frottera la teste par les chemins. » *La Venerie*, par Jacques de Fouilloux. Paris, 1585.

(67) *Oh ! si tout cela pouvait se voir ?* La phrase commençant par ces mots a été supprimée de l'édition de 1623.

(68) « Les jeux de Cotswold étaient fameux du temps de notre auteur. J'en ai vu plusieurs descriptions dans de vieilles brochures ; et Shallow, en qualifiant Squele *un garçon de Cotswold,* entend le représenter comme un homme habitué aux exercices violents, et conséquemment d'une rare énergie et d'une athlétique constitution. » — *Steevens.*

(69) Shakespeare applique ici à Falstaff un détail de la biographie de sir John Oldcastle. Oldcastle avait été page de Thomas Mowbray, duc de Norfolk.

(70) « *Scogan*, étudiant d'Oxford, d'esprit plaisant et fécond en gaies inventions, fut souvent demandé à la cour où, se livrant à son inclination naturelle pour les joyeux passe-temps, il jouait maintes parades divertissantes. » — *Holinshed*.

(71) *Jésus! Jésus!* cette exclamation de Shallow fut retranchée de l'édition de 1623, conformément au statut qui interdisait de prononcer le nom de la Divinité sur la scène. — Chose digne de remarque, notre théâtre moderne a dû subir, sous les ciseaux de la censure des Bourbons, les mêmes mutilations bigotes auxquelles la censure des Stuarts condamnait le théâtre de Shakespeare. Je lis ce qui suit sur la première page du manuscrit de *Hernani* :

Reçu au Théâtre français, le 8 octobre 1829.
Le Directeur de la scène,
ALBERTIN.

Vu, à la charge de retrancher le nom de *Jésus* partout où il se trouve et de se conformer aux changements indiqués aux pages 27, 28, 29, 62, 74 et 76.
Le ministre secrétaire d'État au département de l'intérieur,
LA BOURDONNAYE.

(72) La pantomime burlesque d'*Arthur* (*Arthur's show*), était représentée annuellement sur le pré de *Mile end Green*, près de Londres, par une compagnie ayant un privilége royal et s'intitulant : *L'ancien ordre du prince Arthur et de la chevalerie armée de la Table Ronde*. Ce benêt de Shallow était bien fait pour jouer le personnage de sir Dagonet, le fou du prince breton.

(73) Turnbull-Street était dans le vieux Londres une rue spécialement réservée à la prostitution. Dans une comédie de Middleton (Any thing for a quiet life), une maquerelle française dit en français à un libertin : « J'ay une fille qui parle un peu françois ; elle conversera avec vous à la fleur de Lys, en Turnbull-Street. »

(74) Les vingt-cinq premiers vers de cette réplique de l'archevêque d'York, depuis : *pourquoi j'agis ainsi?* jusqu'à : *par les hommes mêmes qui nous ont le plus lésés*, ont été ajoutés au texte primitif.

(75) Les trente-sept vers qui suivent, depuis ces mots : *O mon bon lord Mowbray*, jusqu'à ceux-ci : *mais ceci n'est qu'une digression*, ont été ajoutés au texte de l'édition primitive.

(76) « Vers le même temps, une conspiration fut formée à l'inté-

rieur contre le roi par le comte de Northumberland, ligué avec Richard Scroop, archevêque d'York, Thomas Mowbray, comte maréchal, fils de Thomas, duc de Norfolk (lequel, pour la querelle entre lui et le roi Henry, avait été banni, comme vous l'avez ouï auparavant), les lords Hastings, Fauconbridge, Bardolphe et divers autres. Il fut convenu que tous se réuniraient avec le gros de leurs troupes dans la plaine d'York à un jour fixe, et que le comte de Northumberland commanderait en chef, le comte promettant d'amener avec lui un grand nombre d'Écossais.

» L'archevêque, assisté du comte maréchal, rédigea un exposé des griefs qu'on supposait devoir affecter, non-seulement les communes, mais la noblesse du royaume : lequel exposé ils montrèrent d'abord à ceux de leurs adhérents qui étaient près d'eux, et envoyèrent ensuite à leurs amis éloignés, les assurant que pour le redressement de tels maux ils étaient prêts, si besoin était, à verser la dernière goutte de leur sang. Dès que l'archevêque se vit entouré d'un grand nombre d'hommes accourus en masse à York pour prendre son parti, ne voulant plus attendre, il proclama immédiatement son entreprise, faisant afficher le manifeste susdit dans les rues de la cité d'York et aux portes des monastères, afin que chaque homme pût connaître la cause qui le décidait à prendre les armes contre le roi. Sur quoi chevaliers, écuyers, gentilshommes, tenanciers et autres gens des communes se rassemblèrent en grand nombre; et l'archevêque s'avançant au milieu d'eux, revêtu d'une armure, les encouragea, exhorta et excita, par tous les moyens possibles, à soutenir l'entreprise; et ainsi non-seulement tous les citoyens d'York, mais tous ceux des contrées environnantes qui étaient capables de porter les armes, se joignirent à l'archevêque et au comte maréchal. Le respect que les gens avaient pour l'archevêque les rendait d'autant plus empressés pour sa cause que la gravité de son âge, l'intégrité de sa vie et sa science incomparable, rehaussée par l'aspect vénérable de son aimable personne, lui conciliaient l'estime de tous.

» Le roi, averti de ces menées et voulant les prévenir, renonça à son voyage en Galles et marcha vers le nord en toute hâte. En même temps, Ralph Nevil, comte de Westmoreland, qui se trouvait non loin de là, ainsi que lord John de Lancastre, fils du roi, étant informés de cette tentative rebelle, rassemblèrent toutes les forces qu'ils purent lever, et, arrivés à une plaine dans la forêt de Gaultree, y firent planter leurs étendards, comme l'archevêque avait fait hisser les siens à leur approche, ayant une armée beaucoup plus nombreuse que l'armée ennemie, car (comme quelques-uns l'écrivent) il y avait au moins vingt mille hommes dans la rébellion.

» Quand le comte de Westmoreland eut reconnu la force de ses adversaires, et qu'ils restaient sur place sans faire mine d'avancer, il chercha à déjouer subtilement leurs desseins, et dépêcha sur-le-champ des messagers vers l'archevêque, sous prétexte de savoir la cause de ce grand rassemblement et pour quel motif, contrairement à la paix du roi, ils étaient ainsi sous les armes. L'archevêque répondit qu'il ne voulait rien entreprendre contre la paix du roi, mais qu'au contraire tous ses actes tendaient plutôt à asssurer la paix et le repos de la république : si lui et ses compagnons étaient en armes, c'était par crainte du roi, près duquel il ne pouvait trouver accès en raison de la multitude de flatteurs qui l'entouraient; et conséquemment il maintenait que ses projets étaient bons et avantageux aussi bien pour le roi que pour le royaume, si l'on voulait entendre la vérité; et sur ce il présenta la cédule où étaient articulés ses griefs, et dont vous avez déjà ouï parler.

» Les messagers, étant revenus près du comte de Westmoreland, lui représentèrent ce qu'ils avaient ouï et rapporté de la part de l'archevêque. Quand il eut lu le manifeste, il attesta par ses paroles et par sa contenance extérieure qu'il approuvait les vertueux et saints projets de l'archevêque, promettant que lui et les siens en poursuivraient l'accomplissement d'accord avec l'archevêque. Charmé de cette promesse, celui-ci crut le comte sur parole et décida le comte maréchal, malgré sa volonté, pour ainsi dire, à se rendre avec lui à un lieu fixé pour la réconciliation générale. Là, quand tous furent réunis en nombre égal de part et d'autre, l'exposé des griefs fut lu; et, sans plus de discussion, le comte de Westmoreland et ceux qui étaient avec lui convinrent de faire de leur mieux pour obtenir les réformes réclamées par cet exposé. Le comte de Westmoreland, plus politique que les autres, dit : « Eh bien donc, nos efforts
» ont obtenu le résultat désiré; et, puisque nos gens ont été si
» longtemps sous les armes, renvoyons-les chez eux, à leurs occu-
» pations et à leurs métiers accoutumés : en attendant, buvons
» ensemble en signe d'agrément, en sorte que des deux côtés les
» gens puissent le voir et s'assurer ainsi que nous sommes tombés
» d'accord. »

« Ils ne s'étaient pas plutôt serré la main, qu'un chevalier fut envoyé immédiatement par l'archevêque pour annoncer à ses gens que la paix était conclue et pour commander à chacun de mettre bas les armes et de retourner chez soi. Ces gens, voyant de tels gages de réconciliation, voyant les lords se serrer les mains et boire ensemble de si cordiale manière, quittèrent leur campement et retournèrent chez eux; mais, en même temps que les gens de l'archevêque se retiraient, les forces du parti contraire s'accroissaient, conformément à un ordre donné par le comte de Westmoreland; et l'archevêque ne s'aperçut qu'il était trompé que quand le comte de Westmoreland l'arrêta avec le comte maréchal et plusieurs autres. Leurs troupes étant poursuivies, beaucoup furent faits prisonniers, d'autres tués, d'autres ne parvinrent à s'échapper qu'après avoir été dépouillés de ce qu'ils avaient sur eux. L'archevêque et le comte maréchal furent amenés à Pomfret devant le roi, qui, sur ces entrefaites, s'était avancé jusque-là avec son armée; et de là il se rendit à York, où les prisonniers furent amenés et décapités le lendemain de la Pentecôte en un lieu hors de la cité, nommément l'archevêque lui-même, le comte maréchal, sir John Lamplaie et sir Robert Plumpton. Bien que l'amnistie eût été promise à toutes ces personnes, elle ne fut accordée à aucune d'elles. Cette conclusion, j'entends la mort des susdits et spécialement de l'archevêque, réalisa la prophétie d'un chanoine moribond de Bridlington en Yorkshire, qui avait prédit cet événement infortuné assez mystérieusement dans les vers que voici :

> Pacem tractabunt, sed fraudem subter arabunt,
> Pro nulla marca, salvabitur ille hierarcha.
>
> (*Holinshed.*)

(77) « Falstaff parle ici en vétéran de la vie. Le jeune prince ne l'aimait pas, et il désespérait de gagner son affection, ne pouvant le faire rire. Les hommes ne deviennent amis que par la communauté des jouissances. Celui qui ne peut être assoupli à la gaieté ne saurait jamais être attendri jusqu'à la bonté. » — *Johnson.*

(78) « Les comtes de Northumberland et le lord Bardolphe, après avoir parcouru le pays de Galles, la France et les Flandres, pour acquérir du secours contre le roi Henry, retournèrent en Écosse, et restèrent là une année entière (1408). Mais la mauvaise fortune voulut que, tandis que le roi tenait à Londres une assemblée de la noblesse, ledit comte de Northumberland et le lord Bardolphe, à une heure néfaste, revinrent en Angleterre avec une grosse armée d'Écossais, et recouvrèrent plusieurs des châteaux et seigneuries du comte,

car les gens accouraient à eux en foule. Sur quoi, encouragés par l'espoir d'un bon succès, ils pénétrèrent en Yorkshire, et là commencèrent à ravager le pays. Le roi, en étant averti, fit assembler une grande armée et marcha à sa tête vers ses ennemis. Mais avant que le roi fût à Nottingham, sir Thomas (d'autres copies disent Ralph) Rokesby, shériff d'Yorkshire, avait rassemblé les forces du pays pour résister au comte et à ses troupes, et s'était porté à Grimbaut Brigges, près de Knaresborough, pour lui barrer le passage. Le comte, détournant sa marche, gagna Weatherby, de là Tadcaster, et finalement Branham Moor, où il choisit son terrain pour le combat. Le shériff fut aussi ardent à livrer la bataille que le comte à l'accepter ; déployant l'étendard de saint Georges, il s'élança furieusement sur le comte qui, sous l'étendard de ses propres armes, soutint avec une grande énergie le choc de ses adversaires. Il y eut une rencontre sanglante et un cruel conflit, mais à la fin la victoire échut au shériff. Le comte de Northumberland fut tué dans la mêlée, et le lord Bardolphe fut pris, mais si grièvement atteint, qu'il mourut peu après de ses blessures. » — *Holinshed.*

(79) Traduction :

LE ROI, HENRY.

HENRY.
Ah ! cette voix, j'ai cru ne plus pouvoir l'entendre.

LE ROI.
On croit ce qu'on désire. Oui, je te fais attendre ;
Ma lenteur à mourir à la fin t'a lassé.
O malheureux enfant, es-tu donc si pressé
De me prendre un pouvoir qui doit être ta perte ?
J'allais avoir fini, ma tombe était ouverte,
Tout glissait de mon front et passait sur le tien ;
Qu'es-tu donc pour voler jusqu'à ton propre bien ?
Ah ! ce rapt odieux, ce sacrilége infâme,
Ne dément pas la foi que j'avais dans ton âme ;
Ta vie avait déjà fait voir à tous les yeux
Ta tendresse pour moi : ma mort la montre mieux.
C'est un tas de poignards, Henry, que ta pensée.
Et ton cœur est la pierre où tu l'as aiguisée,
Un instant ? ne pouvais-je obtenir un instant ?
Eh bien ! fais à ton gré ; le fossoyeur attend,
Cours-y vite, et dis-lui de commencer la fosse.
Non, creuse-la toi-même, et puis, sans pudeur fausse,

Vas aux cloches, et fais qu'elles sonnent gaîment
Le râle de ton père et ton couronnement,
Et tu ne répandras pour tous pleurs que le baume
Qui sacrera ton front possesseur du royaume.
Puis, fais vite jeter aux vers mon pauvre corps ;
Moi parti, mets aussi mes officiers dehors ;
Que ta colère soit le prix de leurs services ;
Et proclame bien haut l'avénement des vices !
Plus de loi ni de règle : Henry Cinq est le roi !
Donc, à bas, majesté ; démence, lève-toi !
Arrière, conseillers à l'austère figure !
Vous, singes fainéants, bandits, engeance impure,
Accourez de partout, c'est enfin votre tour ;
Écume de la terre entière, sois la cour !
Nations, avez-vous quelque coureur d'orgies,
Quelque ivrogne terrible, aux mains de sang rougies,
Quelque monstre qui soit, dans nos temps stupéfaits,
Un visage nouveau de tous les vieux forfaits?
Tout ce que vous avez de canailles sinistres,
Donnez-les à ce prince : il lui faut des ministres !
Otez la muselière au crime, et que ce chien
Puisse mordre la chair de tout homme de bien !
O mon pauvre royaume, ô ma chère patrie
Que la guerre civile a déjà tant meurtrie,
Que vas-tu devenir, après tout frein rompu?
Si, moi qui ne vivais que pour toi, je n'ai pu
Te préserver du mal, traqué dans sa caverne,
Que verra-t-on si c'est le mal qui te gouverne ?
Oh! tu redeviendras, ainsi qu'aux anciens temps,
Un noir désert avec les loups pour habitants !

HENRY, tombant à genoux.

Pardonnez. — Sans l'humide obstacle de mes larmes,
J'eusse arrêté ces mots amers et pleins de charmes :
Amers, puisque j'entends mon père m'accabler,
Charmants, puisque j'entends mon père me parler.
— Voilà votre couronne. Elle est à vous. J'atteste
Celui qui porte au front la couronne céleste
Que mon plus cher désir est qu'elle soit à vous
Encor pour bien longtemps. Je suis à vos genoux,
Je jure d'y rester jusqu'à ce que mon père
Soit bien sûr qu'en parlant ainsi je suis sincère.
Dieu sait, lorsqu'étendu sur ce lit de malheur
Vous ne respiriez plus, quel froid m'a pris au cœur !
Si je mens, que je meure avec l'horrible tache
De mes vices présents, sans que le monde sache

Que mon âme changée allait s'en dépouiller!
Votre couronne était là, sur votre oreiller,
Je regardais avec plus d'horreur que d'envie
Celle dont les soucis abrégeaient votre vie,
Et, presque mort vraiment de votre faux trépas,
Je l'insultais sans voir qu'elle n'entendait pas.
Et j'ai dit à son or : — De tous les ors le pire,
C'est toi! tu luis, tu sers à figurer l'empire,
On t'honore, on te fête, on t'adore à genoux :
Tu serais plutôt fait pour aller aux égouts!
La médecine emploie un or qu'elle fait boire
Aux malades ; il est de bas titre, et sans gloire ;
A peine si l'on prend le temps de le trier :
Il guérit. Toi, l'or pur, tu n'es qu'un meurtrier!
Eh bien, nous allons voir si cet or qu'on renomme,
Meurtrier du vieillard, le sera du jeune homme! —
Et je me suis jeté sur ce monstre odieux
Qui venait de tuer mon père sous mes yeux.
On ne me fera pas de reproches, j'espère,
Pour avoir défié l'assassin de mon père !
Mais si cet ennemi, quand j'ai pu le saisir,
A souillé mon esprit d'un moment de plaisir,
Si c'est ambition, hâte d'être le maître,
Orgueil, présomption d'enfant, qui m'a fait mettre
La main sur la couronne, ô père, ô majesté!
Qu'elle me soit reprise à perpétuité,
Et que je sois plus bas dans la race mortelle
Que le plus vil de ceux qui tremblent devant elle !

LE ROI.

O mon fils ! c'est le ciel qui t'avait inspiré
De t'emparer ainsi de ce souci doré
Pour te faire par là regagner ma tendresse
En te justifiant avec tant de sagesse.

AUGUSTE VACQUERIE.

(80) Extrait du drame anonyme : *Les Fameuses Victoires de Henry V* (1580).

Entre LE PRINCE un poignard à la main.

HENRY IV.

Viens, mon fils, viens, au nom du ciel. Je sais pourquoi tu es venu! Mon fils! mon fils! Comment se fait-il que tu m'aies abandonné pour suivre cette compagnie folle et réprouvée qui égare si manifestement ta jeunesse? O mon fils! tu sais que ta conduite hâtera la fin des jours de ton père. (Il pleure.) Mais pourquoi tu as un poignard à la main, je ne le sais que par conjecture.

HENRY V.

Ma conscience m'accuse, très-souverain lord et bien-aimé père, et je réponds d'abord à vos dernières paroles. Vous conjecturez que ce bras et ce poignard sont armés contre votre vie. Non, sachez-le, mon père, telle n'est pas la pensée de votre fils. De votre fils, ai-je dit? Un fils bien indigne d'un si bon père! Mais loin de moi toute pensée d'un pareil attentat! Ce poignard, je le remets très-humblement à Votre Majesté; frappez de cette arme vengeresse le corps de votre fils!... de votre fils? Non, misérable que je suis!... de votre fol esclave. Ce n'est pas la couronne que je viens réclamer, cher père, car j'en suis indigne; je suis venu ici pour me séparer de mes compagnons extravagants et réprouvés, et pour renier à jamais leur compagnie. Pardonnez-moi, cher père; pardonnez-moi; le moindre mot de pardon est mon plus grand désir; et j'arrache de mes épaules cet infâme manteau et je le sacrifie au démon, auteur de tous les maux. Pardonnez-moi, cher père, pardonnez-moi... Mon bon lord d'Exeter, parlez pour moi... Pardon, pardon, bon père!... Pas un mot. Ah! il ne veut pas me dire une parole... Ah! Harry! trois fois malheureux Harry! Mais que ferai-je? Je vais me retirer dans quelque lieu solitaire, et là pleurer mon existence pécheresse, et quand j'aurai fini, je m'affaisserai à terre et mourrai.

Il sort.

HENRY IV.

Qu'on le rappelle! qu'on rappelle mon fils.

HENRY V, revenant.

Quoi! mon père me rappelle. Ah! Harry! heureux le moment où ton père t'a rappelé.

Il se jette aux genoux de son père.

HENRY IV.

Relève-toi, mon fils, et ne crois pas ton père impitoyable. Je te pardonne, à ta prière, mon fils! Dieu te bénisse et te fasse son serviteur!

HENRY V.

Merci, mon bon seigneur; soyez sûr qu'en ce jour, en ce jour, je suis régénéré.

HENRY IV.

Viens, mon fils! Venez, milords, prenez-moi par la main.

Tous sortent.

. . . .

Entrent le roi HENRY IV *et deux lords.*

HENRY IV.

Allons, milords, je vois qu'il ne me sert rien de prendre des remèdes. Tous les médecins du monde ne sauraient me guérir. Non, pas un! Mais, mes bons lords, rappelez-vous mes dernières volontés concernant mon fils. Car vraiment, milords, je crois que jamais prince plus vaillant et plus victorieux n'aura régné sur l'Angleterre.

LES DEUX LORDS.

Nous prenons le ciel et la terre à témoin que nous accomplirons scrupuleusement tes volontés.

NOTES.

HENRY IV.

Je vous adresse mes plus sincères remercîments, mes bons lords. Tirez les rideaux, et quittez un moment cette chambre et faites bercer mon sommeil par quelque musique.

Il s'endort. Les lords sortent.

Entre LE PRINCE.

HENRY V.

Ah! trois fois malheureux Harry, qui as négligé si longtemps de visiter ton père malade. J'irai, mais pourquoi ne pas entrer dans la chambre du cher malade, afin de réconforter son âme mélancolique?... Son âme, ai-je dit? Voilà bien son corps, mais son âme est en un lieu où elle n'a plus besoin de corps. Ah! trois fois maudit Harry, qui as tant offensé ton père et n'as pu implorer son pardon pour toutes tes offenses! Oh! mon père mourant! maudit soit le jour où je suis né, et maudite l'heure où j'ai été engendré! Que ferai-je? Si des larmes tardives peuvent réparer ma négligence, je veux pleurer nuit et jour jusqu'à ce que la source de mes pleurs soit tarie.

Il sort, emportant sa couronne.

Entrent les lords d'EXETER *et* d'OXFORD.

EXETER.

Entrons doucement, milord, pour le réveil du roi.

HENRY IV.

Eh bien, milords?

OXFORD.

Comment se trouve Votre Grâce?

HENRY IV.

Un peu mieux après mon somme. Mais, mes bons seigneurs, enlevez la couronne, reculez un peu ma chaise et mettez-moi sur mon séant.

LES DEUX LORDS.

N'en déplaise à Votre Grâce, la couronne est enlevée.

HENRY IV.

La couronne enlevée! mon bon lord d'Oxford, allez voir qui a commis cet acte! Sans doute quelque traître égaré qui aura voulu frustrer mon fils.

Lord Oxford sort et revient avec le prince.

OXFORD.

Sous le bon plaisir de Votre Grâce, voici milord le jeune prince avec la couronne.

HENRY IV.

Eh bien, mon fils, je croyais, la dernière fois que je vous ai admonesté, vous avoir donné une leçon suffisante, et voilà que vous recommencez! Ah! dis-moi, mon fils, trouves-tu le temps si long que tu veuilles avoir la couronne avant que le souffle se soit exhalé de mes lèvres.

HENRY V.

Très-souverain seigneur et bien-aimé père, je suis entré dans votre chambre pour réconforter votre âme mélancolique; j'ai cru alors, Dieu m'est témoin, que vous ne pouviez en revenir et que vous étiez mort. Que pouvais-je faire, sinon me lamenter avec larmes sur votre mort, ô mon père? Et sur ce, voyant la couronne, je l'ai prise. Et, dites-moi, mon père, qui mieux que moi pourrait la prendre après votre mort? Mais puisque je vous retrouve vivant, je la remets très-humblement aux mains de Votre Majesté; et je suis le plus heureux des hommes, que mon père vive! Et vive à jamais mon seigneur et père!

HENRY IV.

Relève-toi, mon fils, ta réponse sonne bien à mon oreille. Car je dois confesser que j'étais dans un profond sommeil et tout à fait inconscient de ta venue. Mais approche, mon fils, et je vais de mon vivant te mettre en possession de la couronne, afin que nul ne t'en prive après ma mort.

HENRY V.

Je puis bien l'accepter des mains de Votre Majesté; mais elle ne touchera jamais ma tête, tant que mon père sera vivant.

Il prend la couronne.

HENRY IV.

Dieu te maintienne en joie, mon fils! Dieu te bénisse et te fasse son serviteur, et t'accorde un règne prospère! Car Dieu sait, mon fils, avec quelle difficulté j'ai obtenu la couronne, avec quelle difficulté je l'ai conservée.

HENRY V.

Peu m'importe de quelle manière vous l'avez obtenue. C'est de vous que je la tiens, et de vous je veux la garder. Que celui qui voudrait l'ôter de ma tête ait soin d'avoir une armure plus épaisse que la mienne; sinon je lui percerai le cœur, fût-il plus dur que le cuivre et le bronze.

HENRY IV.

Noble langage et digne d'un roi! ah! croyez-moi, milords, mon fils sera, j'en ai peur, le prince le plus martial et le plus victorieux qui ait jamais régné sur l'Angleterre.

LES DEUX LORDS.

Sa vie passée n'annonce pas moins.

HENRY IV.

Allons, milords, je ne sais si c'est le sommeil ou l'approche de l'assoupissement de la mort, mais je me sens grande envie de dormir. Ainsi, mes bons lords, mon fils, tirez les rideaux, quittez ma chambre et faites bercer mon sommeil par la musique.

Tous sortent. Le roi expire.

(81) « Dans la quatorzième et dernière année du règne du roi Henry, un conseil fut tenu dans Whitefriars, à Londres, auquel il fut résolu de construire et d'équiper des navires et des galères pour un voyage que le roi voulait faire en Terre Sainte afin de recouvrer la cité de Jérusalem sur les infidèles. Le lendemain de la Chandeleur commença un Parlement qu'il avait convoqué à Londres; mais il trépassa avant que ce même Parlement eût fini sa session. Car alors

même que ses approvisionnements étaient complets et qu'il était muni de toutes les choses nécessaires à l'expédition royale qu'il prétendait faire en Terre Sainte, il fut saisi d'une maladie grave qui n'était pas la lèpre, dit maître Hall (comme l'imaginaient ces stupides moines), mais une véritable apoplexie. Durant cette maladie dernière (racontent plusieurs écrivains), il fit mettre sa couronne sur un oreiller à son chevet, et soudain ses angoisses l'accablèrent si cruellement qu'il resta gisant comme si tous les esprits vitaux l'avaient quitté. Ceux qui étaient près de lui, croyant vraiment qu'il était trépassé, couvrirent sa face d'un drap blanc. Le prince son fils, étant averti de cela, entra dans la chambre, prit la couronne et sortit. Le père étant soudainement revenu de cet évanouissement, reconnut vite que sa couronne n'était plus là; et, ayant appris que le prince son fils l'avait emportée, il le fit venir en sa présence pour lui demander ce que signifiait cette mauvaise action. Le prince répondit avec une bonne audace :

— Seigneur, selon mon jugement et selon le jugement de tous, vous sembliez mort au monde; conséquemment, étant votre plus proche héritier présomptif, j'ai pris la couronne comme mienne, et non comme vôtre.

— Ah! beau fils, dit le roi avec un grand soupir, quel droit j'y avais, le ciel le sait!

— Ah! dit le prince, puisque vous mourez roi, j'aurai le diadème, et je prétends le garder avec l'épée contre tous mes ennemis, comme vous l'avez fait.

— Eh bien, dit le roi, je m'en remets à Dieu. Souvenez-vous de bien agir.

« Et sur ce, il se retourna dans son lit et bientôt après trépassa à Dieu, dans une chambre de l'abbaye de Westminster appelée *Jérusalem*. Nous trouvons qu'il fut pris de sa dernière maladie, tandis qu'il faisait ses prières à la châsse de saint Édouard, afin d'obtenir pour ainsi dire son congé avant d'entreprendre son voyage. Il fut si soudainement et si gravement saisi que ceux qui l'entouraient craignaient qu'il ne mourût sur-le-champ. Aussi, pour le ranimer, s'il était possible, ils le portèrent dans une chambre voisine qui appartenait à l'abbé de Westminster. Là, on le mit sur un grabat et on employa tous les remèdes pour le faire revivre. A la fin il reprit sa voix et ses sens; et se trouvant dans un appartement étranger qu'il ne connaissait pas, il voulut savoir si la chambre avait un nom particulier; à quoi on lui répondit qu'elle s'appelait *Jérusalem*. Alors le roi dit :

— Louange à notre père céleste, car maintenant je sais que je mourrai dans cette chambre; selon la prophétie faite sur moi, je quitterai cette vie dans Jérusalem. — *Holinshed.*

(82) Cette entrée est ainsi indiquée dans le texte original : « *Entrent Sincklo et trois ou quatre officiers.* » Dans toute la scène, le nom de *Sincklo* est substitué à celui du premier sergent. On a conclu de là que le rôle de l'estafier était joué par l'acteur Sincklo qui, effectivement, faisait partie de la troupe du Globe.

(83) Extrait du drame anonyme *Les fameuses victoires du roi Henry cinquième* : 1580.

Entre un VOLEUR.

LE VOLEUR.

Ah! Dieu! je ressemble beaucoup à un oiseau qui vient de s'échapper de sa cage. Car aussitôt que milord le grand juge a appris que le vieux roi était mort, il s'est empressé de me relâcher par crainte de monseigneur le jeune prince. Mais voici venir quelques-uns de ses compagnons. Je veux voir si je ne puis rien obtenir d'eux en raison de nos vieilles relations.

Entrent OLDCASTLE, TOM et NED, effarés.

TOM.

Tudieu! le roi est mort.

OLDCASTLE.

Mort! alors, tudieu! nous allons tous être rois.

NED.

Tudieu! je vais être lord grand juge d'Angleterre.

TOM, au voleur.

Comment! vous voilà échappé de prison?

NED.

Tudieu! comme le coquin pue!

OLDCASTLE.

Eh! que vas-tu devenir à présent?... Arrière le coquin! comme il pue!

LE VOLEUR.

Morbleu! je vais reprendre du service chez mon maître.

TOM.

Sangdieu! crois-tu qu'il consentirait à avoir près de lui un galeux comme toi? Eh! l'ami, il est roi à présent.

NED.

Tiens! voici une couple d'angelots pour toi, et décampe. Car le roi passera par ici dans un moment. Et plus tard je parlerai de toi au roi.

Le voleur sort.

OLDCASTLE.

Oh! que cela m'a fait du bien de voir couronner le roi! Il me semblait que son trône était l'image du ciel et sa personne l'image de Dieu.

NED.

Mais qui aurait cru que le roi aurait ainsi changé de mine?

TOM.

Ce n'est qu'une petite ruse pour faire croire au peuple qu'il est affligé de la mort de son père.

OLDCASTLE.

Avez-vous vu avec quelle majesté il a envoyé son ambassade en France pour dire au roi français que Henry d'Angleterre réclame la couronne, et que Henry d'Angleterre l'aura?

La trompette sonne.

NED.

Tudieu! le roi arrive! rangeons-nous.

Entrent le Roi avec l'Archevêque et le lord d'Oxford.

OLDCASTLE, au roi.

Comment allez-vous, milord?

NED.

Comment va, Harry? bah! milord, mettez de côté ces airs maussades. Vous êtes roi, et tout le royaume est à vous. Allons, l'ami, est-ce que vous ne vous rappelez pas vos anciennes paroles? Vous savez que je dois être lord grand juge d'Angleterre. Sur ma parole, milord, vous me semblez bien changé. Ce n'est pourtant qu'une légère mélancolie, pour faire croire aux gens que la mort de votre père vous afflige. Ce n'est rien de plus.

HENRY V.

Ned, réforme tes façons, je te prie, et sois plus réservé dans tes expressions. Ma sincère douleur ne saurait être réglée par ton verbiage flatteur et hypocrite. Tu dis que je suis changé. Je le suis en effet; et il faut que tu changes bien vite toi-même : sinon, je te ferai changer.

OLDCASTLE.

Tudieu! qu'en dites-vous? Sangdieu! ce n'est pas mélodieux comme une musique.

TOM.

J'espère que nous n'avons en rien offensé Votre Grâce.

HENRY V.

Ah! Tom, votre existence passée m'afflige et me force à abandonner et à renier votre compagnie pour toujours. Aussi je vous défends, sous peine de mort, d'approcher de ma cour dans un rayon de moins de dix milles. Alors, si j'entends bien parler de vous, il se peut que je fasse quelque chose pour vous. Autrement, n'attendez pas plus de faveur de moi que d'aucun autre. Et sur ce partez. Nous avons à parler d'autre chose.

Sortent Oldcastle, Tom et Ned.

Extrait de la chronique d'Holinshed :

« Ce roi (Henry V) était un homme qui savait montrer comment les honneurs doivent changer les mœurs; car, aussitôt après avoir été investi de l'autorité royale et avoir reçu la couronne, il se détermina à assumer la forme d'un nouvel homme, tournant l'insolence et l'extravagance en gravité et en sobriété. Et, comme il avait passé sa jeunesse en passe-temps voluptueux et dans le désordre de l'orgie avec une bande de libertins prodigues et de compagnons ingouvernables, il les bannit désormais de sa présence, leur défendant, sous des peines sévères, d'approcher, loger ou séjouruer à moins de dix milles de sa cour ou résidence ; et à leur place il choisit des hommes de gravité, d'esprit et de haute politique. »

FIN DES NOTES.

APPENDICE.

EXTRAIT

DU QUART VOLUME DE LA CHRONIQUE MÉMORABLE

DE MESSIRE JEHAN FROISSART.

(Édition revue et corrigée sur divers exemplaires par Denis Sauvage de Fontenailles en Brie, historiographe du Très Chrestien Roy Henry Deuxième de ce nom. A Paris. Chez Michel de Roigny, Rue S. Jacques. Aux quatre éléments, 1573.)

Comment le comte maréchal appella de gage, à outrance, le comte d'Erby, fils au duc de Lanclastre, en la présence du roy et tout son conseil.

Le roi Richard d'Angleterre [1] avait une condition telle que, quand il aimait un homme, il le faisait si grand et si prochain de lui que merveille : et nul n'osait parler du contraire : et croyait aussi légèrement ce qu'on lui disait et conseillait que roi qui eût été en Angleterre, dont mémoire fut de grand temps : et point ne s'exempliaient ceux qui étaient en sa grâce et amour, comment il en était mal advenu à plusieurs : ainsi comme au duc d'Irlande (qui en fut bouté hors d'Angleterre) et à messire

[1] Richard II, dans le drame de Shakespeare.

Simon Burle (qui par les consaux qu'il donna au roi fut décapité), et à messire Robert Trivilien, à messire Nicolas Bambre, à messire Jehan Valourde, et à plusieurs autres : qui conseillé l'avaient, et pour ce morts en étaient, car le duc de Glocestre avait mis grande peine à ceux détruire. Or était-il mort, ainsi que vous savez : dont ceux qui demeurés étaient delez le roi, et qui nuit et jour le conseillaient à leur volonté, n'étaient point courroucés de sa mort, car ils supposaient que nuls n'y contrediraient... A vrai dire, la mort du duc de Glocestre était moult déplaisante à plusieurs hauts barons d'Angleterre : et en parlaient et murmuraient les aucuns souvent ensemble, et tant les avait le roi surmontés que nul semblant n'en osaient faire, car il avait donné à entendre et fait semer paroles, parmi le royaume d'Angleterre, que quiconque en relèverait jamais paroles, tant du duc de Glocestre comme du comte d'Arondel, il serait réputé à faux et mauvais traître, et en l'indignation de lui : tellement que ces menaces en avaient fait cesser moult de peuple.

Ce terme durant, ainsi que le comte d'Erby [1] et le comte maréchal [2] parlaient ensemble de plusieurs paroles, entrèrent de l'un à l'autre; tellement qu'ils vinrent à parler de l'état du roi et de son conseil qu'il tenait delez lui; et cuidait le comte d'Erby que les paroles jamais ne fussent révélées, et furent adonc telles :

— Sainte Marie, beau cousin, quelles choses a le roi notre cousin en pensée de faire? Veut-il mettre hors d'Angleterre tous les nobles? Il n'y aura tantôt nul ici : et montre tout clairement qu'il ne veut pas l'augmentation de son royaume.

Le comte maréchal ne répondit point à cette parole,

[1] Henry, comte de Derby, surnommé Bolingbroke.
[2] Le duc de Norfolk.

mais dissimula, et la tint impétueuse trop grandement contre le roi, et ne s'en put taire en soi-même : et vint assez tôt après ces paroles dites entre lui et le comte d'Erby devant le roi, et, pour lui complaire, il lui dit ainsi :

— Très-cher Sire et redouté, je suis de votre sang, et votre homme lige, et maréchal d'Angleterre, et ai juré, de ma main en la vôtre, que je ne dois ni puis être en lieu ni place où on puisse rien dire qui touche nul vice à l'encontre de Votre Majesté royale : et là où je le célerais, ou dissimulerais, je devrais être tenu à faux, mauvais et traître. Laquelle chose je ne veux pas être, mais moi acquitter envers vous, en tous états.

Le roi d'Angleterre assit son regard sur lui, et demanda : — Pourquoi dites-vous ces paroles, comte maréchal?

— Mon très-cher et redouté seigneur, répondit le comte, faites venir avant le comte d'Erby, et je parlerai outre.

Donc fut appelé de par le roi le comte d'Erby : et le roi fit lever le comte maréchal qui avait parlé à lui à deux genoux. Quand le comte d'Erby fut venu avant (qui nul mal n'y pensait), le comte maréchal dit ainsi :

—Comte d'Erby, je vous dis que vous avez pensé mal, et parlé autrement que vous ne dussiez contre votre naturel seigneur le roi d'Angleterre : quand vous avez dit qu'il n'est pas digne de tenir terre ni royaume, quand, sans loi et justice faire, ni demander à ses hommes, il estourbe son royaume, et sans nul titre de raison met hors les vaillants hommes qui le doivent aider à garder et soutenir. Pourquoi je vous présente mon gage, et vous veux prouver de mon corps contre le vôtre que vous êtes faux, mauvais et traître.

Le comte d'Erby fut tout ébahi de ces paroles, et se

tira arrière, et se tint tout droit un espace sans rien dire. Quand il eut pensé un petit, il se tira avant, et prit son chaperon en sa main, et vint devant le roi et le comte maréchal, et dit :

— Comte maréchal, je dis que tu es faux, mauvais et traître, et pour ce je prouverai mon corps contre le tien, et voilà mon gage.

Le comte maréchal répondit : — Je mets votre parole en l'entente du roi et de tous les seigneurs qui sont ici, et vous tournerez votre parole et la mienne en vérité.

A donc se tira chacun des comtes entre ses gens : et furent là perdues ordonnances de donner vin et épices, car le roi montra qu'il fut grandement courroucé, et se retira dedans la chambre, et là s'enclôt... Le comte d'Erby s'en vint demeurer à Londres et tenir son état (car il y avait son hôtel) et furent pour lui pleiges le duc de Lanclastre [1], son père le duc d'Iorck [2], son oncle, le comte de Northombellande [3], et moult de hauts barons d'Angleterre, car il y était bien aimé. Le comte maréchal fut envoyé au château de Londres (qu'on dit la Tour) et là tint son état : et se pourvurent ces deux seigneurs grandement de ce que pour le champ appartenait : et envoya le comte d'Erby grands messagers en Lombardie devers le duc de Milan, messire Galéas, pour avoir armure à son point et à sa volonté. Le dit duc descendit moult joyeusement à la prière du comte d'Erby ; et mit un chevalier (qui se nommait messire François et que le comte d'Erby avait là envoyé) à choix de toutes ses armures, pour servir le dit comte. Quand le chevalier eut choisi par toutes les armures, tant de

---

[1] Jean de Gand dans le drame.

[2] Le duc d'York.

[3] Le comte de Northumberland.

plates que des mailles, le dit seigneur de Milan ordonna quatre des meilleurs ouvriers armuriers qui fussent en Lombardie, pour aller en Angleterre avec le dit chevalier, pour entendre à armer à son point le comte d'Erby. Le comte maréchal, d'autre part, envoya aussi en Allemagne, et là où il pensait être aidé de ses amis, et se pourvoyait aussi moult grandement pour tenir sa journée...

Quand la journée approcha que les deux seigneurs dessus nommés devaient faire les armes en la forme et manière que convenance l'avaient, et n'attendaient autre chose, sinon qu'on les mît ensemble, il fut un jour qu'on demanda au roi d'Angleterre, en grand secret et spécialité de conseil : — Sire, quelle est votre intention de la défiance entreprise entre ces deux seigneurs vos cousins, le comte d'Erby et le comte maréchal? Les laisserez-vous convenir?

— Oui, dit le roi. Pourquoi non?

— Sire, dirent ceux qui parlaient à lui, commune renommée court parmi Angleterre que vous êtes cause de ce fait et que vous avez fait tirer avant le comte maréchal pour combattre le comte d'Erby : et disent les Londriens généralement, et moult des nobles et prélats de ce pays, que vous allez le droit chemin pour détruire votre lignage et le royaume d'Angleterre : lesquelles choses ne vous seront point souffertes; et si les Londriens s'élèvent contre vous avec les nobles, qui ira au-devant? Vous n'avez nulle puissance, si elle ne vient de vos hommes, et sachez que, si vous faites ces deux comtes venir en armes l'un contre l'autre, vous ne serez pas sire de la place : mais le seront les Londriens, avec grandes alliances des nobles, lesquels ils ont en ce pays, et tous ont amour et faveur au comte d'Erby, et tant est conçu en grande haine le comte maréchal de toutes gens et par espécial des Londriens qu'on le voudrait avoir occis...

Quand le roi entendit ces paroles, si mua couleur, et se tourna d'autre part, et puis se vint appuyer sur une fenêtre, et là pensa et musa un espace, et quand il se retourna devers ceux qui parlé avaient avec lui (iceux conseillers étaient l'archevêque d'Iorck, les comtes de Salleberry [1] et de Hostidonne [2], son frère, et trois autres chevaliers de sa chambre), il parla et dit ainsi :

— Je vous ai bien ouïs et entendus, et si je voulais issir hors de votre conseil, je méferais. Considérez et regardez quelle chose est bonne que je fasse.

— Sire, répondirent-ils par l'un d'eux tous, nous avons avisé et regardé pour le meilleur que vous enverrez devers eux, et les ferez obliger qu'ils feront ce que vous en ordonnerez, et vous direz ainsi par sentence que dedans quinze jours le comte maréchal s'ordonne à ce qu'il vide hors d'Angleterre, sans jamais y retourner, ni avoir espoir d'y retourner, et le comte d'Erby pareillement vide hors d'Angleterre, comme banni, dix ans, et quand ce viendra sur le département de la terre dudit comte d'Erby, pour complaire au peuple, vous lui relâcherez la peine de quatre ans et ainsi en demeureront six ans, et de cela vous ne lui ferez nulle grâce. C'est le conseil que nous vous donnons : mais gardez-vous que nullement vous ne les metticz en armes l'un devant l'autre, car tous maux en pourraient venir et ensuivre.

Le roi d'Angleterre pensa un petit et dit :

— Vous me conseillez loyaument : et aussi ferai-je votre conseil.

Comment le roi Richard d'Angleterre rendit sa sentence

---

[1] Salisbury.
[2] Huntingdon.

par laquelle il bannit d'Angleterre le comte d'Erby jusques à dix ans, et le comte maréchal à jamais.

Ne demeura guère de temps après ces paroles démontrées au roi, que le roi assembla grand nombre de prélats et hauts barons d'Angleterre, et le fit venir en Elten (Eltham). Quand ils furent tous venus, par le conseil qu'il eut, il mit ses deux oncles delez lui (les ducs de Lanclastre et d'Iorck), les comtes de Northombellande, de Salberry, de Hostidonne, et les plus grands de son royaume, lesquels étaient là pour la journée : et aussi y avaient été mandés le comte d'Erby et le comte maréchal : qui y étaient venus : et avaient chacun sa chambre et ordonnance, car point n'était ordonné qu'ils fussent l'un devant l'autre. Le roi montra qu'il voulait être moyen entre eux, et que moult fort lui déplaisaient les paroles qui dites avaient été. Si voulait que de tout point ils se soumissent à son ordonnance, et ordonna là au connétable d'Angleterre et à quatre hauts barons qu'ils allassent devers le comte d'Erby et le comte maréchal, et les fissent obliger pour tenir tout ce qu'il en ordonnerait. Les dessus nommés vinrent devers les deux comtes et leur remontrèrent la parole du roi. Tous deux s'obligèrent à tenir ce que le roi ordonnerait en la présence de ceux qui là étaient. Adonc dit le roi :

— Je dis et ordonne que le comte maréchal (pour la cause qu'il a mis ce pays en trouble, et ému et élevé paroles dont il n'est connaissance, fors par ce qu'il a donné à entendre) ordonne ses besognes et vide le royaume d'Angleterre, et en soit banni par telle manière que jamais n'ait espérance d'y retourner. Après, je dis et ordonne que le comte d'Erby, notre cousin (pour la cause de ce qu'il nous a courroucé, et qu'il est cause, en aucune manière, de ce péché et condamnation du comte maréchal) s'ordonne à ce que, dedans quinze jours, il vide le royaume d'Angleterre, et soit banni de notre dit royaume le terme de dix ans, sans point y retourner, si nous ne le rappelons [1].

Comment le comte d'Erby, après son banissement donné, se partit d'Angleterre et de la ville de Londres, pour venir en France, et aussi le comte maréchal s'en alla en Flandres; et de là en Lombardie.

Quand les deux comtes surent la sentence que le roi leur avait rendue, si furent tout pensifs, et à bonne cause, et moult se repentait le comte maréchal de ce que dit et fait avait : mais il n'y pouvait pourvoir, et quand il commença la noise, il pensait autrement être aidé et soutenu du roi qu'il ne fut, car s'il en eût su issir par tel parti, il eût encore à commencer. Si ordonna ses besognes, puis se départit d'Angleterre, et vint à Calais (dont il avait été paravant capitaine et gouverneur), puis vint à Bruges, et fut là environ quinze jours, et de Bruges, à Gand, à Malines et finalement à Cologne. Nous nous souffrirons à parler de lui et parlerons du comte d'Erby, qui pareillement s'ordonna pour aller hors d'Angleterre. Quand le terme auquel il dut partir s'approcha, il vint à Elten, devers le roi, où étaient son père et son oncle le duc d'Iorck, et étaient en sa compagnie le comte de Northombellande, et son fils, messire Henri de Persi [2]; et grand nombre de chevaliers qui moult l'aimaient... Quand ce vint au congé prendre, le roi s'humilia par semblant moult grandement devers

---

[1] Ce récit diffère essentiellement de la narration d'Holinshed qui met les deux adversaires aux prises, et fait suspendre le combat par la sentence royale. Shakespeare a suivi la version, beaucoup plus dramatique, du chroniqueur anglais.

[2] Henry Percy, si célèbre sous le nom de Hotspur.

son cousin et lui dit que les paroles qui avaient été entre lui et le comte maréchal lui déplaisaient grandement, et ce que fait et dit avait, c'était pour le meilleur et pour apaiser le peuple qui moult avait murmuré sur cette matière.

— Et, pour ce, considérez raison (dit-il au comte d'Erby) et afin que vous ayez allégeance de votre peine, je vous relâche la taxation faite de dix ans à six ans.

Le comte répondit : — Monseigneur, je vous remercie. Encore me ferez-vous bien plus grande grâce, quand il vous plaira.

Tous les seigneurs qui là étaient se contentèrent assez du roi, pour cette fois (car il les recueillit assez doucement) et se départirent du roi... Quand le comte d'Erby monta à cheval, et se départit de Londres, plus de quarante mille hommes étaient sur les rues, qui criaient et pleuraient après lui, si piteusement que c'était grande pitié de les voir, et disaient :

— Haa, gentil comte d'Erby, nous laisserez-vous donc? Jamais ce pays n'aura bien ni joie, jusqu'à ce qu'y soyez retourné, mais les jours du retour sont trop longs. Par envie, cautelle et trahison, on vous met hors de ce royaume, où devriez mieux demeurer que nuls autres, car vous êtes de si noble extraction et gentil sang que dessus vous nuls autres ne s'accomparent. Et pourquoi nous laissez-vous, gentil comte d'Erby? Vous ne fîtes ni pensâtes oncques mal, ni le faire ou le penser vous ne sauriez.

Ainsi parlaient hommes et femmes si piteusement que c'était douleur à voir. Le comte d'Erby ne fut pas convoyé ni accompagné à trompettes ni instruments de la ville, mais en pleurs et en lamentations. Le maire de Londres et grand nombre des plus notables bourgois de Londres firent compagnie au département du comte d'Erby, et chevauchèrent les plusieurs avec lui jusques à Dadeforte (Dartford) et aucuns jusques à Douvres, et tant qu'il fut entré au vaisseau qui le mena jusques à Calais.

Comment la mort du duc de Lanclastre fut sue en France et comment le roi Richard la fit savoir au roi de France, et rien n'en manda à son cousin, le comte d'Erby, qui fils était au duc de Lanclastre.

Nouvelles vinrent en France de la mort du duc de Lanclastre : et en écrivit le roi Richard d'Angleterre sur forme et manière de joie à son grand seigneur le roi de France, et non pas à son cousin le comte d'Erby : mais le comte le sut aussitôt que le roi de France, par les hommes qu'il avait en Angleterre. Si se vêtit de noir, et ses gens aussi, et lui fit faire son obsèque moult grandement : et y furent le roi de France, et son frère le duc d'Orléans, et tous ses oncles avec grand nombre de prélats et hauts barons de France. Car le comte d'Erby était moult bien-aimé de tous : car il était plaisant chevalier, honnête de personne, courtois et doux à toutes gens, et disaient communément ceux qui le voyaient que le roi d'Angleterre n'était pas bien conseillé quand il ne le rappelait... Mais le dit roi n'en avait nul talent, et envers lui faisait tout le contraire et envoya tantôt les officiers par toutes les terres du duc de Lanclastre, et en fit lever et saisir les profits : et encore outre (dont il était moult blâmé de ceux qui aimaient le comte d'Erby) le roi donnait aucuns héritages de la duché de Lanclastre à aucuns de ses chevaliers et à ceux qui les demandaient. Pour laquelle chose moult de chevaliers d'Angleterre en parlaient, et disaient :

— Le roi d'Angleterre donne bien signe qu'il ne veut

point de bien à son cousin le comte d'Erby, quand il ne le rappelle delez lui et souffre qu'il relève sa terre. Ce serait, avec ses enfants, un membre bel et grand en Angleterre, et pour lui un bourdon à s'appuyer, mais il fait tout le contraire. Il l'a chassé de lui et le veut tenir en ce danger, et en plus grand encore, s'il peut : car il a déjà attribué à lui son héritage. C'est trop avant fait contre l'ordonnance de droit et de raison, et ne peut ce demeurer longuement en celui état, qu'il ne soit amendé.

Ainsi devisaient et parlaient la greigneur partie des nobles et prélats, et des communautés d'Angleterre.

Comment les Anglais et principalement ceux de Londres s'émurent contre le roi Richard en faveur du comte d'Erby.

Le roi Richard d'Angleterre étant en la marche de Bristo (Bristol) et y tenant ses États, les hommes généralement parmi Angleterre se commencèrent fort à émouvoir et élever l'un contre l'autre : et était justice close parmi les cours d'Angleterre : dont les vaillants hommes, prélats, et gens paisibles, qui ne voulaient que paix, simplesse et amour, et payer ce qu'ils devaient, se commencèrent grandement à ébahir. Car il commença à se mettre sus une manière de gens, par plusieurs routes et compagnies, qui tenaient les champs, et n'osaient les marchands chevâucher, ni aller en leurs marchandises, pour doute d'être dérobés, et ne savaient à qui s'en plaindre pour leur en faire raison et justice, Lesquelles choses étaient moult préjudiciables et déplaisantes en Angleterre, et hors de leurs coutumes et usages, car au royaume d'Angleterre, tous gens, laboureurs et marchands, ont appris de vivre en paix, et à mener leurs marchandises passiblement, et les laboureurs de leurs terres labourer, et on leur faisait tout au contraire. Premièrement, quand les marchands des villes allaient de l'une à l'autre faire leurs marchandises, s'ils portaient or ou argent, on leur ôtait de leurs bourses, et n'en avaient autre chose. Aux laboureurs, on prenait en leurs maisons blés, avoines, bœufs, vaches, porcs, moutons et brebis : et n'en osaient les bonnes gens mot sonner et commencèrent ces méfaits grandement à multiplier, et tant que les regrets et lamentations en furent par toute l'Angleterre, où ces méfaits se faisaient.

Les citoyens de Londres (qui sont riches, et qui plus vivent des marchandises qui courent par terre et par mer, et ont appris à tenir grand état sur ce, et par lesquels tout le royaume d'Angleterre s'ordonne et gouverne) considérèrent cette affaire, et virent bien que trop grand méchef était apparent de venir soudainement en Angleterre, si on n'y pourvoyait, si disaient l'un à l'autre secrètement :

— Nos pères et ancesseurs de bonne mémoire pourvurent jadis aux grands méchefs, lesquels étaient apparents en Angleterre, et onc ne furent si grands, comme ils apparaissent pour le présent, car qui laissera faire les volontés à ce méchant roi Richard de Bordeaux, il gâtera tout, ni oncques, depuis qu'il fut roi, bien ni prospérité n'advinrent au royaume d'Angleterre, ainsi comme ils faisaient paravant... Et bientôt, si on n'y pourvoit, tout ira mal, et la pourvoyance est qu'on mande le comte d'Erby (qui perd son temps en France), et, lui venu par deçà, on lui baille par bonne ordonnance le régime du royaume d'Angleterre, par quoi il se réforme en bon État : et soient punis et corrigés ceux qui l'ont desservi, et Richard de Bordeaux pris et mis en la Tour de Londres, et tous ses faits écrits et mis par article, et, quand ils seront bien examinés, on verra bien clairement qu'il n'est pas digne de porter couronne, ni tenir royaume, car ses œuvres le condamneront, qui sont infâmes.

Les citoyens de Londres eurent secrets consaux ensemble, et avec eux aucuns prélats et chevaliers d'Angleterre : èsquels consaux il fut dit et arrêté qu'on enverrait quérir le comte d'Erby (qui se tenait à Paris, ou là près) et le ferait-on retourner en Angleterre : et lui revenu, on lui remontrerait le mauvais gouvernement de ce mauvais roi Richard, et lui mettrait avant qu'il voulût entreprendre le gouvernement de l'héritage et couronne d'Angleterre. Si fut prié l'archevêque de Cantorbie (Cantorbéry), homme d'honneur et d'excellence et prudence, de faire ce message, lequel, pour le profit commun du royaume d'Angleterre, s'accorda légèrement de le faire, et ordonna ses besognes si sagement que nul ne sut son partement, fors ceux qui devaient le savoir, et entra en une nef, lui septième tant seulement, à Londres sur la rivière de la Tamise, et passa outre sans péril ni empêchement... et fit tant par ses journées qu'il vint là ou le comte d'Erby se tenait : et crois que c'était à l'hôtel qu'on dit Wicestre (Bicêtre) près Paris...

Quand l'archevêque de Cantorbie vit qu'il fut l'heure de parler de la matière et besogne pour laquelle il était spécialement venu, il tira à part le comte d'Erby : et s'enfermèrent en une chambre, et lui remontra ledit archevêque la débilité du royaume d'Angleterre, et la violence et désolation qui en plusieurs lieux et contrées y étaient, et comment les Londriens y voulaient pourvoir. Quand le comte d'Erby eut ouï tout au long l'archevêque de Cantorbie, il ne répondit point si tôt, mais s'appuya sur une fenêtre qui regardait dedans les jardins, et pensa un espace : et eut mainte imagination, et, quand il se retourna devers l'archevêque, il dit :

— Sire, vos paroles me donnent à penser. Envis j'entreprends cette chose et envis la laisse aller.

— Sire, répondit l'archevêque, appelez votre conseil et leur remontrez les paroles que je vous ai dites, et je leur remontrerai la cause pourquoi je suis ici venu. Ainsi je crois qu'ils ne vous conseilleront pas du contraire.

Adonc fit le comte d'Erby appeler son conseil, chevaliers et écuyers qui là étaient, èsquels il se fiait le plus. Quand ils furent entrés dans la chambre, le comte d'Erby fit audit archevêque recorder ses paroles. Après ledit comte en demanda conseil à ses hommes, pour savoir quelle chose en était bon de faire. Tous répondirent d'une suite, et dirent :

— Monseigueur, Dieu vous a regardé en pitié. Gardez-vous bien que jamais vous ne refusez ce marché, car jamais vous ne l'aurez meilleur ni plus beau.

Quand le comte d'Erby eut ouï parler son conseil, si ouvrit tous ses esprits et dit :

— Je ferai tout ce que vous voudrez.

Or fut là avisé par entre eux, et regardé comment ils pourraient passer la mer... Pour faire bref compte, le comte d'Erby ordonna toutes ses besognes par grande prudence et prit congé de tous les seigneurs de France. Toutes ces choses faites, il monta à cheval, lui et ses gens, et se départirent de Paris et issirent par la porte Saint-Jacques : et prirent le chemin d'Étampes, et tant chevauchèrent qu'ils vinrent à la ville de Blois, où ils furent environ huit jours, car le comte d'Erby envoya un de ses chevaliers et son héraut en Bretagne pour parler au duc, et signifier sa venue. Quand le duc Jéhan de

Bretagne entendit que le comte d'Erby, son neveu, le venait voir, il en fut grandement réjoui... Tant exploita le comte d'Erby qu'il vint à Nantes et là trouva le duc de Bretagne qui le recueillit moult liéement. Quand le comte d'Erby eut bien considéré la bonne volonté du duc, il se découvrit à lui d'aucune de ses besognes. Quand le duc de Bretagne entendit cette parole, si lui dit :

— Beau neveu, je vous conseille que vous croyiez les Londriens, car ils sont grands et puissants, et fera le roi Richard (qui mal se porte envers vous) ce qu'ils voudront : et je vous aiderai de navire, gendarmes, et arbalestiers pour les aventures des rencontres qui pourraient advenir sur mer.

De cette parole et offre remercia grandement le comte d'Erby le duc de Bretagne.

Comment le comte d'Erby arriva de Bretagne en Angleterre, comment il fut reçu des citoyens de Londres.

Cependant on fit toutes les pourvéances sur un havre de mer, et m'est avis que ce fut à Vannes : et là vinrent le duc et le comte : et quand il fut heure et que le vent fut bon pour aller en Angleterre, le comte d'Erby et toute sa route montèrent en mer, et entrèrent ès vaisseaux ; et là y avaient en la compagnie trois vaisseaux, armés de gendarmes et d'arbalestiers, pour conduire ledit comte jusques en Angleterre. Le navire désancra du havre et entra en la mer : et tant cinglèrent qu'en deux jours et en deux nuits, ils vinrent prendre terre à Pleumonde [1] (Plymouth) et issirent hors des vaisseaux

[1] Ici encore le chroniqueur français est en désaccord avec les chroniques anglaises qui font débarquer Henry de Lancastre sur la côte orientale de l'Angleterre, à Ravenspurg.

et entrèrent dedans la ville petit à petit. Incontinent qu'ils furent retraits en la ville, l'archevêque de Cantorbie prit un de ses hommes, et incontinent l'envoya à Londres pour porter les nouvelles du comte d'Erby. Tous furent réjouis de ces nouvelles : plus de cinq cents Londriens montèrent à cheval et attendaient à grande peine l'un l'autre, de la grande volonté qu'ils avaient de voir le comte d'Erby : lequel comte ne s'arrêta pas à Pleumonde longuement : mais au matin, ils prirent le chemin de Londres, et toujours les Bretons en la compagnie du comte d'Erby... Adonc vinrent toutes gens, hommes, femmes, enfants et clergé (chacun à qui mieux mieux) à l'encontre de lui (tant avaient grand désir de le voir) et cheminaient toutes gens à cheval et à pied si avant qu'ils en avaient la vue, et quand ils le virent, ils crièrent à haute voix : « A joie, à bien et à prospérité, vienne le désiré, monseigneur d'Erby et de Lanclastre! » De telles paroles était acconvoyé le comte d'Erby, en venant à Londres. Le maire de Londres chevauchait côte à côte de lui, qui grand plaisir prenait au peuple qui ainsi humblement et doucement le recueillait.

Comment le comte d'Erby, nouveau duc de Lanclastre, entreprit le gouvernement du royaume d'Angleterre, et de s'en faire roi à l'aide des Londriens.

Pour venir à la conclusion de la besogne, conseillé fut et avisé qu'on se délivrerait de chevaucher et aller devers le roi, lequel ils nommaient dedans la ville de Londres, et ailleurs, sans nul titre d'honneur, Richard de Bordeaux, et l'avaient les vilains Londriens accueilli en si grand haine qu'à peine pouvaient ouïr parler de lui, fors à sa condamnation et destruction. Le comte d'Erby se fit chef de toute cette armée des Londriens :

et était raison (car elle lui touchait plus qu'à nul homme) et partit de Londres en grand arroi. Ainsi que lui et les Londriens cheminaient vers Bristol, tout le pays s'émouvait et venait devers eux.

Nouvelles vinrent, en l'ost du roi Richard, de la venue du comte d'Erby et des Londriens. Quand le roi ouït ces paroles, il fut tout ébahi et ne sut que dire (car tous les esprits lui frémirent) et connut tantôt que les choses iraient mauvaisement si de puissance il n'y pouvait pourvoir : et, quand il répondit, il dit aux chevaliers qui lui contèrent ces nouvelles :

— Or faites tôt appareiller nos gens, et archers, et gendarmes : et faites faire un mandement par tout le royaume que tout soit prêt : car je ne veux pas fuir devant mes sujets.

— Pardieu (répondirent les chevaliers) la besogne va mal : car vos gens vous laissent et défuient, vous en avez jà bien perdu la moitié : et encore voyons-nous le demeurant tout ébahi et perdre contenance.

— Et que voulez donc (dit le roi) que je fasse?

— Nous le vous dirons, sire, votre puissance est nulle contre celle qui vient contre vous : et à la bataille vous ne ferez rien. Il faut que vous issiez d'ici par sens et par bon conseil, et que vous apaisiez vos malveillants, ainsi qu'autrefois vous avez fait, et puis les corrigez tout à loisir. Il y a un château à douze milles d'ici (qui se nomme Fluich[1], lequel est fort assez. Nous vous conseillons que vous vous tirez celle part, et vous enfermez dedans, et vous y tenez, tant que voudrez, et aurez autres nouvelles du comte de Hostidonne, votre frère, et de vos amis : et on envoyera en Irlande et partout au secours : et, si le roi de France, votre beau-père et grand

---

[1] Flint, dans la chronique et dans le drame anglais.

seigneur, sait que vous ayez affaire, il vous confortera.

Le roi Richard d'Angleterre entendit à ce conseil : et lui sembla bon, et ordonna ceux qu'il voulait qui chevauchassent ce chemin avec lui : et ordonna son cousin le comte de Rostellant [1] pour demeurer à Bristo, et aussi tous les autres. Tous tinrent cette ordonnance : et quand ce vint au matin, le roi Richard d'Angleterre et ceux de sa maison tirèrent vers le château de Fluich et se boutèrent dedans.

Comment le roi Richard se rendit au comte d'Erby pour être mené à Londres.

Nouvelles vinrent au comte d'Erby et à son conseil que le roi était retrait et enfermé au château de Fluich, et n'avait pas grands gens avec lui, fors ceux de son hôtel, et ne montrait pas qu'il voulût guerre ni bataille, fors issir de ce danger (s'il pouvait) par traité. Adonc chevauchèrent le comte d'Erby et sa route devant la place dessus nommée, et quand ils approchèrent et furent ainsi qu'à deux petites lieues près, ils trouvèrent un grand village, si s'arrêta le comte d'Erby, et mangea et but un coup, et eut conseil de soi-même, et non d'autrui, qu'il chevaucherait devant à deux cents chevaux ou environ, et laisserait tout le demeurant derrière : et lui venu au château où le roi était, il entrerait dedans par amour, non pas par force : et mettrait hors le roi par douces paroles, et l'assurerait de tout péril, fors de venir à Londres.

Adoncques se départit le comte d'Erby de la grosse route et chevaucha avec deux cents hommes tant seulement : et tantôt furent devant le châtel, où était le roi

---

[1] Le comte de Rutland. C'est le même personnage que Shakespeare fait paraître sous le nom d'Aumerle.

dedans une chambre entre ses gens, tout ébahi. Le comte d'Erby et sa route chevauchèrent devant la porte du château, laquelle était close et fermée, car le cas le requérait. Le comte vint jusques à la porte, et y fit heurter trois grands coups. Ceux qui étaient dedans, demandèrent : — Qui est cela?

Le comte d'Erby répondit à leur demande : — Je suis Henry de Lanclastre qui vient au roi pour recouvrer mon héritage de la duché de Lanclastre. Qu'on lui dise ainsi de par moi.

— Monseigneur (répondirent ceux qui l'ouïrent), nous lui dirons volontiers.

Tantôt ils montèrent amont en la salle, et au donjon, là où le roi était, et tous les chevaliers qui conseillé et gouverné l'avaient un long temps delez lui. Si lui dirent ces nouvelles. Le roi regarda ses chevaliers et leur demanda quelle chose était bonne de faire.

— Sire, répondirent-ils, en cette requête n'a que tout bien. Vous le pouvez bien faire venir à vous, lui douzième tant seulement, pour ouïr et entendre quelles choses il voudra dire. C'est votre cousin et un grand seigneur en ce pays. Si vous faut dissimuler, tant que ces choses soient apaisées.

Le roi s'inclina à ces paroles et dit : — Allez le quérir et lui faites ouvrir la porte, et entrer dedans, lui douzième seulement.

— Deux chevaliers se départirent d'avec le roi, et vinrent bas en la place du château et jusques à la porte. Puis firent ouvrir le guichet, et issirent dehors, et inclinèrent le comte d'Erby et les chevaliers qui là étaient, et dirent au comte :

— Monseigneur, vous soyez le bienvenu. Le roi vous verra volontiers et orra aussi : et nous a dit que vous veniez, vous douzième tant seulement.

Le comte répondit : Il me plaît bien.

Il entra au château, lui douzième : et puis tantôt on referma le château : et demeurèrent tous les autres dehors. Or considérez le grand péril où le comte se mit adonc : car on l'eût aussi aisément occis (comme faire on devait, par droit et par raison) là-dedans, et toute sa compagnie, qu'on prendrait un oiselet en une cage : mais il ne glosa pas le péril où il était : ainçois (au contraire) alla toujours avant, et fut mené devant le roi. Quand le roi le vit, il mua couleur; ansi que celui qui sut avoir grandement méfait. Le comte d'Erby parla tout haut, sans faire nul honneur ni révérence, et demanda au roi :

— Êtes-vous encore jeun ?

Le roi répondit : — Oui. Il est encore assez matin. Pourquoi le dites-vous ?

— Il serait heure (dit le comte d'Erby) que vous déjeunissiez : car vous avez à faire un grand chemin.

— Et quel chemin ? dit le roi.

— Il vous faut venir à Londres, répondit le comte d'Erby. Si vous conseille que vous buvez et mangez : afin que cheminez plus liément.

Adonc, répondit le roi, qui fut tout mélancolieux et effrayé de ces paroles : — Je n'ai point faim encore ni volonté de manger.

Adonc dirent les chevaliers, qui voulurent flatter le comte d'Erby :—Sire, croyez monseigneur de Lanclastre votre cousin, car il ne vous veut que tout bien.

Adonc dit le roi : — Je le veux. Faites couvrir les tables.

On se hâta de les couvrir. Le roi lava les mains, et puis s'assit à table, et fut servi. On demanda au comte s'il se voulait asseoir et manger. Il répondit que nenni et qu'il n'était pas jeun. Cependant que le roi était à son dîner (qui fut bien petit, car il avait le cœur si destraint qu'il ne pouvait manger) tout le pays d'environ le château de Fluich (où le roi se tenait) fut couvert de gens d'armes et d'archers, et les pouvaient voir ceux dudit château par les fenêtres qui regardaient sur les champs : et les vit le roi, quand il se leva de table (car il n'y assit pas trop longuement, mais fit un très-bref dîner, et de cœur tout mélancholieux) et demanda à son cousin quels gens c'étaient qui se tenaient sur les champs. Il répondit qu'ils étaient Londriens le plus.

— Et que veulent-ils? dit le roi.

— Ils vous veulent avoir (dit le comte d'Erby), et mener à Londres, et mettre dedans la Tour, et par autre voie ne vous pouvez excuser sans passer dedans.

— Non! dit le roi : lequel s'effraya grandement de cette parole : car il savait bien que les Londriens le haïssaient. Si dit ainsi : Et vous, cousin, n'y pouvez-vous pourvoir? Je ne me mets point volontiers entre leurs mains : car je sais bien qu'ils me haïssent et ont haï bien longtemps, moi qui suis leur sire.

Adonc répondit le comte d'Erby : — Je ne vois autre remède, fors que vous vous rendez à moi; et, quand ils sauront que vous serez mon prisonnier, ils ne vous feront nul mal : mais il vous faut ordonner, avec tous vos gens, pour venir à Londres tenir prison à la Tour de Londres.

Le roi (qui se voyait en dur parti, et tous ses esprits s'ébahissaient fort, comme celui qui se doutait de fait que les Londriens le voulussent occire) se rendit au comte d'Erby son cousin, comme son prisonnier : et s'obligea et promit faire tout ce qu'il voudrait : et aussi tous les chevaliers du roi, écuyers et officiers, se rendirent au comte pour esquiver plus grand péril et dommage... Si amena le comte d'Erby son cousin le roi

Richard du châtel d'amont jusques à la cour, parlant ensemble : et lui fit avoir son état tout entier, sans muer ni changer, ainsi qu'il avait eu devant : et ce pendant qu'on sellait et appareillait les chevaux, le roi Richard et le comte devisaient ensemble de paroles, et étaient moult regardés d'aucuns Londriens qui là étaient : et advint une chose (dont je fus informé) que je vous dirai.

Le roi Richard avait un levrier (lequel on nommait Math), très-beau levrier outre mesure : et ne voulait ce chien connaître nul homme, fors le roi ; et quand le roi voulait chevaucher, celui qui l'avait en garde le laissait aller : et ce levrier venait tantôt devers le roi le festoyer, et lui mettait, incontinent qu'il était échappé, les deux pieds sur les épaules. Et adoncques advint que le roi et le comte d'Erby, parlant ensemble en la place de la cour dudit château, et étant leurs chevaux tous sellés, ce levrier (qui était coutumier de faire au roi ce que dit est) laissa le roi, et s'envint au duc de Lanclastre, et lui fit toutes telles contenances que par avant il avait accoutumé de faire au roi, et lui assit les deux pieds sur le col, et le commença moult grandement à chérir. Le duc de Lanclastre (qui point ne connaissait ce levrier) demanda au roi : — Et que veut ce levrier faire ?

— Cousin (dit le roi), ce vous est une grande signifiance et à moi petite.

— Comment (dit le duc) l'entendez-vous ?

— Je l'entends, dit le roi. Le levrier vous festoie aujourd'hui comme roi d'Angleterre que vous serez, et j'en serai déposé : et le levrier en a connaissance naturelle. Si le tenez delez vous : car il vous suivra et m'éloignera.

Le duc de Lanclastre entendit bien cette parole et fit chère au levrier : lequel onc depuis ne voulut suivre Richard de Bordeaux : mais suivit le duc de Lanclastre.

Comment le roi, étant quatre des chevaliers de sa chambre justiciés à mort par les Londriens, fut conseillé par les autres, prisonniers avec lui, de résigner sa couronne au duc de Lanclastre, comte d'Erby.

Quand le duc de Lanclastre eut mis dedans la Tour de Londres son cousin le roi Richard et ceux de son conseil, qu'avoir il voulait, la première chose que le duc fit, ce fut que tantôt il envoya quérir le comte de Warwich [1] (qui condamné était à user ses jours en île de Visque [2]), et le délivra de tous points ; et secondement il envoya ses messagers devers le comte de Northombellande et messire Henry de Persy son fils : et leur manda de venir devant lui, ainsi qu'ils firent. Après il entendit comme il pourrait être saisi de quatre gentils compagnons qui étranglé avaient son oncle le duc de Glocestre au château de Calais : et tant fit qu'il les eut tous quatre : et ne les eut point rendus pour vingt mille nobles. Si les fit mettre en prison, tous à part, à Londres. Le duc de Lanclastre, les consaux et les Londriens eurent conseil ensemble comment ils ordonneraient de Richard de Bordeaux, qui était mis dedans la grosse tour où le roi Jehan de France se tint une fois, cependant que le roi Édourd chevauchait au royaume de France. Premièrement ils regardèrent à son règne : et tous ses faits écrivirent et mirent par articles, et en trouvèrent vingt-huit, et puis s'en vinrent au château, qu'on dit la Tour, le duc de Lanclastre en leur compagnie. Quand ils furent venus jusque-là, ils entrèrent tous en la chambre où le roi était : auquel ne firent nulle révérence ; et lui lurent au long tous ces articles : auxquels il ne répondit rien (car il vit bien qu'ils étaient veritables), fors ce qu'il dit que

[1] Warwick.
[2] L'île de Wight.

tout ce qu'il avait fait était passé par son conseil. Adonc lui fut dit qu'il voulût nommer ceux par lesquels il s'était le plus conseillé. Il les nomma, comme celui qui avait espérance d'avoir délivrance de là, et passer, en accusant ceux qui plus l'avaient conseillé. Pour cette fois ils ne parlèrent plus avant : mais s'en alla le duc de Lanclastre en son hôtel et on laissa faire au maire de Londres et aux hommes de la loi : lesquels vinrent en la maison de ville qu'on dit à Londres la Ginalle [1]. Tout premièrement les faits contraires contre le roi, et les articles qui avaient été lus devant lui en la Tour, furent là lus généralement et publiquement, et remontré par celui qui les lut que le roi n'en avait nul débattu, mais avait bien dit que tout ce que consenti avait à faire, le principal conseil lui en avait été donné par quatre chevaliers de sa chambre... Adonc se tirèrent ensemble le maire de Londres et les seigneurs de la loi, et se mirent en la chambre du jugement et furent les quatre chevaliers jugés à mourir et être amenés au pied de la Tour (afin que Richard de Bordeaux les pût voir des fenêtres), et traînés le long de la ville de Londres, et là leur être tranché les têtes, et mises sur glaive au pont de Londres, et les corps traînés au gibet, et là laissés. Ce jugement rendu, on se délivra de l'exécuter. Le maire de Londres et les seigneurs qui à ce étaient députés s'en vinrent au château de Londres, et firent tantôt mettre hors les quatre chevaliers du roi : et furent amenés en la cour, et là chacun attelé à deux chevaux, à la vue de ceux qui en la Tour étaient : qui bien le virent, et le roi aussi : dont ils furent fort courroucés et éperdus. Tous quatre allaient l'un après l'autre : et furent traînés du Châtel allant au long de Londres : et là, sur un étal de pois-

[1] Guildhall.

sonnier, on leur trancha les têtes, lesquelles furent mises sur quatre glaives, à la porte du pont de Londres, et les corps traînés par les épaules au gibet, et là pendus.

Cette justice faite, il fut dit au roi, de ceux qui avec lui étaient : — Sire, nous n'avons rien en nos vies : ainsi comme il appert. Quand votre cousin de Lanclastre vint au château de Fluich, il vous eut en convenant que vous et douze des vôtres demeureraient ses prisonniers et n'auraient autre mal : et, de ces douze, quatre en sont exécutés honteusement. Nous n'en devons aussi attendre autre chose.

A ces mots commença le roi Richard moult tendrement à pleurer et tordre ses mains.

— Et que voulez-vous (dit le roi) que je fasse? Il n'est chose que je ne doive faire pour nous sauver.

— Sire (dit le chevalier), nous disons vérité, et les apparences nous en voyons que les Londriens veulent couronner à roi votre cousin de Lanclastre. Or, n'est possible, tant que vous soyez en vie, si vous ne le consentez, que le couronnement se puisse faire. Si vous mettons en termes, pour votre saluation et la nôtre, quand votre cousin viendra ici parler à vous (et le mandez pour la besogne avancer) que par douces et traitables paroles dites que vous voulez la couronne d'Angleterre résigner publiquement en ses mains : et lors vous lui prierez affectueusement qu'il vous laisse ici vivre ou ailleurs, et nous aussi avec vous, et chacun à part lui on envoye hors d'Angleterre comme banni : car qui perd la vie perd tout.

Le roi Richard entendit bien ces paroles, et dit qu'il ferait tout ainsi qu'on le conseillait.

Comment le roi Richard d'Angleterre résigna sa cou-

ronne et son royaume en la main du comte d'Erby, duc de Lanclastre.

Les nouvelles vinrent au duc de Lanclastre que Richard de Bordeaux le demandait et avait grand désir de parler à lui. Tantôt ledit duc se départit de son hôtel sur le tard : et vint par une barge sur la Tamise, accompagné de ses chevaliers, au château de Londres : et entra dedans par derrière : et vint en la Tour où le roi était : lequel recueillit le duc de Lanclastre moult doucement, et s'humilia très-grandement envers lui : ainsi que celui qui se voyait et sentait en grand danger. Si lui dit :

— Cousin, j'ai regardé et considéré mon état, lequel est en petit point, Dieu merci : et, tant qu'à tenir jamais règne, gouverner peuple, ni porter couronne, je n'ai que faire d'y penser : et (si Dieu m'aide à l'âme), si je ne voudrais être de ce siècle mort de mort naturelle, et que le roi de France eût retenu sa fille [1]. Car nous n'avons pas pris ni eu guère de joie ensemble, noncques puis que je l'amenai en ce pays. Cousin, tout considéré, je sais bien que je me suis grandement mépris envers vous et plusieurs nobles de mon sang en ce pays, pour lesquelles choses je connais que jamais je ne viendrai à paix ni à pardon. Pourtant de bonne et libérale volonté, je vous veux résigner l'héritage de la couronne d'Angleterre, et vous prie que le don vous prenez avec la résignation.

Quand le duc de Lanclastre ouït cette parole, il répondit :

— Il convient qu'à cette parole soient appelés plusieurs des trois États d'Angleterre : et j'ai mandé les prélats et

---

[1] Isabelle de France, fille de Charles VI.

nobles de ce pays, et les consaux des bonnes villes, et dedans trois jours il y en aura assez pour faire la résignation dûment, laquelle vous voulez faire, et par ce point vous apaiserez grandement et adoucirez l'ire de plusieurs hommes d'Angleterre... Tant qu'à moi, je vous défendrai et allongerai votre vie, au nom de pitié, tant que je pourrai : et prierai pour vous envers les Londriens et les hoirs de ceux que vous avez fait mourir.

— Grand merci, dit le roi. Je me confie plus en vous qu'en tout le demeurant d'Angleterre.

— Vous avez droit, répondit le duc de Lanclastre : car si je ne fusse allé au-devant de la volonté du peuple, vous eussiez été pris de lui et dégradé à grande confusion, et mort par vos mauvaises œuvres, qui vous font avoir cette peine et danger.

Quand le duc de Lanclastre eut été en la Tour de Londres avec le roi Richard plus de deux heures, et toujours le plus parlant à lui, il prit congé et se départit : et rentra en la barge : retourna par la rivière de la Tamise en son hôtel : et renforça encore le lendemain ses mandements par toutes les limitations d'Angleterre. Et vinrent à Londres son oncle le duc d'Iorch, le comte de Rostellant son fils, le comte de Northombellande, et messire Thomas de Persy, son frère [1], et vinrent grand nombre de prélats, archevêques et abbés. Adonc vint le duc de Lanclastre, accompagné de ses seigneurs et des plus notables hommes de Londres, au château, tous à cheval : lesquels descendirent en la place : et entrèrent dedans le château : et fut mis le roi hors de la Tour, et vint en la salle ordonné et appareillé comme roi, en manteau ouvert, tenant le sceptre en sa main, et la couronne en son chef, et dit ainsi oyant tous :

---

[1] Worcester dans le drame.

— J'ai été roi d'Angleterre, duc d'Aquitaine, et sire d'Irlande, environ xxij ans : laquelle royauté, seigneurie, sceptre, couronne et héritage, je résigne purement et quitement à mon cousin Henry de Lanclastre : et lui prie, en la présence de tous, qu'il prenne le sceptre.

Adonc tendit-il le sceptre au duc de Lanclastre : qui le prit et tantôt le bailla à l'archevêque de Cantorbie : lequel le prit. Secondement le roi Richard prit la couronne d'or sur son chef à deux mains, et la mit devant lui et dit :

— Henry, beau cousin, et duc de Lanclastre, je vous donne et rapporte cette couronne (de laquelle j'ai été nommé roi d'Angleterre) et, avec ce, toutes les droitures qui en dépendent.

Le duc de Lanclastre la prit : et fut là l'archevêque de Cantorbie tout appareillé : qui la prit ès mains du duc de Lanclastre. Ces deux choses faites, et la résignation ainsi consentie, le duc de Lanclastre appela un notaire public : et en demanda avoir lettres et témoins des prélats et des seigneurs qui là étaient. Et assez tôt après Richard de Bordeaux retourna au lieu dont il était issu. Et le duc de Lanclastre, et tous les seigneurs qui là étaient venus, montèrent à cheval : et firent emporter, en coffres et custodes, les deux joyaux solennels, dessus nommés, et furent mis en la Trésorerie de l'abbaye de Westmonstier (Westminster) : et retournèrent tous les seigneurs chacun en sa maison.

Du Parlement et assemblée de Westmonstier où Henry de Lanclastre fut publiquement accepté pour roi d'Angleterre.

En l'an de l'Incarnation de Notre Seigneur mil trois

cent nonante et neuf, advint en Angleterre, en septembre, le dernier jour dudit mois, par un mardi, que Henry, duc de Lanclastre, tint parlement au palais de Westmonstier (qui est hors de Londres), et audit Parlement, furent assemblés tous les prélats ou clergé du royaume d'Angleterre, ou la plus grande partie ; et après y furent tous les ducs et comtes dudit royaume, et aussi du commun de chaque ville une quantité de gens : et adonc challengea ledit Henry', duc, ledit Royaume d'Angleterre : et requit être roi, par trois manières et raisons : premièrement, par conquêt ; secondement, parcequ'il se disait être hoir ; et tiercement parceque le roi Richard de Bordeaux lui avait résigné le royaume en sa main, de pure et libérale volonté, présents prélats, ducs et comtes, en la salle de la grand Tour de Londres. Ces trois cas remontrés, requit le duc de Lanclastre à tout le peuple d'Angleterre, qui était là, que de ce ils dissent leur bonne volonté : et incontinent répondit le peuple, tout d'une voix, que c'était bien leur volonté qu'il fût leur roi, et ne voulaient autre que lui : et encore, en ensuivant ce propos, requit et demanda ledit duc au peuple si c'était bien leur volonté : et ils répondirent tous à une voix, oui : et de là en présent s'assit le duc Henry en siége royal. Lequel siége était haut élevé en la salle et était couvert tout d'un drap d'or, et à ciel dessus, si que tous ceux qui là étaient le pouvaient bien voir. Incontinent que le duc fût assis audit siége, tout le peuple tendit les mains contre mont, en lui promettant foi : et fut lors ce Parlement conclu : et puis fut journée assignée pour son couronnement au jour de saint Édouard qui fut lundit 13e jour d'octobre.

De la mort du roi Richard d'Angleterre.

Depuis ne demeura pas longtemps que renommée

véritable courut parmi Londres que Richard de Bordeaux était mort. La cause comment ce fut ni par quelle incidence, point je ne la savais au jour que j'écrivis ces chroniques. Le roi Richard de Bordeaux mort, il fut couché sur une litière dedans un char, couvert de brodequin, tout noir, et étaient quatre chevaux tout noirs attelés audit char, et deux varlets, vêtus de noir (qui menaient ledit char), et quatre chevaliers, vêtus de noir, venant derrière, et suivant ledit char, et ainsi se départirent de la Tour de Londres (où mort était) et fut amené ainsi, au long de Londres, le petit pas, jusques à la grande rue du Cep (où tout le retour de Londres est) et là en pleine rue s'arrêtèrent le char, les chartiers et chevaliers, et y furent bien deux heures : et vinrent plus de vingt mille personnes, hommes et femmes, voir le roi qui là gisait le chef sur un oreiller noir, le visage découvert. Les aucuns en avaient pitié (qui le voyaient en celui état) et les autres non, et disaient que de longtems il avait la mort acquise.

Or considérez, seigneurs, rois, ducs, comtes, prélats et toutes gens de lignage et de puissance, comment les fortunes de ce monde sont merveilleuses et tournent diversement. Ce roi Richard régna roi d'Angleterre vingt et deux ans en grande prospérité, pour entretenir état et seigneurie : car il n'y eut oncques roi en Angleterre qui tant dépensât, à cent mille florins près par an, pour son état seulement et hôtel entretenir, que fit en son temps icelui roi Richard de Bordeaux. Car moi Jehan Froissart, chanoine et trésorier de Chimay, le vis et considérai, et y fus un quart d'an, et me fit très-bonne chère, pour la cause de ce qu'en ma jeunesse j'avais été clerc et familier au noble roi Édouard, son grand-père, et à Madame Philippe de Hainaut, reine d'Angleterre, son aïeule. Et quand je me départis d'avec lui (ce fut à Windesore ¹) au prendre congé il me fit, par un sien chevalier, donner un gobelet d'argent doré, pesant deux marcs largement, et dedans cent nobles, dont je valus mieux depuis tout mon vivant, et suis moult tenu à prier Dieu pour lui, et envis (malgré moi) écrivis de sa mort.

Mais pour tant que j'ai dicté, ordonné et augmenté, à mon loyal pouvoir, cette histoire, je l'écris pour donner connaissance qu'il devint. En mon temps je vis deux choses qui furent véritables : nonobstant qu'elles chussent en grand différent. A savoir est que j'étais dans la cité de Bordeaux, et séant à table, quand le roi Richard fut né lequel vint au monde à un mercredi, sur le point de dix heures, et à cette heure que je dis vint messire Richard de Pont-Cardon, maréchal pour celui temps d'Aquitaine, et me dit :

— Froissart, écrivez et mettez en mémoire que Mme la princesse est accouchée d'un beau fils qui est venu au monde au jour des Rois, et si est fils de roi.

Le gentil chevalier de Pont-Cardon ne mentit pas, car il fut roi d'Angleterre vingt et deux ans, mais au jour qu'il me dit ces paroles il ne savait pas la conclusion de sa vie, quelle elle serait, et pour le temps que le roi Richard fut né, son père était en Galice (que le roi Dom Piètre lui avait donnée) et était là pour conquérir le royaume. Ce sont choses bien à imaginer, et sur lesquelles j'ai moult pensé depuis. Car, le premier an que je vins en Angleterre au service de la noble Reine Philippe (ainsi que le roi Édouard, ladite Reine et tous leurs enfants étaient venus à Barquamestede, un manoir du prince de Galles, séant outre-Londres, pour prendre congé, du prince et de la princesse qui devaient aller

¹ Windsor.

en Aquitaine), j'ouïs parler un chevalier ancien, devisant aux dames, lequel dit : « Nous avons un livre, appelé le Brust (le roman de Brut), qui devise que le prince de Galles aîné fils du roi, le duc de Clarence, ni le duc d'Iorch, ni de Glocestre, ne seront point rois d'Angleterre : mais retournera le royaume à l'hôtel de Lanclastre. » Or dis-je, moi, auteur de cette histoire, considérant toutes ces choses que les deux chevaliers (c'est à savoir messire Richard de Pont-Cardon et messire Barthelmieu de Brules) eurent chacun raison : car je vis, et aussi vit tout le monde Richard de Bordeaux vingt et deux ans roi d'Angleterre, et puis le royaume retourner en l'hôtel de Lanclastre.

FIN DE L'APPENDICE.

TABLE

DU TOME ONZIÈME.

	Pages.
Introduction.	7
Richard II.	83
Henry IV (Première Partie).	195
Henry IV (Seconde Partie).	321
Notes.	459
Appendice : Extrait de la chronique de Froissart.	495

ŒUVRES DE SHAKESPEARE.

Tome I. LES DEUX HAMLET.

Tome II. LES FÉERIES.
    Le Songe d'une Nuit d'Été.
    La Tempête.

Tome III. LES TYRANS.
    Macbeth.
    Le Roi Jean.
    Richard III.

Tome IV. LES JALOUX. — I.
    Troylus et Cressida.
    Beaucoup de bruit pour rien.
    Conte d'hiver.

Tome V. LES JALOUX. — II.
    Cymbeline.
    Othello.

Tome VI. LES COMÉDIES DE L'AMOUR.
    La Sauvage apprivoisée.
    Tout est bien qui finit bien.
    Peines d'amour perdues.

Tome VII. LES AMANTS TRAGIQUES.
    Antoine et Cléopâtre.
    Roméo et Juliette.

Tome VIII. LES AMIS.
    Les Deux Gentilshommes de Vérone.
    Le Marchand de Venise.
    Comme il vous plaira.

Tome IX. LA FAMILLE.
    Coriolan.
    Le roi Lear.

Tome X. LA SOCIÉTÉ.
    Mesure pour Mesure.
    Timon d'Athènes.
    Jules César.

Tome XI. LA PATRIE. — I.
    Richard II.
    Henry IV (1re partie).
    Henry IV (2e partie).

Tome XII. LA PATRIE. — II.
    Henry V.
    Henry VI (1re partie).

Tome XIII. LA PATRIE. — III.
    Henry VI (2e partie).
    Henry VI (3e partie).
    Henry VIII.

Tome XIV. LES FARCES.
    Les Joyeuses épouses de Windsor.
    Comédies d'erreurs.
    La Nuit des Rois.

Tome XV. LES SONNETS ET LES POÈMES.

LES APOCRYPHES. — I.
    Titus Andronicus.
    Une Tragédie dans l'Yorkshire.
    Les deux nobles parents.

LES APOCRYPHES. — II.
    Périclès.
    Edouard III.
    Ardem de Feversham.

LES APOCRYPHES. — III.
    La Tragédie de Locrine, le Fils aîné du roi Brutus.
    La Vie et la Mort de Thomas lord Cromwell.
    Le Prodigue de Londres.
    La Puritaine ou la veuve de Watling street.

Saint-Denis. — Typographie de CH. LAMBERT.

www.ingramcontent.com/pod-product-compliance
Lightning Source LLC
Chambersburg PA
CBHW071611230426
43669CB00012B/1906